Principles of Management

管理学原理

主　编◎段丽娜　王向军
副主编◎卫　苗　张艳清　王东霞

同济大学出版社
TONGJI UNIVERSITY PRESS
·上海·

内 容 提 要

本书围绕“计划、组织、领导、控制”四大传统管理职能设计了九个项目，包括管理与管理学认知、管理思想与理论的演进、决策、实施计划、组织设计、领导艺术、有效激励、沟通与协调，以及控制。本书结构合理、通俗易懂、注重实践、趣味性强、立体化资源丰富，可供高等职业院校经济管理类相关专业学生作为教材使用，也可供有意提高自身管理能力的读者参考阅读。

图书在版编目(CIP)数据

管理学原理 / 段丽娜，王向军主编. -- 上海：同济大学出版社，2024.5

ISBN 978-7-5765-0710-2

Ⅰ.①管… Ⅱ.①段… ②王… Ⅲ.①管理学—高等职业教育—教材 Ⅳ.①C93

中国国家版本馆 CIP 数据核字(2023)第 018291 号

管理学原理

主编 段丽娜　王向军　**副主编** 卫　苗　张艳清　王东霞

责任编辑 陈佳蔚　**责任校对** 徐逢乔　**封面设计** 渲彩轩

出版发行 同济大学出版社　www.tongjipress.com.cn
(地址：上海市四平路 1239 号　邮编：200092　电话：021-65985622)
经　销 全国各地新华书店
制　作 南京月叶图文制作有限公司
印　刷 常熟市大宏印刷有限公司
开　本 787 mm×1092 mm　1/16
印　张 18.25
字　数 411 000
版　次 2024 年 5 月第 1 版
印　次 2025 年 8 月第 2 次印刷
书　号 ISBN 978-7-5765-0710-2

定　价 59.80 元

前言

管理是一种自从有了人类之后就开始逐步产生和不断发展起来的社会实践活动，它无时无处不存在于我们身边。人们不管从事何种岗位的工作，都无时无刻不在参与着管理活动，并且需要具备一定的管理知识。但是，究竟如何才能学好管理？怎样才能让学生不对理论感到晦涩难懂？本书编者结合多年的教学实践经验，以社会主义核心价值观为引领，以职业需求为导向，深入挖掘思政元素，力求编写出一部既注重理论培养，又注重实践训练，既注重内容讲授，又注重课程思政，既注重技能提升，又注重职业精神的管理学教材。

本书围绕“计划、组织、领导、控制”四大传统管理职能设计了九个项目，包括管理与管理学认知、管理思想与理论的演进、决策、实施计划、组织设计、领导艺术、有效激励、沟通与协调，以及控制。本书结构合理、通俗易懂、注重实践、趣味性强、立体化资源丰富，可供高等职业院校经济管理类相关专业学生作为教材使用，也可供有意提高自身管理能力的读者参考阅读。

本书配有课程介绍、PPT 课件、实训案例、教学视频、题库等数字化资源，可作为配套教学资源供授课教师使用。同时，本书设计了主要知识点讲解视频等相关二维码链接，供学生自学使用。本书的立体化资源与在线课程的教学资源相互补充，为线上、线下混合式教学提供了有力支撑。

本书由济源职业技术学院段丽娜、王向军担任主编。各项目编写分工如下：项目一、三由王向军编写；项目二、四由段丽娜编写；项目五由张艳清编写；项目六、七由王东霞编写；项目八、九由卫苗编写。

本书在编写过程中参阅了大量的相关著作、教材和案例资料，在此谨向这些作者、译者表示由衷的感谢。如有侵权，相关作者可发邮件至 597851780@qq.com 联系。

由于编者水平有限，加之时间仓促，如有疏误之处，敬请广大读者和同行批评指正。

编　者

2024 年 3 月

目录

项目一 管理与管理学认知

学习目标

1. 掌握管理的含义及内涵。
2. 了解管理的特征和基本职能。
3. 了解管理者在组织中的职能、技能及其扮演的角色。
4. 了解管理学的研究对象和研究方法。
5. 认识人的信仰和价值观在管理中的重要作用。

案例引入

海尔集团的战略管理

海尔集团创立于1984年,是在原青岛电冰箱总厂基础上发展起来的。在首席执行官张瑞敏“名牌战略”思想的引领下,海尔经过30多年的艰苦奋斗和卓越创新,从一个濒临倒闭的集体小厂发展壮大成为如今在国内外享有较高美誉的跨国企业。2002年,海尔实现全球营业额711亿元,是1984年的20 000多倍;职工人数从600人发展到30 000人,带动就业人数30多万人。其拥有包括白色家电、黑色家电、米色家电在内的86大门类13 000多个规格品种的产品群。2002年,海尔品牌价值评估为489亿元,跃居中国第一品牌,实现海外营业额10亿美元,是中国家电业出口创汇最多的企业。

海尔集团的高速发展离不开其对创新思维的重视,其中战略创新起着关键作用。

(1) 名牌战略阶段。1984—1991年,别的企业都在专注于提高产量,而海尔“扑下身子抓质量”,7年时间只做冰箱产品,磨出了一套海尔管理之剑——OEC管理法,为其未来的发展奠定了坚实的管理基础。

(2) 多元化战略阶段。1992—1998年,别的企业搞“独生子”,海尔走低成本扩张之路,吃“休克鱼”①,建海尔园,采取“东方亮了再亮西方”战略,以无形资产盘活有形资产,成

---

① 休克鱼(Shock Fish)是指硬件条件很好,管理不行的企业。由于经营不善落到市场的后面,一旦有一套行之有效的管理制度,把握住市场很快就能重新活起来。

功实现了规模的扩张。

(3) 国际化战略阶段。1998—2004 年,别的企业认为海尔走出去是“不在国内吃肉,偏要到国外喝汤”,而海尔坚持“先难后易”“出口创牌”的战略,搭建起了国际化企业的框架。

(4) 全球化品牌战略发展阶段。2005 年至今,海尔致力于创造互联网时代的全球化品牌,将全球的资源为其所用,整合全球的研发、制造、营销资源。这一阶段,海尔探索出了互联网时代创造顾客的“人单合一双赢”商业模式。

美国《财富》杂志评选的“2022 年中国最具影响力的 50 位商界领袖”中,海尔首席执行官张瑞敏排在第 30 位。近年来,海尔有十几个成功的案例入选哈佛大学、欧洲工商管理学院、洛桑国际管理学院、日本神户大学等著名高等学府的案例库,成为全球商学院的通用教材,张瑞敏本人也成为第一位登上了世界商学院的最高讲台——哈佛大学商学院讲学的中国人。

思考:

1. 你认为管理的关键是什么?
2. 管理者应该做什么?

任务一　认识管理的内涵与职能

一、管理的定义

管理的定义

什么是管理?由于人们研究的角度不同,有许多学者根据自己的研究立场、方法对管理进行了不同的定义,可谓纷繁复杂。以下是具有代表性的几种观点。

(1) 管理是由计划、组织、指挥、协调及控制等职能要素组成的活动过程。这是由现代管理理论的创始人法国实业家亨利·法约尔(Henri Fayol)于 1916 年提出的。他的论点经过许多人的研究和实践证明,除在职能的提法上有所增减外,总体上仍是正确的,并成为管理定义的基础。

(2) 管理是指通过计划工作、组织工作、领导工作和控制工作的诸过程来协调所有的资源,以达到既定的目标。这一表述由以下三个部分组成。

① 管理首先是协调资源,包括资金(Money)、物质(Material)和人员(Man)三个方面,简称 3M。

② 各种管理职能是协调的手段。

③ 管理是有目的的过程,协调资源的目的是实现既定目标。

(3) 管理是在某一组织中,为完成目标而从事的、对人与物质资源的协调活动。这一表述包括以下四个要素。

① 管理是为了完成某种目标。

② 管理是由人进行的协调活动。

③ 管理活动通过管理职能进行协调。

④ 管理是某一组织群体努力的活动。

(4) 管理是由一个或更多的人来协调他人活动,以便收到个人单独活动所不能收到的效果而进行的各种活动。简要地说,管理是通过其他人的工作达到组织的目标。这种表述包含以下三点内容。

① 管理其他人及其他人的工作。

② 通过其他人的活动来收到工作效果。

③ 通过协调其他人的活动来进行管理。

(5) 管理是协调人际关系,激发人的积极性,以达到共同目标的一种活动。这一表述突出了人际关系和人的行为,包括以下三层意思。

① 管理的核心是协调人际关系。

② 管理者应当根据人的行为规律去激发人的积极性。

③ 在同一个组织中的人们,具有共同的目标。管理的任务就是要使人们能够相互沟通和理解,为完成共同目标而努力。

(6) 管理也是社会主义教育的一环。这是毛泽东在 1964 年提出的观点。初看起来,这一观点似乎难以理解,实际上包含了深刻的思想,具体体现在以下三点。

① 管理的关键是人的精神状态。

② 管理的根本方法是通过教育提高人的觉悟,激发人的积极性。

③ 管理与社会制度相关,如果每个人都懂得怎样为组织的最高目标做出贡献,组织就会实现最好的管理。

显然,这一观点是从社会和政治的角度强调了人的信仰、价值观在管理中的重要作用,但回避了管理中固有的专业技能的一面。

(7) 管理是一种以绩效和责任为基础的专业职能。这是彼得·德鲁克(Peter F. Drucker)教授提出的观点。他认为:

① 管理与所有权、地位或权力完全无关。

② 管理是专业性的工作,与其他技术性工作一样,有自己专有的技能、方法、工具和技术。

③ 管理人员是一个专业的管理阶层。

④ 管理的本质和基础是执行任务的责任。

(8) 管理就是决策。这是 1978 年诺贝尔经济学奖获得者赫伯特·亚历山大·西蒙(Herbert Alexander Simon)提出的。他把决策过程分为以下四个阶段。

① 调查情况,分析形势,搜集信息,找出决策的理由。

② 制定可能的行动方案,以应付面临的形势。

③ 在各种可能解决问题的行动方案中进行抉择，确定比较满意的方案，并付诸实施。

④ 了解、检查过去所抉择方案的执行情况，做出评价，并制定新的决策。

决策过程实际上是任何管理工作解决问题时所必经的过程。任何组织、任何层次的管理者在进行管理时都要经过这种决策过程，所以从这方面看，可以说管理就是决策。

(9) 管理就是根据一个系统所固有的客观规律，施加影响于这个系统，从而使这个系统呈现一种新状态的过程。这是许多系统论者所共有的观点。这个观点包含的内容有以下四点。

① 任何社会组织都是由若干单元或子系统组成的复杂系统。

② 系统内各个组成部分具有耦合功能，因而系统的发展变化表现出一定的规律。

③ 管理的职能就是根据系统的客观规律对系统施加影响。

④ 管理的任务就是使系统呈现新状态，以达到预定的目标。

上述定义从不同的侧面和角度揭示了管理的含义，或者揭示了管理的某一方面的属性。管理的如下定义能够全面地概括管理这个概念的内涵和外延，即管理是一定组织中的管理者在特定环境下，通过实施计划、组织、领导、控制等职能来协调他人的活动，使别人同自己一起实现既定目标的活动过程。

二、管理的内涵

管理的定义具有以下五点含义。

(1) 管理的主体是管理者，也就是组织中一个或若干个人指挥下属，并与下属一起实现组织目标的人。不是任何人都可以成为管理者，只有具备一定素质和技能的人，才有可能从事管理工作。

(2) 管理的对象是各种资源，也就是以人为中心的组织资源和职能活动。通俗地讲，管理最重要的是管人，包括组织中各个岗位的人员。此外，管理的对象还包括钱财、物资、时间、信息等。

(3) 管理的本质是协调。管理是因适应协调的需要而产生的，并因不同的协调水平而产生不同的管理效应。任何经济活动都是各种要素资源的结合，不同的结合方式与结合状况会产生不同的结果。只有有效的管理，才能协调、整合各种资源，实现资源的最佳组合。

(4) 管理的目的是实现组织目标。任何管理活动都必须围绕实现组织目标来进行，而组织目标是通过计划、组织、领导、控制等管理职能实现的。任何一个组织都是为实现某种目标而对组成的人和技术进行系统的安排，任何管理活动都是围绕组织目标而进行的，在管理过程中执行的各项职能，无不体现出管理具有一定的目的性，是一种有意识、有目的的活动过程。

(5) 管理活动是在一定的环境下进行的。管理始终处于不断变化的内外环境之中，能否适应环境的变化，审时度势，因势利导，灵活应变，是决定管理成败的重要因素。

三、管理的特征

一般意义上的管理活动所具备的基本特征有以下六个方面。

（一）实践性

管理理论与方法是人们通过对各种管理实践活动（特别是企业的管理活动）的深入分析、总结、升华而得到的，反过来又被用来指导人们的管理实践活动。管理学是应用型学科，它不能脱离管理实践。因此，要真正掌握管理学仅靠书本是不行的，必须通过大量的管理实践活动去体会和磨炼，理论必须联系实践。

（二）动态性

管理活动的动态性特征主要表现在管理活动需要在变动的环境与组织本身中进行，需要消除资源配置过程中的各种不确定性。因此，学习管理需要学习书面上的理论知识，更重要的是学会具体问题具体分析。

（三）科学性

管理的动态特征并不意味着管理活动没有科学规律可以遵循。管理活动可以分成两大类：一是程序性活动；二是非程序性活动。程序性活动，是指有章可循，照章运作便可取得预想效果的管理活动。非程序性活动，是指无章可循，需要摸索着进行的管理活动。这两类活动是不同的，但在一定条件下可以相互转化。

（四）艺术性

管理的目的是高效率地达成组织目标，为此要求管理者必须灵活、熟练地应用相关的知识和技巧，创造性地对管理对象进行管理协调。因此，管理学又具有明显的艺术特征。由于管理对象分别处于不同环境、不同行业、不同的产出要求、不同的资源供给条件等状况下，这就导致对具体管理对象的管理方法没有一个唯一的、完全有章可循的模式，对那些非程序性的、全新的管理对象更是如此，从而造成具体管理活动的成效与管理主体、管理技巧发挥的程度有很大的相关性。一方面，管理主体对管理技巧的运用与发挥，体现了管理主体设计和操作管理活动的艺术性；另一方面，由于在达成资源有效配置的目标与履行现行责任的过程中可供选择的管理方式、手段多种多样，因此，在众多可选择的管理方式中选择一种最合适的方式用于现实的管理之中，也是管理主体进行管理的一种艺术性技能。

（五）经济性

资源配置是需要成本的，因此，管理具有经济特征。首先，管理的经济性反映在资源配置的机会成本上，管理者选择一种资源配置方式是以放弃另一种资源配置方式为代价的，这里有机会成本的问题。其次，管理的经济性反映在管理方式、方法选择上的成本比较。因为众多可帮助管理者进行资源配置的方式、方法所付出的成本不同，故如何选择就涉及经济性的问题。最后，管理是对资源进行有效整合的过程。因此，选择不同资源进行供给和配比，就有成本大小的问题。

(六) 二重性

管理的二重性是指管理的自然属性和社会属性。管理是随着人们的相互协作劳动和社会化生产而产生的，为了保证这种社会化生产持续、稳定地进行，需要按照要求合理地进行计划、组织、领导和控制，以有效地利用有限的资源，提高组织效益，这样便在管理学中形成一部分属于生产力范畴的内容，如管理的数量模型、库存管理、成本控制、财务管理等。这些管理理论、技术和方法是人类长期从事生产实践的产物，可以在不同社会制度下、不同国家中使用，这就是管理的自然属性或生产力属性。此外，管理学中形成了另一部分属于生产关系和社会关系范畴的内容，如组织目标、组织道德、领导作风、激励方式、管理理念、群体价值观、组织文化等。这些涉及对人的管理的内容，具有明显的意识形态色彩，在不同的社会制度下、不同的国家中、不同的民族间具有较大的差异，这就是管理的社会属性。应该指出，管理的二重性具有辩证统一关系，正确认识管理的二重性是非常重要的，有利于建立具有中国特色的管理理论体系，从而提升管理水平，实现我国经济的高质量发展。

案例分享

发放年终奖金的故事

某公司自成立以来一直蒸蒸日上，但今年的盈余竟然大幅滑落。业绩不好不能怪员工，因为大家为公司拼命的程度丝毫不比往年差，甚至可以说，由于意识到经济的不景气，人人都干得比以前更卖力。这也就愈发加重了董事长心头的负担，因为马上要过年，照往例，年终奖金最少加发两个月工资，多的时候，甚至再加倍。今年可惨了，算来算去，顶多只能给一个月的奖金。“要是让多年来已被‘惯坏了’的员工知道，士气真不知要怎样滑落！”董事长忧心地对总经理说，“许多员工都以为最少加两个月，恐怕飞机票、新家具都订好了，只等拿到奖金就出去度假或付账单呢！”

总经理也愁眉苦脸了：“好像给孩子糖吃，每次都抓一大把，现在突然改成两颗，小孩一定会吵。”“对了！”董事长突然触动灵机，“你倒使我想起小时候到店里买糖，总喜欢找同一个店员，因为别的店员都先抓一大把拿去称，再一颗一颗往回扣。那个比较可爱的店员则每次都抓不足重量，然后一颗一颗往上加。说实在话，最后拿到的糖没什么差异，但我就是喜欢后者。”

没过两天，公司突然传来小道消息——由于营业不佳，年底要裁员。

消息一出顿时人心惶惶，每个人都在猜会不会是自己。最基层的员工想：一定由下面“杀”起。上面的主管则想：我的薪水最高，只怕从我“开刀”！

但是，总经理随后就宣布：“公司虽然艰苦，但大家在同一条船上，再怎么危险，也不愿牺牲共患难的同事，只是年终奖金可能无力再发了。”

听说不会被裁员，人人都放下心头上的一块大石头，那不至于卷铺盖的窃喜，早压过了没有年终奖金的失落。

眼看除夕将至，人人都做了过个穷年的打算，彼此约好拜年不再送礼以共克时艰。突然，董事长召集各单位主管开紧急会议。看到主管们匆匆上楼，员工们面面相觑，心里都有点儿七上八下："难道又变了卦？"——是变了卦！

没几分钟，主管们纷纷冲进自己的部门，兴奋地高喊着："有了！有了！还是有年终奖金，整整一个月，马上发下来，让大家过个好年！"

整个公司大楼，爆发出一片欢呼，连坐在顶楼的董事长都感觉到了地板的震动……

管理既是科学，又是艺术。说它是科学，强调的是它的客观规律性；说它是艺术，强调的是它的灵活性和创造性。而且，这种科学性和艺术性在管理实践中不是独立存在的，而是相互补充，共同发挥作用，最终促进组织目标的实现。

四、管理职能

所谓管理职能，是对管理过程中各项行为内容的概括，是人们对管理工作应有的一般过程和基本内容所做的理论概括。

管理的职能

管理职能一般根据管理过程的内在逻辑，划分为几个相对独立的部分。划分管理职能，并不意味着这些管理职能是互不相关、截然不同的。划分管理职能的意义在于：①通过把管理过程划分为几个相对独立的部分，在理论研究上能更清楚地描述管理活动的整个过程，有助于实际的管理工作以及管理教学工作。②划分管理职能有助于管理者在实践中实现管理活动的专业化，使管理人员更容易从事管理工作。在管理领域中实现专业化，如同在生产中实现专业化一样，能大大提高效率。③管理者可以运用职能观点建立或改革组织机构，根据管理职能规定组织内部的职责和权力以及它们的内部结构，从而确定管理人员的数量、素质、学历、知识结构等。

（一）计划职能

计划职能是指管理者对将要实现的目标和应采取的行动方案做出选择及具体安排的活动过程，简言之，就是预测未来并制定行动方案。其主要内容涉及：分析内外环境，确定组织目标，制定组织发展战略，提出实现既定目标和战略的策略与作业计划，规定组织的决策程序等。任何组织的管理活动都是从计划出发的，因此，计划职能是管理的首要职能。

（二）组织职能

组织职能是指管理者根据既定目标，对组织中的各种要素及人们之间的相互关系进行合理安排的过程，简言之，就是建立组织的物质结构和社会结构。其主要内容包括：设计组织结构，建立管理体制，分配权力，明确责任，配置资源，构建有效的信息沟通网络等。

（三）领导职能

领导职能是指管理者为了实现组织目标而对被管理者施加影响的过程。管理者在执行领导职能时，一方面要调动组织成员的潜能，使之在实现组织目标过程中发挥应有的作用；另一方面要促进组织成员之间的团结协作，使组织中的所有活动和努力统一和谐。其具体途径包括：激励下属，对下属的活动进行指导，选择最有效的沟通渠道解决组织成员之间以及组织与其他组织之间的冲突，等等。

案例分享

刘邦的“撒手锏”

大家心目中的刘邦好像是无能的领导，遇到麻烦时他只说两句话：“为之奈何?”和“计将安出?”在整个楚汉相争时期，刘邦没有出过一个金点子，没有亲自领兵打过一场胜仗。然而，刘邦却有着最厉害的“撒手锏”——“夫运筹帷幄之中，决胜千里之外，吾不如子房；镇国家，抚百姓，给馈饷，不绝粮道，吾不如萧何；连百万之军，战必胜，攻必取，吾不如韩信。此三者，皆人杰也，吾能用之，此吾所以取天下也。”

刘邦的领导，成功地达到了“不知有之”的最高境界。当他说出“为之奈何?”和“计将安出?”时，其实是最大限度地调动了下属的积极性，一步步地把他们培养成领导者，站在领导者的角度全面地思考、分析和解决问题，于是超级领导者刘邦轻轻松松地在短短七年内平定了天下。

(四) 控制职能

在执行计划的过程中，由于环境的变化及其影响，可能导致人们的活动或行为与组织的要求或期望不一致，出现偏差。为了保证组织工作能够按照既定的计划进行，管理者必须对组织绩效进行监控，并将实际工作绩效与预先设定的标准进行比较。如果出现了超出一定限度的偏差，则必须及时采取纠正措施，以保证组织工作在正确的轨道上运行，确保组织目标的实现。管理者运用事先确定的标准衡量实际工作绩效，寻找偏差及其产生的原因，并采取措施予以纠正的过程，就是执行管理的控制职能的过程。简言之，控制就是保证组织的一切活动符合预先制订的计划。

任务二　走近管理学

一、管理学概述

管理学是以人、事、物(含有形的物和无形的物)、时间、信息、环境等要素为对象，运用有关的方法和技术，分析管理的历史、现状，预测管理发展的趋势，探索管理系统存在的一般状态、运动的一般规律，回答管理活动“是什么”“应该是什么”和“如何运作”等问题的一门科学。这门科学具有较强的人文社会性、综合性、集成性与应用性，以获取最佳管理效果为研究的终极目标。

二、管理学的研究对象

无论是在公司、工厂、商店、银行等企业单位，或者是在学校、研究所、医院、报社、电视台等事业单位，还是在政府、军队、公安等国家机关，尽管各单位的工作性质千差万别，各人担任的职务迥然不同，但都有人担任管理工作。当然，一位省长所做的决策与两位大学校长所做的决策完全不同，一位公司经理所管辖的人员和资源比一位班组长所管辖的人员和资源要大很多倍。但透过这些差别，我们仍然可以看到他们所从事的管理工作的共同基础——他们都是为了实现本单位的既定目标，通过计划、组织、领导、控制等职能进行着任务、资源、职责、权力和利益的分配，协调着人们之间的相互关系。这就是各行各业各种管理工作的共同点。

管理工作的共性是建立在各种不同的管理工作的特殊性之上的。就管理的特殊性而言，不同的社会组织会有不同的问题，也就会有不同的解决这些问题的方法，由此也就形成各种不同门类的管理学。例如，企业管理学、行政管理学、学校管理学、军队管理学等。这些专门管理学根据具体的研究对象还可进一步细分。例如，企业管理学进一步分为工业企业管理学、商业企业管理学、银行管理学、旅游饭店管理学等。但是，这些专门管理学中又都包含着共同的普遍的管理原理和管理方法。这就形成了本课程——管理学的研究对象。所以，管理学是以各种管理工作中普遍适用的原理和方法作为研究对象的。各种管理学的关系如图 1-1 所示。

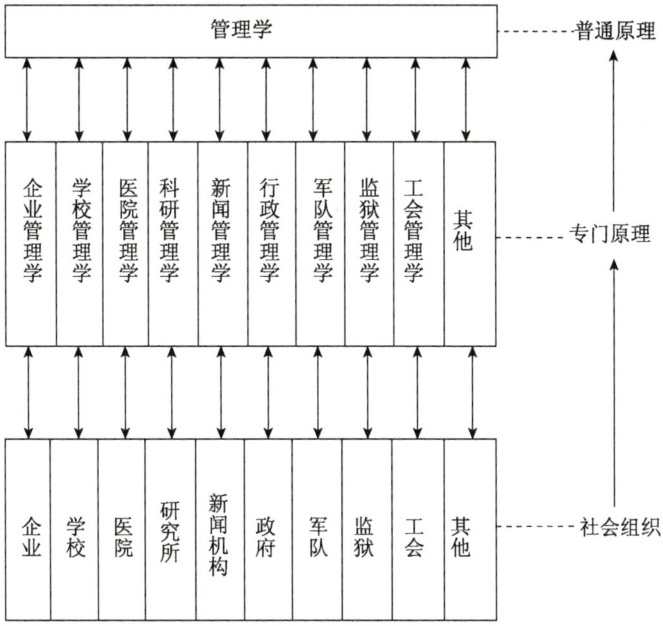

图 1-1　管理学关系

三、管理学的学习与研究方法

（一）学习方法

1. 唯物辩证法

唯物辩证法是我们学习和研究管理学时强大的思想武器。管理学是源于管理的实践活动，在长期的管理实践中，人们运用历史的、全面的、发展的观点去观察和分析各种管理现象和管理问题，通过对感性积累的经验进行加工提炼，上升为理性认识及管理理论，反过来又能动地运用有关管理理论去指导管理实践，验证管理理论的正确性和有效性，并进一步发展和完善管理理论。因此，学习和研究管理学，必须以唯物辩证法为总的方法论基础，坚持实事求是的科学态度，深入管理实践，进行调查研究，总结管理实践经验并运用判断和推理的方法，使管理实践经验上升为管理理论。在学习和研究中，还要认识到一切现象都是相互联系和相互制约的，一切事物也都是不断发展变化的。因此，必须用全面的、联系的、历史的、发展的观点，观察和分析管理问题，重视管理学的历史，考察它的过去、现状及发展趋势，不能固定不变地看待组织及组织的管理活动。

2. 系统方法

所谓系统方法，是指用系统的观点和方法来研究和分析管理活动的全过程。系统是由相互作用和相互依赖的若干部分组合而成的、具有某种特定功能的有机整体。系统本身也是它所从属的一个更大系统的子系统。

从管理的角度看，系统有两层含义：第一层含义指系统是一种实体，如组织系统。作为实体系统的组织，一般具有整体性、目的性、动态性、层次性、开放性、功能性、结构性等特征。既然组织是个系统，为了更好地研究组织与组织管理，就必须用系统理论来理解、分析和研究组织。第二层含义指系统是一种方法或手段，它要求在研究和解决组织管理问题时，必须具有整体观、过程观、“开放”与相对“封闭”观、反馈观、分级观等有关系统的基本观点。

尽管在现代管理科学领域，各学派在管理系统的定义、系统的具体特征等问题上存在较大的理论分歧。但没有一个管理学派不运用系统理论来研究组织与组织管理，系统原理也是公认的管理的基本原理，几乎每一部管理学著作都离不开对系统概念的阐述。

因此，学习研究管理学必须用系统方法作为主要的思维方法。在学习与研究管理理论和管理活动时，应首先把组织与组织管理活动看作一个系统，对影响管理过程的各种因素及其相互之间的关系进行总体的、系统的研究，对管理的概念、职能、原理、方法等管理理论进行系统的分析和思考。唯有如此，才能形成科学的管理理论和有效的管理活动。

3. 理论联系实际的方法

管理学是一门应用性、实践性很强的科学，它是科学性与艺术性的统一，这决定了应更多地采用理论联系实际的方法学习管理学。具体地说，可以对管理案例进行调查和分析，边学习管理理论边从事管理实践，以及带着问题学习等多种形式。通过这种方法，有助于学习者运用管理的基本理论和方法提高发现问题、分析问题和解决问题的能力。同时，由于管理学是一门生命力很强的建设中的年轻的学科，还应以探讨研究的态度来学习，通过理论与实践的结合，使管理理论在管理实践中不断地得到检验，同时，通过对管理实践经验的总结和提升，不断丰富、深化和发展管理理论。

（二）研究方法

管理学和其他许多社会科学一样，其研究方法主要有三种：归纳法、试验法和演绎法。

1. 归纳法

归纳法就是通过对客观存在的一系列典型事物（或经验）进行观察，从掌握典型事物的典型特点、典型关系、典型规律入手，进而分析研究事物之间的因果关系，从中找出事物变化发展的一般规律。这种从典型到一般的研究方法称为实证研究。由于管理过程十分复杂，影响管理活动的相关因素极多，并且相互交叉，人们所能观察到的往往只是综合结果，很难把各个因素的影响程度分解出来，所以大量的管理问题都只能用归纳法进行实证研究。

在管理学研究中，归纳法应用最广，但其局限性也十分明显，具体有以下三点。

第一，一次典型调查（或经验）只是近似于无穷大的总体中的一个样本，所以，实证研究必须对足够多的对象进行研究才有价值。如果选择的研究对象没有代表性，归纳出的结论也就难以反映事物的本质。

第二，研究事物的状态不能人为地重复，管理状态也不可能完全一样，所以，研究得出的结论只是近似的。

第三，研究的结论不能通过实验加以证明，只能用过去发生的事实来证明，但将来未必就是过去的再现。

在运用归纳法进行管理问题的实证研究时，应当注意以下五点。

第一，要弄清与研究事物相关的因素，包括各种外部环境和内部条件，以及系统的或偶然的干扰因素，并尽可能剔除各种不相关的因素。

第二，选择典型的问题，并将其分类，分类标志应能反映事物的本质特征。

第三，调查对象应有足够数量，即按抽样调查原理，使样本容量能保证调查结果的必要精度。

第四，调查提纲或问卷的设计力求包括较多的信息数量，并便于被调查对象做出简单明确的答案。

第五，对调查资料的分析整理，应采取历史唯物主义和辩证唯物主义的方法去寻找事物之间的因果关系，切忌采取先有观点再搜集材料加以论证的形而上学的方法。

2. 试验法

管理中的许多问题，特别在微观组织内部，关于生产管理、设备布置、工作程序、操作方法、现场管理、质量管理、营销方法以及工资奖励制度、劳动组织、劳动心理、组织行为、商务谈判等问题，都可以采用试验法进行研究，即人为地为某一试验创造一定条件，观察其实际试验结果，再与未给予这些条件的对照试验的实际结果进行比较分析，寻找外加条件与试验结果之间的因果关系。如果经多次试验总是得到相同结果，就可以得出结论，证实存在的某种普遍适用的规律性。著名的霍桑实验就是采用试验法研究管理中人际关系的成功例子。

试验法可以得到接近真理的结论。但是，管理中有许多问题，特别是高层的、宏观的管理问题，其性质特殊，影响因素很多，不少因素又是协同作用的，所以很难逐个对各种因素孤立地进行试验。且此类管理问题的外部环境和内部条件复杂，要想进行人为的重复也是不可能的。例如，投资决策、生产计划、财务计划、人事管理、资源分配等问题几乎不可能进行重复试验。

3. 演绎法

对于复杂的管理问题，管理学家可以从某种概念出发，或从某种统计规律出发，也可以在实证研究的基础上，用归纳法找到一般的规律性并加以简化，形成某种出发点，建立能反映某种逻辑关系的经济模型（或模式）。这种模型与被观察的事物并不完全一致，它所反映的是简化了的事实，完全合乎逻辑推理。它是以简化了的事实为前提推广得来的，所以，这种方法称为演绎法。从理论概念出发建立的模型称为解释性模型。例如，投入产出模型、企业系统动力学模型等，都是建立在一定理论概念基础之上的。从统计规律出发建立的模型称为经济计量模型。例如，柯布-道格拉斯生产函数模型，以及建立在回归分析和时间序列分析基础上的各种预测模型和决策模型。建立在经济归纳法基础上的模型称为描述性模型。例如，现金流量模型、库存储蓄量模型、生产过程中在制品变动量模型等。

现代科学技术的发展迅速推动着管理学研究方法的现代化。特别是由于计算机技术的迅速发展，管理中的各种模型，甚至具有几百个变量的线性规划模型都可以在计算机上进行迅速地运算，或者进行动态模拟。计算机的应用大大促进了管理学向更加精密的方向发展。

任务三　感受管理者的角色与技能

一、管理者及其分类

组织者可将其成员划分为两类：一类是操作者，他们直接从事某项具体的作业工作或执行某项作业任务，不具有监督管理他人工作的责任，如企业中的工人、政府部门中的职员等；另一类是管理者，是监督管理他人工作的人，有一定的行政职务头衔。需要注意的是，管理者在工作期间不一定总是从事管理工作，也可能担任某种业务工作，如经理搞技术设计、校长给学生授课等。管理者也可以通过协调他人的活动达到与他人一起或者通过他人实现组织目标的目的。根据不同的标准，可以将管理者分为不同的类型。

(一) 按组织层次分类

在组织的纵向结构中，管理者由于所处的层次不同，分为高层管理者、中层管理者、基层管理者，组织层次如图 1-2 所示。

(1) 高层管理者。是对整个组织的管理负有全面责任的人，其主要职责是制定组织的总目标、总战略，掌握组织的大政方针并评价整个组织的绩效。

(2) 中层管理者。其主要职责是贯彻执行高层管理人员所制定的重大决策，监督和协调基层管理人员的工作。与高层管理人员相比，中层管理人员特别注重日常的管理工作。

(3) 基层管理者。其主要职责是给下属操作者分派具体工作任务，直接指挥和监督现场作业活动，以保证各项任务的有效完成。

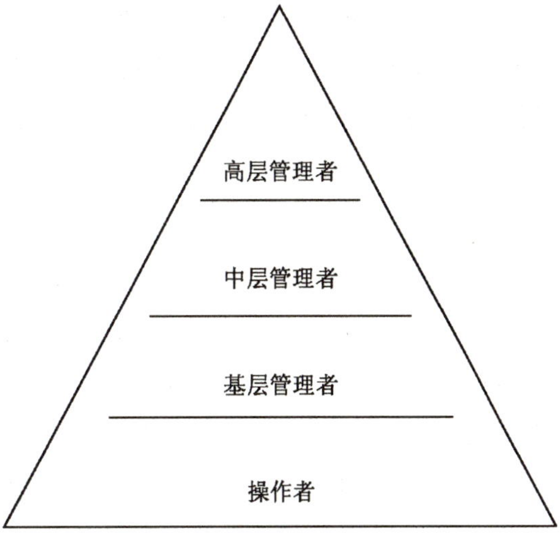

图 1-2　组织的层次

(二) 按业务领域分类

(1) 综合管理人员。是负责管理整个组织或组织中某个事业部的全部活动的管理者。

(2) 专业管理人员。是仅仅负责管理组织中某一类活动的管理者。

(三) 按职权关系的性质分类

(1) 直线管理人员。是指有权对下级进行直接指挥的管理者。直线人员主要指组织等级链中的各级主管，即综合管理者。他们与下级之间存在着领导隶属关系，是一种命令与服从的职权关系。直线管理人员的主要职能是决策和指挥。

(2) 参谋人员。是指对上级提供咨询、建议，对下级进行专业指导的管理者。参谋人员通常是指各级职能管理者。他们与上级的关系是一种参谋、顾问与主管领导的关系，与下级是一种非领导隶属的专业指导关系。其主要职能是咨询、建议和指导。

二、管理者的角色

(一) 人际角色

亨利 • 明茨伯格(Henry Mintzberg)所确定的第一类角色是人际角色。管理者在处理与组织成员和其他利益相关者的关系时扮演的就是人际角色。管理者所扮演的三种人际角色分别是代表人角色、领导者角色和联络者角色。

（1）代表人角色。管理者须行使一些具有礼仪性质的职责。例如，管理者有时必须出现在社区的集会上，参加社会活动，或宴请重要客户等。这时，管理者行使着代表人的角色。

（2）领导者角色。由于管理者对所在单位的成败负重要责任，他们必须在工作小组内扮演领导者角色。对这种角色而言，管理者需要和员工一起工作，并通过员工的努力来确保组织目标的实现。

（3）联络者角色。管理者须扮演组织联络者的角色。管理者无论是在与组织内的个人和工作小组一起工作时，还是在建立与外部利益相关者的良好关系时，都起到了联络者的作用。管理者必须对重要的组织问题有敏锐的洞察力，从而能够在组织内外建立关系和网络。

（二）信息角色

明茨伯格所确定的第二类管理者角色是信息角色。在信息角色中，管理者负责确保和其一起工作的人获得足够的信息，从而能够顺利完成工作。管理责任的性质决定了管理者既是所在单位的信息传递中心，也是组织内其他工作小组的信息传递渠道。整个组织的人依赖于管理结构和管理者以获取或传递必要的信息来完成工作。

（1）监督者角色。管理者扮演的一种信息角色是监督者角色。作为监督者，管理者须持续关注组织内外环境的变化以获取对组织有用的信息。管理者通过接触下属来搜集信息，并且从个人关系网中获取对方主动提供的信息。根据这种信息，管理者可以识别工作小组和组织潜在的机会和威胁。

（2）传播者角色。作为传播者，管理者须把他们作为信息监督者所获取的大量信息分配出去，把重要信息传递给工作小组成员。管理者有时也须向工作小组隐藏特定的信息。更重要的是，管理者必须保证员工获得必要的信息或知晓必要的信息，以便切实有效地完成工作。

（3）发言人角色。管理者所扮演的最后一种信息角色是发言人角色。管理者须把信息传递给单位或组织以外的个人。例如，管理者必须向董事和股东说明组织的财务状况和战略方向；必须向消费者保证组织在切实履行社会义务；必须让政府官员对组织遵守法律感到满意；等等。

（三）决策角色

管理者也起着决策者的作用。在决策角色中，管理者处理信息并得出结论。如果信息不能用于组织的决策，这种信息就丧失其应有的价值。管理者负责做出组织的决策，他们让工作小组按照既定的路线行事，并分配资源以保证小组计划的实施。

（1）企业家角色。管理者所扮演的第一种决策角色是企业家角色。在前述的监督者角色中，管理者须密切关注组织内外环境的变化和事态的发展，以便发现机会。作为企业家，管理者对所发现的机会进行投资，如开发新产品、提供新服务或发明新工艺等。

(2) 干扰应对者角色。管理者所扮演的第二种决策角色是干扰应对者角色。一个组织无论被管理得多么好，它在运行的过程中总会遇到或多或少的冲突或问题。管理者必须善于处理冲突或解决问题，如平息客户的怒气，与不合作的供应商进行谈判，或者调解员工之间的争端，等等。

(3) 资源分配者。作为资源分配者，管理者须决定组织资源用于哪些项目。尽管一提到资源就会想起财力资源或设备，但其他类型的重要资源也同样可以被分配给项目。例如，时间也是一种重要资源，当管理者选择把时间花在这个项目而不是那个项目上时，实际上是在分配一种资源。除时间以外，信息也是一种重要资源，管理者是否在信息获取上为他人提供便利，通常决定着项目的成败。

(4) 谈判者角色。管理者所扮演的最后一种决策角色是谈判者角色。对所有层次管理工作的研究表明，管理者把大量的时间花费在谈判上。管理者的谈判对象包括员工、供应商、客户和其他工作小组。无论是何种工作小组，管理者都要进行必要的谈判工作，以确保小组朝着组织目标迈进。

三、管理者的技能

能力是指管理者将各种管理理论与业务知识应用于实践，解决实际问题的本领。美国著名管理学者罗伯特·李·卡茨(Robert L. Katz)认为，管理人员必须具备三项基本技能，即技术技能、人事技能和概念技能。任何管理者，不管其所处的管理地位如何，必须不同程度地具有这三种技能。

管理者的技能

(一) 技术技能

技术技能是指对某一特殊活动，特别是包含方法、过程、程序或技术的活动的理解和熟悉。它包括专门知识、在专业范围内的分析能力，以及灵活地运用该专业的工具和技巧的能力。技术技能主要涉及“物”(过程或有形的物体)的工作。

(二) 人事技能

人事技能是指一个人能够以小组成员的身份进行有效工作的行政能力，并能够与组织内的成员或其他组织保持良好合作的能力，即协作精神和团队精神，创造良好的氛围，使员工能够自由地、无所顾忌地表达个人观点。管理者的人事技能是指管理者为完成组织目标应具备的领导、激励和沟通能力。

(三) 概念技能

概念技能是指纵观全局，分析判断所处环境并能识别其因果关系的能力。作为管理者，需要快速、敏捷地从复杂的环境中辨别各种要素之间的相互关系，抓住问题的实质，并根据形势做出正确的决策。概念技能包括对环境和管理问题的观察和分析能力，对重大战略问题的处理和决策能力，以及对在发事件的应变能力等。

四、管理者的素质

管理者是管理的主体，是指挥他人活动、通过他人或同他人一起实现组织目标的人。要做好管理工作并获得成功，就要学好管理学的基本理论和方法，在实践中创造性地运用，并不断总结和提高，同时还要注重素质的培养。管理者的素质是指管理者与管理相关的基本素养与品质，主要表现为品德、知识与身心条件。管理者的素质是形成管理水平和能力的基础，是做好管理工作、取得管理实效的极为重要的主观条件。

（一）具有良好的品质

（1）优秀的品德。一个人具有什么样的品德，核心在于他具有什么样的价值观。价值观是抽象的，它体现了每个人对周围客观存在的、影响自身发展的各种事物的重要性的看法和评价。价值观会从人们的思想观念和行为准则上表现出来。自党的十一届三中全会以来，我国的经济建设快速发展，涌现出一大批杰出的人物，其中包括优秀的企业家，也包括昙花一现的人物。那些风光一时，但最终还是挡不住诱惑，继而被历史无情淘汰的人，究其原因，还是其价值观存在问题。管理者应该树立正确的价值观，具有强烈的使命感和紧迫的责任感，怀着强烈的进取心，把远大的理想落实在本职工作中，渴望在管理工作的岗位上有所作为，踏踏实实，勇挑重担，克服困难，力求在工作中作出贡献。

案例分享

张瑞敏的素质观

张瑞敏，一个喜欢哲学的企业家，也是一个读了不少书的学者。被问及企业家成功的秘诀，他的回答是“不断提高素质”。1984 年，张瑞敏来到一个亏损 147 万元、几乎一半人想调走的工厂。当时发生了这么一个故事：有一个用户找上门来，说买回去的海尔冰箱有毛病。张瑞敏让用户到仓库去挑选喜欢的冰箱，当时仓库内的 400 多台冰箱竟然没有 1 台能让客户满意。客户走了以后，张瑞敏叫人把所有冰箱检查一遍，检查后发现总共有 76 台冰箱存在不同程度的缺陷。张瑞敏召集工厂里所有的人都来参观，然后要求谁做的这个冰箱谁自己把它砸了。许多老工人都流泪了，因为那时候，工人都开不出工资。就在这种情况下，张瑞敏说：“即使我们明天没有钱也必须把它砸了，因为如果我们放行了这些产品，就是放松了质量意识。”这次砸冰箱事件产生了很大的震慑效应，改变了员工在质量观念上存在的问题。同样，这件事对海尔现在创国际名牌也起了很大的促进作用。从那时起直到今天，海尔的干部汇报工作时如果用了“一切正常”四个字，就被看作不合格，因为他缺乏发现问题、发现矛盾的素质。

（2）广博的知识。在知识经济时代，员工的文化层次不断提高，新技术、新设备不断涌现，办公手段日益现代化，这些都对管理者的文化素质提出了更高的要求。同时，管理者在实际工作中必须具有较强的观察能力、思维能力、应变能力、分析判断能力、决策运筹能力、计划组织能力、协调控制能力、总结汇报能力以及创新能力等。这些能力的提高，都需要丰富的文化知识作基础。因此，管理者要具有一定的文化政治理论知识、精通本职的专业知识、了解相关学科知识。

（3）健康的身心。管理者要有健康的身体、坚强的意志、乐观的性格、广泛的兴趣等。一个人即使具有很高的智商和很强的能力，也未必能在他的事业中获得成功，这是因为心理素质起着非常重要的作用。例如，在困难、挫折、误解、风险、失败面前能否承受住巨大的压力，有没有很强的自我控制能力，能不能以乐观的态度来看待人生，等等。

（二）具有胜任本职的管理能力

（1）激励他人与自我激励的能力。要让员工充分发挥自己的才能努力工作，就要把员工的“要我去做”变为“我要去做”，实现这种转变的最佳方法就是对员工进行有效的激励。同时，还要通过自我激励的方式，把压力转化成动力，增强工作成功的信心。

（2）发现问题和解决问题的能力。要善于发现问题，勤于分析问题，正确解决问题。首先，要善于观其变化，寻其征兆，及时发现存在的问题；其次，要通过对了解到的情况进行认真的思考和分析，弄清问题出现的原因；最后，拿出解决的措施和办法，把可能发生的问题消灭在萌芽状态。

（3）控制情绪的能力。管理者的情绪会影响下属及其他部门的员工，管理者的职务越高，其影响力越大。所以当管理者在批评员工时，要尽量控制自己的情绪，避免让员工感到管理者对他的不满。另外，有些优秀的管理者善于使用生气来进行批评，这种生气与情绪失控不同，它是有意的，情绪处于可控状态。这种批评方式可能使用言语不多，但效果十分明显。

（三）重视实践，敢于创新

管理理论源于管理实践，同时又对管理实践具有指导意义。成功的管理者不可能是天生的，要承认一个人的天赋在成长过程中的作用，但是更要强调教育和实践的作用。“纸上得来终觉浅，绝知此事要躬行”，先进的管理理论和方法，必须与管理实践相结合，应用于实践才有意义。管理者要在事业中获得成功，必须要在管理工作的实践中经受磨炼、积累经验、增长才干、不断学习、提高素质。

“市场面前人人平等”。创新就是生命。谁不注重新产品、新技术的开发应用，谁就随时可能被市场淘汰。作为一个管理者，不能拘泥于以往的形式，经验并非完全正确可靠，只有不断地创新才能保持其生命力。只有创造才能得到灵感，因为它的来源比推理猜测、经验积累更加有效，更加可靠。成功的管理者必须具备强烈的进取心和创新精神。

项目小结

1. 管理是人们确立组织目标，通过计划、组织、领导和控制等手段来有效协调整合组织的人力、物力和财力等资源，以期高效地达成组织既定目标的动态过程。管理是在特定的环境中进行的，而环境是不断变化的，所以，管理不仅要有科学性和经济性，还要有实践性和艺术性。

2. 管理者是组织的协调者，通过履行管理职能来实现组织目标。管理者都有共同的角色特征，但根据各自所处的管理层次不同，其侧重点不一样。

3. 管理者不仅要具备一定的基本素质及相应的专业素质，还要具备基本的管理技能才能履行管理的职能，每一种技能都为完成一定的管理职能服务。管理者的技能要随着社会的发展而发展。

4. 管理科学是一个庞大的科学体系，管理学基础只是一般管理学中研究管理的一般原理、一般理论的学科，对其他管理学科具有普遍指导意义。

5. 在组织中，无论是管理者还是被管理者，都应掌握管理知识和技能。

自我检测

一、单项选择题

1. “干学结合才能真正领悟管理的真谛”，这句话说明管理是一门(　　)的科学。

A. 不精确　　B. 综合性很强　　C. 发展中　　D. 实践性很强

2. 下列关于管理活动的理解不正确的是(　　)。

A. 管理活动要做到管理的科学性与艺术性的结合

B. 有效的管理应该做到效率与效果的有效结合

C. 管理活动是为了有效地实现组织目标

D. 管理活动的关键是做好“管”，因为管理者不“管”，下属就不“理”

3. 关于管理的应用范围，人们的认识不同，你认为下列哪个说法最准确？(　　)。

A. 只适用于营利性工业企业　　B. 普遍适用于各类组织

C. 只适用于非营利性组织　　D. 只适用于营利性组织

4. 在与不合作的供应商进行谈判的时候，管理者扮演着(　　)的角色。

A. 企业家　　B. 冲突管理者

C. 资源分配者　　D. 职工

5. “能领兵者，谓之将也”“能将将者，谓之帅也”，由此可见，“将才”和“帅才”是活动在不同管理层次的领导人物，他们的管理职能也就有所不同。“帅才”较“将才”应更注重(　　)。

A. 概念技能　　B. 技术技能　　C. 人事技能　　D. 沟通技能

6. 美国管理学家卡茨认为,有效的管理者应具有相应的技能。其中,由于管理者的工作对象是人,(　　)技能对各个层次管理者均具有重要意义。

A. 人事　　B. 技术　　C. 概念　　D. 激励

7. 下列不属于管理职能的是(　　)。

A. 计划　　B. 组织　　C. 经营　　D. 控制

8. 管理者必须因地制宜地将管理知识与具体管理活动相结合,这强调了管理的(　　)。

A. 科学性　　B. 艺术性　　C. 实用性　　D. 综合性

二、判断题

1. 管理是指组织中的管理者,通过实施计划、组织、领导、控制等职能来协调他人的活动,使别人同自己一起实现既定目标的活动过程。(　　)

2. 管理者把信息传递给单位或组织以外的个人称为组织发言人。(　　)

3. 中层管理者需要具备更多的技术技能。(　　)

4. 人事技能是指纵观全局,分析判断所处环境并能识别其因果关系的能力。(　　)

5. 管理者行使一些具有礼仪性质的职责时,扮演的是领导者角色。(　　)

三、简答题

1. 什么是管理?如何理解管理的具体含义?

2. 简述管理者的技能。

3. 管理活动具有哪些基本职能?它们之间的关系是什么?

4. 简述管理学的研究对象及研究内容。

5. 有些同学说:“我以后不做管理者,学习管理学没用。”这种说法对吗?谈谈你的认识。

四、案例分析

“知识分子太难管了!”

有一家应用科学研究所,所长是在“让科技人员走上领导岗位”的背景下被委任的,没有领导工作经验。他上任后,在科研经费划分、职称评定、干部提升等方面,实行“论资排辈”的政策,在成果及物质奖励等方面则搞平均主义,科研项目及经费只等上级下拨。所里的中青年科技人员由于收入低且无事可做纷纷到外面从事第二职业,利用所里的设备和技术捞私利,导致人心涣散。

上级部门了解情况后,聘任了一名成绩显著的家用电器厂厂长担任新所长。该厂长是一名转业军人,是当地号称整治落后单位的铁腕人物。新所长一上任,立即实施一系列新的规章制度,包括“坐班制”,并把中青年科技人员集中起来进行“军训”,以提高其纪律性;在提升干部、奖励等方面,向“老实、听话、遵守规章制度”的人倾斜。这样一来,涣散的状况有所改变，但大家还是无事可做，整日在办公室看看报纸、谈谈天，要求调离的人不断增加，员工与所长之间也经常出现矛盾。一年后，该所长便辞职而去，并留下了“知识分子太难管了”的感叹。

上级部门进行仔细的分析和研究后，又派了一名市科委副主任担任所长。该所长上任后，首先进行了周密的调查，然后在上级的支持下，进行了一系列有针对性的改革，把一批有才能、思想好、有开拓精神的人提升到管理工作岗位，权力下放到科室、课题组；奖励、评职称实行按贡献大小排序的原则；提倡“求实、创新”的工作作风；在完成指定科研任务的同时，搞横向联合，制定面向市场的优惠政策。从此，研究所的面貌焕然一新，原来的一些不正常现象自然消失，科研成果、经济效益成倍增长，成了远近闻名的科研先进单位。

请分析：

1. 前两任所长为什么会觉得“知识分子太难管了”？
2. 第三任所长采取了哪些有成效的管理措施？
3. 本案例体现了管理的哪些特点？

项目二 管理思想与理论的演进

学习目标

1. 了解中外早期管理思想的主要内容。

2. 了解古典管理理论和行为科学管理理论的主要贡献。

3. 区分并理解现代管理理论。

4. 能运用相应的管理理论分析与解决实际管理问题。

5. 重温中国传统文化，培养文化自信，树立正确的人生观、价值观，感知勤奋励志、严谨求实的精神。

案例引入

情境1：王娟到一家清扫公司打工。上班第一天，老板问她会不会擦玻璃。她心想：谁还不会擦玻璃啊，在学校大扫除的时候可没少擦玻璃，于是回答："会。"老板说："那你擦给我看看。"于是，王娟吭哧吭哧用了半个小时把玻璃擦干净了。老板说："你再看我给你擦玻璃。"老板只用了十分钟就把另一扇窗户的玻璃擦干净了。原来他们擦玻璃的方法不同：王娟把抹布洗干净捏成一团去擦玻璃，抹布脏了就到桶里洗，中间洗了七八次抹布，最后桶里的水都脏了，抹布也干净不到哪去，好不容易才把玻璃擦干净。而老板只洗了两次抹布：第一次洗干净后将抹布叠成手掌大的一块，这面擦了再擦另一面，然后再把抹布重新叠一下，再用干净的一面去擦，直到所有玻璃都擦干净了，最后再洗一次抹布。老板说："以后就这样擦。"后来王娟发现，这里的很多工作都有一套固定的模式，不可以随便更改，而按着这些模式去干，确实可以节省时间，提高工作效率。

情境2：1907年8月28日，美国联合包裹运送服务公司(UPS)成立于美国西雅图，经过百年发展，已经成为全球的配送专家。公司雇用了15万名员工，平均每天将900万个包裹发送到美国各地及世界180多个国家和地区。为了提高工作效率，UPS的工业工程师们对每一名司机的行驶路线进行了时间研究，对每种送货、取货和暂停活动都设立了工作标准。工程师们详细记录了红灯、通行、按门铃、穿过院子、上楼梯、中间休息喝咖啡的时间，甚至上厕所的时间，将这些数据输入计算机中，从而给出每一名司机每天工作中的详细的时间标准。为了完成每天取送130件包裹的目标，司机们必须严格遵守工程师们设定的程序：接近发送站时，他们需要松开安全带，按喇叭，关发动机，拉起紧急制动，把变速器推向倒挡上，为送货完毕后的起动离开做好准备，这一系列动作极为严格。然后司机离开驾驶室到地面上，右臂夹着文件夹，左手拿着包裹，右手拿着车钥匙。他们看一眼包裹上的地址，记在脑子里，然后以每秒3米的速度快步走到顾客的门前，先敲一下门以免浪费时间找门铃。送货完毕，他们在回到卡车上的路途中完成登录工作。

UPS是世界上效率最高的公司之一，联邦快递(FedEx)公司每人每天取运80件包裹，而UPS公司却是130件。高效率为UPS公司带来了丰厚的利润。

情境3：如果我们到麦当劳，可以多留意它的标准化管理。麦当劳要求每一个服务人员都必须在正确的时机以正确的用语问候顾客，而且必须精神抖擞，面带微笑，大声向顾客打招呼问好。麦当劳在工作手册中明确规定了打招呼的问候用语：欢迎光临，请到这里来，早上好，晚上好，等等。同样，他们在询问或建议点餐时，准备顾客所点的食品时，收款时，将顾客所点的食物交到顾客手中时，感谢顾客光临时，都要保持一套惯常的礼貌用语。在这标准的服务顾客的六个步骤背后，麦当劳公司要求服务员做到“用心待客”，服务礼貌周到，迅速准确，欢迎热情、自然，音量大小适当。需要说明的是，虽然麦当劳以严格的统一用语来进行服务工作，但却非一成不变，而是将需要情感的互动部分交由员工自行处理。因此，尽管规定了统一的服务标准，但他们不会像机器人一样重复同一个口令和动作。麦当劳还规定：牛肉饼做出来10分钟没人吃，扔掉；薯条炸出来7分钟没卖掉，扔掉；咖啡冲出来30分钟后倒掉；洗手间每30分钟打扫一次，吃饭的高峰则每15分钟打扫一次……

思考：

1. 以上三个情境有何共同之处？
2. 你认为这些科学管理的方式对于今天的企业有效吗？
3. 为什么标准化管理能带来效率呢？

任务一　感悟中国传统管理思想

如何做到“古为今用”是我国管理现代化过程中所面临的课题，中国古代虽然没有专门的管理学著作，但古人在论述人生观、社会观、兵法等问题时都涉及管理学的重要原则。对于中国古代管理思想的思考，必须严格甄别，从中国古代管理思想中区分现代化管理的有利因素和不利因素，然后取其精华，去其糟粕，推陈出新，古为今用，使中国古代管理思想更好地为现代企业管理服务。

中国古代管理思想主要出自兵家、道家、儒家。兵家长于决策；道家善于权变；儒家重视人性和人际关系，试图用道德修养与教化解决人与人、人与社会之间的矛盾。如果从精神实质上衡量，兵家的决策思想类似现代的决策学派，道家“与时迁移、因物变化”的思想类似西方的权变管理，儒家的管理思想类似现代西方的行为学派。兵家讲韬略，道家尚权变，儒家贵和谐，这些积极成分对管理现代化均有一定的借鉴作用，都富有治国安民的管理思想。下面仅对兵家、道家和儒家的管理思想作简要阐述，便可以“窥一斑而知全豹”。

一、兵家的管理思想

“物竞天择，适者生存”。有了人类，就有了竞争，即人与人之间的竞争、人与自然之间的竞争。为了在竞争中取胜，就产生了谋略。兵家的管理思想就是在竞争中产生的。中国古代的兵家管理思想丰富、系统、精深、独特，深得中外管理思想者的赞许。兵家的管理思想以“谋略”或“运筹”为中心，强调“人谋”，要求“谋定而动”。

（一）目标管理思想

《孙子兵法》强调：“善用兵者，屈人之兵而非战也；拔人之城而非攻也；毁人之国而非久也。必以全争于天下，顾兵不顿而利可全，此谋攻之法也。”真正善于用兵的人，使敌人屈服，占领敌人的城池，毁灭敌人的国家，可以不必让军队因长期作战而付出惨重的代价，但一定要向全胜的目标努力。这样的人一定能够做到：在军队不受挫折的前提下保全目标，获得胜利。孙武的“全胜而非战”的思想，是兵家目标管理思想的最高境界。

（二）战略管理思想

孙武认为，用兵的上策是以谋略胜敌，其次是通过外交手段取胜，再次是使用武力战胜敌人，最下策是攻城。在这里，孙武强调了战略制胜的重要性。

（三）行政管理思想

为取得战争的胜利，兵家提出“令之以文，齐之以武”的行政管理原则和方法。所谓“文”，就是“仁”，即反复对被管理者进行政治道义教育，包括怀柔和重赏，使之亲附；所谓“武”，就是“法”，即用法纪手段约束被管理者，包括强迫和严刑，使之畏服。管理者采用文武兼施、刑赏并重的原则治理军队，就能使“上下同欲”。先文后武，文武结合，才能管理好军队。为了实施“文武”结合的原则，可采用如下具体做法：第一，要仁爱士兵；第二，要赏罚分明；第三，要严格管教士兵。

（四）信息管理思想

《孙子兵法》中包含着古代朴素的信息观，揭示了信息联系的规律。按照孙武的认识和设计，运用信息主要靠“算”和“知”。第一，算。孙武认为，要打有准备之仗，就必须对敌我双方的情况进行计算、思考和比较。第二，知。孙武说：“知彼知己，百战不殆；不知彼而知己，一胜一负。不知彼，不知己，每战必殆。”

（五）人才管理思想

孙武说：“故善战者，求之于势，不责于人，故以择人而任势。”所谓“择人而任势”，就是要求军事指挥员重视选用人才，利用形势，以战胜敌人。善于指挥打仗的将帅，他的主导思想应放在依靠、运用、把握和创造有利于取胜的形势上，而不是去苛求手下的将士，这样他就能从全局态势的发展变化出发，选择适于担当重任的人才，从而取得决定全局胜利的主动权。正因为如此，所以要更加重视将帅的选拔和使用。孙武的具体主张是：第一，择人任势，以德择将。将帅要具备“智、信、仁、勇、严”五个条件。第二，用人不疑，信任部下。将帅有才能，主君就要放手让他施展才华。

二、道家的“柔道”管理

道家思想对中国文化的影响仅次于儒家思想，并对儒家和法家的思想产生了重要的影响。道家的基本思想是强调顺应自然、以柔克刚，这就决定了其管理思想的“柔道”特色。

（一）“无为而治”的管理智慧

从“无为”的原则出发，老子提出了一整套的道家管理战略。老子说：“无为而无不为，取天下常以无事；及其有事，不足以取天下。”道家认为，按照“无为”的原则办事和管理，天下就没有不能治好的事，管理就一定能上轨道，取得预期的成效。正所谓“为无为，则无不治”。

（二）处理人事关系的基本方略

“处下不争”，这是老子倡导的在处理人际关系，尤其是领导与被领导关系时的基本方略。在人与人、国与国的关系中，老子一贯主张“居后”“处下”，认为这是处理人和人、国与国之间关系所普遍适用的原则。这就要求领导者、管理者在名利面前谦虚退让，淡泊名利，力求做到克己奉公、大公无私。老子虽然主张“处下不争”，但他并没有否认“争”的存在与目的性。这是道家的一种管理方略，“处下”是为了更好地居上，“不争”则是为了更好地争得。这也就是道家所强调的“不争而善胜”的道理。

三、儒家的管理思想

儒家文化的特点是关心人生、社会问题，在伦理道德方面建立了相当完整的思想体系，其中蕴涵着丰富的政治管理和人事管理思想。

（一）“修己安人”的管理目标

在儒家看来，治国首先是人的管理，而人的管理又可分为“修己”的自我管理和“安人”的社会管理两大部分。首先，“修己”的自我管理，强调管理者只有不断提高自身个人修养与人格魅力，才能赢得部下的尊重与信任，管理过程才能有效地开展。提醒管理者一定要重视自身的品行修养，必须做到安人先正己。其次，“安人”的社会管理，是立足于自我修身的基础之上，其内容包括齐家、治国、平天下，即天下之本在于国，国之本在于家，家之本在于身的道理。儒家学说把政治与伦理相结合，把国家、家庭和个人联系起来，构成了社会管理系统。从管理角度看，要把天下治理好，就得使国家安定；为使国家安定，就需要人人从自己做起。

（二）“民为邦本”的管理意向

孔子说：“惠则足以使人”。也就是说，给民众以恩惠，就能很好地指使民众。强调以民生为本的管理思想是古今中外均被看好的管理智慧。儒家的管理思想从群体之“人”这个中心展开，关注民生、民心和民信是儒家管理思想的重要取向。另外，就如何发展生产、缩小贫富差别等关系国计民生的问题进行探讨时，其基本思路也是如何让老百姓安居乐业，进而促进社会的稳定与和谐。

（三）“贵”和“中庸”的管理方法

在儒家文化中，“和”既是管理的目的，也是管理的方法。孔子强调：“君子和而不同，小人同而不和”。他主张在无关原则的小事上，要讲协调、重和睦，不要小题大做，闹不团结；凡事关原则性的大问题，则要坚持原则，不应苟同。怎样才能做到“和”呢？“中庸之为德也，其至矣乎！”意思是说，中庸作为促进人际和谐、实现良好道德的一种法则，是再好不过的了！孔子的本意是，无论做人、处世还是办事都不能过分，要“执其两端用其中于民”。可见，孔子提倡中庸，是反对在处理问题时走极端、防止片面性。适中办事才是“正”道，才符合事物常理。

任务二　学习西方管理理论

从历史上看，管理与人类社会几乎同时产生。自从有了人类社会，人们的社会生活就离不开管理，所以管理的实践早就出现了。在这漫长的管理实践活动中，人们积累了大量的管理经验，并逐步形成了管理思想。随着社会的发展，科学技术的进步，人们又对管理思想加以进一步的归纳和总结，提炼出了属于管理活动普遍原理的部分，形成了管理的基本理论。这些理论又被人们运用到管理实践中，指导管理活动的进行，同时又进一步对这些理论进行实践验证。管理学的整个形成过程，就是从实践到思想再到理论，然后又将理论应用于实践。因此，将管理学的这样一个形成过程同人类社会的发展的不同阶段加以比较和归纳，就可以比较全面地表示管理学的形成过程。

早期管理活动或实践阶段，是指从人类社会产生，人们结成了一定的社会关系，有了集体劳动的分工、协作开始，到 18 世纪这一历史时期。这一阶段，人类仅仅为了谋求生存而进行各种活动，不自觉地进行着管理活动和管理的实践，其范围是极其广泛的，但是并未对管理活动本身的重要性和必要性加以认识，提出某些见解，仅有的管理知识是代代相传或从实践经验得来的，人们凭经验去管理，尚未对经验进行科学的抽象。早期的一些著名的管理实践和管理思想大都散见于埃及、中国、希腊和意大利等国的史籍和许多宗教文献之中。

管理思想的萌芽阶段,是从18世纪到19世纪末。工业革命使以机器为主的现代意义上的工厂成为现实,工厂以及公司的管理作用越来越突出,越来越多地涉及了一些管理方面的问题。这一时期人们逐渐观察各种管理的实践活动,对管理活动在社会中所起的作用产生了一定的认识。在军事、经济、政治、行政等领域或某些环节,人们提出了某些见解。但这一切都停留在较低水平上,没有进一步系统地、全面地加以研究。因而人们对它的认识和见解仅仅散见于一些历史学、哲学、社会学、经济学、军事学等著作之中,还没有形成一个比较完整的管理理论体系。这个时期的代表人物有亚当·斯密(Adam Smith)、大卫·李嘉图(David Ricardo)等。

管理理论形成阶段,是从19世纪末、20世纪初开始直到现在。这一时期随着生产力的高度发展和科学技术的飞跃进步,经过管理学者们的不断研究、观察,甚至亲自实践,对管理的科学认识不断丰富和具体,从而对其进行概括和抽象,逐渐形成管理理论,管理作为一门科学才真正蓬勃地兴起。这一时期又分为三个阶段:古典管理理论阶段(20世纪初到20世纪30年代行为科学学派出现前),现代管理理论阶段(20世纪30年代到20世纪80年代,主要指行为科学学派及管理理论丛林阶段)和当代管理理论阶段(20世纪80年代至今)。

管理活动是一种历史范畴,是与一定历史条件下人类的生产实践相联系的。因此,管理思想与理论的形成和发展与时代特征密切相关。

一、西方早期管理活动

管理的活动或实践自古以来就存在,它是随人类集体协作、共同劳动而产生的。人类进行有效的管理实践,大约已超过6 000年的历史,西方早期的一些著名的管理实践和管理思想大都散见于一些文明古国的史籍和许多宗教文献之中。

公元6世纪到18世纪,欧洲处于奴隶社会末期至资本主义萌芽时期,其社会生产力、商品生产有一定的发展,并产生了所谓的“重商主义”。这一时期,主要出现了两种类型的社会经济活动的组织形式:一是商业行会和手工业行会;二是厂商组织。因贸易的发展需要管理贸易的机构,于是在11世纪初产生了商业行会。这些商人的组织设在不受封建庄园约束的城镇,特别是设置在欧洲的海港和贸易路线的沿途各地。当然,这些人一般来自封建庄园,包括已获得自由的农奴。商人在城镇的聚集,很快引起工匠的聚集。因为庄园的人会定期到城镇进行贸易,所以工匠发现在那里更容易销售产品。同时也感到有相互团结的需要,于是第二种行会形式——手工业行会于12世纪初在西欧的城镇出现了。每个手工业行会都获得许可证,被授予在特定地区垄断生产某种产品或提供服务的权力。厂商组织可以算是最早的“前店后厂”。为了筹措资金,厂商组织有两种主要的形式:合伙和联合经营,二者都是未来公司的前身。

在中世纪,管理实践和管理思想都有很大发展。15世纪,世界最大的工厂之一——威尼斯兵工厂采用了流水作业，建立了早期的成本会计制度，并进行了管理的分工。其工厂的管事、指挥、领班和技术顾问全权管理生产，而市议会通过一个委员会来干预工厂的计划、采购、财务事宜。这又是一个管理实践的出色范例，体现了现代管理思想的雏形。

意大利佛罗伦萨的尼科洛·马基雅维利（Niccolò Machiavelli）于16世纪所著《君主论》（*The Prince*）一书中，对统治者怎样管理国家、怎样更好地运用权威，提出了四条原则：第一，群众认可，权威来自群众；第二，内聚力，组织要能够长期存在，就要有内聚力，而权威必须是在组织当中行使的；第三，领导能力，掌权之后要能够维持下去，就必须具备领导能力；第四，求生存的意志，就是要"居安思危"。

二、西方早期管理思想的萌芽

18世纪到19世纪中期，欧洲逐渐成为世界的中心。这一时期可以说是欧洲各国在社会、政治、经济、技术等方面经历大变动、大改革的时期：几次大规模的资产阶级革命；城市（主要是商业城市）的发展；资本主义生产方式从封建制度中脱胎而出，这期间，家庭手工业制占主导地位逐步被工厂制所代替；英国的工业革命使机器动力普遍代替部分人力，对社会经济的发展产生了重要影响。随着工业革命以及工厂制度的发展，工厂以及公司的管理越来越突出，也有很多的实践。许多理论家，特别是经济学家，在其著作中越来越多地涉及有关管理方面的内容。很多实践者（主要是厂长、经理）则着重总结自己的经验，共同探讨有关管理问题。这些著作和总结，为即将出现的管理运动打下了基础，是研究管理思想发展的重要参考文献。

（一）亚当·斯密

英国经济学家亚当·斯密是最早对经济管理思想进行系统论述的学者。他在1776年（当时正值英国的手工业开始向机器工业过渡时期）出版了《国民财富的性质和原因的研究》（简称《国富论》）一书，系统地阐述了劳动价值论及劳动分工理论。

斯密认为，劳动是国民财富的源泉，各国人民每年消费的一切生活日用必需品的源泉是本国人民每年的劳动。这些日用必需品供应情况的好坏，决定于两个因素：一是这个国家的人民的劳动熟练程度、劳动技巧和判断力的高低；二是从事有用劳动的人数和从事无用劳动人数的比例。他同时还提出，劳动创造的价值是工资和利润的源泉，并经过分析得出了工资越低，利润就越高，工资越高，利润就会降低的结论。这揭示了资本主义经营管理的本质。

斯密在分析增进"劳动生产力"的因素时，特别强调了分工的作用。他对比了一些工艺和一些手工制造业实行分工前后的变化，对比了易于分工的制造业和当时不易分工的农业的情况，说明分工可以提高劳动生产率。他认为，分工的益处主要有以下三点。

第一，劳动分工可以使工人重复完成单项操作，从而提高劳动熟练程度，提高劳动效率。第二，劳动分工可以减少由于变换工作而损失的时间。第三，劳动分工可以使劳动简化，使劳动者的注意力集中在一种特定的对象上，有利于创造新工具和改进设备。他的上述分析和主张，不仅符合当时生产发展的需要，而且也成了以后企业管理理论中的一条重要原理。

斯密在研究经济现象时提出了另一个重要的论点，即人作为经济活动的主体呈现出两个特征：一是自利，二是理性。经济现象是基于具有利己主义目的的人们的活动所产生的。他认为，人们在经济行为中，追求的完全是私人的利益，但是每个人的利益又为其他人的利益所限制，这就迫使每个人必须顾及其他人的利益。由此就产生了相互的共同利益，进而产生和发展了社会利益。社会利益正是以个人利益为基础的。斯密曾经这样来描述人们之间的相互关系："人类几乎随时随地都需要同胞的协助，要想仅仅依赖他人的恩惠，那是一定不行的。""他如果能够刺激他们的利己心，使有利于他，并告诉他们，给他做事，是对他们自己也有利的，他要达到目的就容易多了。"这种认为人都要追求自己的经济利益的"经济人"观点，正是以"看不见的手"为标志的资本主义生产关系的反映。

(二) 罗伯特·欧文

英国的空想社会主义代表人物之一——罗伯特·欧文(Robert Owen)为实践自己的政治主张而进行的"纽兰纳克"及"新协和村"的试验虽然未获成功，但他的实践与思想却对管理学的形成作出了贡献。例如，就人和机器而言，他认为："至少要像对待无生命的机器那样重视对于有生命的人的福利。"他首先提出在工厂生产中要重视人的因素，要缩短工人的工作时间，提高工资，改善工人的住宅条件。他的改革试验证实，重视人的作用和尊重人的观点对管理理论的产生和发展，都有积极的影响。另外，他还注重对工人的行为教育，被后人誉为"现代人事管理之父"、人本管理的先驱。

(三) 查尔斯·巴贝奇

英国数学家查尔斯·巴贝奇(Charles Babagge)在亚当·斯密劳动分工理论的基础上，又进一步对专业化问题进行了深入研究。1832 年，他在《论机器和制造业的经济》一书中概述了他的思想。该书对专业化分工、机器与工具使用、时间研究、批量生产、均衡生产、成本记录等问题都做了充分的论述，并且强调要注重人的作用，分析颜色对效率的影响，鼓励工人提出合理化建议，等等。

巴贝奇赞同斯密的劳动分工能提高劳动效率的论点，但认为斯密忽略了分工可以减少支付工资这一好处。巴贝奇对制针(普通制针)业作了典型调查，把制针业的生产过程划分为七个基本操作工序，并按工序的复杂程度和劳动强度雇佣不同的工人，支付不同的工资。如果不实行分工，整个制造过程由一个人完成，那就要求每个工人都有全面的技艺，都能完成制造过程中技巧性强的工序，同时又有足够的体力来完成繁重的操作。工厂主必须按照全部工序中技术要求最高、体力要求最强的标准来支付工资。由此，巴贝奇提出了"边际熟练"原则，即对技术水平、劳动强度定出界限，作为报酬的依据。

在斯密和巴贝奇之后，在生产过程中进行劳动分工的做法得到了广泛的应用。到了

20 世纪，大量流水生产线的形成使劳动分工的主张得到了充分的体现。

巴贝奇认为，工人同工厂主之间存在利益共同点，并竭力提倡利润分配制度，即工人可以按照其在生产中所做的贡献分到工厂利润的一部分。巴贝奇也很重视对生产的研究和改进，主张实行有益的建议制度，鼓励工人提出改进生产的建议。他认为，工人的收入应该由三部分组成，即按照工作性质所确定的固定工资；按照生产效率及所作贡献分得的利润；为提高劳动效率而提出建议所应给予的奖励。其中，按照生产效率不同来确定报酬的制度具有刺激作用。

以上介绍的这些主要的、有代表性的管理实践和管理理论，都是作为某个人或某个集团对某一活动单一的管理实践和管理思想的体现，还没有形成一个完整的系统。管理理论的基本形成是在近代的科学管理理论和管理过程与管理组织理论的研究中开始的。

三、管理理论的产生与形成

19 世纪末，科学管理开始萌芽。随着企业的规模和数量不断增长，管理人员遇到以前没有遇到过的多种问题。人们考虑问题的重点已经转移到厂商内部的各种问题中，如加工过程、设备排列、场地布置、生产技术、激励制度等。管理已逐步转向对“物”的管理。同时，人们聚集在大集体中进行劳动又突出了组织与效率的问题。对这些问题的关心通常表现在管理文献中。由于认识到需要通过社会、出版物和会议来交流观点，所以也开始了管理思想的传播和交流。在短短几年内，人们对管理的认识已经有了变化，把它看成是对人类经济活动有影响的一门完整知识，管理人员被公认为受尊敬的人，管理原理这一主题已经从工业界扩散到大学的课堂，管理终于形成一个独立的研究领域。

（一）科学管理理论

1. 泰勒的科学管理理论

科学管理理论

弗雷德里克·温斯洛·泰勒（Frederick Winslow Taylor）出生于美国费城一个富有的律师家庭，中学毕业后考上哈佛大学法律系，但不幸因眼疾而被迫辍学。1875 年，他进入一家小机械厂当学徒工，1878 年转入费城米德瓦尔钢铁厂当机械工人，在该厂一直干到 1897 年。在此期间，由于工作努力，表现突出，泰勒很快先后被提升为车间管理员、小组长、工长、技师、制图主任和总工程师，并在业余学习的基础上获得了机械工程学士学位。在米德瓦尔钢铁厂的实践中，他感到当时的企业管理者不懂用科学方法进行管理，不懂工作程序、劳动节奏和疲劳因素对劳动生产率的影响，而且工人缺少训练，没有正确的操作方法和适用的工具，这都大大影响了劳动生产率的提高。为了改进管理，他在米德瓦尔钢铁厂进行了各种试验。

1898—1901 年间，泰勒受雇于伯利恒钢铁公司继续从事管理方面的研究，并取得了一种高速工具钢的专利。1901 年后，他的大部分时间都用来从事咨询、写作和演讲等工作，以宣传他的一套管理理论——“科学管理”，即通常所称的“泰勒制”，为科学管理理论的传播做出了贡献。

泰勒的研究工作是在他担任米德瓦尔钢铁厂工长时开始的。他的特殊经历使他有机会在工厂的生产第一线系统地研究劳动组织与生产管理问题。在他亲身体验并发现生产效率不高是由于工人们"故意偷懒"的问题后,便决心着手解决它。从 1881 年开始,他进行了一项"金属切削试验",由此研究出每个金属切削工人每日的合适工作量。经过两年的初步试验之后,他给工人制定了一套工作量标准。他自己认为,米德瓦尔的试验是工时研究的开端。

1898 年,泰勒受雇于伯利恒钢铁公司期间进行了著名的"搬运生铁块试验"和"铁锹试验"。搬运生铁块试验是在这家公司的五座高炉的产品搬运班组大约 75 名工人中进行的。由于这一研究改进了操作方法,训练了工人,其结果使生铁块的搬运量提高了 3 倍。铁锹试验首先是系统地研究铲上的负载应为多大的问题,其次是研究各种材料能够达到标准负载的锹的形状、规格问题,与此同时还研究了使用哪种原料装锹最好的问题。此外,泰勒还对每一套动作的精确时间做了研究,从而得出一个"一流工人"每天应该完成的工作量。这一研究的结果是非常出色的,堆料场的劳动力从 400~600 人减少为 140 人,平均每人每天的搬运量从 12 吨提高到 47.5 吨,每个工人的日工资从 1.15 美元提高到 1.85 美元。

知识链接

搬运生铁块试验

伯利恒钢铁公司有一项工作是把生铁块搬运到铁路货车上,工人每天的平均搬运量是 12 吨,日工资是 1.15 美元。泰勒首先对搬运的姿势、行走的速度、持握的位置以及休息时间的长短等过程进行了分析,测定了搬运各环节的时间,制定了最佳的搬运方法。然后挑选一名身强体壮的工人,并按新方法对他进行培训,让其按他的方法搬运和休息,结果该工人一天就完成了 47.5 吨的任务。此后,泰勒制定了新的日搬运量标准,并把工人日工资提高到 1.85 美元。

铁锹试验

伯利恒钢铁公司的铲运工人需要自备铁锹来铲铁矿石和煤渣,这些铁锹各式各样,铲煤渣时,有的铁锹每锹的负载量不足 2 千克;铲铁矿石时,每锹的负载量有的超过 15 千克。为此,泰勒挑选了若干名"一流"的工人,要求他们按照他的指导进行操作。试验表明,最佳效果是每一锹平均负载量为 9 千克。由于物料的比重不同,为了使工人在铲不同的物料时每锹的负载量大致相同,泰勒还给工人配置了 12 种大小规格不同的铁锹,其结果是堆料场的劳动力从 400 多人减少到 140 人,每吨的操作成本从 7.2 美分降到 3.3 美分。试验前,工人干不同的活儿拿同样的铁锹,试验后,工人铲不同的东西拿不同的铁锹,生产效率得到大幅度提高。

泰勒在米德瓦尔钢铁厂开始进行的金属切削试验延续了26年之久，进行的各项试验达3万次以上，80万磅的钢铁被试验用的工具削成切屑，总共耗费约15万美元。试验结果发现了能大大提高金属切削机工产量的高速工具钢，并取得了各种机床适当的转速和进刀量以及切削用量标准等资料。

综上所述，这些试验集中于“动作”“工时”的研究，工具、机器、材料和工作环境等标准化研究，并根据这些成果制定了比较科学的每日工作定额和为完成这些定额的标准化工具。

泰勒一生致力于“科学管理”，但他的做法和主张并非一开始就被人们所接受，而是逐渐引起社会舆论的关注。于是，美国国会于1912年举行对泰勒制和其他工场管理制的听证会，泰勒在听证会上向公众宣传科学管理的原理及其具体的方法、技术，引起了极大的反响。

科学管理理论的主要内容概括为以下七个方面。

第一，科学管理的中心问题是提高劳动生产率。泰勒认为，要制定出有科学依据的工人的“合理的日工作量”，就必须进行工时和动作研究。方法是选择合适且技术熟练的工人，把他们的每一项动作、每一道工序所使用的时间记录下来，加上必要的休息时间和其他延误时间，得出完成该项工作所需要的总时间，据此定出一个工人“合理的日工作量”，这就是工作定额原理。

第二，要使工人掌握标准化的操作方法，使用标准化的工具、机器和材料，并使作业环境标准化。泰勒认为，必须用科学的方法对工人的操作方法、工具、劳动和休息时间的搭配，机器的安排和作业环境的布置等进行分析，消除各种不合理的因素，把各种最好的因素结合起来，形成一种最好的方法，这是管理当局的首要职责，这就是标准化原理。

第三，为了提高劳动生产率，必须为工作挑选“第一流的工人”。所谓第一流的工人，泰勒认为，“每一种类型的工人都能找到某些工作使他成为第一流的，除了那些完全能做好这些工作而不愿做的人”。在制定工作定额时，泰勒是以“第一流的工人在不损害其健康的情况下维护较长年限的速度”为标准的。这种速度不是以突击活动或持续紧张为基础，而是以工人能长期维持正常速度为基础。泰勒认为，健全的人事管理的基本原则是：使工人的能力同工作相配合，管理当局的责任在于为雇员找到最合适的工作，培训他成为第一流的工人，激励他尽最大的努力来工作。

第四，实行有差别的计件工资报酬制度。为了鼓励工人努力工作、完成定额，泰勒提出了差别计件制度，这种计件工资制度包含以下三点。

(1) 通过工时研究和分析，制定出一个有科学依据的定额或标准。

(2) 采用“差别计件制”的刺激性付酬制度，即计件工资率按完成定额的程度而浮动。例如，如果工人完不成工作定额，就只能按正常工资标准的80%付酬；如果完成了工作定额，则按正常工资标准的125%付酬。

(3) 工资支付的对象是工人而不是职位，即根据工人的实际工作表现而不是工作类别来支付工资。泰勒认为，这样做既能克服消极怠工的现象，更重要的是能调动工人的积极性，从而促使工人大大提高劳动生产率。

第五，把计划职能与执行职能分开，变原来的经验工作法为科学工作法。所谓经验工作法，是指每个工人用什么方法操作、使用什么工具等，都由自己或师傅等人的经验来决定。泰勒主张明确划分计划职能与执行职能，由专门的计划部门从事调查研究，为定额和操作方法提供科学依据；制定科学的定额和标准化的操作方法及工具；拟订计划并发布指示和命令；比较“标准”和“实际情况”，进行有效的控制等工作。至于现场的工人，则从事执行的职能，即按照计划部门制定的操作方法和指示，使用规定的标准工具，从事实际的操作，不得自行改变。

第六，在组织机构的管理控制上实行例外原则。泰勒认为，规模较大的企业组织和管理，必须应用例外原则，即企业的高级管理人员把例行的日常事务授权给下级管理人员去处理，自己只保留对例外事项的决定和监督权。这种以例外原则为依据的管理控制原理，在后来被发展成为管理上的分权化原则和实行事业部制管理体制。

第七，工人和雇主都必须认识到提高劳动生产率对双方都有利。工人和雇主必须相互协作，为共同提高劳动生产率而努力。在上文介绍的铁锹试验中，每个工人每天的平均搬运量从 12 吨提高到 47.5 吨；工人每日的工资从 1.15 美元提高到 1.85 美元。而每吨的搬运费也就降低了，对雇主来说，其关心的是成本的降低；而对工人来说，其关心的则是工资的提高。泰勒认为，这就是劳资双方进行“心理革命”、从事协调与合作的基础。

泰勒通过一系列的著作，总结了几十年试验研究的成果，归纳了自己长期管理实践的经验，概括出一些管理原理和方法，经过系统化整理，形成了“科学管理”的理论。泰勒在管理理论方面做了许多重要的开拓性工作，为现代管理理论奠定了基础。由于他的杰出贡献，被后人尊为“科学管理之父”，这个称号也被铭刻在他的墓碑上。

当然，从历史唯物主义和管理二重性的观点出发来分析、评价泰勒及其“科学管理”，会发现其存在着阶级局限性和时代局限性。由于泰勒的自身条件、背景以及当时所处的社会条件，不可避免地会影响到其进行“科学管理”研究的方法、效率、思路等，使得其对管理较高层次的研究相对较少，理论深度也相对不足。而“科学管理”理论或“泰勒制”也并非泰勒一个人的发明，就像英国管理学家林德尔·厄威克（Lyndall F. Urwick）所指出的：“泰勒所做的工作并不是发明某种全新的东西，而是把整个 19 世纪在英美两国产生、发展起来的东西加以综合而成的一整套思想。他使一系列无条理的首创事物和实验有了一个哲学体系，称之为科学管理。”

2. 科学管理理论的其他代表人物

泰勒的科学管理理论在 20 世纪初得到了广泛的传播和应用，影响很大。因此在他同时代和以后的时代中，许多人也积极地从事管理实践与理论的研究，丰富和发展了科学管理理论。其中比较著名的有以下一些。

（1）亨利·劳伦斯·甘特（Henry Laurence Gantt）。美国管理学家、机械工程师。甘特是泰勒在创建和推广科学管理时的亲密合作者，他与泰勒密切配合，使科学管理理论得到了进一步的发展。他的“甘特图”是当时计划和控制生产的有效工具，并为当今现代化方法 PERT(Program Evaluation and Review Technique)技术奠定了基石。甘特还提出了“计件奖励工资制”，即除了按日支付有保证的工资外，超额部分给予奖励；完不成定额的，可以得到原定日工资，这种制度补充了泰勒的差别计件工资制的不足。此外，甘特还很重视管理中人的因素，强调“工业民主”和更重视人的领导方式，这对后来的人际关系理论有很大的影响。

(2) 弗兰克·吉尔布雷斯夫妇。美国工程师弗兰克·吉尔布雷斯(Frank B. Gilbreth)与夫人心理学博士莉莲·吉尔布雷斯(Lillian M. Gilbreth)在动作研究和工作简化方面作出了特殊贡献。与泰勒不同的是，吉尔布雷斯夫妇在工作中开始注意到人的因素，在一定程度上试图把效率和人的关系结合起来。吉尔布雷斯毕生致力于提高效率，即通过减少劳动中的动作浪费来提高效率，被人们称为“动作专家”。

(3) 哈林顿·埃默森(Harrington Emerson)。美国早期的科学管理研究工作者，与泰勒有紧密的联系，并独立发展了科学管理的许多原理。例如，他对效率问题做了较多的研究和实践，提出了提高效率的 12 条原则，包括：明确的目的，注意局部和整体的关系，虚心请教，严守规章，公平，准确、及时、永久性地记录，合理调配人、财、物，定额和工作进度，条件标准化，工作方法标准化，手续标准化，奖励效率。在组织机构方面，他提出了直线和参谋制组织形式等。另外，他还在职工的选择和培训、心理因素对生产的影响、工时测定等方面也作出了贡献。

尽管泰勒的追随者在许多方面不同程度地发展了科学管理理论和方法，但总的来说，他们与泰勒一样，其研究的范围始终没有超出劳动作业的技术过程，没有超出车间管理的范围。

(二) 法约尔的一般管理理论

一般管理理论

在泰勒等人以探讨工厂中提高效率为重点进行科学管理研究的同时，法国的法约尔则以管理过程和管理组织为研究重点，着重研究管理的组织和管理的活动过程。除法约尔之外，管理过程和管理理论的主要代表人物还有德国著名的社会学家韦伯，以及美国的管理学家巴纳德、古利克，英国的管理学家厄威克等人。

亨利·法约尔，法国古典管理理论学家，与马克斯·韦伯(Max Weber)、弗雷德里克·温斯洛·泰勒并称为西方古典管理理论的三位先驱，并被尊称为管理过程学派的开山鼻祖。

法约尔 1860 年从圣艾帝安国立矿业学院毕业后进入康门塔里-福尔香堡采矿冶金公司，成为一名采矿工程师，并在此度过了整个职业生涯。从采矿工程师后任矿井经理直至公司总经理，由一名工程技术人员逐渐成为专业管理者，他在实践中逐渐形成了自己的管理思想和管理理论，对管理学的形成和发展作出了巨大的贡献。

法约尔 1916 年问世的名著《工业管理与一般管理》，是他一生管理经验和管理思想的总结。他认为他的管理理论虽然是以大企业为研究对象，但除了可应用于工商企业之外，还适用于政府、教会、慈善团体、军事组织以及其他各种组织。所以，人们一般认为法约尔是第一个概括和阐述一般管理理论的管理学家。概括起来，他的理论大致包括以下三个方面。

1. 企业的六种基本活动与管理的五项职能

法约尔指出，任何企业都存在着六种基本的活动，而管理只是其中之一。这六种基本活动是：技术活动（指生产、制造、加工等活动），商业活动（指购买、销售、交换等活动），财务活动（指资金的筹措和运用），安全活动（指设备维护和职工安全等活动），会计活动（指货物盘存、成本统计、核算等），管理活动（指计划、组织、指挥、协调和控制五项职能活动）。在这六种基本活动中，管理活动处于核心地位，即企业本身需要管理，同样的，其他五项属于企业的活动也需要管理，它们的关系如图 2-1 所示。

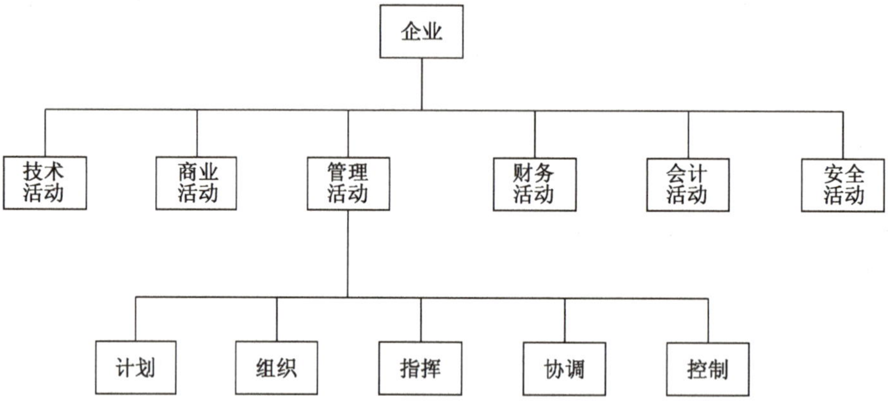

图 2-1　组织的六种基本活动间的关系

2. 法约尔的 14 条管理原则

法约尔根据自己的工作经验，归纳出简明的 14 条管理原则。

第一，分工。这不仅是经济学家研究有效地使用劳动力的问题，而且也是在各种机构、团体、组织中进行管理活动所必不可少的工作。

第二，职权与职责。职权是发号施令的权力和要求服从的威望。职权与职责是相互联系的，在行使职权的同时，必须承担相应的责任，有权无责或有责无权都是管理上的缺陷。

第三，纪律。纪律是管理所必需的，是对协定的尊重。这些协定以达到服从、专心、干劲以及尊重人的仪表为目的。也就是说，组织内所有成员通过各方达成的协议对自己在组织内的行为进行控制，它对企业的成功与否极为重要，要尽可能做到严明、公正。

第四，统一指挥。组织内每一个人只能服从一个上级并接受他的命令。

第五，统一领导。一个组织，对于目标相同的活动，只能有一个领导、一个计划。

第六，个人利益服从整体利益。个人和小集体的利益不能超越组织的利益。当二者不一致时，主管人员必须想办法使他们一致。

第七，个人报酬。报酬与支付的方式要公平，给雇员和雇主以最大可能地满足。

第八，集权。集权与分权是相对的，要根据不同情况，包括组织的性质、人员的能力等，来决定“产生全面的最大收益”的集中程度。

第九，等级链。在管理机构中，最高一级到最低一级应该建立关系明确的职权等级系列，这既是执行权力的线路，也是信息传递的渠道。

第十，秩序。组织中的每个成员应该规定其各自的岗位，做到人皆有位、人称其职。

第十一，公正。主管人员对下属仁慈、公平，就可能使下属对上级表现出热心和忠诚。

第十二，保持人员的稳定。如果人员不断变动，工作完成效果将大大降低。

第十三，首创精神。这是提高组织内各级人员工作热情的主要源泉。

第十四，团结精神。必须注意保持和维护每个集体中团结、协作、融洽的关系，特别是人与人之间的相互关系。

法约尔强调指出，以上 14 条原则在管理工作中不是死板和绝对的，这里存在对尺度把控的问题。在同样的条件下，几乎不会两次使用同一原则来处理事情，应当注意各种可变因素的影响。因此，这些原则是灵活的，是可以适应于一切需要的，但其真正的本质在于懂得如何运用它们。这是一门很难掌握的艺术，它要求人们拥有智慧、经验、判断并注意尺度（即“有分寸”）。

法约尔认为，人的管理能力可以通过教育来获得，也可以像技术能力一样，首先在学校里学习，然后在车间里实践。为此，他提出了一套比较全面的管理理论，首次指出管理理论具有普遍性，可以用于各个组织之中。他把管理视为一门科学，提出在学校设置这门课程，并在社会各个领域宣传、普及和传授管理知识。

3. 管理技巧与管理能力

法约尔总结归纳了管理人员应该具有特别的能力和品质，如身体健康，具有理解和学习能力，愿意承担责任，掌握专业知识、通用知识，并且能够把个人从工作中吸取的教训加以整理等。除此之外，法约尔提出各种人员在管理的等级中所处的地位不同，其必须具备的能力的相对重要性也不同。对于工人来说，技术是最重要的；而对于管理人员来说，随着管理等级不断上升，管理知识就显得越来越重要了。因此，小公司的管理人员应具有比较强的技术能力，而在较大的公司里管理人员就应该具有较强的管理能力而不是技术能力。

综上所述，法约尔关于管理过程和管理组织理论的开创性研究，特别是关于管理职能的划分以及管理原则的描述，对后来的管理理论研究具有非常深远的影响。此外，他还是一位概括和阐述一般管理理论的先驱者，是伟大的管理教育家，后人称他为“管理过程之父”。

一般管理理论的主要不足是原则上缺乏弹性，使得管理者在实际操作中难以完全遵循，如统一指挥原则。法约尔认为，无论什么工作，一个下属只能接受一个上级的命令，但这一原则在矩阵型组织结构中显然难以遵循。

（三）韦伯的理想的行政组织体系理论

马克斯·韦伯是德国著名的社会学家，他出生于德国的一个富裕家庭，1882 年进入海德堡大学学习法律，并先后就读于柏林大学和哥廷根大学。他受过三次军事训练，1888 年参与了波森的军事演习，因而对德国的军事生活和组织制度有相当的了解，这对他日后建立组织理论有相当大的影响。韦伯研究了工业化对组织结构的影响，广泛地分析了社会、经济和政治结构，提出了“理想的行政组织体系”理论。他对法学、经济学、政治学、历史学和宗教学都有广泛的兴趣。他在管理理论上的研究主要集中在组织理论方面，主要贡献是提出了所谓理想的行政组织体系理论，并集中反映在他的代表作《社会组织与经济组织理论》一书中。这一理论的核心是组织活动要通过职务或职位而不是通过个人或世袭地位来管理，以及个人魅力对领导作用的重要性。他所讲的“理想的”，不是指最合乎需要，而是指现代社会最有效和合理的组织形式。之所以是“理想的”，因为它具有以下六个特点。

第一，明确的分工。每个职位的权利和义务都应有明确的规定，人员按职业专业化进行分工。

第二，自上而下的等级系统。组织内的各个职位，按照等级原则进行法定安排，形成自上而下的等级系统。

第三，人员的任用。要完全根据职务的要求，通过正式考试和教育训练来选择合适的人员。

第四，职业管理人员。管理人员有固定的薪金和明文规定的升迁制度，是一种职业管理人员。

第五，遵守规则和纪律。管理人员必须严格遵守组织中规定的规则、纪律和办事程序。

第六，组织中人员之间的关系。组织中人员之间的关系完全以理性准则为指导，只受职位关系而不受个人情感的影响。这种公正不倚的态度，不仅适用于组织内部，而且适用于组织与外界的关系。

韦伯认为，这种高度结构的、正式的、非人格化的理想行政组织体系是人们进行强制控制的合理手段，是达到目标、提高效率的最有效形式。这种组织形式在精确性、稳定性、纪律性和可靠性方面都优于其他组织形式，适用于所有的管理工作及当时日益增多的各种大型组织，如教会、国家机构、军队、政党、经济企业和各种团体。韦伯的这一理论，是对泰勒、法约尔理论的一种补充，对后来的管理学家尤其是组织理论学家们有很大的影响，他被称为“组织理论之父”。

但韦伯对组织本质的认识具有一定的局限性——将组织看成是一个封闭的系统，只注重组织内部的适应性。此外，韦伯对工人也存在“经济人”的错误看法，强调大棒加胡萝卜的组织管理方式，只注重正式组织，忽视人的高层次需求。

（四）“行为科学”的早期理论——人际关系学说

行为科学产生于20世纪二三十年代，早期被称为人际关系学说，被正式命名为行为科学是在1949年美国芝加哥的一次跨学科的科学会议上。行为科学的产生是生产力发展到一定阶段的必然结果，也是管理思想发展的必然结果。之前的古典管理理论提出了要使用科学管理方法，有助于生产效率的提高，但却忽视了对人性的研究。资本家为了自身利益最大化，充分利用泰勒的科学管理原理加紧对工人的剥削，使得工人的生活水平急剧下降，与此同时，工人反抗资本家的斗争也越发激烈。而且伴随着科学技术的不断进步，脑力劳动逐渐取代体力劳动，工人的素质不断提高，古典管理理论推崇的金钱刺激和严格监控失去了原有作用。这引起了学者对于古典管理理论管理效能的思考，于是行为科学应运而生。

行为科学主要通过研究人类行为产生的原因、人的行为动机和发展变化规律，寻找有效调动积极性，达成组织目标的方法。行为科学的管理学家们将管理学的研究课题由“经济人”转向“社会人”。这是继古典管理理论之后管理学发展的一个重要阶段。

行为科学是由人际关系学说发展起来的，而人际关系学说的诞生开始于梅奥以及霍桑实验对人性的探索。

1. 霍桑实验

霍桑工厂是美国芝加哥城郊外一家制造电话机的专用工厂，它设备完善，福利优越，具有齐备的娱乐设施、医疗制度和养老金制度。但是工人仍然有强烈不满情绪，常常迟到旷工，生产效率也很不理想。到底是什么原因阻碍了生产效率的提高呢？为此，美国科学院组织了一个包括各方面专家在内的研究小组，对该厂的工作条件和生产效率的关系进行了全面的考察和试验，前后花了2年多的时间，从此拉开了著名的霍桑实验的序幕。

霍桑实验是一项以科学管理的逻辑为基础的实验，实验从1924年开始到1932年结束，在近8年时间里，前后共进行过两次实验。第一次是从1924年11月至1927年5月，在美国国家科学委员会赞助下进行的；第二次是从1927年至1932年，是在美国哈佛大学教授乔治·埃尔顿·梅奥（George Elton Mayo）的主持下进行的。整个实验前后共分四个阶段。

（1）照明实验

照明实验是研究车间照明变化对生产效率影响的各种实验，实验的目的是为了弄清照明强度对生产效率所产生的影响。这项实验前后共进行了两年半的时间，实验是在被挑选的两组绕线工人中进行的。一组是实验组，一组是参照组。在实验过程中，实验组不断增加照明强度，例如，将实验组的照明从24烛光、46烛光、76烛光逐渐增强，而参照组的照明度始终保持不变。

实验结果显示，两组都在不断地提高产量。后来他们又采取了相反的措施，逐渐降低实验组的照明强度，把实验组的 2 名女工安排在单独的房间里劳动，使照明强度一再降低，从 10 烛光、3 烛光一直降到 0.06 烛光，几乎和月光亮度差不多，直到这个时候，产量才开始下降。从单纯的实验结果来看无法确定改善照明对于工作效率有什么积极的影响。研究人员根据实验结果分析认为，工作场所的照明只是影响生产的一种因素，而且是一种不太重要的因素，还有其他未被掌握的因素在起作用。

(2) 继电器装配实验

继电器装配实验是研究工作时间和其他条件对生产效率影响的各种实验。上一阶段的实验结果并不理想，新加入实验中的著名管理学家梅奥组织了一批哈佛大学的教授会同电器公司的人员成立了一个新的研究小组，开始了霍桑实验的第二阶段研究。

为了能够找到更有效地控制影响职工积极性的因素，梅奥选出 6 名女工，在单独的房间中从事装配继电器的工作。在实验过程中，不断地增加福利措施，例如，缩短工作日，延长休息时间，免费供应茶点，等等。研究人员原来设想增加福利措施能刺激工人生产的积极性，结果却并非如此。后来他们撤销了这些措施，按照推测生产效率应该是下降的，但实际情况表明生产效率不仅没有下降，反而上升了。

研究人员对于以上实验进行归纳，提出一些假设作为分析女工生产效率改变的起点：

① 在实验中改进物质条件和工作方法，可导致产量增加；

② 安排工间休息和缩短工作日，可以解除或减轻疲劳；

③ 工间休息可减少工作的单调性；

④ 个人计件工资能促进产量的增加；

⑤ 改变监督与控制的方法能改善人际关系，从而改进工人的工作态度，促进产量的提高。

此后，研究人员对以上假设逐个分析、一一论证。先后推翻了前四项假设，将注意力集中在第五项假设上，即改变监督与控制的方法能改善人际关系，从而能改进工人的工作态度，促进产量的提高。研究人员决定进一步研究工人的工作态度以及可能影响工人工作态度的其他因素。这是霍桑实验的一个重要转折点。

(3) 大规模访谈实验

大规模访谈实验是了解职工工作态度的会见与交谈实验。研究人员认为，既然实验表明管理方式与职工的士气和劳动生产率有密切的关系，那么就应该了解职工对现有的管理方式有什么意见，以此为改进管理方式提供依据。于是，梅奥等人制订了一个征询职工意见的访谈计划，在 1928 年 9 月至 1930 年 5 月不到两年的时间内，研究人员与工厂中约 2 万名职工进行访谈。

研究人员在访谈前选择了一些固定的问题，希望职工对管理当局的一些规划、管理的政策和工作的条件发表自己的意见。然而在执行计划的过程中，职工对这些问题根本不感兴趣，而对提纲以外的问题倒是大发意见。于是，研究小组对访谈计划作了调整，每次访谈前，对谈话的内容和方式不进行任何规定，访谈者的任务就是让职工多讲话，即职工可以就任何一个问题自由地发表一番言论。这样，职工有了一个自由发表自己意见、发泄心头之气的机会。虽然工作条件或劳动报酬实际上并没有改变，但是职工普遍认为自己的处境比以前好了。

通过研究发现，影响生产力最重要的因素是工作中发展起来的人际关系，而不是待遇或者工作环境。研究小组还了解到，职工工作效率的高低，不仅取决于自身的情况，还与所在小组的其他同事有关系。

（4）接线板接线工作室实验

接线板接线工作室实验是探索影响职工积极性因素的群体实验。这是一项关于工人群体的实验，其目的是要证实在以上的实验中研究人员似乎感觉到在工人当中存在着一种非正式的组织，而且这种非正式的组织对工人的态度有着极其重要的影响。

实验者为了系统地观察群体中工人之间的相互影响，在车间中挑选了 14 名男性工人，其中有 9 名是绕线工，3 名是焊接工，2 名是检验工，他们在一个单独的房间内工作。研究人员持续观察工人的工作长达 6 个月之久，得出了许多重要发现：

① 大部分工人都故意自行限制产量。实验开始时，研究人员曾向工人说明：他们可以尽力地工作，因为实施计件工资制。事实上，工人实际完成的产量只是保持在中等水平，而且每个工人的日产量都差不多。而根据动作和时间分析的理论，每个工人应该完成的标准定额为 7 312 个焊接点，但是工人每天只完成了 6 000～6 600 个焊接点就不干了，即使离下班还有较为宽裕的时间，他们也会自行停工。因为工人们认为如果他们过分努力地工作，就可能造成其他同伴的失业，或者公司会制定出更高的生产定额。一名工人可以因为提高他的产量而得到小组工资总额中的较大的份额，并且由此减少失业的可能性，然而这些物质上的报酬却会带来群体诘难的惩罚，因此，每天只要完成群体认可的工作量就可以相安无事了。

② 工人对待不同层次上级持有不同态度。对于小组长，大部分工人都认为他是小组成员之一，因此没有反对小组长的表现。而对待小组长的上级股长，工人认为他待遇较高，拥有一定权威。而对待股长的上级领班，大家的看法有明显变化，一旦他出现，工人立刻表现良好、循规蹈矩。

③ 工人中存在小派系。研究人员发现，工人之间有时会相互交换自己的工作，或者相互帮忙，虽然这有违公司规定，但是这种行为却大大地增进了他们的友谊，有时也加深了他们之间的矛盾，谁喜欢谁，都可以因此表现出来。在该项实验中，研究人员发现他们有两个派别，如图 2-2 所示（图中，W_1，W_2，…，W_9 代表 9 名绕线工，S_1，S_2，S_3 代表 3 名焊接工，I_1，I_2 代表 2 名检验工）。

这种自然形成的派系属于一种非正式组织，对内控制其成员，对外保护其成员，使之

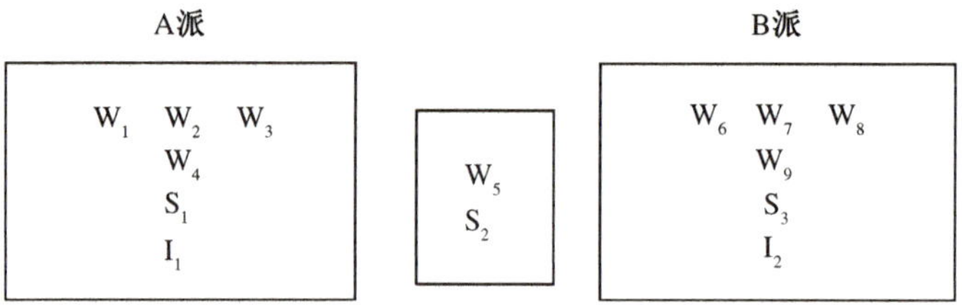

图 2-2　接线板接线工作室派系关系

不受来自管理阶层的干预。工人要想加入其中，就必须遵循这一派系不成文的行为规范。比如：

① 谁也不能干得太多或太少，以免影响大家；

② 谁也不准向管理人员告密，做有害于同伴的事；

③ 任何人都不得远离大家孤芳自赏，也不得打官腔、找麻烦，即使你是检查员，也不能像检查员；

④ 任何人不得在大家中间唠叨或自吹自擂、自以为是，一心想领导大家。

以上是霍桑实验的主要经过，它提供了大量一手资料，为人际关系理论的形成和后来行为科学的发展打下了基础。

2. 梅奥的人际关系学说

乔治·埃尔顿·梅奥，是原籍澳大利亚的美国管理学家，早期的行为科学——人际关系学说的创始人。他出生在澳大利亚阿德莱德，在阿德莱德大学获得逻辑和哲学硕士，1919 年在澳大利亚的昆士兰大学任逻辑学、伦理学和哲学讲师，是澳大利亚的心理疗法的创始人。1922 年移居美国，主持了著名的霍桑实验，并提出了人际关系学说，从而为提高生产率开辟了新途径。人际关系学说在管理思想史上占有极其重要的地位，是管理思想发展过程中的一个伟大的历史转折，给管理学的发展开创了一个新纪元。

梅奥的人际关系学说主要包括以下三点。

（1）人是社会人而非经济人

古典管理理论把人当作经济人来看待，认为金钱是刺激人的积极性的唯一动力，霍桑实验则证明人是一个社会人，影响人的劳动积极性的因素除了物质利益之外，还有社会的、心理的因素，如与他人的关系、安全感等。每个人都有自己的特点，个体的观点和个性都会影响工作表现。因此，应该把员工当作不同的个体来看待，当作社会人来对待，而不应将其视作无差别的机器或机器的一部分。

（2）企业中存在非正式组织

非正式组织是与正式组织相对而言的。所谓正式组织，是指为了有效地实现企业目标，依据企业成员的职位、责任、权力及其相互关系进行明确划分而形成的组织体系。古典管理理论只注意发挥正式组织的作用。霍桑实验表明，工人在企业内部共同劳动的过程中，必然会发生一些工作以外的联系，这种联系会加深他们的相互了解，从而能形成某种共识，建立起一定程度的感情，逐渐发展成为一种相对稳定的非正式组织。这种非正式组织对工人起着两种作用：一是保护工人免受内部成员疏忽所造成的损失，如生产过多以致提高生产定额，或生产过少引起管理人员的不满，并加重同伴的负担；二是保护工人免受非正式组织以外的管理人员干涉所形成的损失，如降低工资或提高生产定额。

梅奥等人认为，不管承认与否，非正式组织都是存在的，它与正式组织相互依存，而且会通过影响工人的工作态度来影响企业的生产效率和目标的达成。因此，管理人员应该正视非正式组织的存在，利用非正式组织为正式组织的活动和目标服务。

（3）提高职工的满足程度有助于提高生产效率

古典管理理论认为生产效率主要取决于作业方法、工作条件和工资制度。因此，只要采用恰当的工资制度，改善工作条件，制定科学的作业方法，就可以提高工人的劳动生产率。而梅奥根据霍桑实验得出了不同的结论，他认为，生产效率的高低主要取决于工人的士气，而工人的士气则取决于他们感受到各种需要的满足程度。在这些需要中，金钱与物质方面的需要只占很少的一部分，更多的是获取友谊、得到尊重和保证安全等方面的社会需要。因此，要提高生产率就要提高职工的士气，而提高职工士气就要努力提高职工的满足程度。所以，新型的管理人员应该认真地分析职工的需要，不仅要解决工人生产技术或物质生活方面的问题，还要掌握他们的心理状态，了解他们的思想情绪，以便采取相应的措施，这样才能适时、充分地激励工人，达到提高劳动生产率的目的。

梅奥的人际关系学说克服了古典管理理论的不足，开辟了管理思想的新领域。自此以后，许多的管理学家、社会学家和心理学家从行为的特点、行为和环境、行为的过程以及行为的原因等多种角度开展对人的行为的研究，形成了一系列的理论。但梅奥的人际关系学说也有局限性，主要在于过分强调非正式组织和情感的作用，过分否定经济报酬、工作条件、外部监督及作业标准的影响。

四、管理理论丛林

管理理论丛林

第二次世界大战前后，特别是20世纪50年代至20世纪70年代，要求和平、民主和独立的浪潮席卷全球，工业发达国家的劳工运动也有了蓬勃发展，声势浩大的罢工斗争此起彼伏，劳资矛盾尖锐。科学技术急速发展，新兴工业不断出现，技术更新速度空前加快。企业的规模在激烈的竞争中迅速扩大，跨国公司、国际化的市场进一步加剧了企业之间的竞争。伴随着科学技术的发展，生产过程机械化、自动化程度的提高，管理工作的细化，技术人员、管理人员在职工中的比重随之增加，而操作工人的比重相对下降。受这些因素的影响，生产实践需要与时俱进的管理理论的指导，管理思想得到迅猛发展，出现了许多新的管理理论和管理学说，并形成众多学派，呈现各流派“百家争鸣”的局面。这些理论和学派，在历史渊源和内容上相互影响、相互联系，形成了盘根错节、争相竞荣的局面，哈罗德·孔茨（Harold Koontz）把这种现象形象地称为“管理理论丛林”。

（一）管理科学学派

第二次世界大战时期，英国为解决国防需要而产生“运筹学”，发展了新的数学分析和计算技术。例如，统计判断、线性规划、排队论、博弈论、统筹法、模拟法、系统分析等。这些成果应用于管理工作就产生了“管理科学理论”，其主要内容是一系列的现代管理方法和技术。提出这一理论的代表人物是美国研究管理学和现代生产管理方法的著名学者埃尔伍德·斯潘塞·伯法（Elwood Spencer Buffa）等人。他们开拓了管理学的另一个广阔的研究领域，使管理从以往定性的描述走向了定量的预测阶段。管理科学理论是指以现代自然科学和技术科学的最新成果（如先进的数学方法、电子计算机技术以及系统论、信息论、控制论等）为手段，运用数学模型，对管理领域中的人力、物力、财力进行系统的定量的分析，并做出最优规划和决策的理论。从历史渊源来看，管理科学是泰勒科学管理的继续和发展，因为它的主要目标也是探求最有效的工作方法或最优方案，以最短的时间、最少的投入，取得最大的产出。但它的研究范围已远远不是泰勒时代的“操作方法”和“作业研究”，而是面向整个组织的所有活动，并且它所采用的现代科技手段也是泰勒时代所无法比拟的。

（二）系统管理学派

系统管理学派盛行于20世纪60年代前后。由于当时系统科学和理论比较盛行，倡导系统管理的人士十分广泛，因此对管理学派影响很大。系统管理学派的经典著作是1963年理查德·约翰逊（Richard A. Johnson）、弗里蒙特·卡斯特（Fremont E. Kast）、詹姆斯·罗森茨韦克（James E. Rosenzweig）三人合著的《系统理论与管理》，以及1970年卡斯特、罗森茨韦克二人合著的《组织与管理——系统方法与权变方法》。

传统的分析问题的方法，往往是把一个事物分解成许多独立的部分，分别进行深入研究。这样做容易把事物看成是孤立的、静止的，因而所得出的结论也只适合一定的局限条件，如果放到更大的范围来考察，结论就可能是片面的，甚至是错误的。系统管理理论则把管理对象看作一个整体，一个有机联系的系统。研究企业管理的任何个别事物都要从系统的整体出发，既要研究此事物与系统内各组成部分之间的关系，又要研究此事物同系统外部环境的相互联系。

企业作为一个系统，在研究计划、生产、质量、人事、销售、财务等各个部门的工作时，应该依据系统管理思想把内部因素和外部环境结合起来进行全面分析，研究各个部门之间的相互促进和制约关系，以求各个部门的工作能保证整个企业获得最优的效果。系统理论认为，各部门工作的优化固然重要，但企业整体目标的优化更重要。

由于企业系统总是处于不断变化中，所以研究系统管理，不仅要考虑系统的静态结构，更要研究系统的动态变化。系统管理离不开数学方法、模型理论和计算机手段以及行为观点。所以，也可以说系统管理理论是对现代管理科学的综合。

(三) 决策理论学派

决策理论学派的主要代表人物是曾获 1978 年度诺贝尔经济学奖的赫伯特・亚历山大・西蒙。西蒙虽然是决策学派的代表人物，但他的许多思想是从巴纳德中吸取来的，他发展了巴纳德的社会系统学派，提出了决策理论，并建立了决策理论学派，形成了一门有关决策过程、准则、类型及方法的较完整的理论体系。主要著作有《管理行为》《组织》《管理决策的新科学》等。

决策理论学派认为，决策贯穿管理的全过程，是管理的核心。西蒙指出，组织中管理人员的重要职能就是做决策。他认为，任何作业开始之前都要先做决策，制订计划就是决策，组织、领导和控制也都离不开决策。西蒙对决策的程序、准则、程序化决策和非程序化决策的异同及其决策技术等做了分析。西蒙提出决策过程包括四个阶段：搜集情况阶段，拟订计划阶段，选定计划阶段和评价计划阶段。这四个阶段中的每一个阶段本身就是一个复杂的决策过程。在决策标准上，用“令人满意”的准则代替“最优化”准则。以往的管理学家往往把人看成是以“绝对的理性”为指导，按最优化准则行动的理性人。西蒙认为，实际生产过程中，“绝对的理性”是不存在的，应该用“管理人”假设代替“理性人”假设，“管理人”不考虑一切可能的复杂情况，只考虑与问题有关的情况，采用“令人满意”的决策准则，从而可以做出令人满意的决策。一个组织的决策根据其活动是否反复出现可分为程序化决策和非程序化决策。经常性活动的决策应程序化以降低决策过程的成本，只有非经常性的活动，才需要进行非程序化的决策。

决策理论尽管提出了许多其他理论所不具备的优点，但仍存在缺陷。管理是一种复杂的社会现象，仅靠决策也无法给管理者有效的指导，实用性不大。决策学派没有把管理决策和人们的其他决策行为区别开来。决策并非只存在于管理行为中，人们的日常活动中也普遍存在决策。例如，人们在日常生活中做事都需要决策，组织中非管理人员的活动也需要决策，但这些决策行为都不是管理行为。决策学派没有把管理决策和人们的其他行为区别开来，其根本原因是没有认识到管理的本质。

(四) 行为科学学派

行为科学以人的行为及其产生的原因作为研究对象。具体来说，它主要是从人的需要、欲望、动机、目的等心理因素的角度研究人的行为规律，特别是研究人与人之间的关系、个人与集体之间的关系，并借助于这种规律性的认识来预测和控制人的行为，以提高工作效率，达成组织目标。行为学派虽然没有研究出一套完整的管理体系，却为人们提供了许多有用的素材。行为学派的行为论题主要有激励、领导、群体、组织设计、组织变化与发展等，行为科学主要包括以下三个部分。

1. 关于个体行为的研究

人的行为是由动机引起的，而动机则是由需要引起的，当人的某种需要没有得到满足时，就会产生行为激励，也就是动机，从而表现出一定的行为。个体行为理论就是关于行为原因、行为过程以及行为结果的研究。个体行为理论主要有：亚伯拉罕·哈罗德·马斯洛(A. H. Maslow)的需求层次理论，他指出主管人员都必须随机制宜地对待人们的各种需求，著有论文《人类动机理论》；弗雷德里克·赫茨伯格(F. Herzberg)的双因素理论，他强调主管人员必须抓住能促使职工满意的因素，著有《工作的激励因素》；维克托·弗鲁姆(Victor Vroom)的期望理论；约翰·斯塔希·亚当斯(John Stacey Adams)的公平理论和挫折理论，等等。

2. 关于群体行为的研究

关于群体行为的研究主要是人际关系研究的继续，群体行为理论除了对正式组织与非正式组织的特征、相互关系及其作用等方面的继续探讨外，还包括群体的沟通与冲突以及群体的动态发展(群体动力学)的研究。

3. 关于领导行为的研究

员工在管理人员的控制下作业，因此管理人员的领导行为必然会对员工的士气和工作表现产生一定的影响。领导行为研究主要有两部分：关于领导人对人性的不同假设，领导人的领导方式的分析。

关于人性的假设，道格拉斯·麦格雷戈(D. M. McGregor)提出了"X理论-Y理论"。他在1957年11月美国《管理评论》杂志上发表的《企业的人性面》一文中首先提出了有名的"X理论-Y理论"，以后又在其他著作中进一步加以发挥。X理论是对"经济人"假设的概括，而Y理论是根据"社会人""自我实现人"的假设。

关于领导方式，罗伯特·坦南鲍姆(Robert Tannenbaum)和沃伦·施密特(Warren H. Schmidt)提出了"连续统一理论"；罗伯特·布莱克(Robert R. Blake)和简·莫顿(Jane S. Mouton)提出了"管理方格理论"，都是对领导方式的探讨。

(五) 管理过程学派

管理过程学派，又称管理职能学派、经营管理学派，是当代管理理论的主要流派之一，主要致力于研究和说明"管理人员应该做些什么和如何做好这些工作"，侧重说明管理工作实务。古典管理理论的创始人之一法约尔就是这个学派的开山鼻祖，这一理论是从法约尔的一般管理理论的基础上发展而来的。管理过程学派后来经美国的管理学家哈罗德·孔茨等人发扬光大，成为现代管理理论丛林中的一个主流学派。

管理过程学派的主要特点是将管理理论与管理人员所执行的管理职能，也就是管理人员所从事的工作联系起来。他们认为，无论组织的性质多么不同(如经济组织、政府组织、宗教组织和军事组织等)，组织所处的环境多么不同，管理人员所从事的管理职能却是相同的，管理活动的过程就是管理的职能逐步展开和实现的过程。因此，管理过程学派把管理的职能作为研究的对象，先把管理的工作划分为若干职能，然后对这些职能进行研究，阐明每项职能的性质、特点和重要性，最后论述实现这些职能的原则和方法。管理过程学派认为，应用这种方法就可以把管理工作的主要方面加以理论概括，并有助于建立系统的管理理论，用以指导管理的实践。

(六) 权变理论学派

权变理论学派是20世纪60年代末70年代初在美国经验主义学派基础上进一步发展起来的管理理论。进入20世纪70年代以来，权变理论在美国兴起，受到广泛的重视。权变理论的兴起有其深刻的历史背景。20世纪70年代的美国，社会不安，经济动荡，政治骚动达到空前的程度，石油危机对以美国为代表的西方社会产生了严重的影响，企业所处的环境很不稳定。但以往的管理理论，如科学管理理论、行为科学理论等，主要侧重研究如何加强企业内部组织的管理，且大多都在追求普遍适用的、最合理的模式与原则，而这些管理理论在解决企业面临瞬息万变的外部环境时显得无能为力。正是在这种情况下，人们不再相信管理会有一种最好的行事模式，而是必须因地制宜地处理管理问题，于是形成了一种管理模式取决于所处环境状况的理论，即权变理论，"权变"的意思就是权宜应变。

权变理论学派认为，在企业管理中要根据企业所处的内外条件随机应变，没有什么一成不变、普遍适用的"最好的"管理理论和方法。该学派从系统观点来考察问题，其理论核心就是通过组织的各子系统内部和各子系统之间的相互联系，以及组织与它所处的环境之间的联系，来确定各种变数的关系类型和结构类型。它强调在管理中要根据组织所处的内外部条件随机应变，针对不同的具体条件寻求不同的最合适的管理模式、方案或方法。

美国学者弗雷德·卢桑斯(Fred Luthans)在1976年出版的《管理导论：一种权变学》一书中系统地论述了权变管理理论。他认为：

(1) 权变理论就是要把环境对管理的作用具体化，并使管理理论与管理实践紧密地联系起来。

(2) 环境是自变量，而管理的观念和技术是因变量。这就是说，在某种环境条件下，为更快地达到目标，就要采用适合这种环境条件的管理原理、方法和技术。例如，如果在经济衰退时期，企业在供过于求的市场中经营，采用集权的组织结构就更适于达到组织目标；如果在经济繁荣时期，在供不应求的市场中经营，那么采用分权的组织结构可能会更好一些。

(3) 权变管理理论的核心内容是环境变量与管理变量之间的函数关系，即权变关系。环境可分为外部环境和内部环境。外部环境又可以分为两种：一是由社会、技术、经济、政治和法律等组成；二是由供应者、顾客、竞争者、雇员、股东等组成。内部环境基本上是正式组织系统，它的各个变量与外部环境各变量之间是相互关联的。

(七) 经验主义学派

经验主义学派，又称经理主义学派、案例学派，是以向企业的经理提供管理企业的成功经验和科学方法为目标。经验主义学派认为，应该从企业管理的实际出发，研究企业的成功经验和失败教训，并加以总结归纳，找出共性，并上升到理性认识，通过这种办法来学习管理,并为管理者提供有益的建议。

经验主义学派的管理者认为,必须研究管理案例,通过案例研究,向一些大企业的经理提供在相同情况下的管理经验和方法。在他们看来,只有经验主义学说才能有效地指导管理实践。

经验主义学派理论的研究内容主要涉及以下三方面的管理问题。

(1) 管理应侧重实际应用,而不是纯粹的理论研究

管理学同医学、法律学和工程学一样,是一种应用学科,而不是纯知识的学科。但管理又不是单纯的常识、领导能力或财务技巧的应用,管理的实际应用是以知识和责任为依据的。

(2) 管理者的任务是了解本机构的特殊目的和使命,使工作富有活力并使职工有成就感

彼得·德鲁克(Peter F. Drucker)认为,作为企业主要管理者的经理,有两项别人无法替代的职责。第一项职责是创造出一个大于其各组成部分的总和的真正的整体,一个富有活力的整体能够把投入其中的各项资源转化为较各项资源的总和更多的东西;第二项特殊职责是在其每一项决定和行动中协调当前的和长期的要求。为此,每个管理者都必须:制定目标和措施并传达给有关的人员;开展组织工作;对员工进行鼓励和加强沟通;对工作和成果进行评价;使员工得到成长和发展。

(3) 实行目标管理

德鲁克理论给管理学的最大贡献是提出了任务(或目标)决定管理,并据此提出目标管理法。德鲁克认为,传统管理学派偏于以工作为中心,忽视人的部分,而行为科学又偏于以人为中心,忽视了与工作相结合。目标管理则结合以工作为中心和以人为中心的管理方法,使员工发现工作的兴趣和价值,从工作中满足其自我实现的需要,同时,企业的目标也因员工的自我实现而实现,这样就把工作和人性二者统一起来了。目标管理在当今仍是运用最多的管理方法。

五、现代管理理论的最新思潮

现代管理理论的基本目标是要在不断变化的社会中保持一个组织充满活力,使之能够持续地低消耗、高产出,完成组织的使命,履行其社会责任。自20世纪90年代以来,经济全球化、信息化和知识化迅猛发展,使现代企业组织所面临的经营环境日益复杂多变,竞争也越来越激烈。众多管理者不断探索,提出了许多新的管理观念、原则和方法。

(一) 学习型组织

管理理论新发展

学习型组织是指具有持续不断学习、适应和变革能力的组织,它与传统组织差别极大,主要表现为以下六个方面。

(1) 传统组织愿意保持现状,而学习型组织则认为没有变革就没有未来。

(2) 传统组织的创新思想总是产生在当下,而学习型组织总要先行一步。

(3) 传统组织认为创新是研发部门的事情,而学习型组织认为创新是组织中每个成员的事情。

(4) 传统组织主要担心发生错误,学习型组织主要担心不学习不适应。

(5) 传统组织认为产品和服务是组织竞争的优势,学习型组织认为学习能力、知识和专门技术是组织的竞争优势。

(6) 传统组织认为管理者的职责是控制别人,而学习型组织认为管理者的职责是调动别人和授权。

彼得·圣吉(Peter M. Senge)于 1990 年出版了《第五项修炼:学习型组织的艺术与实务》一书,这本著作一经出版,立即引起学界的轰动。圣吉以全新的视野考察人类群体危机最根本的症结所在,指出企业应当成为一个学习型组织。通过培养弥漫于组织内部的学习气氛,充分发挥员工的创造性思维能力,建立一种有机的、高度柔性的、扁平的、符合人性的、能持续发展的组织。这种组织具有持续学习能力、综合绩效大于个人绩效总和,组织成员具有共同的目标,具有自我管理能力,领导具有全新角色和组织具有“扁平式”结构的特点。

圣吉还提出了学习型组织的五项修炼,即自我超越、改善心智模式、建立共同愿景、团队学习和系统思考,认为这五项修炼是学习型组织的技能,融合了这五项修炼,方能造就出一个学习型组织。

1. 自我超越

自我超越的修炼是不断深入学习并建立个人的真正愿景,集中精力,培养耐心,客观地观察现实。它是学习型组织的精神基础。自我超越需要不断认识自己,认识外界的变化,不断地赋予自己新的奋斗目标,并由此超越过去,超越自己,迎接未来。

2. 改善心智模式

心智模式是指根深蒂固于每个人或组织之中的思想方式和行为模式,它对人或组织如何了解这个世界,以及如何采取行动的许多假设、成见,甚至是图像、印象都将产生影响。个人与组织往往不了解自己的心智模式,故而对自己的一些行为无法认识和把握。第二项修炼就是要把镜子转向自己,先修炼自己的心智模式。

3. 建立共同愿景

如果有一项理念能够一直在组织中鼓舞人心,凝聚一群人,那么,这个组织就有了一个共同的愿景,就能够长久不衰。如国际商用机器公司的“服务”,宝丽来公司的“立即摄影”,福特汽车公司的“提供大众公共运输”,苹果电脑公司的“提供大众强大的计算能力”,等等,都是为组织确立的共同努力的愿景。第三项修炼就是要求组织能够在今天与未来的环境中寻找和建立这样一种愿景。

4. 团队学习

团队学习的有效性不仅在于团队整体会产生出色的成果,而且其个别成员学习的速度也比其他人的学习速度快。团队学习的修炼从“深度会谈”开始。“深度会谈”是一个团队的所有成员，谈出心中假设，从而实现真正的一起思考。“深度会谈”的修炼也包括学习找出有碍学习的因素的互动模式。

5. 系统思考

组织与人类其他活动一样是一个系统，受到各种细微且息息相关的行动的牵连而彼此影响着，这种影响往往要经长年累月的观察才能完全展现出来。作为群体的一部分，人们置身其中，想要看清楚整体的变化，非常困难。因此，第五项修炼就是要让人们与组织形成系统观察、系统思考的能力，并以此来观察世界，从而指导人们正确地行动。

（二）精益思想

精益思想源于20世纪80年代日本丰田公司发明的精益生产方式。精益生产方式造就了日本汽车的质量与成本优势，一度压得美国汽车“抬不起头”。在市场竞争中遭受失败的美国汽车工业，在经历了曲折的认识过程后，终于意识到致使其竞争失败的关键是美国汽车制造业的大批量生产方式输给日本丰田的精益生产方式。1985年，美国麻省理工学院的研究队伍筹资500万美元，用了近五年的时间对90多家汽车厂进行对比分析，于1992年出版了《改造世界的机器》一书，把丰田公司的生产方式定名为“精益生产”，并对其管理思想的特点与内涵进行了详细的描述。四年之后，该书的作者出版了它的续篇《精益思想》，进一步从理论的高度归纳了精益生产中所包含的新的管理思维，并将精益方式扩大到制造业以外的所有领域，尤其是第三产业，把精益生产方法外延到企业活动的各个方面，不再局限于生产领域，从而促使管理人员重新思考企业流程，消灭浪费，创造价值。

精益思想的核心就是以越来越少的投入即较少的人力、较少的设备、较短的时间和较小的场地，创造出尽可能多的价值；同时也更贴近用户，提供他们需要的东西。首先要精确地定义价值；其次要确定每个产品（或在某些情况下确定每一产品系列）的全部价值流；紧接着就是要使保留下来的、创造价值的各个步骤流动起来，使需要若干天才能办完的订货手续在几小时内办完，使传统的物资生产完成时间由几个月或几周减少到几天或几分钟；最后就要及时跟上不断变化着的顾客需求，因为一旦具备了在用户真正需要的时候就能设计、安排生产和制造出用户真正需要的产品的能力，就意味着可以抛开销售，直接按用户告知的实际要求进行生产，这就是说，可以按用户需要拉动产品，而不是把用户不想要的产品硬推给用户。

精益思想包括精益生产、精益管理、精益设计和精益供应等一系列思想。其核心是通过“及时适量”“零库存”“传票卡”等现场管理手段实现“订货生产”，从而确保产品质量并降低成本。精益思想最初体现在对产品质量的控制中，即指不追求产品的成本优势和技术领先，而是强调产品的成本与技术的合理匹配、协调。此后，企业界将精益思想逐步引申、延展到企业经营活动的全过程，即追求企业经营投入和经济产出的最大化、价值最大化。从字面意思来看，“精”体现在质量上，追求“尽善尽美”“精益求精”；“益”体现在成本上，只有成本低于行业平均成本的企业才能获得收益。因此，精益思想不单纯追求成本最低、企业眼中的质量最优，而是追求用户和企业都满意的质量、追求成本与质量的最佳配置、追求产品性能价格的最优比。

（三）业务流程再造

美国学者哈默和钱皮于 1994 年出版了《公司再造》一书，该书一经出版，便引起了管理学界和企业界的高度重视，并迅速流传开来。

哈默与钱皮认为，工业革命两百多年以来，亚当·斯密的分工理论始终主宰着当今社会中的一切组织，大部分的企业都建立在效率低下的功能组织上，因而有必要对企业进行流程再造。所谓企业流程再造，是指在市场竞争环境下，以企业经营过程为改造对象，根据客户的要求和企业本身实际，采用先进的制造技术、信息技术和统筹规划方法，对现有的经营过程进行再思考和再设计的一种系统创新活动。企业流程再造以关心客户的需求和满意度为目标，以先进技术和现代化管理为手段，以企业作业流程为中心，打破原先企业组织结构，使企业集合成效率高、节奏快、职工参与管理的一种全新过程型的组织结构，具有企业经营成本低、质量高、服务优、应变能力强和灵活性大的特征。

流程再造从根本上改变了原来的业务流程，把直线职能型的垂直业务流程结构转变成水平型的流程网络型结构，使每一个业务流程都有直接服务的顾客，每一流程都具有高度的决策自主权，每一个业务流程的经营效果都可以用货币来计算，使企业质量、成本和周期等绩效指标取得显著的改善。

案例分享

福特汽车公司的应付款业务流程再造

福特汽车公司是美国三大汽车巨头之一，其三分之二的汽车部件需要从外部供应商购进，为此需要有相当多的雇员从事应付账款管理工作。当时公司财务部有 500 多名员工负责审核并签发供应商供货账单的应付款项。但在取得日本马自达公司的 25%股权之后，福特的主管阶层发现，马自达公司物资采购部全部的应付账款工作竟然只用了 5 个人。就算福特公司借助办公室自动化，降低了两成的人事费用，仍旧无法与马自达公司精简的人事相提并论。关键的问题在于二者作业流程的不同。因此修正这种流程就成为提高企业效率的根本。

福特公司原来的应付账款业务流程是：采购部门向供应商发出订单，并将订单的副本送往应付款部门；供应商发货，福特的验收部门收检，并将检验报告送到财务部门；供应商同时将产品发票送至财务部门；财务部门接受采购部门送来的采购订单副本、仓库的验货单和供应商的发票，然后将三张票据放在一起核对其中的 14 项数据是否相符。可以看出，从采购部门向供应商发出订单到最后的付款有许多环节，尤其是三张票据一致才能付款的条件，引出了大量的单证核对问题，不仅耗费了财务和仓库的大量人力、时间和资金，而且还常发生差错和延误付款的事件。

福特公司针对流程中的问题进行重组后，财务部门不再需要发票。需要核实的数据减为 3 项：零部件名称、数量和供应商代码。采购部门和仓库分别将采购订单和收货确认信息输入计算机系统后，由计算机进行电子数据匹配。新的流程包含 2 个工作步骤：采购部门发出订单，同时将订单内容输入联机数据库；供应商发货，验收部门核查来货是否与数据库中的内容相符合，如果符合就收货，并在终端上按键通知数据库，由计算机自动生成付款单据。

新的业务流程是一个无发票处理的流程，采购部向供应商发出订单的同时向数据库写入订单数据，仓库与数据库中的订单核对，正确就收货，无须供应商的发票，由计算机自动以电子支付方式或打印支票向供应商付款。这样的业务流程使福特公司应付账款部门减少了 75%的人员，并提高了正确率。

（四）核心能力理论

核心能力理论是当今管理学和经济学交叉融合的最新理论成果之一，源于战略管理理论、经济学理论、知识经济理论、创新理论等对企业持续竞争优势之源的不断探索，体现了各学科的交叉融合。20 世纪 50 年代，斯尔兹尼克提出了“独特能力”概念，并在 60 年代形成了企业战略管理的基本范式，即公司使命或战略建立在“独特能力”基础之上。到了 80 年代，资源基础理论认为企业的战略应当建立在企业的核心资源上。所谓核心资源，是指有价值的、稀缺的、不完全模仿和不完全替代的资源，它是企业持续竞争优势的源泉。1990 年，普拉哈拉得和哈梅尔在《哈佛商业评论》上发表了一篇极具广泛影响力的论文《公司的核心能力》，吸引了众多管理学者的目光。根据普拉哈拉得和哈梅尔的定义，核心能力是组织内的集体知识和集体学，是协调不同生产技术和整合多种多样技术流的能力。一项能力被界定为企业的核心能力，必须满足五个条件。

（1）不是单一技术或技能，是一簇相关技术和技能的整合。

（2）不是物理性资产。

（3）必须能创造顾客看重的关键价值。

（4）与对手相比，竞争上具有独特性。

（5）超越了特定产品或部门范畴从而为企业提供向新市场的通道。

从核心资源到核心能力，资源基础理论得到了进一步发展。

项目小结

1. 管理理论的发展源于实践，人类在实践过程当中逐渐总结管理经验教训，逐渐形成了零星的管理思想，并逐步发展，最终建立起一套完整的理论体系。

2. 古典管理理论于19世纪末和20世纪初在美国形成，泰勒、法约尔、韦伯被称为古典管理理论三大先驱。其中，科学管理理论是管理从经验走向理论的标志，也是管理走向现代化、科学化的标志。

3. 行为科学理论的产生源于梅奥领导的著名的“霍桑实验”，它开辟了管理研究的新方向。

4. 现代管理理论是指20世纪70年代开始至今的管理新理论，它是在古典管理理论的基础上发展起来的。现代管理的各学派从思想、体制、方法和手段上推进了管理现代化进程。

5. 20世纪90年代的管理思潮为“公司再造”和“第五项修炼”。有人认为这是管理的革命，导致了传统管理理论与实践全面革新，开创了全新的管理天地。

自我检测

一、单项选择题

1. 主张“无为而治，柔性管理”管理思想学派的代表人物是（　　）。

A. 孔子　　B. 老子　　C. 孙子　　D. 韩非子

2. 亚当·斯密于1776年发表了（　　），系统阐述了其政治经济学观点，在当时被奉为经典，并奠定了亚当·斯密“自由经济之祖”的地位。

A.《工业文明中人的问题》

B.《公司的核心能力》

C.《国民财富的性质和原因的研究》

D.《再造公司》

3. 我国古代儒家管理思想体系中所阐明的管理原则是（　　）。

A. 德治　　B. 法治　　C. 无为而治　　D. 分权而治

4. 下列关于泰勒的科学管理的说法中错误的是（　　）。

A. 实行差别计件工资制

B. 科学地挑选工人和培训工人

C. 应把计划职能与执行职能统一起来

D. 利用时间和动作研究制定科学的操作方法

5. 由于管理的广泛性和复杂性及研究的侧重点不同，对管理所下定义也各异，法约尔认为（　　）。

A. 管理就是要确切地知道要别人干什么，并注意他们用最好的、最经济的方法去干

B. 管理就是实行计划、组织、指挥、协调和控制

C. 管理就是决策

D. 管理是一种以绩效和责任为基础的专业职能

6. 下列不属于法约尔所提出的14条管理原则的是(　　)。
A. 统一指挥　　B. 统一领导　　C. 非正式组织　　D. 分工
7. 一般认为"管理过程之父""科学管理之父""组织理论之父"分别是(　　)。
A. 法约尔、泰勒、韦伯　　B. 泰勒、法约尔、韦伯
C. 法约尔、韦伯、泰勒　　D. 韦伯、泰勒、法约尔
8. 马克思·韦伯把对领袖人物的品格、信仰和智慧的崇拜为基础而形成的权威称为(　　)。
A. 传统权威　　B. 理想权威
C. 个人崇拜式权威　　D. 理性-合法权威
9. 企业的高级管理人员把一般的日常事务授权给下级管理人员去负责处理,而自己只保留对例外事项,重要事项的决策和监督权,这是泰勒提出的(　　)。
A. 工作定额原理　　B. 心理革命　　C. 职能工长制　　D. 例外原则
10. 人们除了生存需要外,还有安全的需要、寻求关心的需要、建立友谊的需要等社会需要,所以产生了(　　)。
A. 非正式组织　　B. 非正式沟通　　C. 正式沟通　　D. 正式组织
11. 梅奥等人通过霍桑试验得出结论:人们的生产效率不仅受到物理的、生理的因素的影响,而且还受到社会环境、社会心理因素的影响,并由此创立了(　　)。
A. 行为科学学说　　B. 人文关系学说
C. 人际关系学说　　D. 社会系统学说
12. 梅奥对其领导的霍桑试验进行总结,认为工人是(　　)。
A. 经济人　　B. 社会人　　C. 理性人　　D. 复杂人
13. (　　)标志着现代管理理论的形成。
A. 学习型组织的提出
B.《管理理论的丛林》的发表
C.《工业管理与一般管理》的发表
D. 人际关系学说的形成
14. 彼得·圣吉在《第五项修炼:学习型组织的艺术与实务》中提出了五项修炼,下列不属于五项修炼的内容的是(　　)。
A. 超越自我　　B. 改善共同愿景
C. 团队学习　　D. 系统思考
15. 管理应随机而变,不存在普遍适用的最好的技术和方法,该观点属于(　　)。
A. 权变学派　　B. 经验主义学派
C. 社会系统学派　　D. 管理科学学派

二、判断题

1. 企业存在"非正式组织"的观点来源于科学管理理论。　　(　　)

2. 管理科学形成的标志是泰勒的科学管理理论。（　　）
3. 法约尔主张将计划职能与执行职能分开。（　　）
4. 科学管理理论的中心问题是提高劳动生产率。（　　）
5. 霍桑实验表明，非正式组织对组织目标的达成是有害的。（　　）
6. 古典管理理论认为，人是经济人。（　　）
7. 经验主义学派主张通过分析经验来研究管理问题。（　　）
8. 按照法约尔的观点，企业的基本活动有五项。（　　）
9. 有“组织管理之父”称号的古典管理学家是泰勒。（　　）
10. 梅奥的人际关系学说克服了古典管理理论的不足，开辟了管理思想的新领域。（　　）

三、简答题

1. 为什么亚当·斯密认为分工是增进劳动生产力的重要因素？
2. 简述泰勒的科学管理理论的主要内容。
3. 简述韦伯的“理想的行政组织体系”或“理想组织形式”具有的特点。
4. 法约尔的管理思想是什么？
5. 简述梅奥人际关系学说的主要内容。
6. 简述学习型组织与传统组织的不同。

四、案例分析

教授说错了吗？

某大学教授在给学生讲管理思想与理论的演变。当他讲授科学管理理论时，竭力推崇科学管理的创始人泰勒的历史贡献，主张“有必要用严密的科学知识代替老的、单凭经验或个人知识行事”的观点，并且宣扬法约尔的 14 条管理原则。当他介绍经验主义学派的理论时，又强调企业管理要从实际经验出发，而不应该从一般原则出发来进行管理和研究。在介绍权变管理理论时，这位教授又说在企业管理中要根据企业所处的内外部环境随机应变，没有什么一成不变、普遍适用的、“最好的”管理理论和方法。

不少学生认为这位教授的讲课前后矛盾、胸无定见，要求教授予以明确的解答。教授笑而不答，反倒要求学生们自己去思考，得出自己的结论。

分析：

1. 你认为教授的上述观点前后矛盾吗？为什么？
2. 管理学究竟是一门科学还是一门艺术？
3. 在企业管理中，是否需要将管理原则与实践结合起来？

项目三 决 策

决策理论

学习目标

1. 了解环境调查，概括环境调查的程序。
2. 掌握调查方案设计、实地调研、资料分析、调查报告写作的基本方法。
3. 了解预测，概括预测的过程。
4. 掌握定性和定量预测的基本方法。
5. 理解决策，概括决策制定过程的步骤。
6. 比较完全理性决策和有限理性决策的制定方法。
7. 区分各种不同的决策类型，掌握确定型及风险型决策的制定方法。
8. 养成面对抉择、理性分析问题的习惯。

案例引入

中国古代决策案例——楚襄王的两全其美

楚襄王做太子时在齐国当人质，父亲怀王死后，他便向齐王提出要回楚国，齐王不准，说："你要割让东地 500 里给齐国，我才放你回去；否则……"太子说："我有个师傅，让我找他商量。"太子的师傅慎子说："您答应给齐国割让东地 500 里吧。土地是安身之本，因为爱地而不为父亲送葬，这是非常不道义的。"太子回复齐王说："我愿敬献出东地 500 里。"齐王这才放太子回国。

太子回到楚国即位为王，齐国派 50 辆使车来楚国索取东地。楚王告诉慎子："齐国派使臣来索取东地，该怎么办呢？"慎子说："大王明天召见群臣，让大家来想办法吧。"于是，楚王召唤子良、昭常、景鲤等共商对策。

楚王将三个大夫出的主意都告知慎子，说："子良说：'不能不给，给了以后再出兵去进攻齐国'；昭常说：'不能给，我愿去守卫东地'；景鲤说：'不能给，既然楚国不能单独守住东地，我愿意去求救于秦国'。我不知道他们三个人出的主意，到底采用谁的好？"慎子答："大王应该都采用。"楚王怒问："这是什么意思？"

慎子说："待我说出我的道理，大王将会知道确实如此。大王您先派遣子良带上兵车50辆，前往齐国进献东地500里；在派遣子良的第二天，任命昭常为大司马，让他去守卫东地；在派遣昭常的第二天，再派景鲤带领战车50辆，往西去秦国求救。"楚王说："好。"

子良到了齐国，齐国派兵接收东地。昭常对齐国使臣说："我是主管东地的大司马，要与东地共存亡，我已动员了30多万人，虽然我们的铠甲破旧，武器不精，但愿意奉陪到底。"齐王对子良说："你来献地，昭常却守卫东地，这是怎么回事？"子良说："我受敝国大王之命来进献东地。昭常守卫东地，是他假传王命，大王可以去进攻他。"于是齐王大举进攻东地，讨伐昭常。大军还未到达东地边界之时，秦国已派50万大军进逼齐国西境，说："你们扣押了楚太子，不让他回国，这是不讲仁道；又想抢夺楚国东地500里，这是不讲正义。你们如果收兵则罢，不然，我们就地决战一场。"齐王听了很害怕，请求两国讲和，又派人出使秦国，声明不进攻楚国，从而解除了齐国的战祸。楚国未动一兵一卒，确保了东地的安全。

思考：

1. 你认为在制定决策之前应该做什么？
2. 通过上述案例，你认为制定科学的决策有几个重要的步骤？

任务一 进行环境调查

组织要进行科学决策，首先要拥有完善的信息系统。信息系统是指能够为管理者及时、准确地收集信息、分析评估并分送转达所需信息的人员、设备和程序。一个好的信息系统能够为管理者提供他们真正需要的信息。信息可以从内部记录、出版物、公共文件、竞争对手和环境调查中获取。其中，环境调查是组织获取信息的重要手段。

一、环境调查的含义

环境调查是指用科学的方法搜集影响组织发展的各种环境要素（包括现实的和历史的数据、资料）进行分析，为决策提供依据。其中，环境是对组织的生存与发展有着潜在影响的力量的总和，包括外部环境和内部环境。

（一）外部环境

外部环境是指存在于组织外部的环境要素，包括一般环境和特定环境。

1. 一般环境（宏观环境）

一般环境影响着社会中的一切组织，是特定社会中的政治、经济、法律、文化、技术等要素构成的社会环境及这个社会所处的国际环境。不论管理者是否意识到这类环境要素的存在，它都或多或少地影响着组织的发展，区别只在于影响的大小。

（1）经济环境。是指工农业生产情况、科技发展水平、自然资源和能源的储量及开发情况、国内生产总值和国民收入的增长情况及其对社会购买力变化的影响、人口数量及其构成、消费规模及结构、投资规模及结构和内外贸易状况等。

知识拓展

资料显示，中国经济增速继续位居世界主要经济体前列。2021 年前三季度，我国国内生产总值（GDP）增长 9.8%，两年平均增长 5.2%，均高于世界其他主要经济体，发展韧性强、潜力大、动力足的特点持续显现。从拉动经济增长的“三驾马车”看，2021 年 1—11 月，社会消费品零售总额增长 13.7%，居民消费在稳定恢复中加快升级；固定资产投资增长 5.2%，投资结构进一步优化，高技术产业投资增速明显快于全部投资；进出口总额增长 22%，对外贸易量增加，结构持续优化。从经济发展的空间布局看，城乡融合发展呈现良好态势，城市群和都市圈的辐射带动作用进一步增强，区域空间布局不断优化，加快培育新的增长带、增长极。

（2）政治环境。是指一定时期内的政治形势和国家有关的方针、政策、法令、条例及规章制度实施情况及其对市场经济运行产生的影响。

知识拓展

据日本共同通信社（简称共同社）网站报道，2022 年，受新冠疫情以及俄乌地缘政治不确定因素影响，日本汽车销售协会联合会和日本全国微型汽车协会联合发布数据显示，5 月日本本土新车销量为 26.14 万辆，较上年同期减少 18.1%，连续 11 个月出现同比下滑。日本八大品牌中，除三菱外，丰田、本田、日产、铃木、斯巴鲁、马自达和大发七家汽车企业的销量均呈现同比下滑态势。2022 年 5 月与 2021 年 5 月日本品牌汽车在中国的销量对比见表 3-1。

表 3-1　2022 年 5 月与 2021 年 5 月日本品牌汽车在中国的销量对比

品牌	2022 年 5 月销量/万辆	与 2021 年 5 月的销量变化
丰田	8.65	-20.9%
铃木	0.67	-10.9%
马自达	0.33	-49.3%
雷克萨斯	0.31	-30.8%
大发	0.18	-30.1%

（3）自然地理环境。是指地理位置、气候条件、地形地貌、交通运输及其他地理特征。

（4）社会文化环境。是指居民职业构成、家庭组织规模、各民族的分布及其宗教信仰、风俗习惯、审美观念及社会风尚和居民受教育程度等方面。例如，美国的百事可乐公司有一句著名的促销广告词："畅饮百事可乐，使你心旷神怡"(come alive with Pepsi)。在中国，这一广告和其产品名称的绝妙翻译相配合取得了极好的效果，然而同样的广告词在德国却不合时宜，因为"come alive"若直译为德语的意思是"死而复生"。

2. 特定环境(微观环境)

特定环境影响社会中的特定组织。管理者一般都能意识到这类环境要素的存在，这类环境力量对组织的作用是具体的，管理者能直接感受到它产生的压力。如以企业为例，这些要素是指对企业具有潜在影响的竞争对手、服务对象、资源供应者、公众等因素构成的具体环境。

(1) 竞争对手。竞争者是那些与本企业提供的产品或服务相类似、所服务的目标顾客也相似的其他企业。例如，临近大型节假日，家电市场价格战一触即发：美的推出变频空调买一台送两台，买立柜机送挂机，或买套餐送上网笔记本的活动；格力推出买套餐送价值 2 888 元的空气净化器；格兰仕指定机型半价出售。

(2) 服务对象。普通消费者、政府机关、企事业单位等，凡是购买企业产品或服务的组织或个人，都可被称为服务对象，满足服务对象的需求是企业的出发点和归宿。因此，服务对象是企业最重要的环境因素，可以从文化因素、社会因素、个人因素、心理因素等多个方面进行分析。

(3) 资源供应者。资源供应者是向企业及其竞争者提供生产经营所需要资源的企业或个人，包括提供原材料、零配件、设备、能源、劳务及其他用品等。资源供应者对企业营销业务有实质性的影响，其所供应的原材料数量和质量将直接影响产品的数量和质量；所提供的资源价格会直接影响产品成本、价格和利润。在物资供应紧张时，供应商更起着决定性的作用。如企业开发新产品，需要对原材料或设备进行及时的、保质保量的供应。

(4) 公众。是指对企业实现营销目标的能力有实际或潜在利害关系和影响力的团体和个人。企业面对广大公众的态度，会协助或妨碍企业营销活动的正常开展。所有企业都必须采取积极措施，树立良好的企业形象，力求和主要公众之间保持良好的关系。企业所面临的公众主要有：融资公众、媒介公众、政府公众、社团公众、社区公众、一般公众和内部公众。

案例分享

2001 年中秋节也是国庆节前，中央电视台《新闻 30 分》播出了一条爆炸性新闻——"南京冠生园旧月饼翻新再利用"，将其回收旧月饼、冷冻月饼馅，然后再加工生产的过程同时播放。冠生园工人声称：自己不会买冠生园月饼。消息一出，舆论哗然。南京冠生园成了众矢之的，月饼无人问津；全国其他地方的冠生园也受到牵连，产品销量急剧下降。中央电视台新闻报道的真实性、权威性毋庸置疑，引起公众的极大反响。因此，冠生园必须拿出“壮士断腕”的勇气,勇敢地向公众承认自己的失误,向公众致以真诚的歉意,表明自己的立场,才有可能得到公众的谅解。

(二) 内部环境

内部环境是指组织内部的环境要素,包括组织的资源及文化价值观等。其中,物资资源包含实物资源、人力资源、财务资源、无形资产等。

二、环境调查的程序和方法

(一) 确定问题和调研目标

确定调研问题及调研目标往往是整个调研过程中最困难的一步。管理者知道可能出了问题,但却不知道确切的原因在哪里。例如,一个大型连锁折扣商店的经理们仓促地认为商店销售额下降是由于广告不当引起的,于是他们下令调查公司的广告。当调查结果显示目前的广告在信息内容及目标顾客方面都没有问题时,他们感到困惑不已。最终的结果是发现原来是连锁店没有能够提供广告中承诺的价格、产品和服务。确定调查的方向可以节省用于调查的时间和费用。

那么如何确定调研问题呢?首先,分析问题产生的环境背景,包括对某些重要的影响因素进行分析和评价;其次,与决策人沟通,访问行业专家和其他有识之士,分析二手资料,同时还要进行定性调研,这些工作使调研人员明确管理决策问题;最后,将管理决策问题转化为环境调研问题,确定调研目标。

(二) 制订调研计划

环境调查的第二步工作是确定所需信息、制订有效收集信息的计划。这个计划应简述现存信息的来源,指出调研人员收集新信息的特定调查方法、对象、范围、时间、接触方式、取样计划和调查工具等,其关键工作是设计调研方案。设计调研方案的具体工作程序如下。

1. 建立调研理论假设

建立调研理论假设是实施调研的重要程序之一,是科学、有效地实施调研的前提。调研理论假设,即理论猜测或假定,是以已有的事实材料和科学原理为依据,经过科学抽象和逻辑推理,对考察的未知事实及其规律做出一种带理论色彩的猜测或假定性的理论阐释与说明。

2. 建立调研架构

调研架构,就是确定调研时所假设的各种变量的关系。变量分为自变量、因变量和中介变量。自变量为可能原因,因变量为后果或被测的变量,中介变量是动机、愿望等无法感知的心理历程,不能由人们感官感知其质和量的变量。调查者从自变量(行为原因)测量中介变量,然后用中介变量解释行为。例如“青年生活方式调查的研究架构”,自变量为个人特质、家庭背景、工作环境、条件、个人境况等。从上述自变量推断中介变量“思想价值观”，然后又用中介变量解释因变量的各种行为（劳动、生产活动、日常消费活动、恋爱、婚姻、行为、业余各种活动）。这是一个纵横连接、立体交叉的网络。

科学地建立研究架构，是环境调研活动的关键性作业。研究架构是调研活动的“支撑骨架”，使内容有整体联系，避免盲目、模糊的调查。

3. 编写调研提纲

调研提纲是为实现调研目的而编写的大纲，是完成调研任务的实施细则。调研提纲使理论假设和研究架构具体化，调研内容明确化，明确用什么资料来说明调研架构，因而决定调研的成败得失。因此，在实施调研之前要把调研提纲写好。

编写调研提纲的要求有五点。

（1）提纲的拟定以理论假设为纲，从揭示事物发展规律出发，全面考虑调查的问题。

（2）主题鲜明，目的明确，重点突出。

（3）调查内容点面结合，抓骨干材料，并注意调查材料的完整性和系统性。

（4）按调研程序安排提纲的结构，做到条理清晰，层次清楚。

（5）提纲所列项目明确具体，措施切实可行。

（三）确定调查方法

搜集各种信息资料所使用的技能和办法，称为调查的技术方法。不同的技术方法，适用于不同的调查对象，对市场信息的回收率、真实性及调查费用等都有不同的影响，对调查员的素质也有不同的要求。调查的技术方法分为实地调查法和文案调查法，其中实地调查法又分为观察调查法、实验调查法和询问调查法。

1. 观察调查法

观察调查法，简称观察法，是调查者凭借自己的感官和各种记录工具，深入调查现场，在受调查者未察觉的情况下，直接观察和记录受调查者行为以收集信息的方法。观察调查法有直接观察和测量观察两种基本类型。

2. 实验调查法

实验调查法是指调查者有目的、有意识地改变一个或几个影响因素，观察在这些因素影响下的变动情况，以认识现象的本质特征和发展规律。实验调查既是一种实践过程，又是一种认识过程，并将实践与认识统一为调查研究过程。企业在经营活动中经常运用这种方法，如开展一些小规模的包装实验、价格实验、广告实验、新产品销售实验等，以检验这些措施在市场上的反映，实现对市场总体的推断。

3. 询问调查法

询问调查法是由访问者向受访者提出问题，通过受访者的口头回答或填写调查表等形式来收集市场信息资料的方法。询问调查法是收集第一手资料最主要的方法，既可以独立使用，也可以与观察法结合应用。询问调查法的具体形式有面谈询问、电话询问和信函询问。

问卷调查是进行市场调查时经常采用的问询方式之一，它通过一系列精心设计的问题来征求受访者的答案，并从中筛选出访问者想了解的问题及答案。问卷中的问题设计、提问方式、问卷形式以及遣词造句等，都直接关系到能否达到市场调查的目标。

4. 文案调查法

文案调查法是指调查者在充分了解调查的目的后，通过搜集各种有关的文献资料，选取现成的数据加以整理、衔接、调整及融合，以归纳或演绎等方法予以分析，进而提出调查报告及有关建议的调查方法。文案调查可查阅的文献资料主要包括：图书、期刊、报纸、科研报告、会议文件、情况简报、经济年鉴、统计年鉴、学术论文、专利文献、档案文献、内部资料、照片、图片、录音、录像、电影、幻灯片等。这种调查方法是在室内进行的，因此又称室内研究法。

（四）现场工作或数据收集（实地考察）

实地考察有动态资料调查和静态资料调查。动态资料是通过观察、访谈、问卷等获取的资料。搜集动态资料，要采取预约（或问卷）、访谈（寄发问卷）提问、讨论、记录（问卷反馈资料的搜集）等步骤。静态资料是通过文献法或统计法获取的资料。通过文献法获取的资料包括浏览、泛读、精读、记录等步骤。统计法则有表格制定、寄发、填写、统计等步骤。

（五）调查资料的审核、整理和分析

1. 资料审核

资料审核是对调查得到的资料进行审查和核对，看其是否客观、准确、完整。对第一手资料进行审核，即对调查主体通过各种调查方法，如观察、访谈、问卷法等得到的资料进行审核。对二手资料进行审核，先要弄清二手资料的作者、出版者、时间，其次是鉴定文献的真伪。

2. 资料整理

资料整理是运用科学的方法，对经过审核后的各种原始资料进行分类、汇总，使之条理化、系统化，从而以集中、简明的方式反映调查对象总体情况的工作过程。资料如果不经过科学的整理就无法进行科学的分析，得出正确的结论。资料加工整理得好，会使综合资料更加丰富，有助于说明更多的问题及事物的内在联系。

3. 资料的统计分析

调查人员不需要真正了解各种统计工具的工作情况，但必须懂得根据数据和报告的性质选择正确的统计工具。统计工具可分为单变量统计、双变量统计和多变量统计。

如果是对一个变量取值的归纳整理及对其分布形态的研究，可以用频数分析（计算百分比）众数、中位数、均值和标准差等方法或统计量来描述。频数表将变量所有取值的频数和百分比列在一个表中，从中可以看出各变量各个取值的分布情况。为了更直观地表现出来，还可以绘制相应的条形图、圆饼图等。

对双变量的相关性分析，可以用卡方检验、单因素方差分析、简单相关系数、一元线性回归分析等方法；对多变量的相关分析，可以用多元线性回归、判别分析、聚类分析、因子分析等方法。

（六）调研报告的撰写

1. 调研报告的内容与结构

调研报告的主要功能是全面而精确地描述调研项目的有关结果，因而它应与读者详细地沟通如下内容：调研内容，主要背景信息，调研方法概述，图表展示调研结果，调研结果的概括、结论、建议等。一般的调查报告主要要把执行摘要、分析和结果、结论与建议写清楚，其中，摘要书写要尽可能简短。

2. 撰写调研报告的注意事项

（1）充分解释。有些研究者只是将表格的数据作简单的重复，而缺乏必要的阐述。虽然绝大多数人能看懂表格，但是解释数据正是研究者的职责。

（2）用调研资料说明观点。在撰写调研报告时，发表大量与调研目的无关的数据、资料是常见的错误。读者想知道的是调研结果对于市场目标、决策意味着什么，这些目标是否达到了，是否还需要投入其他资源。也许最严重的错误就是报告与事实不符。所以调研报告必须用事实说话。

如何准备一份好的调查报告，美国芝加哥乔治·弗雷德里克联合公司给出六条建议。

（1）使用现在时态为佳。用现在时态较容易阅读。我们是为客户今天和未来的决策而工作，而不是昨天。

（2）使用积极的语气。尽可能地用积极的语气，消极被动的语气有负面影响。用第一人称而不是第三人称。现在时态和积极的语气更有商业气息。

（3）使用建议性的标题，而不是用标签。读者肯定更愿意看到这样的标题："方便的包装是顾客追求的主要利益点"，而不是"包装分析""顾客如何看待包装?"等。

（4）使用表格、图形施展身手，适当配以文字说明。不要用连篇累牍的文字重复图表的意思，如果没必要解释图表，可以不说明。图表的意义就在于简化报告，用简洁的文字提纲挈领地揭示图表的含义。

（5）精心排版。良好的格式将减少报告的累赘感，一般可以在左边排图表，右边加上建议性的标题和文字说明。许多人不爱看调研报告只是因为报告太冗长、啰唆，这种报告读者难以认同。短小精悍的报告方便读者拿回家阅读，或是在旅途乘飞机、火车时阅读。

（6）语言生动活泼。活泼生动、富于个性的语言是调研报告中的闪光点。在恰当的地方用上一些成语、俗语或典故来表达，有助于提高阅读的兴趣。

人们如果认为一份报告具有可读性、趣味性，有价值、对自身有益的话，往往会带来更多的调研项目。

任务二　把握决策的定义、步骤和分类

一、决策的定义

关于决策的定义，不同的学派看法不同。一种简单的定义是："从两个以上的备选方案中选择一个的过程就是决策"。一种较具体的定义是："所谓决策，是指组织或个人为了实现某种目标而对未来一定时期内有关活动的方向、内容及方式进行选择或调整的过程"。许多管理学家都对决策的定义进行过探讨，尽管众说纷纭，但基本内涵大致相同，区别主要在于对决策概念是狭义的理解还是广义的理解。狭义地说，决策是在几种行动方案中进行选择。广义地说，决策还包括在做出最后选择之前必须进行的一切活动。所以，决策是人们为了达到一定目标，在掌握充分的信息和对有关情况进行深刻分析的基础上，用科学的方法拟定并评估各种方案，从中选出合理方案的过程。

本书采纳路易斯、古德曼和范特的说法，将决策定义为"管理者识别并解决问题以及利用机会的过程"。对于这一定义，可理解如下：

(1) 决策的主体是管理者，既可以是单个的管理者，也可以是多个管理者组成的集体或小组。管理者让工作小组按照既定的路线行事，并分配资源以保证计划的实施。信息是决策制定过程中的基本投入。管理者在组织的决策制定系统中起着主要作用。作为具有正式权力的人，只有管理者能够使组织专注于重要的行动计划；作为组织的神经中枢，只有管理者拥有及时全面的信息来制定战略。

(2) 决策的本质是一个过程，这一过程由多个步骤组成。也就是说，决策是为达到一定的目标，从两个或多个可行方案中选择一个合理方案的分析判断和抉择的过程。一般认为，决策过程可以划分为四个主要阶段，即：

① 找出制定决策的理由；

② 找到可能的行动方案；

③ 对诸行动方案进行评价和抉择；

④ 对于付诸实施的抉择进行评价。

这也是决策理论学派的代表人物赫伯特·亚历山大·西蒙给决策所下的定义。从心理学的角度看，决策过程的前三个阶段与人类解决问题的思维过程的基本步骤是紧密联系的。这三个基本步骤是：问题是什么？备选方案是什么？哪个备选方案最好？显然，前三个阶段是决策过程的核心，然后经过执行过程中的评价阶段，又进入一轮新的决策循环。因此，决策实际上是一个"决策—实施—再决策—再实施"的连续不断的循环过程，贯穿于全部管理活动的始终，贯穿于管理的各种职能活动中，即贯穿于计划、组织、人员配备、指导与领导和控制活动之中。

(3) 决策的目的是解决问题或利用机会，这就是说，决策不仅仅是为了解决问题，有时也为了利用机会。

案例分享

英国的麦克斯亚郡曾有一个妇女向法院控告她的丈夫迷恋足球已经到了无以复加、不能容忍的地步，严重影响了他们的夫妻关系。她要求生产足球的厂商赔偿她精神损失费10万英镑。从一般角度来看，这一指控毫无道理，但在结果宣判之前有种种迹象表明，这个妇女的要求得到了大多数陪审团成员的支持。想到马上就要支付巨额的赔偿费，足球厂商的老板很忧虑。这时，足球厂商的公关顾问认为，对公司来说问题的关键就是这个妇女的控告使得公司损失了大笔的钱，要是能通过这次控告重新赚回损失的钱，问题不就迎刃而解了吗？于是他向公司建议：与其在法庭上与陪审团进行无谓的陈述，还不如利用这一离谱的案例，为公司大造声势，向人们证明足球厂商生产的足球魅力之大。于是，他们与各媒体进行了沟通，让他们对这场官司进行大肆渲染。果然，这场官司经媒体的不断传播后，使得足球厂商名声大振，产品销量一下子翻了四倍。与损失的10万英镑比起来，足球厂商算是因小祸而得了大福。

二、正确决策的基本程序

决策的过程

决策并非主观武断或盲目“拍板”。科学的决策，应当通过认真的研究和实事求是的分析，去粗取精，去伪存真，由此及彼，由表及里地把握住事物变化的规律，从而做出合理、可行的决断。因此，为了保证决策的正确和合理，决策必须遵循一定的程序和步骤。

（一）把握问题的要害

找出关键性问题和认准问题的要害，找出为什么要针对这个问题而不是针对其他问题做决策的理由。关键问题抓不准，就解决不了问题，所做的各种决策就不可能是合理的、有效的。

（二）明确决策的目标

除了要找出关键的问题以外，还需要明确决策的目标。实践证明，失败的决策往往是由于决策目标不正确或不明确导致的。犹豫不决，通常也是由于目标很模糊或设立得不合理。

案例分享

美国管理学家德鲁克曾在他所著的《卓有成效的管理者》一书中举过这样一个例子：1965年11月间，美国整个东北部地区，从纽约州的圣罗伦斯到华盛顿一带，发生过一次美国历史上最严重的全面停电事件。在大停电的那天早上，纽约市几乎所有的报纸都没有出版，只有《纽约时报》出版了。原来在那天停电时，《纽约时报》当即决定把报纸改在哈德逊河对岸的纽瓦克（美国新泽西州最大港市）印刷。当时，纽瓦克还没有停电。但虽有此英明决策，发行100多万份的《纽约时报》，也只有不到半数送到了读者手中。这其中的原因，据说是正好《纽约时报》上了印刷机后，时报总编辑突然跟他的三名助手发生了争论，争论的问题只是某一英文单词如何分节。争论持续了48分钟，恰好占去了该报仅有的印刷时间的一半。争论的理由是该报制定过一套英文写作标准，即印出的报纸绝不允许有任何文法上的错误，这就使得主编在出现意外停电的情况时，认识不到保证时报每天的发行份数已成为更紧迫的目标，从而使上述正确决策未能有效贯彻实施。可见，目标对于正确决策起着多么大的决定作用。

（三）至少有两个以上的可行方案

要找到几个可能的行动方案。决策的基本含义是抉择，而如果只有一种方案，无选择余地，也就无所谓决策。没有比较就没有鉴别，更谈不上所谓“最佳”。有一条管理人员熟悉的格言：如果只有一种行事方法，那么这种方法很可能是错的。要求多个可行方案的过程，通常是一个创新的过程。每个可行方案都要具有三个条件。

第一，能够实现预期目标。

第二，能够定性与定量地分析各种影响因素。

第三，大体能估计不可控因素发生的概率。

在制定可行方案时，还应满足整体详尽性和相互排斥性的要求。所谓整体详尽性，是指将各种可能实现的方案都考虑到，以免漏掉那些可能是最好的方案。所谓相互排斥性就是说，可行方案本身要尽量相互独立，不要互相包含，当然更不应当为了选择硬凑出某个方案来。

案例分享

20世纪60年代美国顺利实施的“阿波罗计划”，就是在三种可能的方案中进行正确选择的结果。这三种方案是：第一，直接发射飞船；第二，在地球轨道上交会后向月球发射飞船；第三，在月球轨道上交会后向月球发射登月舱。前两个方案的研制难度和研制时间都不能保证实现20世纪60年代末就能把人送上月球的目标；第三个方案需要的助推火箭推力最小，实现的技术难度较低，最有可能保证实施上述目标。

（四）对决策方案进行综合评价

对各个可行方案进行评价和选择。每个实现决策目标的可行方案都会对目标的实现发挥某种积极作用和影响，也会产生消极作用和影响。因此，必须对每个可行方案进行综合的分析和评价，即进行可行性研究。可行性研究是决策的重要环节，决策方案不但必须在技术上和经济上可行，而且应当考虑社会、政治、文化等方面的因素，还要使决策结果的副作用（如环境污染）减小到可以允许的范围内。通过可行性分析，确定每个方案的经济效益和社会效益以及可能带来的潜在问题，以便比较各个方案的优劣，从中选择最佳方案。

（五）实施决策方案

在多个互相冲突的目标下进行方案选择面临着很多困难，然而，选择的困难还不止于此。决策的风险是选择时始终会遇到的另一个主要困难，因为人们不是对过去的事做决策，决策必然是为将来而作，而将来几乎总是包含着不确定的因素，所以那种有百分之百的把握、不冒任何风险的决策，不仅因为它过于保守不符合管理的需要，而且客观上也是很少有的。一般来说，那些看上去越可能获得高收益的方案，包含的风险因素也往往越大，这几乎成为一种常识。因此，对于决策者来说，一方面，决策基本的要求是要敢于冒风险，敢于承担责任，也就是说，要求决策者要有胆识，要有勇气；另一方面，管理决策不是赌博，敢于冒风险不等于蛮干。决策者必须清醒地估计到各项决策方案的风险程度；估计到最坏的可能性并拟定相应的对策，使风险损失不致引起灾难性的、不可挽回的后果；尽量收集与决策的未来环境有关的必要信息，以便做出正确的判断；同时，还应考虑是不是到了非要冒更大风险不可的地步；最后，还应当对决策的时机是否成熟有准确的判断。这些都有助于决策者将决策方案的风险减至最小。正如俗话所说的："情况明，决心大，方法对"。

（六）评价决策效果

对已实施的选择进行评价。这是在决策方案已经实施了一段时间后，对其效果进行评价，以检验决策的正确性，及时修正偏离目标的偏差。评价的结果常常导致一个新的决策，也就是决定要不要继续干下去、怎么继续干下去等问题。应当把决策看作是一种学习过程，即在做出最初的选择之后，还需要不断地对实行的情况进行检查，注意对那些新出现的未曾预料到的情况进行分析和判断，及时补充新的决策。例如，我国当前正在进行的经济体制改革，就是一个不断地通过评价前一个阶段改革的成果和失误，来进一步明确改革的方向和重点，然后开始一个新的改革阶段这样一个循环往复的过程。

三、决策的合理性标准

什么是有效的决策？什么是正确的抉择？其判断标准是什么？除了根据决策实施的效果来判断以外，在方案抉择阶段还有没有更直接的判断标准？对于这个问题，有以下三种代表性的观点。

第一种观点，是由科学管理的创始人泰勒首先提出的，并成为运筹学家和管理科学家们一贯坚持的"最优"标准。在泰勒看来，任何一项管理工作都存在一种最佳的工作方式。但是，并非所有的管理问题和管理工作都能够数字模型化，从而求出其最优解来。管理既是科学又是艺术，对决策来说也是如此。所谓"最优"，只能是有条件的，并且是在有限的、极为严格的条件下达到的。

第二种观点，是西蒙提出的“满意”决策标准。他对运筹学家们的“最优”决策标准提出了尖锐的批评。他指出：所谓“最优”，是对于在数学模型范围内的最优决策而言。热衷于“运筹学”的人很容易低估这种方法适用条件的严格性。西蒙的“满意”决策标准，是指对于使用“运筹学”方法来说，不需要精确性，只要能足够给出一个近似的、比不用数学而单靠常识得出的那种结果要更好的结果来，而这样的标准是不难达到的。但是“满意”的决策标准是一种模糊的概念，容易使人们对决策产生某种误解。

第三种观点，是由美国管理学家哈罗德·孔茨提出的“合理性”决策标准。他对合理性决策标准的解释是：首先，主管人员必须力图达到如无积极的行动就不可能达到的某些目标；其次，主管人员必须对现有环境和限定条件下依循什么方针去达到目标有清楚的了解；第三，主管人员必须有情报资料的依据，并有能力根据所要达到的目标去分析和评价抉择方案；最后，主管人员必须有以最好的办法解决问题的强烈愿望，并选出能最满意地达到目标的方案。孔茨的“合理性”决策标准的实质，是强调决策过程各个阶段的工作质量最终决定了决策的正确性和有效性，而不仅仅在于进行方案抉择时采用“最优”还是“满意”的标准。这个观点是很有指导意义的，本书也更倾向于此观点。

四、决策的类型

决策可按不同的标准进行分类。

（一）长期决策与短期决策

（1）长期决策，又称长期战略决策，是指有关组织今后发展方向的长远性、全局性的重大决策，如对投资方向的选择、人力资源的开发和组织规模的确定等问题的决策。

（2）短期决策，又称短期战术决策，是为实现长期战略目标而采取的短期策略手段，例如，对企业日常营销、物资储备以及生产中资源配置等问题的决策都属于短期决策。

（二）战略决策、战术决策与业务决策

按决策的重要程度进行分类

（1）战略决策对组织最重要，通常包括组织目标、方针的确定，组织机构的调整，企业产品的更新换代，技术改造等。这些决策牵涉组织的方方面面，具有长期性和方向性。

（2）战术决策，又称管理决策，是在组织内贯彻的决策，属于战略决策执行过程中的具体决策。战术决策旨在实现组织中各环节的高度协调和资源的合理使用，如企业生产计划和销售计划的制订、设备的更新、新产品的定价，以及资金的筹措等，都属于战术决策的范畴。

（3）业务决策，又称执行性决策，是日常工作中为提高生产效率、工作效率而做出的决策，牵涉范围较窄，只对组织产生局部影响。属于业务决策范畴的主要有：工作任务的日常分配和检查，工作日程（生产进度）的安排和监督，岗位责任制的制定和执行，库存的控制以及材料的采购等。

(三) 集体决策与个人决策

从决策的主体看，可把决策分为集体决策和个人决策。集体决策是指多个人一起做出的决策，个人决策则是指单个人做出的决策。相对于个人决策，集体决策包括以下优点：

(1) 能更大范围地汇总信息；

(2) 能拟定更多的备选方案；

(3) 能得到更多的认同；

(4) 能更好地沟通；

(5) 能做出更好的决策。

但集体决策也有一些缺点，如花费较多的时间、产生“群体思维”以及责任不明等。

(四) 初始决策与追踪决策

从决策的起点看，可把决策分为初始决策与追踪决策。初始决策是零起点决策，它是在有关活动尚未进行从而环境未受到影响的情况下进行的。追踪决策是随着初始决策的实施，组织环境发生变化而进行的决策。因此，追踪决策是非零起点决策。

(五) 程序化决策与非程序化决策

从决策所涉及的问题看，可把决策分为程序化决策和非程序化决策。组织中的问题可被分为两类，一类是例行问题，另一类是例外问题。例行问题是指重复出现的、日常的管理问题；例外问题则是指偶然发生的、新颖的、性质和结构不明的、具有重大影响的问题。西蒙根据问题的性质把决策分为程序化决策和非程序化决策。程序化决策涉及的是例行问题，而非程序化决策涉及的是例外问题。

(六) 确定型决策、风险型决策与不确定型决策

从环境因素的可控程度看，可把决策分为确定型决策、风险型决策和不确定型决策。

1. 确定型决策

确定型决策是指在稳定(可控)条件下进行的决策。在确定型决策中，决策者确切知道自然状态的发生，每个方案只有一个确定的结果，最终选择哪个方案取决于对各个方案结果的直接比较。

2. 风险型决策

风险型决策，又称随机决策，在这类决策中，自然状态不止一种，决策者不能知道哪种自然状态会发生，但能知道有多少种自然状态以及每种自然状态发生的概率。

3. 不确定型决策

不确定型决策是指在不稳定条件下进行的决策。在不确定型决策中，决策者可能不知道有多少种自然状态，即便知道，也不能知道每种自然状态发生的概率。

五、决策的特点

(一) 目标性

任何决策都包含着目标的确定，目标体现的是组织想要获得的结果。目标明确以后，

方案的拟定、比较、选择、实施及实施效果的检查就有了标准与依据。

（二）可行性

方案的实施需要利用一定的资源，缺乏必要的人力、物力、财力支持，理论上十分完善的方案也只能是空中楼阁。因此，在决策过程中，决策者不仅要考虑采取某种行动的必要性，而且要注意实施条件的限制。

（三）选择性

决策的关键是选择，没有选择就没有决策，而要能有所选择，就必须提供可以相互替代的多种方案。事实上，为了实现同样的目标，组织可以从事多种不同的活动，这些活动在资源要求、可能结果及风险程度等方面存在着或多或少的差异。因此，不仅有选择的可能，而且有选择的必要。

（四）满意性

决策的原则是“满意”，而不是“最优”。

（五）过程性

（1）组织中的决策并不是单项决策，而是一系列决策的综合。这是因为组织中的决策牵涉方方面面。当令人满意的行动方案被选出后，决策者还要就其他一些问题（如资金筹集、结构调整和人员安排等）做出决策，以保证该方案的顺利实施。只有当配套的决策都做出后，才能认为组织的决策已经完成。

（2）在一系列决策中，每个决策本身就是一个过程。为了理论分析的方便，可以把决策的过程划分为几个阶段。但在实际工作中，这些阶段往往是相互联系、交错重叠的，难以截然分开。

（六）动态性

决策的动态性与过程性有关。决策不仅是一个过程，而且是一个不断循环的过程。作为过程，决策是动态的，没有真正的起点，也没有真正的终点。组织的外部环境处在不断变化中，这要求决策者密切监视并研究外部环境及其变化，从中发现问题或找到机会，及时调整组织的活动，以实现组织与环境的动态平衡。

任务三　分清程序化和非程序化决策

一、例行问题和例外问题

管理人员的主要任务是做决策，大量管理实践表明，一名主管人员整天忙于做出各种各样的决策，常常是一种管理不善的征兆。事实上，在问题已发生但还没有着手解决之前,应首先自问一下:“是不是需要一项决策?”这里,思考的出发点是正确判明问题的性质,即完全属于例行问题还是例外问题。

(一) 例行问题

管理者每天大量遇到的是例行问题。例如,产品质量、设备故障、现金短缺、供货单位未按时履行合同等方面的问题。但为什么不少主管人员总把这些问题当作例外问题处理呢? 为什么许多主管人员几乎每天、每时都陷在这样或那样的各种决策中呢? 原因多种多样,主要在于诸多的管理问题本身所具有的某些特点,使得仅根据是否具有重复发生的性质这一简单特征,还不足以判明哪些问题属于例行问题,以及复杂问题中包含的例行性成分。

(二) 例外问题

例外问题如组织结构变革问题、重大的投资问题、开发新产品或打入新市场的问题、长期存在的产品质量隐患问题、重要的人事任免问题以及重大政策的制定问题等,这类问题为数不多,却是真正要求主管人员倾注全部精力进行正确决策的问题。

处理例行问题和例外问题,无论从决策的性质还是方法来看,都是两种不同类型的决策。前者一般有先例可循,有政策和规则可依;后者往往缺乏信息资料,无先例可循,无固定模式,最终解决问题可能需要创新。西蒙从解决上述两类不同性质的问题出发,将决策分为程序化决策和非程序化决策,并进一步指出,提高人们的非程序化决策能力,是今后决策研究的方向。

二、程序化决策和非程序化决策

西蒙认为,所谓程序化决策,是指决策可以程序化到呈现重复和例行的状态,可以程序化到制定出一套处理这些决策的固定程序,以致每当它出现时,不需要再重复处理它们。通常,程序化决策又称为“结构良好”的决策。与此相反,决策非程序化的表现为新颖、无结构,具有不寻常影响的程度。处理非程序化问题没有“灵丹妙药”,因为这类问题在过去尚未发生过,是一种例外问题;其确切的性质和结构尚捉摸不定或很复杂;其十分重要而需要用“现裁现做”的方式加以处理。必须指出的是,程序化决策和非程序化决策并不是真正截然不同的两类决策,而是像一个光谱一样的连续统一体。在统一体的一端为高度程序化的决策;而另一端为高度非程序化的决策。

沿着这个光谱式的统一体,可以找到不同灰色程度的各种决策。除了可以从问题本身的性质出发区分程序化决策和非程序化决策以外,还可以根据决策时采用的不同技术和方法来区分这两类决策。可以简单地按程序化与非程序化以及传统式与现代式四种方式将决策技术分为四大类,见表 3-2。

表 3-2　　决策技术分类

程序化	非程序化	传统式	现代式
1. 常规性，反复性的； 2. 组织为处理上述决策而研制的特定过程	1. 偶发的、结构不良的、新的政策性决策； 2. 依靠解决问题的一般思维过程处理	1. 判断、直觉和创造性； 2. 主观概率法； 3. 经理的遴选和培训； 4. 惯例； 5. 事务性常规工作标准操作规程； 6. 组织结构分目标系统，明确规定的信息通道	1. 培训决策者； 2. 编制人工智能程序； 3. 计算机模拟运筹学结构分析模型； 4. 管理信息系统探索式解决问题技术

任务四　决策的影响因素

决策的影响因素

迄今为止，人们一直把决策过程作为一种合理的、合乎逻辑的过程来看待。但对于决策过程来说，还有其他因素起着重要的影响作用，即决策的行为。决策行为包括个人的行为特性和群体在决策中的行为特性。

一、个人的行为特征

心理学的基本观点之一是强调个体在心理上的差异，决策作为一种思维心理活动，自然也不例外。这些差异体现在决策者感知问题的方式，处理情报资料并从中获取信息的能力，乐于发掘各种备选方案的意愿和对决策风险的态度等方面。个体之间的差异决定最后选择的方案的特征，并将影响实施决策时的魄力和果断性。

影响决策过程的行为特性很多，这里仅就影响最大的、起决定性作用的两个方面：个体对问题的感知方式和个体的价值系统进行简要的讨论。

（一）个体对问题的感知方式

所谓感知，即通过感觉而形成的知觉，它是对事物的各种不同属性、各个不同部分及其相互关系的综合反映，即对事物整体的反映。感知在确定决策问题、处理决策的情报资料、拟定决策的可行方案等方面起着重要作用。

（二）个体价值系统

个体价值系统是个体的思想、价值观、道德标准、行为准则等所构成的相对稳定的思维体系。具体讲，包括个体对成就、财富、权力、责任、竞争、冒险、创新等的欲望，以及对正确与错误、好与坏、真与伪、善与恶、美与丑、得与失或其他类似的对立事物所持的观点。

个体价值系统对决策过程，特别是最后的方案抉择起着重要的影响和决定作用。概括而言，个体价值系统对决策的影响作用主要表现在以下两个方面。

1. 个体价值系统影响决策者以某种特殊的心理准备状态来反映刺激物

例如，一个人往往以他正在感知的、他的情绪、某种先入为主的状态来反映感知对象，把听到的内容变成他想要听的内容，把看到的对象变成他想要看的对象。心理学称这种心理状态为定势或心向。

2. 个体价值系统影响决策者的判断

个体价值系统影响决策者的判断，主要包括：对问题的判断、对情报信息的判断和对方案的抉择。例如，在某企业的上层主管人员中，对于国家紧缩信贷、压缩基建规模、控制经济过热等措施，有人认为会给企业发展造成困难，有人则认为这反而会给企业的发展带来机会。

个体价值系统对决策的影响因决策者而异，有积极的作用，也有消极的作用。其积极作用表现在以下四个方面。

(1) 它能使人们对事物感知得更迅速、更有效；

(2) 它有助于人们透过事物的表面现象抓住事物的本质；

(3) 它有助于人们从不完全的情报中获取重要的变化信息；

(4) 它有助于人们形成决心、做出果断而大胆的选择。

其消极作用是容易使人们在情况发生变化时固守过时的观点，因循守旧，错失成功的良机等。

由此可见，一个成功的主管人员，必须具有合理的、健康的、积极的、符合社会发展要求的、良好的个体价值系统。

二、群体的行为特征

在正式组织里，一个人不作为群体成员而独自完成决策制定的全过程是罕见的。因此，决策不仅受到个体心理的影响，还受到群体心理的影响。这里群体的概念，是指进行活动且相互制约的人群或人们的共同体。例如，企业中的各级、各部门的领导班子、厂务委员会，生产班组等。群体有自己特有的心理现象，如舆论、内隐的规范(默契)、士气、情绪气氛、风尚、社会助长现象和从众现象等。个体心理是头脑的机能，是外部世界的主观印象；而群体心理则是普遍存在于各个群体成员头脑中反映群体社会关系的共同心理状态与心理倾向。群体心理对决策的影响，既有积极的方面，也有消极的方面。

(一) 群体决策的优点

群体制定决策的一个最大优点，是群体可能比任何单个成员具有更广泛的知识和经验。这势必有利于确定问题和制定备选方案，并且能够更严格地分析所制定的方案。此外，群体参与制定决策，还能够使人们更好地了解所制定的决策，特别当参与决策制定的群体还负有实施决策的责任时，可增加群体每个成员对决策许诺的可能性。

群体决策的上述优点是由于群体心理中的社会助长作用。所谓社会助长作用，是指许多人在一起共同工作时可以促进个人活动的效率，出现增量或增质的现象。一般认为，社会助长作用引起的个人行为增量的效果远超过增质的效果。

（二）群体决策的缺点

决定群体参与决策效果的主要限制因素是存在“从众现象”。所谓“从众现象”，是指个人由于真实的或臆想的群体心理压力，在认知或行动上不由自主地趋向于跟多数人相一致的现象。在正式组织里，上下级关系会导致下级并非真正参与决策，下级为了迎合上级，宁愿顺着上级的意图而不提出自己的真正意见。此外，用花费的总时间来衡量，群体一般比个人要花费更多的时间才能做出一个决策。

群体决策的广泛存在，促使管理学家和心理学家们提出各种有效的方法，以发挥其优点、避免其缺点。

（三）发挥群体决策的积极作用

关于群体对于个体“解决问题”的智力活动是否真的具有助长作用，或在什么条件下有助长作用，目前还是个有争论和正在研究的课题。

1941 年，美国心理学家亚历克斯・F. 奥斯本（Alex Faickney Osbom）在《创造性想象》一文中提出了“头脑风暴法”，即让主持人提出待解决的问题，鼓励群体成员尽量多地提出新颖创见，而不允许互相批评。由于每一个个体受到其他人提出意见的刺激和启发，激起发散性思维，结果在同样时间产生两倍于他独立思考时的意见数量。据统计，这种方法在用于拟定可行方案的决策阶段时，可以获得大量新颖的方案和设想。但另一些心理实验研究不支持这一假设。一般认为，在解决问题的初期使用“头脑风暴法”，而后再引导人们深入地去独立思考，会使社会助长作用发挥远期的效果。

从根本上说，群体参与决策的潜在效益能够发挥到什么程度，以及最终的效果如何，取决于主管人员的领导水平。作为群体的领导人，应具有创造一种鼓励每个成员作出贡献的环境的才能。一方面，主管人员必须引导群体的讨论，这样才能得到质量最高、符合规定目标的决策；另一方面，主管人员必须承担起做出最后抉择并坚持实施的责任，而不应滥用表决的方式，把责任推给大家。

任务五　掌握决策的方法

一、定性决策方法

定性决策方法之德尔菲技术

（一）德尔菲法

德尔菲法是由美国兰德公司首创并用于预测和决策的方法。该方法以匿名方式通过几轮询征函征求专家的意见，组织预测小组对每一轮的意见进行汇总整理后作为参考资料，再发给各专家，供他们分析判断，以提出新的论证。几轮反复后，专家意见渐趋一致，最后供决策者进行决策。德尔菲法的基本程序如下：

（1）确定预测决策题目。预测决策题目，即所要解决的问题。题目要具体明确，适合实际需要。

（2）选择专家。这是德尔菲法的重要环节。因为预测或决策结果的可靠性取决于所选专家对主题了解的深度和广度。选择专家须解决四个问题：第一，什么是专家？德尔菲法所选的专家是指在预测主题领域从事预测或决策工作 10 年以上的技术人员或管理者。第二，怎样选专家？要根据预测或决策任务而定。如果预测或决策主题较多地涉及组织内部情况或组织机密，则最好从内部选取专家。如果预测或决策主题仅关系某一具体技术的发展，则最好从组织外部挑选，甚至从国外挑选。第三，选择什么样的专家？所选专家不仅要精通技术，有一定的名望和代表性，而且还应具备一定的边缘科学知识。第四，专家人数是多少？专家人数要视所预测或决策问题的复杂性而定。人数太少，会限制学科的代表性和权威性；人数太多，则难以组织。一般以 10～15 人为宜，对重大问题进行预测或决策时，专家人数可相应增加。

（3）制定调查表。即把预测或决策问题项目有次序地排列成表格形式，调查表项目应少而精。为使专家对德尔菲法有所了解，调查表的前言部分应对德尔菲法进行介绍。

（4）预测或决策过程。德尔菲法预测或决策一般要分四轮进行。第一轮，把调查表发给每位专家，调查表只提出预测或决策主题，让每位专家提出应预测或决策的事件。第二轮，由决策者把第一轮调查表进行综合整理，归并同类事件，排除次要事件，做出第二轮调查表再返给各专家，由各专家对第二轮调查表所列事件做出评价，阐明自己的意见。第三轮，对第二轮的结果进行统计整理后，再次反馈给每位专家，以便其重新考虑自己的意见并充分陈述理由，尤其是要求持异端意见的专家充分阐述理由，因为他们的依据经常是其他专家所忽略的或未曾研究的一些问题，而这些依据又会对其他成员的重新判断产生影响。第四轮，在第三轮基础上让专家们再进行预测，最后由决策者在统计分析基础上做出结论。

国内外许多大型企业集团都将德尔菲法视为一种行之有效的决策方法，尤其在新技术发展和新产品开发的决策上，这种方法卓有成效。但德尔菲法一般不适合于日常决策，它耗时多，占用较多精力。

案例分享

德尔菲法

以某书刊经销商采用德尔菲法对某一专著的销售量进行预测为例。该经销商首先选择书店经理、书评家、读者、编审、销售代表和海外公司经理等多位专家组成专家小组，并将该专著和一些相应的背景材料发给各位专家，要求大家给出该专著最低销售量、最有可能销售量和最高销售量三个数字，同时说明自己做出判断的主要理由。将专家们的意见收集起来，归纳整理后返还给各位专家，然后要求专家们参考他人的意见并对自己的预测重新考虑。专家们完成第一次预测并得到第一次预测的汇总结果以后，除书店经理外，其他专家在第二次预测中都做了不同程度的修正。

重复进行，在第三次预测中，大多数专家又一次修改了自己的看法。第四次预测时，所有专家都不再修改自己的意见。因此，专家意见收集过程在第四次以后停止。最终预测结果为最低销售量 26 万册，最高销售量 60 万册，最有可能销售量 46 万册。

德尔菲法作为一种主观定性的方法，不仅可以用于预测领域，而且可以广泛应用于各种评价指标体系的建立和具体指标的确定过程。

（二）名义群体法

名义群体法是指在决策制定过程中限制群体进行讨论。如同参加传统委员会会议一样，群体成员必须出席，但需要独立思考。具体步骤如下：

（1）成员集合成一个群体，在安静的环境中，群体成员之间互相传递书面反馈意见，在一张简单的图表上，用简洁的语言记下每一种想法并进行书面讨论。在进行任何讨论之前，每个成员要独立地写下自己对问题的看法。

（2）经过自己独立思考后，每个成员将自己的想法提交给群体，然后一个接一个地向大家说明自己的观点。

（3）最后，小组成员对各种观点进行投票，用数学方法，通过等级排列和次序得出决策。

在现实生活中，集体决策是通过语言进行交流的，其抑制了个体的创造力，而名义群体成员思路的流畅性和独创性更高一筹，名义群体可以产生更多的想法和建议。该方法耗时较少，成本较低。

（三）头脑风暴法

头脑风暴法是比较常用的集体决策方法，便于发表创造性意见，因此主要用于收集新设想。此方法通常是将对解决某一问题有兴趣的人集合在一起，在完全不受约束的条件下，敞开思路，畅所欲言。头脑风暴法的创始人奥斯本为该决策方法的实施提出了以下四项原则。

（1）对别人的建议不进行任何评价，将相互讨论限制在最低限度内。

（2）建议越多越好，在这个阶段，参与者不要考虑自己建议的质量，想到什么就应该说出来。

（3）鼓励每个人独立思考，广开思路，想法越新颖、奇异越好。

（4）可以补充和完善已有的建议，使它更具说服力。

在典型的头脑风暴会议中，一些人围桌而坐，集体领导者以一种明确的方式向所有参与者阐明问题，然后成员在一定的时间内“自由”提出尽可能多的方案，不允许任何批评，并且所有的方案都当场被记录下来，留待稍后再讨论和分析。头脑风暴法仅是一个产生思想的过程，后面的电子会议法则进一步提供了取得期望决策的途径。

案例分享

砸核桃

组长：我们的任务是砸核桃，要求多、快、好，大家有什么办法？

甲：平常在家里用牙磕，用手或榔头砸，用钳子夹。

组长：几个核桃用这种办法行，但核桃多怎么办？

乙：应该把核桃按大小分类，各类核桃分别放在压力机上砸。

丙：可以把核桃沾上粉末一类的东西，使它们成为一样大的圆球，在压力机上砸，用不着分类。（发展了上一个观念）

丁：沾上粉末可能带磁性，在压力机上砸压后，或者在粉碎机上粉碎后，由于磁场作用，核桃壳就可能会脱掉，只剩下核桃仁。（发展了上一个观念，并应用了物理效应）

组长：很好。大家再想想用什么样的力才能把核桃砸开，用什么办法才能得到这些力？

甲：应该加一个集中的挤压力。用某种东西冲击核桃，就能产生这种力，或者相反，用核桃冲击某种东西。

乙：可以用气枪往墙壁上射核桃，比如说可以用射软木塞的儿童气枪射。

丙：当核桃落地时，可以利用地球引力产生力。

丁：核桃壳很硬，应该先用溶剂加工，使它软化、溶解……或者使它们变得很脆，经过冷冻就可以变脆。

组长：动物，比如乌鸦是怎么解决这一任务的？

甲：鸟儿飞得高高的，把核桃扔在硬地上。我们应该把核桃装在容器里，从高处往硬的地方扔，比如从气球上、直升机上、电梯上往水泥板上扔，然后把摔碎的核桃捡起来。（类比）

乙：可以把核桃放在液体容器里，借助水力冲击把核桃破开。（物理效应）

组长：是否可用发现法，如认同、反向等解决问题呢？

丙：应该从里面把核桃破开，把核桃钻个小孔，往里面打气加压。（反向）

丁：可以把核桃放在空气室里，往里打气加压，然后使空气室里的压力锐减，内部压力就会使核桃破裂，因为内部压力不可能很快减少。或者可以急剧增加和减少空气室压力，这时核桃壳就会承受交变负荷。（发展了上一个观念）

戊：从核桃壳内部对它施加压力，外壳就会破裂。（认同）可以通过照射不让外壳长，只让核桃仁长，把外壳顶破。（理想结果）

乙：应该把核桃种在悬崖峭壁上，或种在陡坡上，它们掉下来就摔破。

甲：应该挖掘一口深井，井底放一块钢板，在核桃与深井之间开几道沟槽。核桃从树上掉下来，顺着沟槽滚到井里，摔在钢板上就会摔破。

结果，仅用 10 分钟就收集了 40 个观点，经专家组评价，从中得出参考解决方案。

(四) 电子会议法

最新的集体决策方法是将名义群体法与尖端的计算机技术相结合的电子会议法。会议所需的技术即一系列的计算机终端，将问题在屏幕上显示给决策参与者，再让他们把自己的答案打在计算机屏幕上，最终个人评论和票数统计都投影在会议室的屏幕上。这种方法的主要优点是快速、有效。

二、定量决策方法

定量决策方法是利用数学模型进行优选决策方案的决策方法。根据数学模型涉及的决策问题的性质不同，定量决策方法分为确定型决策方法、风险型决策方法、现值分析方法和其他方法。

(一) 确定型决策方法

在比较和选择活动方案时，如果未来只有一种情况，并为管理者所知，则采用确定型决策方法。常用的确定型决策方法有线性规划法和量本利分析法等。本书主要介绍量本利分析法。

量本利分析法又称盈亏平衡分析法，是通过考察产量(或销量)、成本和利润的关系以及盈亏变化的规律来为决策提供依据的方法。其基本原理是依据边际分析理论，把企业生产总成本分为同产量无关的固定成本和同产量同步变化的变动成本，只要产品的单位售价大于单位变动成本，就存在边际贡献，即单位售价与单位变动成本的差额。当总的边际贡献与固定成本相等时，恰好盈亏平衡，然后每增加一个单位产品，就会增加一个边际贡献的利润。

1. 量本利的图示分析法

如图 3-1 所示，图中直线分别代表总收入 (Y)、总成本(C)、固定成本(F) 及可变总成本(QV)。横坐标表示产量(或销量，用 Q 表示，该模型假定产销量一致)。总收入 Y 是单位销售价格 P 与产量 Q 的乘积；总成本 C 等于固定成本 F 加上可变成本 QV。总收入直线 Y 与总成本直线 C 的交点 E 对应的产量 Q^* 就是总收入等于总成本(即盈亏平衡) 时的产量，即收益等于总成本(即盈亏平衡) 时的产量，E 点就是盈亏平衡点。在 E 点的左边，即 $Q < Q^*$，总成本线位于总收益线之上，即亏损区域，其中 C 与 Y 之间的纵坐标距离就是相应产量下的亏损额，如 Q_1 处的亏损额为 AB。在 E 点的右边，即 $Q > Q^*$，总收益线位于总成本线之上，即盈利区域，Y 与 C 之间的垂直距离就是相应产量下的盈利额。如 Q_2 处的盈利额为 CD。用盈亏平衡点法进行产量决策时，应以 Q^* 为最低点，因为低于该产量就会产生亏损。对新方案的选择是如此，对于现有的生产能力是否在 $Q < Q^*$ 时就一定要停产

呢？由图 3-1 可知，停产时的亏损额为 F，即固定成本支出，而在 OQ^* 区间内的任一点的亏损额($C-Y$) 都低于 F。所以在企业生产能力形成后，即使受市场销量的约束，使产量进入亏损区，也不应做出停产决策，即“两害相权取其轻”。

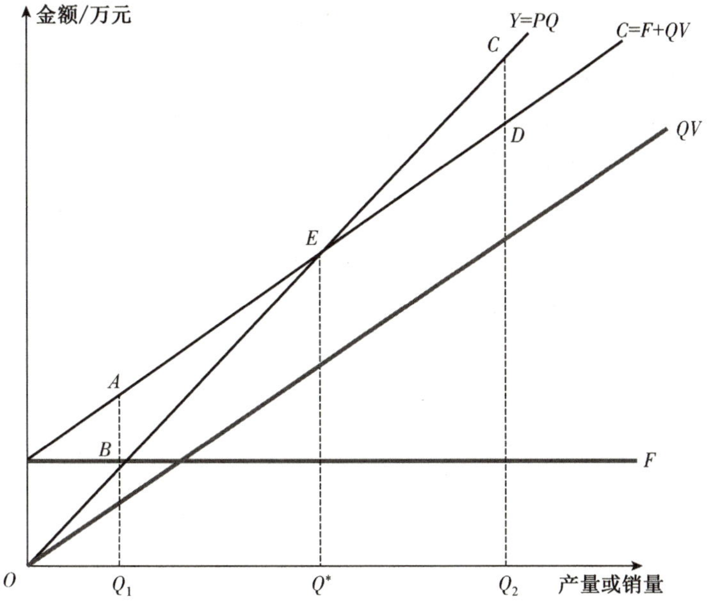

图 3-1 盈亏平衡点分析

2. 量本利的计算分析法

如图 3-1 所示盈亏平衡点，其基本原理也可由公式来表示。

由于在 Q^* 处有 $Y=C$，即

$$Q^* = F + Q^* - V$$

故盈亏平衡点产量

$$Q^* = \frac{F}{P-V} \tag{3-1}$$

式(3-1)中有 4 个变量，给定任何 3 个，便可求出另外一个变量的值。

该模型除了用于盈亏平衡点的产量、成本决策外，再增加一个利润变量，便扩展为任意产量决策的模型。设利润为 π，根据定义，有

$$\pi = PQ - (F + VQ)$$

即

$$Q = \frac{F+\pi}{P-V} \tag{3-2}$$

式(3-2)中共有 5 个变量，给定任意 4 个，便可求出另外一个变量的值。

例 1 某公司生产某产品的固定成本为 50 万元,单位可变成本为 10 元,产品单位售价为 15 元,其盈亏平衡点的产量为多少?本年度产品订单为 5 万件,问:单位可变成本降至什么水平才不至于亏损?若单价和单位可变成本不变,本年预计销量为 6 万件,求利润额(亏损额)是多少?若单价和单位可变成本不变,企业目标利润为 30 万元,问企业应完成多少经销量?

解 盈亏平衡点产量 $Q^* = F/(P-V) = 500\,000/(15-10) = 10$(万件)。

单位可变成本:据题意有 $50\,000 = 500\,000/(15-V)$,解之得 $V=5$(元/件)。

利润额(亏损额):据题意有 $60\,000 = (500\,000+\pi)/(15-10)$,解之得 $\pi = -20$(万元)。

企业应完成的经销量:据题意有 $Q = (500\,000+300\,000)/(15-10) = 16$(万件)。

3. 盈亏平衡点法的其他应用

盈亏平衡点法除了运用式(3-1)、式(3-2)进行所含变量的决策外,还可用于判断企业的经营安全状态及帮助选择产品生产方案。

经营安全率是反映企业经营安全状况的一个指标,用公式表示为

$$S = \frac{Q - Q^*}{Q} \tag{3-3}$$

式中,S 为经营安全率,S 值越大,说明企业对市场的适应能力越强,企业经营状况越好;Q 为现实产量,Q^* 为盈亏平衡点产量。企业经营安全状态可据表 3-3 来判断。

表 3-3 经营安全率和经营安全状况

经营安全率(S)	≥30%	26%~29%	16%~25%	11%~15%	≤10%
经营安全状况	安全	较安全	不太好	要警惕	危险

经营安全率可作为反映企业经营状况的综合性指标。由定义可知,增加实际产量 Q 或降低盈亏平衡点的产量 Q 都可提高经营安全率。

4. 使用盈亏平衡点法做决策时应注意的问题

(1) 应考虑产量适用区间。按上述假定,成本中的固定成本与产量无关,显然,该假定只能在一定的产量区间内有效,当产量超过了现有生产能力并导致规模扩张时,原来的固定成本假定不再成立。

(2) 应注意总收益与可变成本及产量之间的线性关系假设。只有在线性假设下,各变量之间有上述式(3-1)和式(3-2)关系。当出现产量的非线性收益或成本时(如因市场约束和价格折扣而产生的价格随销量的增加而下降,因扩大规模产生的单位可变成本随产量增加而下降等),仍可由“总收益 = 总成本”求解盈亏平衡点产量,也可用“利润 = 总收益 − 总成本”求解利润量或目标利润下的产量,但不能直接套用上述式(3-1)和式(3-2)。

(二) 风险型决策方法

1. 风险型决策

所谓风险型决策,即在不确定情况下进行的决策,这是企业经营中大量碰到的决策形式。例如,建设新工厂的投资决策,新产品开发决策,企业兼并决策等。风险决策的特点如下:

(1) 决策目标一般是经济性的,可以用货币来计量。

(2) 存在多个可行方案,每个方案的收益或损失(包括直接损失或机会损失),可以根据项目的生产能力和市场预测资料比较准确地进行估计。

(3) 未来环境可能出现多种自然状态。

(4) 各种自然状态发生的概率可以根据历史资料或经验进行判断。

(5) 决策标准是使期望净收益达到最大或期望损失减至最小。

迄今为止,已开发出多种风险决策方法,如收益表法、边际分析法、决策树法、效用理论法等。其中,决策树法是一种应用最广、效果最显著的方法。

2. 决策树法

定量决策方法
——决策树法

如前所述,决策是一个过程,包括四个主要阶段,这些阶段与人类解决问题的思维过程诸阶段之间有紧密的联系。正如思维离不开语言一样,决策作为一种复杂的思维过程,也需要一种“语言”,或者说需要通过一定的模型来表达。将决策过程各个阶段之间的逻辑结构绘成一张箭线图进行表达的方法,称为决策树法。

决策过程流程图表明,通过比较现状与目标间的差距发现问题,根据问题的特征设计出几个可行方案,每个方案都对应一个最终的效果,而方案的实现具有一定的概率。决策者在权衡各方案时,除了考虑到方案实现的平均收益外,有时还会加入主观的倾向和偏好,最后的选择是在全面衡量各方案的利弊,并参照目标要求的基础上做出的。把这一过程进行抽象总结就得到了决策树。

决策树是一种探索式决策过程的模型,实际上它早已存在于人们的思维过程中,一直被决策者有意无意地使用着。下面通过一个简单的例子来说明决策树的原理和应用。

假设某公司为满足某种新产品的市场需求拟规划建设新厂,预计市场对这种新产品的需求量可能比较大,但也存在销路一般和销路差的可能性。另一种可能是,最初几年销路很好,但几年后可能保持旺销,也可能需求量减少。公司面临以下几种选择:①新建一座大厂,如果需求量很大,则产品可完全占领市场,并获得很大的收益;但如果需求量小,工厂会亏损。②扩建原厂,在需求量大的情况下,仍可收回投资,并可获得一定的收益;但如果遇到需求量小的情况,则很快会让竞争对手占领市场,这样不仅失去了获得高收益的机会,还可能因竞争而使原有的收益降低。③改建原厂。

上述问题的三种可行方案如下:

方案一:新建大厂,需投资 16 万元。据初步设计,销路好时,每年可获利 20 万元;销路一般时，获利 8 万元；销路不好时，亏损 6 万元。服务期限 6 年。

方案二：扩建原厂，需投资 10 万元。销路好时，每年可获得 16 万元；销路一般时，获利 10 万元；销路不好时，无利润。服务期限 6 年。

方案三：改建原厂，需投资 4 万元。销路好时，每年可获利 12 万元；销路一般时，获利 6 万元；销路不好时，可获利 2 万元。服务期限 6 年。

根据市场预测进一步假设新产品销路好的概率为 0.3，销路一般的概率为 0.5，销路不好的概率为 0.2。根据这些情况应如何选择最优方案？该问题的决策树如图 3-2 所示。

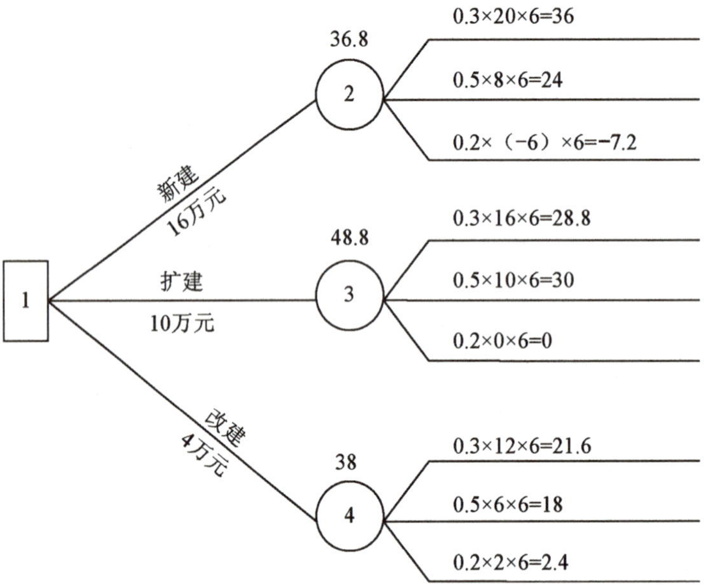

图 3-2　一个多阶段决策的决策树

图 3-2 中的矩形节点为决策点。从决策点引出的若干条树枝代表若干个方案，称为方案枝。圆形结点称为状态结点。由状态结点引出的若干条树枝表示不同的自然状态，称为状态枝。在该问题里有三种自然状态，即销路好、销路一般和销路差，且各状态出现的概率已知。在状态枝的末端列出了不同状态下的各方案的收益值（或损失值），各方案的期望收益计算如下：

各状态结点的期望值 $=\sum$（损益值 × 概率值）× 经营年限 − 投资额。

新建方案的损益期望值 =[0.3×20+0.5×8+0.2×(−6)]×6−16=36.8（万元）。

扩建方案的损益期望值 =[0.3×16+0.5×10+0.2×0]×6−10=48.8（万元）。

改建方案的损益期望值 =[0.3×12+0.5×6+0.2×2]×6−4=38（万元）。

经比较各方案的损益期望值，应选择扩建这一方案。注意，这里为了简化问题，忽略了时间因素对不同时期内的收益和投资的实际价值的影响，也就是说，没有考虑资金的时间价值。但在现实中，这种多阶段决策的时间差别可能对决策结果有重要影响。

(三) 现值分析方法

所谓考虑资金的时间价值,就是计入利息的影响,常用的方法有现值分析法。现值分析法的基本原理是将不同时期内发生的收益或追加投资和经营费用,都折算为投资起点的现值,然后与期初的投资比较,净现值大于零的方案为可行方案,净现值最大的方案为最佳方案。利息一般分为单利和复利两种,在方案评价中,多采用复利计算。

(四) 其他方法

决策中还有一些常用的计量方法和理论。

1. 边际分析法

评价抉择方案可以使用边际分析法,即把追加的支出和追加的收入相比较,二者相等时为临界点,也就是投入的资金所得到的利益与输出损失相等时的点。如果组织的目标是取得最大利润,那么当追加的收入和追加的支出相等时,就能达到这一目标。

2. 经济效益分析法

当各个选择方案的数量、目标远不像利润、生产率、费用等所表示的那样具体明确时,经济效益分析法是一种选择方案的好办法。经济效益分析法是传统的边际分析法的进一步完善或变种,其主要特点是:把注意力集中在一个方案或系统的最终结果上,即根据每个方案在为目标服务时的效果来权衡它们的优缺点。同时还要从效果着眼,比较每个方案的费用(或成本)。经济效益分析法是解决综合性非程序决策问题的效益费用(成本)分析的方法。

3. 概率论

概率论在科研、工商业和许多日常生活问题中起着重要作用。其分为两个学派,一是客观派,这种派别认为相信只有经过大量的实验并反复出现的事件才能用概率论来分析;二是主观派,是第二次世界大战后才应用于决策的学派,他们认为按照概率的概念,决策者根据所能得到的证据,对一事件的发生具有什么样的信念,就是这事件的概率。主观概率对决策是有用的,且往往是必需的,因为它以经验推理为基础推论事件发生的可能性。一般来说,主观概率适合于非程序的、不重要的决策,而客观概率可用于程序和重复的选择。

4. 效用论

效用论以决策者要求的最大值作为根据。效用最大值的含义,就是决策者所要选择的目标能够获得最大量的满足。计算效用论的方法虽然有几种,但如果遇到大量的、性质复杂而结果又很难确定的方案,任何一种计量方法都是没有意义的。

5. 博弈论

博弈论的理论基础是数学,它含有冲突的因素,这种决策不能只顾自己一方,而要估计到对手一方,犹如二人对弈,是一个胜负问题。

项目小结

1. 组织环境包括外部环境和内部环境，其中主要是对外部环境进行调查。为了使调研工作确有成效，在调研之前，首先要确定调研问题和目标，并在此基础上设计调研方案，然后围绕方案开展实地考察，最后编写调研报告。

2. 决策就是人们为了达到一定目标，在掌握充分的信息和对有关情况进行深刻分析的基础上，用科学的方法拟定并评估各种方案，从中选出合理方案的过程。

3. 决策的程序包括六点：把握问题的要害，明确决策的目标，至少有两个以上的可行方案，对决策方案进行综合评价，实施决策方案，评价决策效果。

自我检测

一、单项选择题

1. 用于听取专家对某一问题意见的集体决策方法是(　　)。

A. 头脑风暴法　　B. 销售人员讨论法

C. 德尔菲法　　D. 名义小组技术

2. 决策树适合(　　)类型的决策。

A. 确定型决策　　B. 非确定型决策　　C. 风险型决策　　D. 非风险型决策

3. 对于一个完整的决策过程来说，首先是(　　)。

A. 明确目标　　B. 评估结果　　C. 拟定方案　　D. 诊断问题

4. 决策过程中的“拍板”指的是(　　)。

A. 确定决策目标　　B. 确定价值指标

C. 选择满意方案　　D. 确定评价标准

5. 影响决策的因素不包括(　　)。

A. 环境因素　　B. 组织文化　　C. 竞争对手　　D. 领导者的身体状况

6. 在决策的影响因素中，在物资紧张的情况下，(　　)更起着决定项的作用。

A. 生产者　　B. 消费者　　C. 供应商　　D. 政府

7. 在决策之前需要进行调查，在调查方法中(　　)是收集第一手资料最主要的方法。

A. 实验调查法　　B. 观察调查法　　C. 文案调查法　　D. 询问调查法

8. 在决策选择的标准中(　　)提出了“最优”标准。

A. 西蒙　　B. 泰勒　　C. 孔茨　　D. 梅奥

9. 决策树法分析的决策准则是(　　)。

A. 最大收益期望值　　B. 最小损失期望值标准

C. 最优损益值期望值标准　　D. 最小风险标准

10. 所谓风险决策，就是在(　　)下的决策。

A. 确定情况　　B. 不确定情况

C. 存在一定风险情况　　D. 因素可控情况

二、填空题

1. 决策遵循的是________原则，而不是最优原则。

2. 将对解决某一问题有兴趣的人集合在一起，在不受约束的条件下，敞开思路，畅所欲言的决策方法是________。

3. 影响决策的微观环境包括竞争对手、________、资源供应者和公众。

4. ________的目的是解决问题或利用机会。

5. 定量决策法主要有确定型决策方法、风险型决策方法和________。

6. 决策常用的计量方法还包括边际分析法、经济效益分析法、概率论、________和博弈论。

7. 决策的特点有目标性、可行性、选择性、满意性和________。

8. 从环境因素的可控程度把决策分为确定型决策、________和不确定型决策。

三、简答题

1. 什么是决策？简述对决策含义的理解。

2. 简述决策的制定过程。

3. 简述集体决策的优缺点。

四、案例分析

案例一　河流的治理

位于华南地区的 M 市，其商业繁荣，制造业发达，但河流污染极其严重。尽管经过多次治理，但都没有达到预期效果。为了彻底解决这一难题，也为了体现决策的科学化、民主化，当地政府举行了一次会议，将有关专家聚集到一起，希望依靠专家集体的智慧创造性地解决河流污染问题。会议期间，主持人极力创造一种宽松自由的气氛，自己一般不发表意见，不对任何意见、建议发表评论，只向专家们阐明问题，说明会议的规则。专家们也不受任何条条框框的限制，大胆地放开思维，自由地想象，从不同角度、层次和方位提出尽可能多的具有独创性的想法。同时，专家们也只能各自发表自己的意见，既不能肯定或否定他人的某个设想，也不能对某个设想发表评论性的意见。最后形成若干切实可行的方案、设想，提交给政府，成为政府出台河流治理政策的重要参考。

请分析：

1. 本案例中河流治理采取的是什么决策方法？

2. 试分析该决策方法的原则有哪些？

案例二

某企业现有两个投资方案：一是生产 A 产品，需投资 300 万元；二是生产 B 产品，需投资 140 万元。两种方案收益期都是 10 年。两种方案在不同销售状态下的收益值(单位：万元)见下表。请用决策树法进行决策。

方案	畅销	滞销
	0.7	0.3
A 方案	100	-20
B 方案	40	30

案例三

某企业现有两个投资方案：一是生产 A 产品，需投资 300 万元；二是生产 B 产品，需投资 140 万元。两种方案收益期都是 10 年。经预测：如果前 3 年畅销，则后 7 年畅销概率为 0.9；如果前 3 年滞销，则后 7 年滞销概率为 0.9。两种方案在不同销售状态下的收益值(单位：万元)见下表。请你进行决策。

方案	畅销	滞销
	0.7	0.3
A 方案	100	-20
B 方案	40	30

案例四

某投资者拟投资兴建一工厂，建设方案有两种：大规模投资 300 万元，小规模投资 160 万元。两个方案的生产期均为 10 年，其销路好和销路差的概率分别为 0.7 和 0.3。

请用决策树法选择最优方案。

项目四 实施计划

学习目标

1. 明确计划的内涵及其分类。

2. 明确计划编制的基本程序。

3. 运用不同的方法编制计划并实施计划。

4. 掌握目标管理的含义和过程。

5. 使学生养成“未雨绸缪”的素养，从而减少“不可预见的阻碍和危机产生的可能性”。

6. 使学生树立目标意识，养成朝着目标不断进步的执着精神。

案例引入

王勇的目标管理

王勇曾经在一家有名的外商独资企业担任销售部经理，成绩卓著。几年前，他离开了这家企业，自己开了一家建材贸易公司。由于有以前的底子，因此生意很不错。年初，他准备进一步扩大业务，在若干个城市设立经销处，同时扩大经营范围，增加品种。

面对众多需要处理的问题，王勇决定将部分权力授予下属的各部门经理。他与经理们逐一谈话，一一落实要达到的目标。其中，他给采购部经理定下的目标是：保证每一个经销处所需货物的及时供应，所采购到的货物的合格率应保持在98%以上；采购成本保持在采购额的5%以内。采购部经理当即提出异议，认为有的指标不合理。王勇回答说：“你尽力而为就是了。”

到年终考核时，采购部完成了王勇规定的前两个目标，但采购成本大大超出预期，约占当年采购额的8%。王勇问采购部经理怎么会这样时，采购部经理解释说：“有的事情也只能如此。就目前而言，我认为，保证及时供应和货物质量比我们在采购时花掉多少钱更重要。”

思考：

1. 你认为王勇在实施目标管理中有问题吗？

2. 如果有问题，王勇应如何改进？

任务一 理解计划的内涵

一、计划的定义

计划这个词语的含义是什么？计划包括定义组织的目标，制定全局战略以实现这些目标，开发一个全面的分层计划体系以综合和协调各种活动等内容。因此，计划既涉及目标（做什么），也涉及达到目标的方法（怎么做）。

计划还可以进一步定义为正式计划和非正式计划。所有的管理者都制订计划，但许多只是非正式计划。在非正式计划中，通常没有正式的文字表述，很少或没有与组织中其他人共享的目标。这种非正式计划大量存在于小企业中，只是所有者兼管理者本人考虑过企业想要达到什么目标，以及如何实现目标，计划是粗略的，且缺乏连续性。当然，非正式计划也存在于某些大型企业中，而一些小企业也制订非常细的正式计划。

本书中使用计划这个词语时，指的是正式计划，即对每一个时期都有具体的目标。这些目标被郑重地写下来，并使组织的全体成员都知道，也就是说，管理层明确规定组织想要达到什么目标和如何实现这些目标。

计划工作有广义和狭义之分。广义的计划工作是指制订计划、执行计划和检查计划执行情况三个紧密衔接的工作过程。狭义的计划工作则是单指制订计划，也就是根据实际情况，通过科学的预测，权衡客观的需要和主观的可能，提出在未来一定时期内要达到的目标，以及实现目标的途径。它是使组织中各项活动有条不紊地进行的保证。计划工作还是一种需要运用智力和发挥创造力的过程，它要求管理者高瞻远瞩地制定目标和战略，严密地规划和部署，把决策建立在反复权衡的基础上。

现在正处于一个新技术革命孕育、发生和发展的时代，变革和经济发展带来了机会，同时也带来了风险。世界范围内争夺市场和资源的竞争十分激烈。处在这样的时代，计划职能和主管人员的其他职能一样，已成为企业生存的必要条件。计划工作的一个重要任务就是在充分利用机会的同时使风险降到最低。

为了把计划工作做好，使编制的计划能够顺利实现，计划职能和其他管理职能一样，必须按基本原理、方法和技术执行。实践表明，计划工作中的许多失误都是因为对这些基本的东西缺乏了解。

二、计划与决策

计划与决策是何关系？二者中谁的内容更宽泛？管理理论研究中对这两个问题有着不同的认识。

有人认为，计划是一个较为宽泛的概念：作为管理的首要工作，计划是一个包括环境分析、目标确定、方案选择的过程，决策只是这一过程中某一阶段的工作内容。例如，法约尔认为,计划是管理的一个基本部分,包括预测未来,并在此基础上对未来的行动予以安排;西斯克认为,计划工作在管理职能中处于首位,是评价有关信息资料、预估未来的可能发展、拟定行动方案的建议说明的过程,决策是这个过程中的一项活动,即在两个或两个以上的可择方案中进行选择。

而以西蒙为代表的决策理论学派则强调,管理就是决策,决策是包括情报活动、设计活动、抉择活动和审查活动等一系列活动的过程;决策是管理的核心,贯穿整个管理过程。因此,决策不仅包括了计划,而且包容了整个管理,甚至就是管理本身。

本书认为,决策与计划是两个既相互区别、又相互联系的概念。说它们是相互区别的,是因为这两项工作需要解决的问题不同。决策是关于组织活动方向、内容以及方式的选择,是从"管理的首要工作"这个意义上来把握决策的内涵。任何组织,在任何时期,为了表现其社会存在,必须从事某种社会所需要的活动,在从事这项活动之前,组织当然必须首先对活动的方向和方式进行选择。计划则是对组织内部不同部门和不同成员在一定时期内行动任务的具体安排,它详细规定了不同部门和成员在该时期内从事活动的具体内容和要求。

决策是计划的前提,计划是决策的逻辑延续。决策为计划的任务安排提供了依据,计划则为决策所选择的目标活动的实施提供了组织保证。在实际工作中,决策与计划相互渗透,有时甚至是不可分割地交织在一起。

在决策制定过程中,不论是对内部进行优势或劣势的分析,还是在方案选择时关于各方案执行效果或要求的评价,实际上都已经开始孕育着决策的实施计划。反过来,计划的编制过程,既是决策的组织落实过程,也是决策更为详细的检查和修订的过程。无法落实的决策,或者决策选择的活动中某些任务无法实现,必然导致决策一定程度的调整。

三、计划工作的内容

计划工作的内容,就是根据社会的需要以及组织的自身能力,确定组织在一定时期内的奋斗目标;通过计划的编制、执行和检查,协调和合理安排组织中各方面的经营和管理活动,有效地利用组织的人力、物力和财力等资源,取得最佳的经济效益和社会效益。

可以简明扼要地将计划工作的任务和内容概括为六个方面("5W1H"),即:

(1) What? ——做什么?

(2) Why? ——为什么做?

(3) When? ——何时做?

(4) Who? ——谁去做?

(5) Where? ——何地做?

(6) How? ——怎么做?

这六个方面的具体含义如下:

(1)"做什么"要明确计划工作的具体任务和要求,明确每一个时期的中心任务和工作重点。例如，企业生产计划的任务主要是确定生产哪些产品，生产多少，合理安排产品投入和产出的数量和进度，在保证按期、按质和按量完成订货合同的前提下，使生产能力得到尽可能充分的利用。

(2)“为什么做”要明确计划工作的宗旨、目标和战略，并论证可行性。实践表明，计划工作人员对组织和企业的宗旨、目标和战略了解得越清楚，认识得越深刻，就越有助于他们在计划工作中发挥主动性和创造性。通常所说的“要我做”和“我要做”的结果是大不一样的，其道理就在于此。

(3)“何时做”要规定计划中各项工作开始和完成的进度，以便进行有效的控制和对能力及资源进行平衡。

(4)“谁去做”是指计划不仅要明确规定目标、任务、地点和进度，还应规定由哪个主管部门负责。例如，开发一种新产品，要经过产品设计、样机试制、小批试制和正式投产几个阶段。在计划中要明确规定每个阶段由哪个部门负主要责任，哪些部门协助，各阶段交接时，由哪些部门和哪些人员参加鉴定和审核，等等。

(5)“何地做”要规定计划的实施地点或场所，了解计划实施的环境条件和限制，以便合理安排计划实施的空间组织和布局。

(6)“怎么做”要制定实现计划的措施，以及相应的政策和规则，对资源进行合理分配和集中使用，对人力、生产能力进行平衡，对各种派生计划进行综合平衡，等等。实际上，一个完整的计划还应包括控制标准和考核指标的制定，也就是告诉实施计划的部门或人员做成什么样、达到什么标准才算完成了计划。

四、计划的性质

计划的性质

计划的性质可以概括为五个主要方面，即目的性、首位性、普遍性、效率性和创新性。

(一) 目的性

每一个计划及其派生计划都旨在促使企业或各类组织的总目标和一定时期目标的实现。计划工作是能最明白地显示管理的基本特征的主要职能活动。

(二) 首位性

计划工作相对于其他管理职能处于首位。把计划工作摆在首位的原因，因为不仅从管理过程的角度来看，计划工作先于其他管理职能，而且在某些场合，计划工作是付诸实施的唯一管理职能。计划工作的结果可能得出一个决策，即无须进行随后的组织工作、领导工作及控制工作等。例如，对于一个是否要建立新工厂的计划研究工作，如果得出的结论是新工厂在经济上无利可图，那也就没有必要考虑筹建、组织、领导和控制一个新厂的问题了。

计划工作具有首位性的原因，还在于计划工作影响和贯穿组织工作、人员配备、指导和领导工作以及控制工作中。

计划工作对组织工作的影响是，可能需要在局部或整体上改变一个组织的结构，设立新的职能部门或改变原有的职权关系。例如，一个企业要开发一种重要的新产品，可能要为此专门成立一个项目小组，并实行新的矩阵式的组织形式和职权关系。

（三）普遍性

虽然计划工作的特点和范围随着各级主管人员职权的不同而不同，但它却是各级主管人员的共同职能。所有的主管人员，无论是总经理还是班组长，都要从事计划工作。人们常说，主管人员的主要任务是做决策，而决策本身就是计划工作的核心。如果将主管人员的决策权限制过严，就会束缚他们的手脚，使他们无法自由地处置那些本应由他们处置的问题。久而久之，他们就会失去计划工作的职能与职责，养成依赖上级的习惯，也就丧失了主管人员的基本特征。

（四）效率性

计划工作的任务，不仅要确保实现目标，而且要从众多方案中选择最优的资源配置方案，以求得合理利用资源和提高效率。用通俗的语言来表达，就是既要“做正确的事”又要“正确地做事”。显然，计划工作的任务同经济学所追求的目标是一致的。计划工作的效率，是以实现企业的总目标和一定时期的目标所得到的利益，扣除为制订和执行计划所需要的费用和其他预计不到的损失之后的总额来测定的。效率的一般概念是指投入和产出之间的比率，但在这个概念中，不仅包括人们通常理解的按资金、工时或成本表示的投入产出比率，如资金利润率、劳动生产率和成本利润率，还包括组织成本、个人和群体的动机等主观的评价标准。所以，只有实现收入大于支出，并且顾及国家、集体和个人三者利益的计划才是一个完美的计划，才能真正体现计划的效率。

（五）创新性

计划工作总是针对需要解决的新问题和可能发生的新变化、新机会而做出的决定，因而它是一个创造性的管理过程。计划类似一项产品或一项工程的设计，是对管理活动的设计。正如一种新产品的成功往往在于创新一样，成功的计划也依赖于创新。

综上所述，计划工作是一个指导性、预测性、科学性和创新性很强的管理活动，但同时又是一项复杂而困难的工作。

案例分析

临近元旦，某校一班级决定组织一次联欢晚会。于是，班长拟定了一份活动计划：12 月 31 日晚上 7 点开始联欢，全班同学出席，并邀请班主任及任课老师参加；活动内容有唱歌、猜谜、跳舞，晚会由文艺委员主持；买一箱可乐、若干水果和小吃用以招待出席者；买一些文具作为奖品，奖励演出者和猜谜成功者；晚上 11 点左右结束此次联欢。

请用计划的要素整理以上活动，并指出该计划存在哪些不足。

任务二　了解计划的种类

计划是对未来行动的事先安排。计划的种类很多,可以按不同的标志进行分类。不同的分类方法有助于全面地了解计划的各种类型。在实践中,一些主管人员认识不到计划的多样性,使得其在编制计划时常常忽视某些重要的方面,因而降低了计划的有效性。

一、按计划的表现形式分类

按照不同的表现形式,可以将计划分为宗旨、目标、战略、政策、程序、规则、规划和预算八种类型。

(一) 宗旨

各种有组织的集体经营活动都至少应当有一个目的或使命。这些目的或使命是社会对该组织的基本要求,被称为宗旨。宗旨表明组织是干什么的,应该干什么。例如,一个工商企业的基本宗旨是向社会提供有经济价值的商品或劳务,法院的宗旨是解释和执行法律,大学的宗旨是培养高级人才,等等。

以企业为例,毋庸置疑,为了系统地阐明企业在一定时期应达到的目标,就必须首先明确它的宗旨。对于这一点,虽然每一个企业都知道自己的企业是干什么的,应该干什么,然而有许多企业的管理者却很难清楚地回答这样的问题。这些企业的管理者还没有体会到深入思考企业的宗旨,并将它明确阐述出来用以指导日常的经营活动的重要意义。相反,当把眼光转向一些取得了巨大成功的公司时,会发现他们成功的原因首先在于有明确的宗旨。例如,在电子计算机芯片行业中首屈一指的英特尔公司,就有着明确的宗旨:"英特尔公司的目标是在工艺技术和营业这两方面都成为并被承认是最好的,是领先的,是第一流的"。著名的日本索尼公司的宗旨是:"索尼是开拓者、永远向着那未知的世界探索"。正是从这一宗旨出发,索尼公司把最大限度地发掘人才、信任人才、鼓励人才不断前进视为自己的唯一使命,从而在世界上最早发明出家用录像机、首创电视的单枪三束彩色显像管、电子计算机软盘,以及无须使用胶卷的小型磁带式照相机和微型立体声单放机,等等,并取得了巨大成功。

案例分享

华为队伍建设的宗旨

任正非说:"华为文化的特征就是服务文化。"

"以客户为中心"是华为文化的宗旨,其实世界上多数企业都是如此,因为如果没有客户,企业存在的价值和理由就不复存在。

任正非说过自己创办华为企业之前曾研读法律,最后明白市场经济最为关键的有两点,一个是客户,一个是商品和货源。他在内部讲话中多次强调对客户的服务:"华为是一个功利集团,我们一切都是围绕商业利益的。因此,我们的文化叫企业文化,而不是其他文化或政治。因此,华为文化的特征就是服务文化,因为只有服务才能换来商业利益。

华为的一切经营活动都是围绕为客户服务展开的。做企业要永远记住,是客户掏钱给你、让你取得生存和发展的,这就是对客户的敬畏心。多年来,我们也看到很多企业起起伏伏,有的企业把客户当韭菜收割,有的企业忽悠客户,而时间证明,他们最多是得逞于一时。"

创业有两条路,一条是通过个人的才智赢得别人而赚钱,一条是通过与客户、员工取得共赢而让企业持续生长。为使基业长青,唯一的道路就是一切以客户为中心,这是战略核心,也是战略方向。

实际上,企业的生死存亡和成败都是围绕着客户、维系在团队身上的。企业靠团队去服务客户,老板和管理层则主要是服务好团队、员工,这是基业长青的逻辑。所以,其实是企业的文化价值观决定了企业的生存和发展。

"华为文化的特征就是服务文化,谁为谁服务的问题一定要解决。"多年前,任正非在给华为新员工的信里就强调了"服务"两个字。

(二) 目标

目标或者各项具体目标是在宗旨指导下提出的,它具体规定了组织及其各个部门的经营管理活动在一定时期要达到的具体成果。目标不仅是计划工作的终点,而且也是组织工作、人员配备、指导与领导工作以及控制活动所要达到的结果。确定目标本身也是计划工作,其方法与制订其他形式的计划类似。

(三) 战略

战略是为实现组织或企业长远目标所选择的发展方向、所确定的行动方针,以及资源分配方针和资源分配方案的一个总纲。战略是指导全局和长远发展的方针,要指明方向、重点和资源分配的优先次序。

战略环境分析

战略这个词来自军事用语,原意是指为实现战争目标对战术的运用,它具有对抗的含义。战略总是针对竞争对手(在军队中是敌人)的优势和劣势,以及正在和可能采取的行动而制定的。优势地位的取得取决于长期的准备和持续的努力。对于一个企业来说,制定战略的根本目的是使公司尽可能有效地比竞争对手占有更持久的优势。可以这样说,企业战略就是以最有效的方式,努力提高企业相对于其他竞争对手的实力。不仅企业需要战略,城市也有城市的发展战略,国家也有国家的发展战略。除了长期竞争需要战略以外,那些涉及长远发展、全局部署的管理活动也需要制定战略。因为从实现长远目标的要求来看,选择方向,确定资源分配的优先次序要比其余各种管理工作更加重要。

案例分享

毛泽东的军事战略智慧

1948 年七八月间，毛泽东以战略家的远大目光纵览全局，敏锐地察觉到历史即将跨入一个新的阶段，开始精心筹划新的方略。经过近一年时间的军事和政治上的准备，人们期待已久的战略大决战终于拉开大幕。

这场大决战，是由辽沈、淮海、平津三大战役一环紧扣一环地组成的。三大战役从 1948 年 9 月 12 日开始，到 1949 年 1 月 31 日结束，歼灭国民党正规军 144 个师(旅)，非正规军 29 个师，共 154 多万人。这是中国人民革命战争历史上，也是世界战争史上罕见的壮丽篇章。

这场气势磅礴的大决战，生动地体现了毛泽东作为卓越的军事家高瞻远瞩、全局在胸的战略眼光和多谋善断的惊人胆略。在决战开始时，国民党军队的数量还多于人民解放军，装备更比人民解放军好，国民党仍统治着全国四分之三的地区和三分之二的人口。但毛泽东不仅看透这个表面上的“庞然大物”其实已异常虚弱，无法摆脱战略上全面被动的地位，并且敏锐地察觉他们正打算实行战略撤退但一时还举棋不定，难下决心。正是在这种稍纵即逝的关键时刻，毛泽东依据对客观形势的冷静分析，当机立断，毫不犹豫地抓住时机，发动了这场人民解放战争历史上从来不曾有过的战略大决战。

(四) 政策

政策是组织在决策或处理问题时用来指导和沟通思想与行动方针的明文规定，通常列入计划之中或单独发布。政策有助于将一些问题事先确定下来，避免重复分析，并给其他派生的计划以一个全局性的概貌，从而使主管人员能够控制全局。制定政策还有助于主管人员把职权授予下级。

政策的种类有很多，如企业销售部门鼓励顾客用现金支付货款的优惠政策；人力资源部门对超额完成任务者给予奖励的政策；企业承包中的工资总额与实现利税挂钩政策；国家对经济特区实行的吸引外资和进出口方面的特殊政策等。既然政策是决策时考虑问题的指南，那么它必须有被斟酌决定的自由。政策要规定范围和界限，但其目的不是要约束下级，使之不敢擅自决策，而是鼓励下级在规定的范围内自由处置问题，主动承担责任。将一定范围内的决策权授予下级，这是政策与规则的主要区别。例如，上级主管部门对企业更新改造项目的立项审批权一般都规定一个限额，这是一种政策，它把凡低于规定限额的更新改造项目的立项审批权下放给企业，只有那些超过限额的项目才需要报上级主管部门审批。组织为了促使目标的实现，就要使其政策保持连续性和完整性，这样才能使政策深入员工的思想，形成一种持久作用的机制。政策多变，前后不连贯，只会促成员工和下级主管人员追求眼前利益的短期行为，即所谓“政多变，民多惑”。但保持政策的连续性，却因以下三种原因而很难做到：

（1）政策的表述往往不容易做到十分规范和精确，这难免使人们发生误解。

（2）正是组织所实施的逐级授权的政策，造成了权力的分散，从而导致人们广泛地参与政策的制定和对政策的解释，这就会出现曲解和歪曲政策的现象。

（3）情况在不断变化，而政策的制定大多只是针对当时、当地、当事的特殊情况，当情况发生变化时，就不得不修改政策以适应变化了的情况，这很容易带来政策不稳定和不连贯的问题。可见，制定政策和保持政策的连续性是一种比较困难的计划工作。

（五）程序

程序也是一种计划，它规定了处理那些重复发生的例行问题的标准方法。程序是指导如何采取行动，而不是指导如何去思考问题。程序的实质是对所要进行的活动规定时间顺序，因此，程序也是一种工作步骤。制定程序的目的是减轻主管人员决策的负担，明确各个工作岗位的职责，提高管理活动的效率和质量。此外，程序通常还是一种经过优化的计划，它是对大量日常工作过程及工作方法的提炼和规范。程序是多种多样的，可以说，组织中所有重复发生的管理活动都应当有程序。例如，在组织的上层主管部门应当有重大决策程序、预算审批程序、会议程序等；在组织的中层职能管理部门应当有各自的业务管理程序；组织中有些工作是跨部门的，如新产品的开发研制工作，应当有相应的跨部门管理程序。一般来说，越是基层，所规定的程序也就越细，数量也越多。例如，制造企业的工艺路线就是一种程序，它明确规定某个零件的加工顺序、使用的设备、加工的方法等，这对于保证零件的质量起着关键的作用。

管理的程序化水平是管理水平的重要标志，制定和贯彻各项管理工作的程序是组织的一项基础工作。

（六）规则

规则也是一种计划，只不过是一种最简单的计划。它是针对具体场合和具体情况，允许或不允许采取某种特定行动的规定。规则常常与政策或程序相混淆，所以要特别注意区分。规则与政策的区别在于规则在应用中不具有自由处置权，规则与程序的区别在于规则不规定时间顺序，可以把程序看成是一系列规则的总和。规则和程序，就其实质而言，都旨在抑制思考。所以，有些组织只是在不希望它的员工运用自由处理权的情况下才会采用规则或程序。

案例分享

陈毅制定《入城守则》

1949 年 5 月 24 日夜里，上海街头响起激战的枪声。第二天，天蒙蒙亮，市民们小心地打开一点门，从门缝里望出去，只见马路两侧，整齐地躺满了抱着枪、和衣而睡的解放军战士。市民们感到奇怪，“这支军队怎么和以前不一样呢？”

不一会，市民们开始走出家门。他们看到战士们已经起来了，有的在洗漱，有的在吃早饭，吃的是馒头、咸菜。于是，不少市民拿出热水瓶，给战士们倒开水。战士们笑嘻嘻地摇着头，谢绝了。天大亮了，“解放军露宿街头”“解放军秋毫无犯”的消息，迅速传遍了整个上海，市民们涌上街头，欢迎人民子弟兵，庆祝上海获得新生。

（七）规划

规划是为了实施既定方针所必需的目标、政策、程序、规则、任务分配、执行步骤、使用的资源等而制订的综合性计划。规划有大有小，大的如国家的科学技术发展规划，小的像企业中质量管理小组的活动规划等。规划有长远的和近期的，如我国国民经济发展的五年计划，企业的职工培训规划等。

规划一般是粗线条的，纲要性的。大的规划往往派生出许多小的规划，而每个小的派生规划都会给总规划带来影响，它们相互依赖，互相影响。由于计划工作的质量总是取决于它的薄弱环节，因此，小的规划不当或不周的后果会影响整个规划。甚至一个表面看来不重要的程序或规则，如果考虑不当，也会使一个重要的规划遭受失败。所以，要使规划工作的各个部分彼此协调，需要有特别严格精湛的管理技能，它确实需要最严谨的应用系统思想和系统方法。

（八）预算

预算作为一种计划，是一种以数字表示预期结果的报告书，也被称为“数字化”的计划。例如，企业中的财务收支预算可被称为“利润计划”或“财务收支计划”。预算可以帮助组织或企业的上层和各级管理部门的主管人员，从资金和现金收支的角度，全面、细致地了解企业经营管理活动的规模、重点和预期成果。例如，某企业的财务预算包括：利税计划、流动资金计划、财务收支计划、财务收支明细计划表和成本计划等。其中，财务收支明细计划表详细地规划了企业各管理部门的主要收支项目的金额数量。又如，某企业财务收支明细计划中科技开发费一项，就具体规划了新产品的研制、老产品的改进、科研、新工艺开发、日常经费、描图费和其他项目的预算金额。事实上它规定了新产品试制计划、新产品试验计划、产品改进工作计划、采用国际标准计划、新工艺计划、科研工作的计划等派生计划的规模，同时也是这些派生计划的综合反映。

预算也是一种控制方法。预算工作的主要优点在于促使人们去详细地制订计划，去平衡各种计划。由于预算总要用数字来表现，所以它能使计划工作做得更细致、更精确。

二、按计划的职能分类

这里的“职能”是指企业的职能，而不是管理的五项职能。例如，可以按职能将某个企业的经营计划分为销售计划、生产计划、供应计划、新产品开发计划、财务计划、人事计划、后勤保障计划等。这些职能计划通常就是企业相应的职能部门编制和执行的计划。按职能分类的计划体系，一般是与组织中按职能划分管理部门的组织结构体系并行的。职能计划通常包含着宗旨、目标、战略、政策、规则、程序、规划、预算这些计划形式中的一种或多种。例如，企业的年度新产品研制计划中，一般要有对计划所依据的企业宗旨、战略和基本政策的说明，年度开发目标的确定，研制项目的技术经济指标和进度的规划，项目预算资金的分配，负责实施项目的部门和负责人的指定，以及考核规则和奖励政策的规定等内容。

三、按计划的期限分类

按计划的期限，可以将计划分为短期计划和长期计划，以及介于长短期计划之间的中期计划。显而易见，短期计划的期限较短。可惜的是，没有一个分界线能说清楚超过多少时间的计划是长期计划，以及少于多少时间的计划是短期计划，只能从短期计划与长期计划的相互关系中区分二者。或者说，计划期的长短是一个相对的概念。

大量统计研究表明，长期计划工作越来越受到企业的重视，那些有正式长期计划的公司，其业绩普遍胜过没有长期计划，或只有一些非正式长期计划的公司。"人无远虑，必有近忧。"一个企业如果在新产品开发、技术开发、市场开发、人才开发方面没有长期规划，迟早会陷入困境；一个国家如果在科学技术进步、教育和能源交通等基础设施方面没有长期规划，其经济发展是不可能持久高速增长的。

计划的期限不仅可以作为计划分类的依据，而且可以作为评价计划工作难易程度的标志，因为长期计划持续的时间长，计划的最后成败难以确定。

四、按计划的制定者层次分类

按照不同的制定者层次，可以将计划分为战略计划、战术计划和作业计划。

（一）战略计划

战略计划是对组织的长期目标和战略进行决策。战略计划有很强的外部导向，涉及组织的核心部分。尽管高层主管通常并不亲自制订和实施整个战略计划，他们却要对计划的形成和执行负责。

战略目标是与组织长期生存价值、增长相关的主要目标或最终结果。战略管理者——高层管理者通常制定反映效果（提供合适的产出）和效率（较高的投入产出比率）的目标。典型的战略目标包括股东回报率、盈利能力、产出的质量和数量、市场份额、生产率和对社会的贡献等。

（二）战术计划

组织的战略目标和计划一旦被确认，就会成为中层和基层管理者制订计划的基础。计划从战略层次向战术转换的时候，要求更加具体，涉及的时间也较短。战术计划是在概括的战略计划的基础上，制定与组织的特定部门相关的特定目标和计划，通常是针对某一个职能部门，如市场或人力资源部。战术计划强调的是每个部门必须实现战略计划中与本部门相关的部分。

(三) 作业计划

作业计划确定组织内较低层次所需的具体步骤和过程。基层的管理者通常制订短期计划,用以关注日常工作,如生产运行、发货日程和人力资源需求等。

任务三　掌握计划工作的原理

一、限定因素原理

所谓限定因素,是指妨碍组织目标实现的因素。也就是说,在其他因素不变的情况下,仅仅改变限定因素,就可以影响组织目标的实现程度。限定因素原理可以表述如下:主管人员越是能够了解对达到目标起主要限制作用的因素,就越能够有针对性地、有效地拟定各种行动方案。限定因素原理有时又被形象地称作"木桶原理"。其含义是木桶能盛多少水,取决于桶壁上最短的那块木板条。限定因素原理表明,主管人员在制订计划时,必须全力找出影响计划目标实现的主要限定因素或战略因素,有针对性地采取有力措施。

小知识

木桶效应

木桶效应是由美国管理学家劳伦斯·彼得(Laurence J. Peter)提出的。说的是由多块木板构成的木桶,其价值在于其盛水量的多少,但决定木桶盛水量多少的关键因素不是其最长的板块,而是其最短的板块。这就是说,任何一个组织可能面临的一个共同问题,即构成组织的各个部分往往是优劣不齐的,而劣势部分往往决定整个组织的水平。

若仅仅作为一个形象化的比喻,"木桶定律"可谓是极为巧妙和别致的。但随着它被应用得越来越频繁,应用场合及范围也越来越广泛,已基本由一个单纯的比喻上升到了理论的高度。这由许多块木板组成的"木桶"不仅可象征一个企业、一个部门、一个班组,也可象征某一个员工,而"木桶"的最大容量则象征着整体的实力和竞争力。

二、许诺原理

许诺原理可以表述为:任何一项计划都是对完成各项工作所做出的许诺。因而,许诺越大,实现许诺的时间就越长,实现许诺的可能性就越小。这一原理涉及计划期限的问题。一般来说,经济上的考虑会影响到计划期限的选择。由于计划工作和它所依据的预测工作都会产生成本,所以,如果在经济上不合算的话,就不应当把计划期限定得太长。

当然,短期计划也有风险。那么合理的计划期限如何确定呢?关于合理的计划期限的确定问题体现在“许诺原理”上,即合理计划工作要确定一个未来的时期,这个时期的长短取决于实现决策中所许诺的任务所必需的时间。例如,由于出现了意料之外的原材料大幅度涨价,某企业为了保证实现年度生产经营计划的利润目标,需要补充制订一个增加销售收入的计划,那么这个计划的期限至少要多长时间呢?这个计划至少要在一年中的什么时间以前制订并实施才能确保实现呢?

根据许诺原理,该计划期限主要取决于从增加订货到最后实现销售收入的最短周期。对于该企业来说,从接收订单、签订合同到完成工程图设计,一般要两个月的时间。从进行生产准备、投产,到出产品的生产周期一般也为两个月。商品通过铁路发运,整个发运过程的延续时间均为半个月左右,结算周期一般为一个月以上,而且有逐渐延长的趋势。因此,计划期限应定为半年,也就是说,计划工作的开始时间至少要在6月底以前。这也是为什么该企业每年要在6月底以前审查年度计划完成情况的原因。

三、灵活性原理

计划必须具有灵活性,即当出现意外情况时,企业有能力改变方向而不必花太大的代价。灵活性原理可以表述为:计划中体现的灵活性越大,由于未来意外事件引起损失的危险性就越小。必须指出,灵活性原理就是制订计划时要留有余地,至于执行计划,则一般不应有灵活性。例如,执行一个生产作业计划必须严格准确,否则就会发生组装车间停工待料或在制品大量积压的现象。对主管人员来说,灵活性原理是计划工作中最重要的原理,在承担的任务重、目标计划期限长的情况下,灵活性便显出它的作用。当然,灵活性是有一定限度的。

四、改变航道原理

计划制订出来后,计划工作者就要管理计划,推进计划的实施,而不能被计划所“管理”,不能被计划“框住”。必要时,可以根据当时的实际情况做必要的检查和修订。因为未来随时可能发生变化,制订出来的计划不能一成不变。尽管在制订计划时预见了未来可能发生的情况,并制订出相应的应变措施。但正如前面所提到的,一是不可能面面俱到;二是情况在不断变化的;三是计划往往赶不上变化,总有一些问题是不可能预见到的,所以要定期检查计划。如果情况已经发生变化,就要调整计划或重新制订计划,就像航海家必须经常核对航线一样,一旦遇到障碍,就要绕道而行。

所以,改变航道原理可以表述为:计划的总目标不变,但实现目标的进程(即航道)可以因情况的变化随时改变。这个原理与灵活性原理不同,灵活性原理是使计划本身具有适应性,而改变航道原理是使计划执行过程具有应变能力。为此,计划工作者就必须经常检查计划,重新调整、修订计划,以达到预期的目标。

任务四　确定计划工作的程序和方法

一、计划工作的程序

计划的编制过程

任何计划工作的程序，即工作步骤都是相似的，依次包括以下内容：估量机会，制定目标，确定计划工作的前提条件，拟定可供选择的方案，评价各种备选方案，选择方案，制订辅助计划，通过预算使计划数字化等。

（一）估量机会

对机会的估量，要在实际计划工作开始之前就着手进行，它虽然不是计划的组成部分，但却是计划工作的真正起点。

估量机会的内容包括：对未来可能出现变化和预示的机会进行初步分析，形成判断；根据自己的长处和短处分析自己所处的地位，了解自己利用机会的能力；列举主要的不确定因素，分析其发生的可能性和影响程度；在反复斟酌的基础上，下定决心，扬长避短。

（二）制定目标

计划工作的第一步，是在估量机会的基础上，为组织及其所属的下级单位确定计划工作的目标。在这一步上，要说明基本的方针和要达到的目标，说明制定战略、政策、规则、程序、规划和预算的任务，指出工作的重点。

（三）确定计划工作的前提条件

计划工作的第二步是确定一些关键性计划工作的前提条件，并使涉及人员对此取得共识。所谓计划工作的前提条件，就是计划工作的假设条件，换言之，即计划实施时的预期环境。负责计划工作的人员对计划前提了解得越细越透彻，并能始终如一地运用它，则计划工作也将做得越协调。

计划工作的前提条件按照组织的内外环境分为外部前提条件和内部前提条件；按可控程度分为不可控的、部分可控的和可控的。前述的外部前提条件大多为不可控的和部分可控的，而内部前提条件大多是可控的。不可控的前提条件越多，不确定性越大，就越需要通过预测工作确定其发生的概率和影响程度的大小。

（四）拟定可供选择的方案

计划工作的第三步是调查和设想可供选择的行动方案。通常，最显眼的方案不一定就是最好的方案，在过去的计划方案上稍加修改和略加推演也不会得到最好的方案。这一步工作需要发挥创造性。此外，方案也不是越多越好。即使可以采用数学方法和借助计算机的手段，还是要对候选方案的数量加以限制，以便把主要精力集中在对少数最有希望的方案的分析方面。

（五）评价各种备选方案

计划工作的第四步是按照前提和目标权衡各种因素，比较各个方案的利弊，对各个方案进行评价。评价实质上是一种价值判断，它一方面取决于评价者所采用的标准；另一方面取决于评价者对各个标准所赋予的权数。显然，确定目标和确定计划工作的前提条件可以直接影响到方案的评价。在评价方法方面，可以采用运筹学中较为成熟的矩阵评价法、层次分析法，以及在条件许可的情况下采用的多目标评价方法。

（六）选择方案

计划工作的第五步是选择方案。这是在前四步工作的基础上做出的关键一步，也是决策的实质性阶段——选择阶段。可能遇到同时有两个可取的方案的情况。在这种情况下，必须确定首先采取哪个方案，而将另一个方案也进行细化和完善，并作为后备方案。

（七）拟订辅助计划

辅助计划就是总计划下的分计划。总计划要靠辅助计划来保证，辅助计划是总计划的基础。

（八）通过预算使计划数字化

计划工作的最后一步是把计划转化为预算，使之数字化。预算实质上是资源的分配计划。预算工作做好了，可以成为汇总和综合平衡各类计划的一种工具，也可以成为衡量计划完成进度的重要标准。

二、计划工作的方法

计划工作的方法很多，这里仅简要介绍四种常用的有效方法，即运筹学方法、滚动计划法、计划-规划-预算方法和网络计划技术。

（一）运筹学方法

运筹学是计划工作的最全面的分析方法之一，是“管理科学”理论的基础。就内容讲，运筹学又是一种分析的、实验的、定量的科学方法，用于研究物质条件（人、财、物）已定的情况下，为了达到特定目的，如何统筹兼顾整个活动所有各个环节之间的关系，为选择一个最好的方案提供数量上的依据，以便能最经济、最有效地使用人、财、物做出综合性的合理安排，取得最好的效果。

在计划工作中应用运筹学的一般程序，包括以下主要步骤：

第一步，建立问题的数学模型。首先根据研究目的对问题的范围进行界定；确定描述问题的主要变量和问题的约束条件，然后根据问题的性质确定采用哪一类运筹学方法，并按此方法将问题描述为一定的数学模型。为了使问题简化且突出主要的影响因素，需要进行各种必要的假定。

第二步，规定一个目标函数，作为对各种可能的行动方案进行比较的尺度。

第三步，确定模型中各参量的具体数值。

第四步，求解模型，找出使目标函数达到最大值(或最小值)的最优解。通常，即使是管理问题模型的最优解，也要编制计算机程序上机运算。

(二) 滚动计划法

1. 含义

滚动计划法是一种动态编制计划的方法。它不像静态分析那样，需要等一项计划全部执行完了之后再重新编制下一时期的计划，而是在每次编制或调整计划时，将计划按时间顺序向前推进一个计划期，即向前滚动一次，按照制订的项目计划进行施工，对保证项目的顺利完成具有十分重要的意义。但是由于各种原因，在项目进行过程中经常会出现偏离计划的情况，因此要跟踪计划的执行过程，以便及时发现存在的问题。另外，跟踪计划还可以监督在过程执行中的费用支出情况，跟踪计划的结果通常还可以作为向承包商支付部分费用的依据。然而，有时计划却执行得很差，甚至会被完全抛弃。

2. 编制方法

在已编制出的计划的基础上，每经过一段固定的时期(如一年或一个季度，这段固定的时期被称为滚动期)便根据变化了的环境条件和计划的实际执行情况，从确保实现计划目标出发对原计划进行调整。每次调整时保持原计划期限不变，仅将计划期顺序向前推进一个滚动期。

3. 滚动计划法的制订流程

滚动计划法是根据一定时期计划的执行情况，考虑企业内外环境条件的变化，调整和修订计划，并相应地将计划期顺延一个时期，把近期计划和长期计划结合起来的一种编制计划的方法。在计划编制过程中，尤其是编制长期计划时，为了能准确地预测影响计划执行的各种因素，可以采取“近细远粗”的办法，即近期计划订得较细、较具体，远期计划订得较粗、较概略。在一个计划期结束时，根据上期计划执行的结果、产生条件，以及市场需求的变化，对原计划进行必要的调整和修订，并将计划期顺序向前推进一期，如此不断滚动、不断延伸。例如，某企业在 2017 年底制订了 2018—2022 年的五年计划，如采用滚动计划法，到 2018 年底，根据当年计划完成的实际情况和客观条件的变化，对原订的五年计划进行必要的调整，在此基础上再编制 2019—2023 年的五年计划。其后依此类推，如图 4-1 所示。

可见，滚动式计划法能够根据变化了的组织环境及时调整和修正组织计划，体现了计划的动态适应性。滚动式计划法可使中长期计划与年度计划紧密地衔接起来。

滚动计划法，既可用于编制长期计划，也可用于编制年度、季度生产计划和月度生产作业计划。不同计划的滚动期不一样，一般来说，长期计划按年滚动，年度计划按季滚动，月度计划按旬滚动，等等。

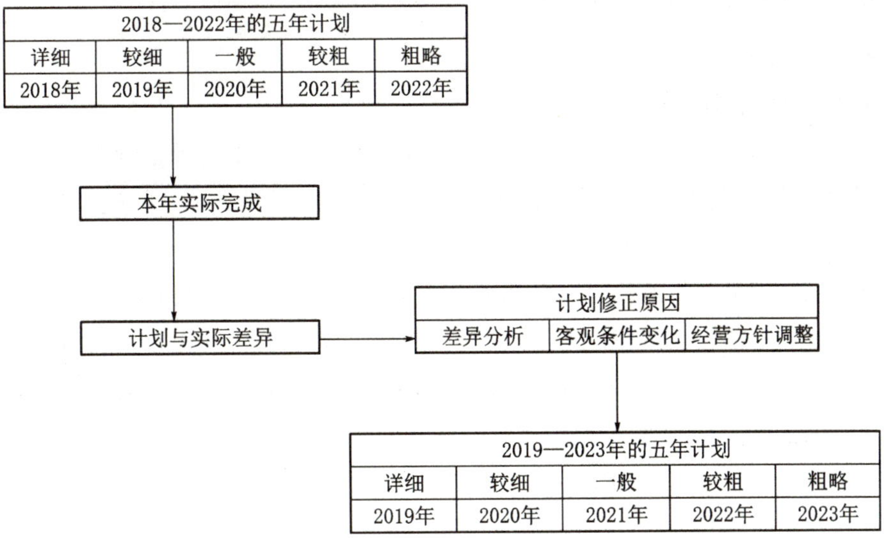

图 4-1 滚动计划法

4. 滚动计划法的优点

(1) 把计划期内各阶段以及下一个时期的预先安排有机地衔接起来，而且定期调整补充，从而从方法上解决了各阶段计划的衔接和符合实际的问题。

(2) 较好地解决了计划的相对稳定性和实际情况的多变性这一矛盾，使计划更好地发挥其指导生产实际的作用。

(3) 采用滚动计划法，使企业的生产活动能够灵活地适应市场需求，把供、产、销密切结合起来，从而有利于实现企业预期的目标。

需要指出的是，滚动间隔期的选择，要适应企业的具体情况。如果滚动间隔期偏短，则计划调整会较频繁，好处是有利于计划符合实际，缺点是降低了计划的严肃性。一般情况是，生产比较稳定的大量、大批生产企业宜采用较长的滚动间隔期，生产不太稳定的单件、小批生产企业则可考虑采用较短的间隔期。采用滚动计划法，可以根据环境条件变化和实际完成情况定期对计划进行修订，使组织始终有一个较为切合实际的长期计划作为指导，并使长期计划能够始终与短期计划紧密地衔接在一起。滚动计划法是一种具有灵活性的、能够适应环境变化的长期编制计划方法。

(三) 计划-规划-预算方法

传统的预算是分部门编制的，编制预算时，首先由下级部门提交下年度的预算报告，然后由上级预算部门根据资源的数量经过平衡后批准下达。下级部门在编制预算时，大多是在上年度支出的基础上增列一笔数额，而上级部门在平衡预算时，通常采取“砍一刀”的做法。这种传统的预算方法的缺点使预算既脱离组织的目标，又不能反映计划实施的实际情况。因为计划是按项目实施的，而不是按职能部门实施的。因此，传统的预算方法难以做到按组织目标合理地分配资源。

(四) 网络计划技术

1. 网络计划技术概述

网络计划技术是20世纪50年代后期发展起来的一种科学的计划管理和系统分析方法,它借助网络图的基本理论对项目的进展及内部逻辑关系进行综合描述和具体规划,有利于计划系统优化、调整和计算机的应用。

网络计划技术最基本的优点是能直观地反映工作项目之间的相互关系,使一项计划构成一个系统的整体,为实现计划的定量分析奠定了基础。同时从数学的角度运用最优化原理,揭示整个计划的关键工作以及巧妙地安排计划中的各项工作,从而使计划管理人员依照执行的情况信息,有科学根据地对未来做出预测,使得计划自始至终在人们的监督和控制之中,达到以最短的工期、最少的资源、最好的流程、最低的成本完成所控制的项目。因此,网络计划技术被广泛地应用于军事、航天、科学研究、投资决策、工程管理等各个领域,并已取得了显著的效果,保证了项目的时间、投资目标,也提高了效率,节约了资源。

网络计划技术的基本形式是CPM(关键线路法)与PERT(计划评审技术)。前者是美国杜邦公司和兰德公司于1957年联合研究提出的,后者则是1958年由美国海军特种计划局和洛克希德航空公司在规划和研究在核潜艇上发射“北极星”导弹的计划中首先提出的。

2. 相关的基本概念

(1) 工序。是指一项有具体内容的、需要人力、物力、财力、占用一定空间和时间才能完成的活动过程。

(2) 事项。是指工程(计划)的始点、终点(完成点)或其各项作业的连接点(交接瞬间)。一般用①,②,③等表示。

(3) 路线。从网络图始点开始,顺着箭头方向前进,连续不断地到达终点的一条通道被称为网络图的一条路线。各条路线所需的周期为对应的作业时间之和。

(4) 关键路径。网络图中所需工时最长的路线称为关键路径。

(5) 关键工序。关键路径上的工序称为关键工序。

3. 应用网络计划方法的步骤

第一步:项目分解。

项目分解就是将一个工程项目分解成各种活动。在进行项目分解时,可采用“任务分解结构”(Work Breakdown Structure,简称WBS)。WBS类似于产品结构,它将整个项目分解成任务包(work package),再将任务包分解成主要成分,最后再分解成具体活动。WBS有助于管理人员确定所要做的工作,便于管理人员编制预算和作业计划。

在把一个项目分解之前,必须确定分解的详细程度。项目分解的详细程度根据需要来决定：给上级领导使用的网络计划较粗略，项目可分解成一些较大的活动，如设计、制造、安装等，这样做的目的是便于他们从总体上把握进度；给具体施工单位使用的网络计划则较细，项目可分解成一些较细的活动，如挖地基、浇灌水泥等，便于具体实施。

一般可以从以下几个角度进行项目分解：

(1) 按项目的结构层次分解，如建设火电站需要制造锅炉、汽轮机、发电机以及辅机；制造锅炉需要制造水冷壁、汽包、空气预热器等；制造水冷壁则需要对钢管进行加工。

(2) 按项目的承担单位或部门分解，如设计、施工、验收等。

(3) 按工程的发展阶段分解，如论证、设计、试制等。

(4) 按专业或工种分解，如机械、电气、装配、焊接等。

以上几种项目分解的方式可以混合使用，使工程进展的一定阶段与一定部门发生联系。

第二步：确定各种活动之间的先后关系，绘制网络图。

网络图是网络计划技术的基础。任何一项任务都可以分解成许多步骤的工作，根据这些工作在时间上的衔接关系，用箭线表示它们的先后顺序，绘制一个由各项工作相互联系并注明所需时间的箭线图，这个箭线图就称为网络图。如图 4-2 所示便是一个简单的网络图。

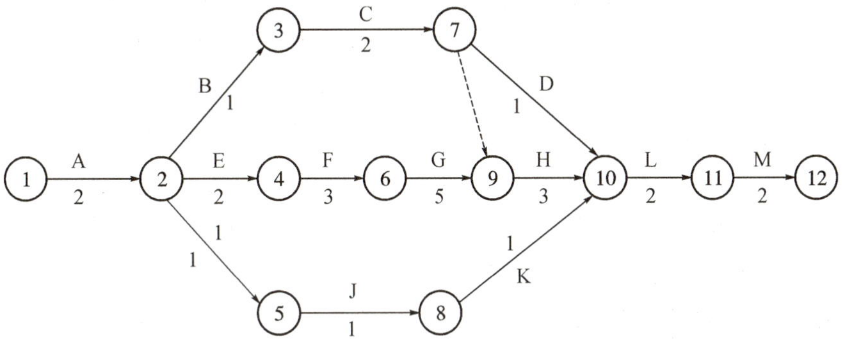

图 4-2 网络图

网络图的构成要素包括：

(1) “→”代表工序。工序是一项工作的过程，有人力、物力参加，经过一段时间才能完成。图中箭线下的数字便是完成该项工作所需的时间。此外，还有一些工序既不占用时间，也不消耗资源，是虚设的，称为虚工序，在图中用虚线箭头表示。网络图中应用虚工序的目的是为了避免工序之间关系的含混不清，以正确表明工序之间先后衔接的逻辑关系。

(2) “○”代表事项。事项是两个工序间的连接点，它既不消耗资源，也不占用时间，只表示前道工序结束、后道工序开始的瞬间。一个网络图中只有一个始点事项，一个终点事项。

(3) 路线。是指网络图中由始点事项出发，沿着箭头方向前进，连续不断地到达终点事项为止的一条通道。一个网络图中往往存在多条路线，如图 4-2 中从始点①连续不断地走到终点的路线有 4 条，即：

Ⅰ：①→②→③→⑦→⑩→⑪→⑫；

Ⅱ：①→②→③→⑦→⑨→⑩→⑪→⑫；

Ⅲ：①→②→④→⑥→⑨→⑩→⑪→⑫；

Ⅳ：①→②→⑤→⑧→⑩→⑪→⑫。

比较各路线的路长，可以找出一条或几条最长的路线，这种路线称为关键路径。关键路径上的工序称为关键工序。关键路径的路长决定了整个计划任务所需的时间。关键路径上各工序完工时间提前或推迟都直接影响整个活动能否按时完工。利用网络计划技术的主要目的是确定关键路径，据此合理地安排各种资源，对各工序活动进行进度控制。

4. 网络计划技术的评价

网络计划技术虽然需要大量而烦琐的计算，但在计算机广泛运用的时代，这些计算大都已程序化了。这种技术之所以被广泛地运用，是因为它有一系列的优点，具体如下：

(1) 能把整个工程的各个项目的时间顺序和相互关系清晰地表明，并指出了完成任务的关键环节和路径。因此，管理者可以在制订计划时统筹安排，全面考虑，又不失重点。在实施过程中，管理者可以进行重点管理。

(2) 可对工程的时间进度与资源利用实施优化。在计划实施过程中，由管理者来调动非关键路径上的人力、物力和财力从事关键作业，进行综合平衡，这既可节省资源又能加快工程进度。

(3) 可事先评价达到目标的可能性。该技术指出了计划实施过程中可能发生的困难点，以及这些困难点对整个任务产生的影响，准备好应急措施，从而减少完不成任务的风险。

(4) 便于组织与控制。管理者可以将工程，特别是复杂的大项目分成许多支持系统来分别进行组织与控制，这种既化整为零又聚零为整的管理方法，可以达到局部和整体的协调统一。

(5) 易于操作，并具有广泛的应用范围，适用于各行各业，以及各种任务。

任务五　目标管理

当一个组织的最高层管理者确定了组织的宗旨，接下来就面临着这个宗旨怎样才能变成组织的目标，整个组织的目标怎样才能变成各个部门以及每个人的分目标等诸多问题。解决这些问题的一种较新方法就是目标管理。

一、组织目标

(一) 目标的内容

目标是组织期望在未来一段时间要达到的结果，它有三个构成要素：目标对象(目标指向的客体)、目标定额(期望成果的衡量标准)和目标时限(目标实现的承诺期)。例如,国家确立的每年增长7%的经济发展目标,其目标对象是经济增长,目标定额为7%,目标时限为1年。

现代组织从系统科学的观点出发,注重组织内、外多方利益的平衡,排斥单一目标的发展模式,采用多目标综合发展模式,以保证组织长期的稳定发展。不同的组织在不同时期的总体目标内容不尽相同,德鲁克在《管理的实践》一书中归纳了成功企业在八个方面的目标。

(1) 提高生产力方面的目标。企业希望的产品数量、质量和原材料的有效利用程度,表明企业应有的生产效率。

(2) 社会责任方面的目标。企业对社会的贡献(纳税、环保、创造就业机会等)。

(3) 市场方面的目标。企业希望获得的市场份额,表明企业在竞争中占据的地位。

(4) 技术改进和发展方面的目标。企业希望对旧产品、旧工艺、旧技术的改造和对新产品、新工艺、新技术的发展成果,表明企业应有的技术竞争能力。

(5) 物资和金融方面的目标。企业希望的物资和金融资源获取情况及有效利用的程度,表明企业应有的资源获取能力和资源利用率。

(6) 人力资源方面的目标。企业希望的人力资源开发(人才获得、培训与发展)成果。

(7) 发挥职工积极性方面的目标。企业希望对职工的激励和报酬情况。

(8) 利润方面的目标。用一个或几个经济指标表明企业希望达到的利润率。

(二) 目标的结构

从组织结构角度看,目标的制定是分层次和分部门的,结构就形成了目的链-手段。某一层级目标的实现依赖于某些支持手段,而这些手段就构成了下一层级各部门的目标,按层级顺推下去,就产生更直接、更具体的工作目标。西蒙曾在《管理行为》一书中举例说明过这种目的链-手段:消防部门的目标是减少火灾损失,为达到这一目标实施的手段是防火和灭火,这一手段就成为下一层级的两个目标,由此引出了防火、灭火两项基本职能。而实现这两个目标的手段又有宣传防火知识、设置防火设备和通道、制定防火制度、按地区设置消防站、培训消防人员等,成为基层部门和工作人员的目标。

(三) 组织目标与个人目标

在组织目标的制定和执行过程中,真正的困难在于如何使组织成员对组织目标做出承诺,使每个人感到有责任、有义务去实现组织目标。这个问题在本质上是组织目标与个人目标和谐统一的问题。个人怀着不同目的或期望加入组织,他们的目标也呈现多样化,有经济方面的,也有技术、社会、心理方面的。虽然组织成员会不断调整个人目标以适应组织目标,但个人目标有其最低期望值,如果组织目标的实现对个人目标最低期望的达成没有帮助,那么个人目标就与组织目标处于一个高度分离的状态,成员就不会以一种积极的态度对组织目标的实现做出积极的贡献,甚至会对组织目标形成障碍。而组织目标是组织利益相关者相互“讨价还价”的结果，是一个平衡的产物，并不是个人目标的集合，二者之间存在着落差，有时直接表现为冲突和矛盾。例如，组织目标追求高度的专业化以提高效率，却给成员带来厌烦和冷漠的情绪；个人追求更多的经济收入，但组织追求更多的资本积累以拓展业务；组织追求工作程序标准化，但个人却追求工作自主权等。必须承认，组织目标与个人目标之间存在着不一致是一种客观现象。

管理者的任务就在于努力减少组织目标与个人目标之间的“落差”，提高二者之间的和谐程度。不能一味地强调个人目标对组织目标的“服从”，而应该强调二者的互补性，即个人与组织之间的互惠，由此形成个人与组织之间的一种心理契约，以帮助完成各自的目标。正如哈里·莱文森(Harry Levinson)指出：“在个人与其工作的组织之间完成共同的期望和满足共同需要的过程被概念化为一种互惠的过程。互惠是实现个人和公司或其他工作机构之间心理契约的过程，这是一种个人与组织似乎变成彼此互为一部分的补充的过程。个人觉得他是公司或机构的一部分，同时他也是整个组织人格化的象征。”

(四) 目标的特征

(1) 层次性。从组织纵向结构的要求看，组织目标是分层次、分等级的。它的上层目标和下层目标是一个有机统一体，在这个多层次的目标体系中，上层是组织的总体目标，其目标越少，重要程度越大。下层是组织的具体目标，下层目标是由上层目标派生下来的，是实现上层目标的前提和保证。

(2) 客观性。社会是由组织构成的，组织的存在是社会发展的客观需要。组织存在与组织同体、同根的目标也必然存在。虽然组织目标项目的多少、指标数值的大小受组织管理中的客观条件和主观因素的影响，但目标本质的客观性不容抹杀，人的主观因素可以影响组织目标，但不能否定组织目标。

(3) 多样性。组织目标不是单一的，而是多种多样的，如有大目标和小目标，有总体目标和具体目标，有主要目标和次要目标，有定性目标和定量目标。总之，这种多样性既表现在目标的数量上，又表现在这些目标常常分属于不同的领域和不同的利益主体上。了解目标的多样性，有助于管理人员正确地确定目标和充分发挥目标的作用。

(4) 系统性。组织是由各个部门、众多成员组成的有机整体，其各种活动都是相互联系、相互促进和相互制约的。所以，反映组织活动的计划目标也必然形成上下沟通、左右衔接的系统网络。组织管理人员要仔细地研究各项目标之间的关系，使各项目标互相衔接，彼此协调，只有这样，才能保证组织活动的高效率和高效益。

(5) 时间性。从目标的含义中可以得知，没有期限的目标是没有意义的目标。所以，任何目标都具有时间性。从时间角度分析，目标分长期目标和短期目标。一般来说，短期目标是长期目标的基础，长期目标是纲，短期目标是目，纲举目张。另外，计划目标的时间一般来说应该是稳定的，但在计划期内，依据客观环境的变化，对计划目标进行修正也是必要的。

(6) 考核性。从量化角度看,目标应具有可考核性。对于定量目标进行考核比较容易,但对定性目标进行考核是十分困难的。在组织活动中,定性目标也是不可缺少的,管理人员在组织中的地位越高,其定性目标就可能越多。要解决这一困难,可以从全局上、整体上和宏观上加以考核。

好目标的特征:一是与高层目标一致。二是满足 SMART 原则,其中,S 代表 Specific,表示目标具体、明确;M 代表 Measurable,表示目标可以衡量;A 代表 Acceptable,表示目标可以接受;R 代表 Realistic,表示目标现实可行;T 代表 Time,表示目标有时间限制。三是具有挑战性,即经过努力才能达到。

小作业

目标设定的原则

看看下列目标有什么问题,并进行修改。

(1) 提高经济效益;

(2) 加大培训力度;

(3) 降低成本 100 万元;

(4) 提高利润 100 万元。

二、目标管理

(一) 目标管理的含义与特点

目标管理是美国著名管理专家德鲁克提出的一种管理制度。他在《管理的实践》一书中,首先提出了“目标管理与自我控制”的主张,对于目标管理的基本原理做出了较全面地概括。德鲁克认为:“企业的目的和任务必须转化为目标”“并不是因为有了工作才有目标,而是因为有了目标才需要确定每个人应该做的工作。如果一个部门没有目标,这个部门就会被忽视。如果没有方向一致的目标来指导每个人的工作,那么组织规模越大、人员越多、发生冲突和浪费的可能性就越大”。目标管理是一种现代管理思想,是一种管理制度,也是参与管理的一种形式,它打破了传统管理对管理过程进行严格监督控制,目标不明确的管理理念,提倡管理者在目标明确的条件下进行激励和控制,让组织各部门成员在自我控制的前提下自觉、自愿、自主地实现组织目标。它强调事先通过目标进行预先控制,事后注重成果评价,而事中则完全由管理者自我控制。德鲁克强调,凡是其业绩将对组织的健康成长产生影响的所有方面,都必须建立目标。

概括地说,目标管理是一种以工作为中心和以人为中心的综合的系统管理方式。它是一个组织中上级管理人员与下级管理人员,以及与员工一起共同来制定组织目标,并将其具体化展开直至组织中的每个部门、每个层次、每个成员,明确地规定他们的职责范围,以便使组织目标成为每个成员、每个层次、每个部门的行为方向和动力,同时又使其成为评价组织内每个部门、每个层次、每个成员的工作绩效的标准和实施奖励报酬的依据,从而使组织能够有效运作的一整套系统化的管理方式。

有些研究者认为，目标管理应被视作是一个管理领导系统，是一个组织有效运作的管理体系，而不能把目标管理看作是一种附加的管理职务。

目标管理与传统管理制度相比，概括起来主要有以下特点。

1. 实行参与式管理

目标的实现者同时也是目标的制定者，即由上级与下级在一起共同确定目标。先确定组织的总目标，然后对总目标进行分解，逐级展开，通过上下协商，制定各部门直至每个员工的目标，用总目标指导各个分目标，用分目标保证总目标。

2. 强调“自我控制”

大力倡导目标管理的德鲁克认为，员工是愿意负责且在应该工作中发挥自己的聪明才智和创造性的；如果控制的对象是一个社会组织中的“人”，则应“控制”的必须是行为的动机，而不应当是行为本身，也就是说，必须以对动机的控制达到对行为的控制。目标管理的主旨在于用“自我控制的管理”代替“压制性的管理”，它能使管理人员和员工能够控制他们自己的成绩。这种自我控制可以成为更强烈的动力，推动他们尽自己最大的力量把工作做好。

3. 促使权力下放

集权和分权的矛盾是组织的基本矛盾之一，唯恐失去控制是阻碍大胆授权的主要原因。推行目标管理有助于协调这一对矛盾，促使权力下放，有助于在保持有效控制的前提下，把局面搞得更有生气。

4. 注重成果第一

采用传统的管理方法评价员工的表现，往往容易根据印象、本人的思想和对某些问题的态度等定性因素来评价。实行目标管理后，由于有了一套完善的目标考核体系，从而能够按员工的实际贡献大小如实地进行评价。

目标管理还力求使组织目标与个人目标更密切地结合在一起，以增强员工在工作中的满足感。这对于调动员工的积极性、增强组织的凝聚力起到了很好的作用。

目标管理的好处在于可以让组织抓住重点，关注结果，考核依据明确，激发下属的承诺和工作主动性，统一目标，“劲往一处使”，在各自的层面上工作，提升下属的职业能力。

（二）目标管理工作程序

1. 目标制定

目标制定是实施目标管理的第一阶段，同时也是最重要的阶段。目标制定得是否合理、明确、先进，直接关系到后两个阶段能否顺利而有效地进行。这一阶段可分为以下两个步骤。

（1）内、外环境分析，建立组织目标。

制定目标要对企业内、外环境进行分析，并以此为依据建立目标体系。企业的外部环境主要包括国家政策法令、市场竞争对手动向、科技发展趋势等。企业的内部环境主要来自两个方面：一方面是企业当局的战略思想、意图及下属职工个人的愿望要求；另一方面是企业过去的情况、现在的状况和将来的发展趋势等。在综合内、外环境分析的基础上，再通过对目标项目和目标指标的反复商讨、评议、修改，统一看法，最终形成组织目标。制定的目标既要符合整体性要求，又要符合激励性要求。也就是说，下级目标要服从上级目标，使企业目标形成一个整体；企业目标要有利于调动和激励广大职工的积极性和创造性，充分发挥全体职工的聪明才智。制定的目标还要符合可行性和可衡量性的要求。也就是说，目标要体现先进合理性和现实可能性，目标要符合下属部门结构、资源和能力要求，使目标尽量做到数量化，便于考核与评价。

例如，某医药公司 2023 年发展目标如下：

目标一：公司保健药品的销售额占公司销售额的 50%。

目标二：开发三个以上国家一类新药品种，并进入国家医药目录。

目标三：公司的营业收入增长 30%，达到 5 亿元。

目标四：OTC 药品销售达到公司营业收入的 50%。

目标五：实现公司的股份制改造，并力争实现在主板上市。

（2）进行目标展开，确定分级目标。

组织总体目标制定以后，就应该将组织总体目标按照组织架构进行纵向与横向的分解，也就是为每一个子系统和个人确定各自的分目标，从而形成一个自上而下的目标体系，使总目标的实现有可靠的保证，这就是目标展开。目标展开分为纵向展开体系和横向展开体系，如图 4-3 和图 4-4 所示。

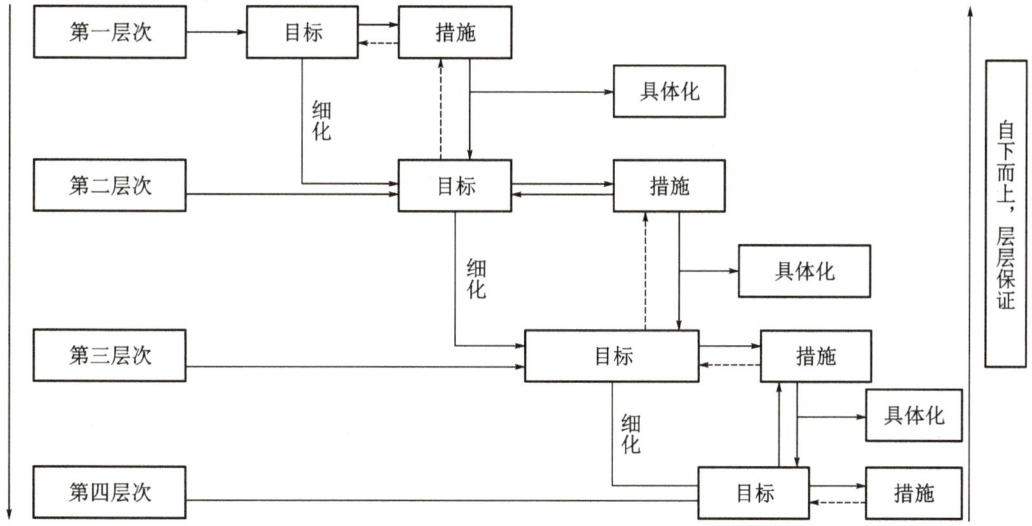

图 4-3 组织目标纵向展开体系

×××分目标	主要措施	实施	检查	评价

×××分目标	序号	措施内容	负责人	进度					检查时间					检查人	效果评价	
				1	2	…	11	12	1	2	…	11	12		评价时间	评价意见
1. 2. 3. 4. 5. ⋮																

图 4-4　组织目标横向展开体系

为保证实现总目标，在对总目标进行分解的时候，应注意以下五点。

第一，目标分解应做到纵向到底、横向到边。纵向到底，是指将总目标按管理层次的纵向分解，从最高层开始，自上而下分解为不同层次的分目标，直至具体到每个员工。横向到边，是指按职能部门的横向分解，要完全将上一层次的目标分解为下一层次所属的各个子系统的分目标。要做到纵向到底、横向到边，就要依据整个组织的组织结构进行分解。

第二，目标分解应按整分合原则进行。也就是将总目标分解为不同层次、不同部门，直至个人的分目标；而各个分目标的综合又体现总目标，即自下而上的层层支撑、层层保证。要做到这一点，一方面，上级在制定目标时，应与下级充分协商，广泛征求意见，以调动下级的积极性和创造性。上级在制定出目标后，也应适时向下级明确宣布，讲清其意义，使下级在制定自己的目标时有依据。另一方面，下级也应在充分了解上级目标的基础上着手制定自己的目标。制定出本级目标后，也必须主动向上级报告，征求上级的意见，得到上级认可，方能最后决定。另外，对有分歧或需共同完成的目标，要做好协调，避免出现遗漏和内耗。

第三，目标分解应使各个分目标之间在时间上达到平衡协调，同步发展，不影响总目标的按时实现。也就是说，必须使各子系统的目标在完成时限上与总目标完成的时限相一致，防止出现“时差”。

第四，目标分解的过程中，要注意各分目标所需要的条件及其限制因素，如人力、物力、财力等。

第五，在目标分解的过程中，要进行目标谈话（目标沟通），以确保个人目标与组织目标相一致。

例如，根据公司 2023 年的发展目标，人力资源部经理制定其部门工作目标如下：

目标一：在 2023 年 1 月以前制定出公司 2023 年的人力资源规划。

目标二：在 2023 年 3 月以前完成 OTC 销售队伍、新药开发队伍的招聘工作。

目标三：在 2023 年 4 月底以前制定出公司新的考核制度。

目标四：在 2023 年 4 月底以前制定出公司的年度培训计划，并按计划开始实施。

2. 目标实施

目标管理的实施是目标管理过程的第二阶段，它是关系到目标能否实现的关键环节。这一阶段的所有工作都是围绕实现目标体系所确定的目标和要求来进行的。为保证目标的顺利实现，在实施阶段，要做好以下两方面工作。

第一，逐级授权和自我控制。目标展开后，上一级根据责权相等的原则，授予下级部门或员工个人以相应的权力，让他们有权有责，在各自职责和权限范围内自主地开展活动，自行决定目标实施的具体途径和方法，实行自主管理。

第二，实施过程的检查和控制。目标的实施过程中主要依靠目标的执行者进行自主的管理，但也并不排除实施过程的检查和控制。通过检查，可以促进各部门和员工个人自觉地、主动地、创造性地工作，并认真实现目标。检查一般实行下级自查报告和上级巡视指导相结合的办法，如果发现问题，应及时给予解决。另外，在对实施过程检查的基础上，应将目标实施的各项进展情况、存在的问题等用图表和文字反映出来，对目标值和实际值进行比较分析，实行目标实施的动态控制。

3. 成果评价

成果评价是一个目标管理周期循环的结束，也是下一周期的开始。成果评价通常采用综合评定法实行自我评价和上级评价相结合，共同协商确定成果。目标成果评价的具体步骤如下：

第一，评定“达到程度”。一般采用实际值与目标值之比，根据达到率可分为 A，B，C 三级。

第二，评定“复杂困难程度”。复杂困难程度通过协调确认，分为 A，B，C 三级。

第三，评定“努力程度”。根据对达标过程中的条件分析，将“努力程度”分为 A，B，C 三级。

第四，规定以上三要素在目标项内的比重，做出单项目标的初步评价值。

第五，针对达标过程中出现的非本人责任，或经个人努力可以排除的不利条件修正数值，得出各单项目标评定值。

第六，将各单项目标评定值分别乘以其在全部目标中的权数，得出单项目标的权重值，相加后即可获得综合评价。然后再按 A，B，C 三级评定目标成果的等级。各部门的目标成果也可用同样的方法进行评价。

除上述步骤以外，在对评价按其不同的成果等级进行奖罚的同时，应及时总结经验教训，把成功的经验和好的做法继续下去，加以完善，使之系统化、标准化、制度化和科学化，对不足之处分析原因，采取措施加以改进，为下一循环打好基础。

案例分析

张总经理在一次职业培训中学习到很多目标管理的内容，对于这种理论的简单清晰及其预期的收益印象非常深刻，因此他决定在公司内部实施这种管理方法。张总认为，由于各部门的目标决定了整个公司的业绩，因此应该由他本人为他们确定较高的目标。确定了目标之后，他把目标下发给各个部门的负责人，要求他们如期完成，并口头说明在计划完成后要按照目标的要求进行考核和奖惩。但是他没有想到的是，中层经理们在收到任务书的第二天就集体上书表示无法接受这些目标，致使目标管理方案无法顺利实施，张总对此感到很困惑。

问：为什么会出现这种情况？张总的做法存在哪些问题？

项目小结

1. 计划是为了从事某些工作预先进行规划好的详细方案；计划工作是对有关将来活动做出决策所进行的周密思考和准备工作。

2. 计划的性质包括目的性、首位性、普遍性、效率性和创新性。

3. 计划的种类按期限可分为短期计划、中期计划和长期计划；按计划的制定者层次可分为战略计划、战术计划和作业计划。

4. 制订计划要从实际出发，制订的程序既有严格的规律性，又有运用的灵活性。一般来说，包括估量机会，制定目标，确定计划工作的前提条件，拟定可供选择的方案，评价各种备选方案，选择方案，拟订辅助计划，通过预算使计划数字化七个步骤。

5. 制订计划的方法有运筹学方法、滚动计划法、计划-规划-预算方法和网络计划技术。

6. 目标管理以制定目标为起点，以目标完成情况的考核为终结。工作成果是评定目标完成程度的标准。目标管理的具体做法分三个阶段：第一阶段为目标的设置；第二阶段为实现目标过程的管理；第三阶段为测定与评价所取得的成果。

自我检测

一、单项选择题

1. 在管理的各项工作中，居于领先地位的工作是（　　）。

A. 计划工作　　B. 控制工作　　C. 组织工作　　D. 指导与领导工作

2. “运筹于帷幄之中，决胜于千里之外”是强调企业管理中的（　　）职能。

A. 组织　　B. 计划　　C. 控制　　D. 领导

3. 俗话说:“凡事预则立,不预则废”,这句话说明了(　　)。

A. 正确分析问题和解决问题的重要性　　B. 立法工作的重要性

C. 调查工作的重要性　　D. 计划工作的重要性

4. 计划与决策的关系紧密,决策是计划的(　　),而计划是决策的逻辑延续。

A. 前提　　B. 目标　　C. 保证　　D. 结果

5. 计划工作应当是(　　)的工作。

A. 基层职工　　B. 计划人员

C. 组织内普遍性　　D. 高层管理人员

6. “5W1H”所指述的是(　　)管理职能的内容。

A. 计划　　B. 组织　　C. 控制　　D. 领导

7. 计划工作的任务,不仅要确保实现目标,而且是要从众多方案中选择最优的资源配置方案,以求得合理地利用资源。这是强调计划的(　　)。

A. 目的性　　B. 普遍性　　C. 效率性　　D. 创造性

二、填空题

1. 对于管理者来说________是计划工作中最重要的原理。

2. “5WIH”中的“How”指的是________。

3. “木桶理论”反映了计划________的特性。

4. ________是制订处理未来活动的一种必需方法的计划。

5. 长期计划一般指________年以上,短期计划一般指________年以内,中期计划介于二者之间。

6. 广义的计划是指________、执行计划和检查计划三个阶段的工作过程。

7. 计划工作是对决策工作在________和________两个维度上进一步的展开和细化。

8. “人无远虑,必有近忧”,体现了________的重要性。

三、简答题

1. 简述计划的含义。

2. 简述决策与计划之间的关系。

3. 简述计划工作的性质。

4. 简述规则与程序、规则与政策的区别。

5. 简述计划的类型。

四、案例分析

丁谓施工

传说宋真宗在位时,皇宫曾燃起大火。一夜之间,大片的宫室楼台、殿阁亭榭都变成了废墟。为了修复这些宫殿,宋真宗派当时的晋国公丁谓主持修缮工程。当时,要完成这项重大的建筑工程,面临着三个大问题:第一,需要把大量的废墟垃圾清理掉;第二,要运来大批木材和石料;第三,要运来大量新土。不论是运走垃圾还是运来建筑材料和新土,都涉及大量的运输问题。如果安排不当，施工现场会杂乱无章，正常的交通和生活秩序都会受到严重影响。丁谓在研究了工程之后，制定了施工方案：首先，从施工现场向外挖了若干条大深沟，把挖出来的土作为施工需要的新土备用，于是就解决了新土问题。其次，从城外把汴水引入所挖的大沟中，于是就可以利用木排及船只运送木材、石料，解决了木材、石料的运输问题。最后，等到材料运输任务完成之后，把沟中的水排掉，把工地上的垃圾填入沟内，使得沟又重新变为了平地。

简单归纳整个过程：挖沟(取土)→引水入沟(水道运输)→填沟(处理垃圾)。

思考：

1. 上述案例运用了计划的什么工作方法？
2. 该方法具有什么样的优点？

项目五 组织设计

学习目标

1. 理解组织、组织结构。
2. 熟悉管理幅度与管理层次、直线与参谋、正式组织与非正式组织、集权与分权。
3. 理解各种组织结构形式的特征及其适用范围。
4. 理解组织结构设计的程序，掌握结构设计的方法。
5. 培养学生的团队合作意识。
6. 增强学生的文化自信。

案例引入

奇怪的红杉树

自然界中有一种植物叫红杉。它的高度大约为 90 米，相当于 30 层楼高。一般来说，越是高大的植物，根系应该扎得越深。但科学家却发现，红杉的树根只是浅浅地浮在地面而已。可是，根扎得不深的高大植物是非常脆弱的，一阵大风就能把它连根拔起。原来，红杉从不单独生存，而是形成一大片的红杉林，它们的根彼此紧密相连，一株连着一株。自然界中再大的飓风，也无法撼动几千株根部紧密相连的上千公顷的红杉林。

红杉的浅根正是它能长得如此高大的利器。它的根浮于地表，便于快速且大量地吸收赖以成长的水分，使自身能够快速茁壮成长起来，同时，它又不需要像一般的植物那样扎下深根而耗费太多的能量。

启示：

成功不能只靠自己的强大，成功也需要依靠别人，只有能帮助更多的人成功，你自己才能取得更大的成功。我们应广泛地伸出自己的学习触角，去吸收供应自己迅速成长的养分，而不应耗费能量独自盲目地钻研。如果你尚未壮大，不妨伸出你学习的根，和成功者紧密连接，加入成功、积极的团队，吸收他们的经验，了解成功者的态度，让自己更快速地成长。只要你熟谙这项借力与合作的诀窍，很快你将成为成功之林中的雄伟巨木。

任务一　了解组织

哈罗德·孔茨曾经这样解析过组织职能：为了使人们能为实现目标而有效地工作，就必须设计和维持一种职务结构，这就是组织管理职能的目的。成功的演出，不仅需要每个演员的天才表演，而且要求有优秀的剧本。同样，组织的高效率运行，首要的是设计合理的组织结构。虽然“高明的管理人员能使任何一个组织发挥作用”，但合理的组织结构必然会提高管理人员成功的机会。

一、组织、组织结构及组织的工作内容

“组织”一词在古汉语中是编织的意思，即将丝麻织成布帛。从管理学角度来理解组织的含义：一方面可以理解为人类最常见、最普遍的现象，为实现群体的共同目标而彼此分工协作形成的实体；另一方面可以理解为管理的一项基本职能，即为了实现群体的共同目标，设计组织结构、配备人员、明确分工协作关系及方式的过程。人类社会是由一个个组织构成的，组织是实现组织目标的载体。

（一）组织的含义

组织是为了达到某些特定目标，在分工合作的基础上构成的人的集合。组织作为人的集合不是简单的、毫无关联的、个人的加总，它是人们为了实现一定的目的，有意识地协同劳动而产生的群体。理解组织的含义，要抓住以下四点。

1. 组织是一个人为的系统

组织是为了实现一定目的而建立起来的人与单位的有序结构，它是反映人、职位、任务以及它们之间的特定关系的网络形式。

2. 组织必须有特定目标

任何组织都是为了一定的共同目标而存在的，不论这种目标是明确的还是隐含的，都是组织产生和存在的前提与基础。

3. 组织必须有分工和协作

分工和协作是由组织目标限定的，一个组织为了达到共同的目标，需要分派不同的人去承担不同的工作，形成某些相对独立的部门，这就是分工。从经济学的角度来说，分工代表了社会的进步、效率的提高。

在企业中，协作是指为实现预期的目标而用来协调员工之间、工作之间以及员工与工作之间关系的一种手段。协作能创造一种比单个战略业务单元收益简单加总更大的收益，即实现协同效应。协作的优点是可以充分有效地利用组织资源，扩大企业经营空间范围，缩短产品的生产时间，便于集中力量在短时间内完成个人难以完成的任务。

4. 组织必须有不同层次的权力与责任

组织是由各种职务或职位所组织成的系统。这是由于分工之后就要赋予各部门及每个人相应的权力,以便实现目标。同时又必须明确各部门和每个人所承担的责任,以防止对权力的滥用。组织中每个成员根据分工的不同所拥有的权力和承担的责任大小也不相同,这就形成了一个由各种职务或职位所组成的有机系统。

(二) 组织的工作内容

组织的工作内容是指为了实现组织的目标,将必须进行的各项工作和活动加以分类和归并,设计出合理的组织结构、配备相应人员、分配权力并进行整合与协调的过程。

组织工作具体包含以下三方面的内容。

(1) 组织结构的设计和变革。为了实现组织的目标,组织内部必然要进行分工和协作。如何合理设计和调整组织结构,建立分工合理、协调顺畅的组织方式,使得分工协作体系能够适应组织战略的要求,是组织保证不同时期的目标都能够得以实现所要解决的基本问题。

(2) 人员的合理配置和使用。组织结构是完成组织战略的一种构架和手段,建立组织结构后,要为设置的岗位选择适合的在职人员,充分发挥人员才能,让其行使岗位权力,完成岗位职责。人员的合理配置和使用,是组织工作的一项重要内容。

(3) 权力的分配和关系的协调。建立组织结构、配置相应人员之后,为了使组织成员能够达成组织目标而履行其职责,就应当赋予其完成相应工作所需要的权力。同时,为了保证工作、岗位、部门之间能配合顺利,要对它们相互之间的责任和权力关系进行协调。通过分配权力和协调关系,才能保证各项工作的顺利开展,进而保证组织目标的实现。因此,权力的分配和关系的协调也是组织工作的一项重要内容。

(三) 组织结构

组织结构是指组织内关于职务及权力关系的一套形式化系统,它是一种阐明各项工作如何分配,谁向谁负责及内部如何协调的机制。

组织结构是组织各部分之间的关系模式,是由组织的目标和任务以及环境决定的。它对组织内部的正式指挥系统、沟通系统具有直接的决定作用,对组织中人的社会心理也有影响。组织内各成员的互动模式,如合作、竞争和冲突等,在一定程度上受到组织结构的影响。因此,正确地认识和设计组织结构的一般类型,对于更好地实现组织目标十分重要。

适当的组织结构,清楚地界定每个组织成员的权责角色,再加上适当的协调与控制,组织的工作效率将会提高,而组织的整体表现也会比较出色。相反,当组织的结构与其管理需要之间出现脱节时,将导致决策延误、应变失误、成本高涨及士气低落等问题。

组织结构图是通过直观的图示方式表明组织中的部门设置情况和权力层次结构,直观反映了组织内部的分工和各部门的隶属关系(图 5-1)。

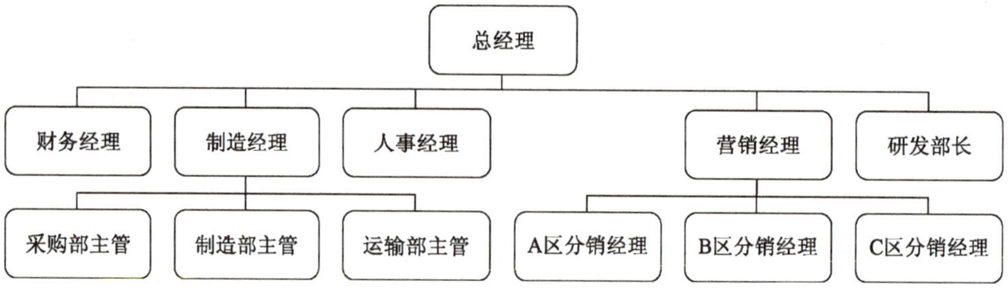

图 5-1　某公司的组织结构

组织结构可以用复杂性、规范性和集权性三种特征来描述。

(1) 复杂性,是指每一个组织内部的专业化分工程度、组织层级、管理幅度以及人员之间、部门之间的关系存在着的巨大差别性。分工越细、组织的层级数越多、管理幅度越大,组织的复杂性就越高;组织的人员部门越多、分布越散,人员与事物之间的协调也就越难。

(2) 规范性,是指组织需要制定规章制度以及程序化、标准化的工作,规范性地引导员工的行为。规范的内容既包括以文字形式表述的规章制度、工作程序、各项指令,也包括以非文字形式表达的组织文化、管理伦理以及行为准则等。组织中的规章条例越多,组织结构就越正式化。

(3) 集权性,是指组织在决策时正式权力在管理层级中分布与集中的程度。当组织的权力高度集中在上层,问题要由下至上反映,并最终要由组织的最高层决策时,组织的集权化程度较高;反之,一些组织授予下层人员更多决策权力时,组织的集权化程度较低,这种授权方式称为分权。

二、组织的构成要素

根据组织表现出的性质,组织的构成要素可以确定为:组织环境、组织目的、管理主体和管理客体。这四个基本要素相互结合、相互作用,共同构成一个完整的组织。

(一) 组织环境

组织环境是组织的必要构成要素。组织是一个开放系统,组织内部各层级、部门之间以及组织与组织之间,每时每刻都在交流信息。任何组织都处于一定的环境中,并与环境发生着物质、能量或信息交换关系,脱离一定环境的组织是不存在的。组织是在不断与外界交流信息的过程中得到发展和壮大的。所有管理者都必须高度重视环境因素,必须不同程度地考虑外部环境,如经济的、技术的、社会的、政治的和伦理的,等等,使组织的内、外要素互相协调。

(二) 组织目的

所谓组织目的,就是组织所有者的共同愿望,是得到组织所有成员认同的。任何一个组织都有其存在的目的。建立一个组织，首先必须有目的，其次建立组织的目标，如果没有目的，组织就不可能建立。已有的组织如果失去了目的，这个组织也就名存实亡，因而也失去了存在的必要。企业组织的目的，就是向社会提供用户满意的商品和服务，从而使企业获得尽可能多的利润。政府行政部门的目的是为了提高办公效率，更好地为广大民众服务。

（三）管理主体和管理客体

组织组成的要素应当是相互作用的，或者说是耦合的。在组织中，这两个相互作用的要素是管理主体和管理客体。管理主体是指具有一定管理能力、拥有相应的权威和责任、从事管理活动的人或机构，也就是通常所说的管理者。管理客体是管理过程中在组织中所能预测、协调和控制的对象。

管理主体与管理客体之间的相互联系和相互作用构成了组织系统及其运动，这种联系和作用是通过组织这一形式发生的。管理主体相当于组织的施控系统，管理客体相当于组织的受控系统。组织是管理主体与管理客体依据一定规律相互结合，具有特定功能和统一目标的有序系统。在管理的过程中，管理主体领导管理客体，管理客体实现组织的目的，此外，管理客体对管理主体又有反作用，管理主体根据管理客体对组织目的的完成情况，调整管理主体的行为。它们通过相互作用，形成了耦合系统，从而更好地实现组织的目的。

三、组织的分类

根据不同的划分标准，组织可以分为不同的类型。

（一）按照组织规模划分

按照组织规模的大小，可以分为微型组织、小型组织、中型组织和大型组织，不同规模的组织所拥有的资源不同。这种划分具有普遍性，是对组织现象表面的认识。

（二）按照组织的性质划分

按照组织的性质，可以分为互益组织（如工会、俱乐部、政党等），工商组织（如工厂、商店、银行等），服务组织（如医院、学校、社会机构等），公益组织（ 如政府机构、研究机构、消防队等）。

（三）按照组织目标划分

按照组织目标的不同，可以分为营利性组织和非营利性组织。

1. 营利性组织

营利性组织是指以获利为主要目标的组织，如工厂、商店、酒店、旅行社等。大部分的企业都属于营利性组织，企业成立及发展的目标就是追求长期利润最大化，否则企业将无法确定活动的目标和方向。按照罗纳德·科斯（Ronald H. Coase）在《企业的性质》

一文中对企业性质的阐述，企业组织之所以会产生，就是因为组织的内部交易比市场交易成本低，因而更为有效。这表明，组织的诞生，本身就是追求成本最小、收益最大化的结果。

一个组织如果不能盈利，也就不可能将投资回报的一部分用于研究、开发新产品，为顾客提供更多、更富价值的新产品和服务，就不能改善员工的状况，政府的税收也就成了无源之水、无本之木，这将影响整个社会的发展。利润动机不只是自私的，因为在市场机制的诱导下，组织在追求自身利润的同时也会带来整个社会福利的增加。从社会分工来看，营利组织是现代社会的基石，它们以产品或服务来满足其他组织和个人的各种需求，并以纳税的方式支持其他组织的正常运行。

2. 非营利性组织

非营利性组织是指一切不以盈利为主要目标的组织，如政府组织、各类社团、宗教组织、慈善机构等。非营利性组织的主要宗旨是向社会提供服务，如教育、医疗、安全等，对这些服务可能收取一定的费用，这些费用主要用于维持组织的生存。这些组织一般情况下无须向政府纳税，有时还会得到政府的财政补贴。非营利性组织既是营利组织的重要目标市场，也承担着许多重要的社会职能，为其他组织提供独特的服务。

（四）按照组织的特征划分

按照组织的特征，可以分为机械式组织和有机式组织。机械式组织又称为官僚行政组织，具有高度专业化、高正规化和集中化等特征。有机式组织又称为适应性组织，具有低复杂性、低正规化和分权化的特征。

（五）按照组织的形成方式划分

按照组织的形成方式不同，可以分为正式组织和非正式组织。

1. 正式组织

正式组织是指为了实现组织目标、规范组织成员在活动中的关系所特意建立的组织结构。这种组织具有明确的目标、结构、职能以及由此决定的成员之间的职权关系，对个人行为具有相当程度的强制性。

2. 非正式组织

非正式组织是人们因相互联系自发形成的，而不是正式组织建立或要求的人际关系和社会关系的网络。在没有自觉地制定共同目标的情况下所进行的个人联合行动的团体，大多可以算作非正式组织。非正式组织通常是为了满足一些社会要求而形成的，这些组织存在于正式组织之中，也独立存在和运营，如各种俱乐部、团体、协会和类似的其他群体都是非正式组织。

非正式组织是社会组织中普遍存在的现象。正式组织内都或多或少地存在非正式组织。非正式组织是和正式组织同时存在、同时运行的。非正式组织的活动对正式组织目标的实现、组织任务的完成有利也有弊。

非正式组织的积极影响主要表现在以下四个方面。

第一，满足成员的“归属感”“安全感”等需求。

第二，增强组织的凝聚力。

第三，有益于组织成员的沟通。

第四，有助于组织目标的实现。非正式组织最基本的优点之一，就是辅助正式组织完成工作，它在实现组织目标的过程中有着不可或缺的作用。

同时，由于非正式组织成员的联结方式、运作规范及其目标与正式组织不尽一致，在对组织产生积极作用的同时，如果处理不当，也会产生消极的影响。其消极影响主要表现在以下五个方面。

第一，非正式组织中普遍存在着“从众行为”现象。由于非正式组织本身具有一套非成文性规范并以之对其成员施加压力，使其本身表现出一致向外的行动倾向。从消极的一面来说，若此倾向与组织目标相冲突，则会侵害整个组织功能的运行，从而导致严重的后果。

第二，非正式组织中不允许有“标新立异”的成员出现。一旦出现这类成员，非正式组织将视其为“越轨者”，从而疏远并孤立这个成员，直至将之排斥出本组织，这将影响到整个组织的运行。

第三，非正式组织中的成员在本组织中获得“归属感”“安全感”满足的同时，一旦整个组织的结构功能发生变革或组织制度的变动危及这种非正式组织的存在，其成员便会一致抵制这种变革，从而阻碍组织改革的进程。

第四，此类非正式组织易于形成一种“集体思维”的模式。成员之间对群体内共同认可的规范准则持完全信任的态度，呈现一种“心理相容”的趋势，并尽力对之做出一致的解释。当这种趋势与组织行为准则、规章制度相悖时，将会有碍于组织的发展。

第五，非正式组织成员间交往十分频繁，信息传递十分快捷，但易于导致小团体的产生，对组织内的信息传递、人际交往、功能运作等往往会产生阻碍，甚至扭曲的反作用。

为了更好地发挥非正式组织的积极作用，减少和消除其消极影响，企业管理者应正视非正式组织的存在，接受并理解非正式组织。同时要辨明非正式组织的不同性质，区别对待，并用组织文化引导非正式组织，尽可能地将非正式组织的利益与正式组织的利益结合在一起。另外需要注意的是，在管理非正式组织时，要关注非正式组织的关键人物，即非正式组织的“群体领袖”的作用。

（六）按照组织的形态划分

按照组织的形态，可以分为实体组织和虚拟组织。实体组织就是一般意义上的组织。虚拟组织是一种区别于传统组织的、以信息技术为支撑的人机一体化组织。虚拟组织是信息时代的组织创新形式，在形式上不占用固定的物理空间，也没有时间限制，组织成员通过高度自律和高度的价值取向共同实现组织目标。

任务二　组织设计

一、组织设计的实质

组织与组织设计

组织设计的实质是对管理人员的管理劳动进行横向和纵向的分工。管理劳动分工的必要性缘于管理者有效管理幅度的有限性，管理幅度决定了组织中的管理层次，从而决定了组织结构的基本形态。设计合理的组织机构与结构，必须分析管理幅度的主要影响因素。

（一）个人活动与集体活动

一般意义上的管理是对人们从事的业务活动的计划、组织和控制，管理中的组织职能首先是对管理人员管理劳动的管理。组织结构的设计就是要在管理劳动分工的基础上，设计出组织所需的管理职务和各个管理职务之间的关系。

个体劳动者和手工作坊不存在组织结构问题。个体劳动者需要安排的只是自己的活动、自己的时间和资源的分配；手工作坊或规模很小的其他社会组织，其主管可以直接管理每一个成员的活动，而不需假手他人。但是，在一个拥有数百、上千乃至几万人的大型现代社会组织中，由于时间和精力的限制，主管人员不可能直接地、面对面地安排和指导每个成员的工作，而需要委托他人分担管理工作。委托多少人？委托什么样的人？每个受委托人从事何种性质的工作？他们在工作中的关系以及与委托者的关系如何？要解决这些问题，就需要设计组织的机构和结构，确定管理职务的类型和组合方法，规定它们的工作任务和相互关系。

可以说，组织结构的必要性和重要性是随着组织活动内容的复杂程度和参与活动的人员数量的增加而不断提高的。

（二）管理幅度、管理层次与组织结构的基本形态

组织的最高主管因受到时间和精力的限制，需要委托一定数量的人分担其管理工作。委托的结果是减少了必须直接从事的业务工作量，但与此同时，也增加了协调受托人之间关系的工作量。因此，主管能够直接有效地指挥和监督的下属数量总是有限的，这个有限的直接领导的下属数量称为管理幅度。

由于同样的原因，最高主管的委托人也需要将受托担任的部分管理工作再委托给另一些人来协助进行，并依此类推下去，直至受托人能直接安排和协调组织成员的具体业务活动，由此形成组织中最高主管到具体工作人员之间的不同管理层次。

显然，管理层次受到组织规模和管理幅度的影响。它与组织规模成正比，即组织规模越大，组织成员越多，则层次越多；在组织规模已定的条件下，它与管理幅度成反比，即主

管直接控制的下属越多，管理层次越少，相反，管理幅度越小，则管理层次越多。

管理层次与管理幅度的反比关系决定了两种基本的管理组织结构形态，即扁平结构形态和锥形结构形态。

(1) 扁平结构形态是指组织规模已定、管理幅度较大、管理层次较少的组织结构形态。这种形态的优点是：由于层次少，信息的传递速度快，从而可以使高层尽快地发现信息所反映的问题，并及时采取相应的纠偏措施。同时，由于信息传递经过的层次少，传递过程中失真的可能性也较小。此外，较大的管理幅度，使主管人员对下属不可能控制得过多、过死，从而有利于下属主动性和首创精神的发挥。但过大的管理幅度，也会带来一些局限性。例如，主管不能对每个下属进行充分、有效的指导和监督；每个主管从较多的下属那儿取得信息，大量的信息可能淹没了其中最重要、最有价值的部分，从而可能影响信息的及时利用，等等。

(2) 锥形结构形态是管理幅度较小，管理层次较多的高、尖、细的金字塔形态。其优点与局限性与扁平结构形态相反，即较小的管理幅度可以使每个主管仔细地研究从每个下属那儿得到的有限信息，并对每个下属进行详尽的指导。但过多的管理层次就会导致以下缺点。

① 不仅影响了信息从基层传递到高层的速度，而且由于经过的层次太多，每次传递都被各层主管加进了许多自己的理解和认识，从而可能使信息在传递过程中失真。

② 可能使各层主管感到自己在组织中起到的作用相对渺小，从而影响积极性的发挥。

③ 往往容易使计划的控制工作复杂化。

组织设计要尽可能地综合两种基本组织结构形态的优势，克服它们的局限性。

(三) 组织设计的任务

设计组织的结构是执行组织职能的基础工作。组织设计的任务是提供组织结构系统图和编制“职务说明书”。

“职务说明书”要求能简单而明确地指出该管理职务的工作内容、职责与权力、与组织中其他部门和职务的关系，要求担任该项职务者所必须拥有的基本素质、技术知识、工作经验、处理问题的能力等条件。

为了提供上述组织设计的最终成果，组织设计者要完成以下三个步骤的工作。

1. 职务设计与分析

组织系统图是自上而下绘制的，在研究现有组织的改进方案时，往往也是自上而下地重新划分各个部门的职责来进行的。但是，设计一个全新的组织结构却需要从组织的最基层开始，也就是说，组织设计是自下而上的。

职务设计与分析是组织设计中最基础的工作。职务设计是在目标活动逐步分解的基础上，设计和确定组织内从事具体管理工作所需的职务类别和数量，分析担任每个职务的人员应承担的责任和应具备的素质要求。

2. 部门划分

根据各个职务所从事的工作内容的性质以及职务间的相互关系，依照一定的原则，可以将各个职务组合成被称为“部门”的管理单位。组织活动的特点、环境和条件不同，划分部门所依据的标准也不一样。对同一组织来说，在不同时期的背景中，划分部门的标准也可能会不断调整。

3. 结构的形成

职务设计和部门划分是根据工作要求来进行的。在此基础上，还要根据组织内、外能够获取的人力资源，对初步设计的部门和职务进行调整，并且平衡各部门、各职务的工作量，以使组织机构更合理。如果再次分析的结果证明初步设计是合理的，那么剩下的任务便是根据各自工作的性质和内容，规定各管理机构之间的职责、权限以及义务关系，使各管理部门和职务形成一个严密的网络。

二、组织设计的原则

在组织设计的过程中，除了要考虑上面提到的各影响因素外，还应遵循一些最基本的原则，这些原则都是在长期管理实践中的经验积累，应该为组织设计者所重视。

（一）目标一致原则

组织结构设计的目标必须紧紧围绕组织的生存和发展来进行，无论是组织局部的具体设计，还是组织整体框架的设计，都必须体现一切设计为目标服务的宗旨。组织是实现组织目标的有机载体，共同的组织目标是维系组织成员的纽带。

（二）分工与协作原则

一个组织无论设置多少个部门，每一个部门都不可能承担组织的所有工作，必须按工作任务的性质进行专业化分工。组织整体目标的实现需要完成多种职能工作，包括：战略规划、人力资源、控制、财务、资源配置等。公司的整体行为并不是孤立的，各职能部门既明确分工，又协调一致。为了确保组织目标的实现，在组织内的各部门之间以及各部门的内部，都必须相互配合、相互协调地开展工作，这样才能保证整个组织活动的步调一致。

（三）统一指挥原则

统一指挥原则要求每一个下属应该有一个并且只有一个上级，要求在上、下级之间形成一条清晰的指挥链。如果一个下属有多个上级，就会可能因为上级下达不同甚至相互冲突的命令而无所适从。虽然有时在例外场合必须打破传统的统一指挥原则，但是为了避免多头领导和多头指挥，组织的各项活动应该有明确的权责区分，并且应该明确上、下级的职权和职责以及沟通联系的具体方式。

案例分析

一封辞职信

尊敬的钟院长：

您好！

我叫李玲，是医院内科的护士长，我当护士长已经有半年了，但我再也无法忍受这份工作了，我实在干不下去了。我有两个上司，他们都有不同的要求，都要求优先处理自己布置的事情。然而我只是一个凡人，没有分身术，我已经尽了自己最大的努力来适应这样的工作要求，但看来我还是失败了。让我给您举个例子吧。

昨天早上8:00，我刚到办公室，医院的主任护士叫住我，告诉我她下午要在董事会上进行汇报，现急需一份床位利用情况报告，让我10:00前务必完成。而这样一份报告至少要花一个半小时才能写出来。30分钟以后，我的直接主管，基层护士监督员王华突然走进来质问我为什么不见我的两个护士上班。我告诉她外科李主任因急诊外科手术正缺人手，从我这要走了她们两个借用一下，尽管我表示反对，但李主任坚持说只能这么办。王华听完我的解释，叫我立即让这些护士回到内科来，并告诉我一个小时以后，他会来检查我是否把这事办好了！像这样的事情不胜枚举，每天都要发生好几次。

这样的工作我实在无法胜任，特向您请辞，望批准！

李玲

即日

思考：

1. 案例中，李玲所在的这家医院在组织结构的运行上合理吗？为什么？
2. 要避免案例中的这种结局，谈谈你的建议。

（四）权责对等原则

权是指管理的职权，也就是职务范围内的管理权限。责是指管理上的职责，也就是当管理者占有某职位，担任某职务时所应履行的义务。权责关系是组织构成要素的核心内容。组织是各种权责关系的体现。设置的部门或单位有责任，就应该使其拥有相应的权力。如果没有对等的权力，根本无法完成相应的职责。

（五）有效管理幅度原则

管理幅度，又称管理宽度，是指在组织结构中一个管理人员所能直接管理或控制的部属数目。一个上级直接领导与指挥下属的人数应该有一定的限度，并且应该是有效的。个人的知识、经验、时间、精力、能力等都是有限的，一个管理者的管理幅度太小，必然会造成知识和精力等的浪费，使管理者无法达到满负荷工作，或者对下属管得太严，束缚了下属的手脚，降低了下属的积极性和主动性；而管理幅度太大，也会产生管理不过来、管理不到位的问题。

管理幅度

（六）柔性经济原则

所谓组织的柔性，是指组织的各部门、各人员都可以根据组织的内、外环境变化和战略调整进行灵活调整和变动。组织的结构应当保持一定的柔性以减小组织变革所造成的冲击和震荡。

组织的经济原则是指按组织实际需要建立相应的组织结构，从而提高管理的效率。组织的柔性与经济是相辅相成的，一个柔性的组织必须符合经济的原则，而一个经济的组织又必须使组织保持柔性，只有这样，才能保证组织结构既精简又高效，避免形式主义和官僚主义作风的滋生和蔓延。

三、组织设计的影响因素

组织设计的任务是确保组织目标的达成，明确组织中需要设立的岗位和部门，并规定这些岗位和部门间的相互关系。组织的目标不同，为实现目标所需进行的活动不同，活动的环境和条件也不同。企业中需要设立不同的岗位，这些岗位分属不同的部门，这些部门之间的相互关系也表现出不同的特征，从而成为影响企业经营活动、影响企业组织设计的主要因素。

（一）经营环境对企业组织设计的影响

广义地讲，企业外部存在的一切都是企业的环境。当然，环境中的不同因素对企业活动内容的选择及其组织方式的影响程度也是不同的。本书主要分析环境中对组织来说敏感的和必须做出反应的方面。所以，企业组织的外部环境可以被理解为存在于企业组织边界之外、对企业组织具有潜在的直接影响的所有因素。

这些因素可以分为任务环境与一般环境两个层次。任务环境主要作用于对组织实现其目标的能力具有直接影响的部门，如顾客、供应商、竞争对手、投资和金融机构、工会组织、行业协会和政府机构等。一般环境指那些对企业的日常经营没有直接影响，但对企业和企业的任务环境产生影响的经济、技术、政治、法律、社会、文化和自然资源等要素。

不确定性是企业外部经营环境的主要特点，这个特点使企业决策者很难掌握足够的关于环境因素的信息，从而难以预测外部环境的变化并据此采取相应措施。因此，外部环境的不确定性特点提高了企业对外部风险的响应时间。

环境的不确定性取决于环境的复杂性和环境的变动性。复杂性是指环境由多个不同质的要素构成。随着复杂性程度的提高，组织要设置更多的职位和部门负责对外联系，并配备更多的综合人员协调各部门工作，结构的复杂程度就随之提高，组织的集权化程度也必然降低；环境的变动性取决于构成要素的变化及这种变化的可预见程度。

环境的特点及其变化对企业组织的影响主要表现在以下三个方面。

1. 对职务和部门设计的影响

组织是社会经济大系统中的一个子系统，组织与外部存在的其他社会子系统之间也存在分工问题。社会分工方式的不同决定了组织内部工作内容、所要完成的任务、所要设立的职务和部门的不同。在我国，随着经济体制的改革，国家逐步把企业推向市场，使企业内部增加了要素供应和市场营销的工作内容，要求企业必须相应地增设或强化资源筹措和产品销售的部门。

2. 对各部门关系的影响

环境不同，组织中各项工作完成的难易程度以及对组织目标实现的影响程度亦不相同。同样在市场经济的体制中，当产品的需求大于供给时，企业关心的是如何增加产量、扩大生产规模，增加新的生产设备或车间，企业的生产职能、生产部门会显得非常重要，而相对“冷落”销售部门和销售人员；而一旦市场供过于求，从卖方市场转变为买方市场，则营销职能会得到强化，营销部门会成为组织的中心。

3. 对组织结构总体特征的影响

外部环境的稳定程度，关系到对组织结构的要求。稳定环境中的经营要求设计出被称为“机械式管理系统”的稳固结构，管理部门与人员的职责界限分明，工作内容和程序经过仔细的规定，各部门的权责关系固定，等级结构严密；而多变的环境则要求设计出被称为“柔性的管理系统”的灵活结构，各部门的权责关系和工作内容需要经常进行适应性的调整，强调的是部门间的横向沟通而不是纵向的等级控制。

（二）经营战略对企业组织设计的影响

组织结构必须服从组织所选择的战略需要。适应战略要求的组织结构，为战略的实施，进而为组织目标的实现提供了必要的前提。

战略是实现组织目标的各种行动方案、方针和方向选择的总称。为实现同一目标，组织可在多种战略中进行挑选。战略选择的不同，在两个层次上影响组织结构：不同的战略要求不同的业务活动，从而影响管理职务的设计；战略重点的改变会引起组织的工作重点、各部门与职务在组织中重要程度的改变，因此，要求各管理职务以及部门之间的关系作相应的调整。

按企业对竞争的方式和态度不同，经营战略可分为保守型战略、风险型战略及分析型战略。

（1）保守型战略的企业领导可能认为，企业面临的环境是较为稳定的，需求不会再有大的增长和变化。战略目标是致力于保持该产品已取得的市场份额，集中精力改善企业内部生产条件，提高效率，降低成本。采取保守型战略，保持生产经营的稳定和提高效率便成为企业的主要任务。在组织设计上强调提高生产和管理的规范化程度，以及用严密的控制来保证生产和工作的效率。因此，采用刚性结构应是这种组织结构的基本特征。具体表现在以下六个方面。

① 实行以严格分工为特征的组织结构；

② 高度的集权控制；

③ 规范化的规章和程序；

④ 以成本和效率为中心的严格的计划体制；

⑤ 生产专家和成本控制专家在管理中，特别是在高层管理中占重要地位；

⑥ 信息沟通以纵向为主。

(2) 风险型战略的领导则可能认为，环境复杂多变，需求高速增长，市场变化很快，机遇和挑战并存。企业必须不断开发新产品，开拓新市场，实行新的经营管理方法。为了满足组织不断开拓和创新的需要，在组织设计上就不能像保守型那样以规范化和控制为目标，而应以保证企业的创新需要和部门间的协调为目标，因而，实行柔性结构便成为这类组织的基本特征。具体表现在以下五个方面。

① 规范化程度较低的组织结构；

② 分权的控制；

③ 计划较粗泛而灵活；

④ 高层管理主要由市场营销专家和产品开发研究专家支配；

⑤ 信息沟通以横向为主。

(3) 分析型战略介于前二者之间，它力求在二者之间保持适当的平衡，所以其组织结构的设计兼具刚性和柔性的特征。具体表现在以下五个方面。

① 既强调纵向的职能控制，也重视横向的项目协调；

② 对生产部门和市场营销部门实行详细而严格的计划管理，而对产品的研究开发部门则实行较为宽泛的计划管理；

③ 高层管理层由老产品的生产管理、技术管理等职能部门的领导及新产品的事业部领导联合组成，前者代表企业的原有阵地，后者代表企业进攻的方向；

④ 信息在传统部门间主要为纵向沟通，在新兴部门间及其与传统部门间主要为横向沟通；

⑤ 权力的控制是集权与分权的适当结合。

企业战略类型的选择对组织设计的要求见表 5-1。

表 5-1　　企业战略类型对组织设计的要求

结构特征	保守型战略	风险型战略	分析型战略
集权和分权	集权为主	分权为主	适当结合
计划管理	严格	粗泛	有严格也有粗放
高层管理人员构成	工程师、成本专家	营销、研究开发专家	联合组成
信息沟通	纵向为主	横向为主	有纵向，有横向

(三) 技术及其变化对企业组织设计的影响

组织的活动需要利用一定的技术和反映一定技术水平的物质手段来进行。技术以及技术设备的水平不仅影响组织活动的效果和效率，而且会作用于组织活动的内容划分、职务的设置和工作人员的素质要求；信息处理的计算机化必将改变组织中的会计、文书、档案等部门的工作形式和性质。

技术可以分成作用于资源转换的物质过程的生产技术和主要对物质生产过程进行协调和控制的管理技术。管理过程是利用各种信息来计划、组织、协调与控制企业生产经营活动。

1. 生产技术对企业组织的影响

英国工业社会学家琼·伍德沃德(Joan Woodward)最早对工业生产技术与组织结构的关系进行了研究，又称南艾塞克斯郡研究。研究的主要内容是英国南部艾塞克斯郡的100家工业企业组织结构的特征，如管理幅度、管理层次、管理人员与事务人员比重、工人的技术水平等，还涉及管理风格的一些内容(如书面沟通和口头沟通的比例、报酬的使用等)以及生产的类型、企业经营成效等。

研究表明，工业企业的生产技术同组织结构及管理特征有着系统的联系。伍德沃德指出，每一种有着类似目的和类似技术复杂程度的生产系统，都有其独特的组织模型及管理特征。她所指的企业的目的，是指它的产品和市场，这种目的决定着它会有怎样的技术复杂程度。技术复杂程度包括产品制造过程的机械化程度，以及制造过程的可预测性。技术复杂程度高，意味着大多数生产操作是由机器来完成的，因而制造过程的可预测性高。

伍德沃德把企业生产组织的形式分成单件小批生产、大批大量生产和连续生产三种类型。随着生产过程中所采用的技术复杂程度的提高，企业生产组织逐渐从单件小批生产转化为大批大量生产，进而发展到连续生产，见表5-2。伍德沃德在研究中还发现：

(1) 经营成功的企业的组织结构，与其所属的技术类型有着相互对应的关系。而经营不成功的企业，通常其组织结构特征偏离了其相应的技术类型。

(2) 成功的单件小批生产和连续生产的组织具有柔性结构，而成功的大批量生产的组织具有刚性结构。

表5-2 企业生产组织的形式

组织结构特征	单件小批生产	大批大量生产	连续生产
管理层次数目	3	4	6
高层领导的管理幅度	4	7	10
基层领导的管理幅度	23	48	15
基本工人与辅助工人的比例	9∶1	4∶1	1∶1
大学毕业的管理人员所占比重	低	中等	高

（续表）

组织结构特征	单件小批生产	大批大量生产	连续生产
经理人员与全体职员的比例	低	中等	高
技术工人的数量	高	低	高
规范化的程序	少	多	少
集权程度	低	高	低
口头沟通的数量	高	低	高
书面沟通的数量	低	高	低
整体结构类型	柔性的	刚性的	柔性的

不同生产技术特点的企业，要求不同的组织设计，采用不同的组织结构及管理特征，因而不存在一种绝对的最佳组织结构模式，这就引发了组织结构研究的权变理论思路。

2. 信息技术对企业组织的影响

信息技术对组织方面的影响和计算机一体化技术对生产的影响一样，在提高了企业的生产效率和管理效率的同时，也需要新型的组织结构来配合它的发展。

(1) 使组织结构呈现扁平化的趋势。一个运用了信息技术向雇员授权而不是维持严格的等级制的组织中，技术的发展使其结构层级得到缩减。新的信息技术能够以较小的工作小组替代过去的管理者和代理层级制。

(2) 对集权化和分权化方面可能带来双重影响。希望集权化的管理者能够运用先进技术获得更多的信息和做出更多的决策。同时管理者也能够向下属分散信息并且增强参与性与自主性。

(3) 加强或改善了企业内部各部门间以及各部门内工作人员间的协调。比如在大通曼哈顿(Chase Manhattan)银行，新技术能够使管理者之间彼此沟通并认识到组织的活动与结果，它有助于消除障碍和树立以前不曾有的团体意识及组织的整体意识，特别是当人们在不同地点工作时。

(4) 要求给下属以较大的工作自主权。在信息技术很发达的情况下，很少限定各种规章制度和工作描述。

(5) 提高专业人员比例。例如当北美银行集团(North American Banking Group)安装了顾客服务系统时，雇员中的专业人员由30%增至60%。中高层的管理者能够运用新技术生成自己的备忘录，并可立刻通过电子邮件发送。

(四) 企业发展阶段对企业组织设计的影响

企业初始阶段，其组织层级比较简单，如企业在初创时可能以个人业主制或手工作坊等简单的形式出现。在早期发展阶段，组织的层级很简单，管理者很可能同时担任决策执行者的角色，即企业的管理层和执行层是合而为一的，或者其层级可能是包括管理层和执行层在内的两个简单层级。

企业在逐步向高级阶段发展时，可能将一部分通过市场交易的资源转为内部交易。因为企业发现通过市场交易的交易费用远高于内部交易的费用，这样企业就以其内部的行政协调取代市场作为资源的配置方式。这时，企业要求有相应的层级组织来执行行政协调配置资源的功能，因而企业组织的层级很有可能增加，即由简单的两级层级跃升为三级或更多级别；或者伴随着企业由简单的初始阶段的原始的组织形式发展为成熟阶段或是发展阶段的比较高级的企业组织形式，如股份制，企业的所有权与经营权可能发生分离。此时原先企业的所有者若缺乏必要的知识、信息和管理技术与手段，则很可能放弃企业的经营权和管理权，将企业的管理权通过委托的方式交由专门从事经营管理的经理人管理，这样，企业就会相应增加其组织层级。

企业在逐渐走向老化或是处于企业生命周期的衰退阶段时，可能出于开源节流的目的进行组织层级的调整，如裁员等。

美国学者托马斯·坎农(J. Thomas Cannon)提出了组织发展五阶段的理论，并指出在发展的不同阶段要求有与之适应的组织结构形态。

(1) 创业阶段。在这个阶段，决策主要由高层管理者个人做出，组织结构相当不正规，对协调只有最低限度的要求，组织内部的信息沟通主要建立在非正式的基础上。

(2) 职能发展阶段。这时，决策越来越多地由其他管理者做出，而最高管理者亲自决策的数量越来越少，组织结构建立在职能专业化的基础上，各职能间的协调需要增加，信息沟通变得更重要，也更困难。

(3) 分权阶段。此时，组织采用分权的方法来应对职能结构引起的种种问题，组织结构以产品或地区事业部为基础来建立，目的是在企业内建立“小企业”，使后者能够按照创业阶段的特点来管理。但随之出现了新的问题：各“小企业”成了内部的不同利益集团，组织资源转移用于开发新产品的相关活动减少，总公司与“小企业”的许多重复性劳动使费用增加，高层管理者感到对各“小企业”失去了控制。

(4) 参谋激增阶段。为了加强对各“小企业”的控制，公司一级的行政主管增加了许多参谋助手，而参谋的增加又会加剧他们与“小企业”的矛盾，影响组织中的命令统一。

(5) 再集权阶段。分权与参谋激增阶段所产生的问题可能诱使公司高层主管再度高度集中决策权力。同时，信息处理的计算机化也使再集权成为可能。

(五) 规模对企业组织设计的影响

规模是影响组织结构设计的重要变量。随着企业的发展，企业活动的规模日渐扩大，内容日趋复杂，组织管理的正规化要求逐渐提高，管理文件越来越多，对不同岗位以及部门间协调的要求越来越高，组织越来越复杂。

1. 规范化

规范化是指制定规章、程序和书面文件,如政策手册和工作描述等,这些文件规定了雇员的权利与义务。大型组织具有更高的规范化程度,原因是大型组织更依靠规章、程序和书面工作实现标准化和对大量的雇员与部门进行控制。与之相反,小型组织则可以通过管理者的个人观察进行控制。规范化也可能提高大型组织中更加规范的非人格化行为和作用方式。相反,小型松散的组织中更多的则是自发的偶然性行为和社会性作用方式。

2. 分权化

集权化与分权化的差别主要与组织中决策权力的集中或分散有关。在集权化的组织中,决策是由高层做出的;在分权化的组织中,类似的决策在较低的层次上做出;在完全的官僚制中,所有的决策是由那些具有完全控制权的高层管理者做出的。然而,随着组织的成长壮大,会有越来越多的部门和人员参与决策。因此,组织规模的研究表明,组织规模越大就越需要分权化。

3. 复杂性

复杂性与组织中的层级数目(纵向复杂性)以及部门和工种的数量(横向复杂性)有关。大型组织具有更明显的复杂性特征。规模与复杂性之间的关系也是显而易见的。

(1) 在大型组织中对传统的专门化部门有着普遍的需求。大型组织需要经常建立新的管理部门来解决规模扩张所带来的问题,在大型组织中成立计划部门是因为在组织达到一定的规模后产生了对计划的巨大需要。

(2) 随着组织中部门规模的增大,细分的压力不断增大,部门管理者逐渐无力驾驭无法对部门进行有效的控制。在这一点上,子集团会被再细分为更独立的部门。

(3) 传统的纵向的复杂性需要对大量人员进行控制。随着雇员数量的增加,为保持管理跨度所增加的层级会更多。

4. 专职管理人员的数量

大型组织的另一个特点是管理人员、办事人员和专业人员的数量激增。由于各种原因,管理者受到激励后会增加更多的管理人员来巩固他们的地位。

四、组织设计的程序

尽管每个组织的目标不同,组织结构类型也具有很大差别,但是一个组织的基本设计程序还是相同的。具体而言,组织设计一般包括以下八个步骤。

(一) 确定组织设计的基本方针

根据企业的战略、任务、目标,以及企业的外部环境和内部条件,确定企业组织设计的基本思路。

(二) 职能分析和岗位设计

职能分析与设计是进行组织设计的基础,是组织根据自身的任务和目标确定需要设置各项管理职能及其结构，并把它们层层分解为各项具体的管理业务和工作——岗位，明确各岗位所拥有的职责权限和任职资格的过程。在确定具体的管理业务和工作时，还应进行初步的管理流程总体设计，以优化流程，提高管理工作效率。

在职能分析的基础上，还要进一步进行岗位设计。通过估算每项工作所需的时间就可以计算出完成组织目标所需要的操作人数，设定具体工作岗位职责。

（三）部门划分

部门是组织的“细胞”，部门设置直接关系到组织的健康和组织运作绩效。部门划分就是根据一定标准把工作岗位组合在一起，通过部门化将整个组织划分为若干个管理单元，据此明确各单元的权力和责任。常见的部门划分方法有职能部门化、地区部门化、产品部门化、顾客部门化和程序部门化等。

（四）确定管理层次与管理幅度

部门化解决了各项工作如何进行归类以实现统一领导的问题之后，接下来应当确定组织中每个部门的职位等级的数量，即管理层次问题。管理层次从表面上看只是组织结构的层次数量，但其实质是组织内部纵向分工的表现形式。各个层次将担负不同的管理职能，对于一个组织来说，管理层次的多少往往要根据组织规模而定。另外，管理层次的多少也与管理幅度的大小有直接关系。

组织规模、管理层次与管理幅度三者之间是相互制约的关系：

$$\text{组织规模} = \text{管理幅度} \times \text{管理层次}$$

在组织规模一定的条件下，管理层次与管理幅度成反比，管理幅度越宽，所需要的管理层次就越少；反之，管理幅度越窄，所需要的管理层次就越多。

（五）配置人员

根据各单位和部门所分管的业务工作和对人员素质的要求，挑选和配备称职的人员及其行政负责人，并明确其职务和职称。

（六）规定职责与权力

进行人员配置后，应根据组织目标的要求明确规定各单位和部门及其负责人的岗位职责和工作绩效评价标准。同时，为了便于在职人完成相应的岗位职责，应授予岗位所必需的岗位职权。

（七）联成一体

联成一体是指进一步明确各单位、各部门之间的相互关系，以及它们之间的信息沟通和相互协调方面的原则和方法，把各个组织实体从多个角度链接起来，形成一个能够协调运作、有效地实现组织目标的管理组织系统。

（八）反馈和修正

组织设计完成之后便进入了运行状态。在运行过程中，会暴露许多漏洞和矛盾，反馈和修正就是把这一切都作为反馈信息，促使领导者重新审视原有的组织设计，根据出现的情况对组织结构做出及时调整，使组织结构在运行过程中得到不断修正和完善。

任务三　实施部门化

组织部门化

组织机构和结构的确定首先是为了管理的效率。组织设计的实质是通过对管理劳动的分工，将不同的管理人员安排在不同的管理岗位和部门中，通过他们在特定环境、特定相互关系中的管理作业使整个管理系统有机地运转起来。管理劳动的分工包括横向和纵向两个方面。

第一，横向分工，是根据不同的标准将对组织活动的管理劳动分解成不同岗位和部门的任务，使组织“部门化”。部门化是将整个管理系统分解，分解成若干个相互依存的基本管理单位，它是在管理劳动横向分工的基础上进行的。

第二，纵向分工，是根据管理幅度的限制确定管理系统的层次，并根据管理层次在管理系统中的位置，规定各层次管理人员的职责和权限。它是责任分配基础上的管理决策权限的相对集中或分散，即分权与集权。

分工的标准不同，所形成的管理部门以及各部门之间的相互关系亦不同。组织设计中经常运用的部门划分的标准是：职能、产品、区域、综合标准与矩阵组织、顾客以及流程。

一、职能部门化

职能部门化是根据业务活动的相似性来设立管理部门（图 5-2），判断某些活动的标准是否相似，业务性质是否相近，从事活动所需的业务技能是否相同，这些活动的进行对同一目标（或分目标）的实现是否具有紧密相关的作用。

企业为了实现生存和发展，其目标是必须盈利，而盈利的前提是有效地向社会提供人们需要的商品。开发、生产、营销以及财务被认为是企业的基本职能，缺少其中任何一项，企业便无法生存。除了这些非常重要的基本职能外，企业还需要一些保证生产经营能顺利展开的辅助性或次要的职能，如人事、公共关系、法律事务等。

职能部门化是一种传统的、普遍的组织形式。

（1）职能是划分活动类型、设立部门的最自然、最方便、最符合逻辑的标准，据此进行分工和设计的组织结构可以带来专业化分工的种种好处，使各部门的管理人员专心致志地研究产品的开发和制造，积极努力地探索和开发市场，分析和评价资金的运动。

（2）由于各部门是在最高主管的领导下从事相互依存的整体活动的一部分，因此有利于维护最高行政指挥的权威，有利于维护组织的统一性。同时，由于各部门只负责一种类型的业务活动，因此有利于工作人员的培训、相互交流、从而提高技术水平。

职能部门化的局限性主要表现在：由于各种产品的原料采购、生产制造、产品销售都

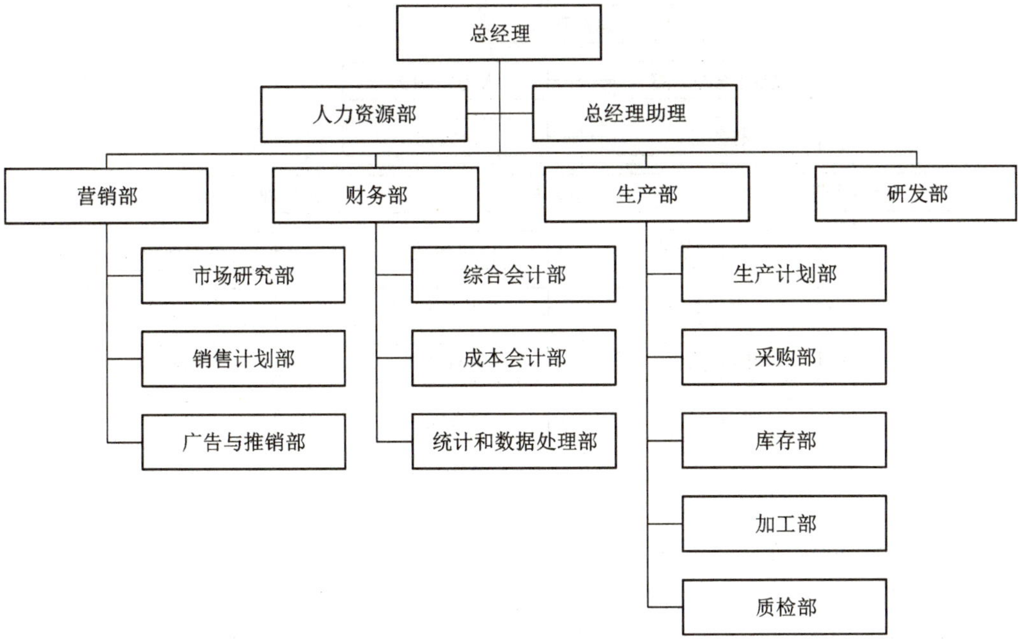

图 5-2 按职能划分的部门化组织

集中在相同的部门进行，各种产品给企业带来的贡献不易区别，因此不利于指导企业产品结构的调整；由于各部门的负责人长期只从事某种专门业务的管理，缺乏总体的眼光，因此不利于高级管理人才的培养；由于活动和业务的性质不同，各职能部门可能只注重依据自己的准则来行动，因此可能使本来相互依存的部门之间的活动不协调，影响组织整体目标的实现。为了克服这些局限性，有些组织利用产品或地区域的标准来划分部门。

二、产品部门化

按职能设立部门往往是在企业发展初期品种少、规模较小时的一种组织形式。但是随着企业的成长和品种逐渐多样化，把制造工艺不同和用户特点不同的产品集中在同一生产或销售部门管理，会给部门主管带来日益增多的困难。因此，如果主要产品的数量足够大，不同产品的用户或潜在用户足够多，那么组织的最高管理层除了保留公关、财务、人事，甚至采购这些必要的职能外，就应该考虑根据产品来设立管理部门、划分管理单位，把同一产品的生产或销售工作集中在相同的部门组织进行。

从职能部门化到产品部门化可能要经历一个发展过程。当企业规模还不够大、各种产品的产量和社会需求量还不够多的时候，组织中可能采取的变通方法是将职能部门内部不同的工作人员按产品的不同类别来划分工作任务，然后随着产品需求量和生产量的发展再采取产品部门化的形式。图 5-3 是一个典型的按产品划分的部门化组织。

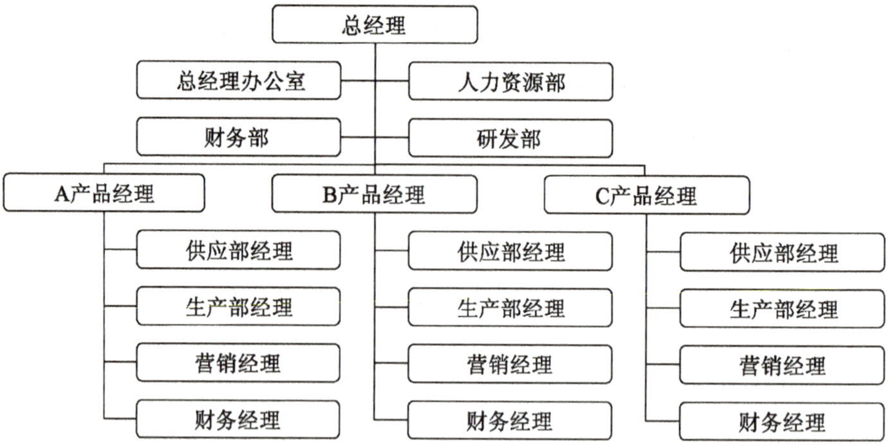

图 5-3　按产品划分的部门化组织

产品部门化的优势具有以下四点。

（1）能使企业将多元化经营和专业化经营结合起来。整个企业向社会提供多种产品，而每个部门只专门生产一种产品。这样既可使企业因多元化经营而减少市场风险，提高经营的稳定性，又可使企业的各部门因专业化经营而提高生产率，降低劳动成本。

（2）有利于企业及时调整生产方向。按产品设立管理部门，要比职能部门化更易区分和摊派各种产品的收益与成本，从而更易考察和比较不同产品对企业的贡献，因此有利于企业及时限制、甚至淘汰或扩大和发展某种产品的生产，使整个企业的产品结构更加合理。

（3）有利于促进企业的内部竞争。由于各个产品部门对企业的贡献容易辨认，因此可能导致部门间的竞争。虽然这种内部竞争如果处理不当可能影响总体利益的协调，但如果加以正确引导，则可以促进不同的产品部门努力改善本部门工作，从而有利于促进企业的成长。

（4）有利于高层管理人才的培养。每个部门的经理都需独当一面，完成同一产品制造的各种职能活动，这类似于对一个完整企业的管理。因此，企业可以利用产品部门来作为培养有前途的高层管理人才的基地。

产品部门化的局限性是需要较多的具有像总经理那样有能力的人去管理各个产品部门。同时，各个部门的主管也可能过分强调本单位利益，从而影响企业的统一指挥。此外，产品部门某些职能管理机构与企业总部的重叠会导致管理费用的增加，从而提高了待摊成本，影响企业竞争能力。

三、区域部门化

区域部门化是根据地理因素来设立管理部门，把不同区域的经营业务和职责划分给不同部门的经理。组织活动在地理上的分散带来的交通和信息沟通困难曾经是区域部门化的主要原因。我们很难设想在一个交通和通信不方便的区域或国家，企业总部的经理人员能正确合理地指挥一个在千里之外的生产部门的产品制造活动。但是，随着通信条件的改善，这个问题已不再那么重要，取而代之的是社会文化环境方面的原因。

随着管理理论研究的深入，人们越来越清楚地认识到社会文化环境对组织的活动有着非常重要的影响。不同的文化环境决定了人们不同的价值观，从而使人们的劳动态度、对物质利益或工作成就的重视程度以及消费偏好不一样，因此要求企业采用不同的人事管理或营销方法。由于历史上各个地区之间的相互封闭，使得文化环境总是与一定的地理区域相联系。因此，根据地理位置的不同设立管理部门，甚至使不同区域的生产、经营单位成为相对自主的管理实体，可以更好地针对各地区的劳动者和消费者的行为特点组织生产和经营活动，跨国公司尤其如此。它们不仅使分散在世界各地的附属公司成为独立的实体，而且对公司总部协调国际经营的各级管理人员的业务划分，也是根据区域标准来进行的。典型的区域部门化的组织结构如图 5-4 所示。

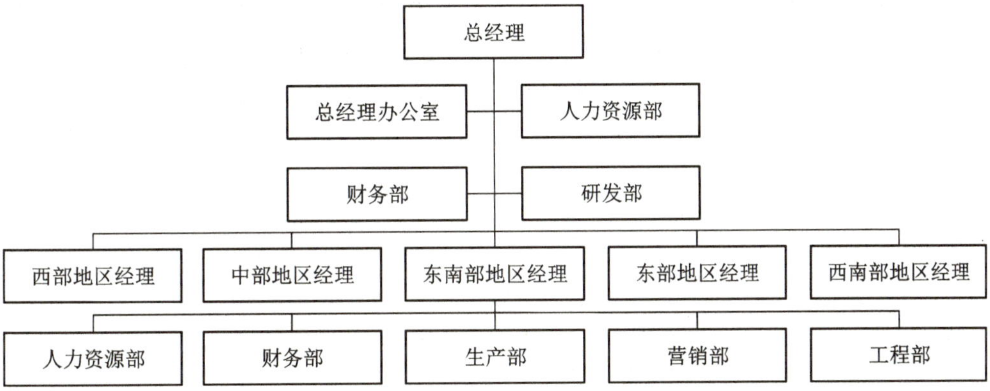

图 5-4 按区域划分的部门化组织

按区域划分管理部门的优势和局限类似于产品部门化。

四、综合标准与矩阵组织

从上面给出的各种组织结构图中不难发现，任何组织都不能根据单一的标准来设计管理组织，而必须同时利用两个或两个以上的部门化方式：在职能部门化的情况下，各职能部门内部可能按区域或产品组织各个小组（分部门）的业务工作；在利用产品或区域标准的情况下，不仅公司总部保留了必要的人事、财务、采购等职能部门，相对独立的区域或产品部也设立了一些必要的职能机构。

矩阵组织是一种由纵横两套系统交叉形成的复合结构组织，是综合利用各种标准的一个范例。纵向的是职能系统；横向的是为完成某项专门任务（如新产品开发）而组成的项目系统。项目系统没有固定的工作人员，而是随着任务的进度和工作的需要，从各职能部门抽人参加，这些人员完成了与自己有关的工作后，仍回到原来的职能部门。

矩阵组织具有很大的弹性和适应性，可以根据工作的需要集中各种专门的知识和技能，短期内迅速完成重要的任务。由于在项目小组中集中了各种人才，便于知识和意见的交流，能促进新的观点和设想的产生。此外，由于成员来自各个不同的职能部门，项目小组的活动还可促进各个部门间的协调和沟通。但由于项目组织的成员是根据工作的进展情况临时从各职能部门抽调的，其隶属关系不变，从而不仅可能使他们产生临时观念，影响工作责任心，而且由于要接受并不总是保持一致的双重领导，在工作中有时可能会感到无所适从。

矩阵式组织的特点决定了它主要适用于工作内容变动频繁、每项工作的完成需要众多技术知识的组织，或者作为一般组织中安排临时性工作任务的补充结构形式。

五、顾客部门化

按顾客或服务对象的部门化是指根据不同顾客群体来进行部门划分。在激烈的市场竞争中，以企业为中心的生产观念正在向以顾客需求为中心的市场观念而转变，创造和满足顾客需求成为企业竞争的焦点。当组织的不同顾客群体的需求具有较大差异时，通常会考虑这种部门划分方法（图 5-5），如大学中的研究生院、成人教育学院、MBA 中心等；服装生产企业的老年市场部、妇女市场部、儿童市场部等；证券公司的大客户室、中户室和散户厅等。

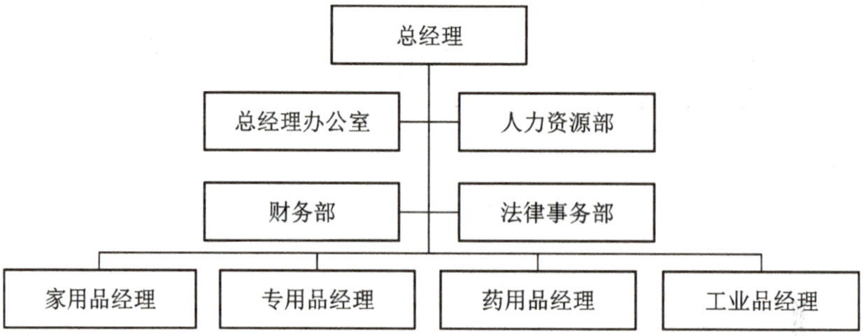

图 5-5　按顾客划分的部门化组织

按顾客划分部门，有利于深入分析特定顾客群体的需求，加深对顾客的了解，满足不同顾客群体的个性化需求。

这种划分方式的缺点是存在部门之间的协调问题以及下属部门的重复设置，可能使组织某些资源如设备、人员等不能充分利用，忙闲不均；有些组织的顾客需求和特点变化较快，顾客细分指标难以明确，界定各个顾客群体的难度较大。所以，只有当顾客群体达到一定规模时，这种部门划分方式才会比较经济。

六、流程部门化

按流程部门化是按照工作或业务流程来组织业务活动，人员、材料、设备比较集中或业务流程连续是实现流程部门化的基础，如图5-6所示。例如，有些制造产品的生产，需要经过锻压、机械加工、电镀、装配和检验等流程；燃煤发电厂发电要经过燃煤运输、锅炉燃烧、汽轮机冲动、电力传输、电力配送等主要流程。

图5-6　按流程划分的部门化组织

按流程划分部门的优点是，将产品的流程统一管理，能提高管理效率，同时也能提高生产效率，发挥规模经济优势。其缺点是，会增加部门之间的衔接和协作管理难度，增加管理成本。

这种部门划分方法只适用于流程能够明确划分的产品或服务的生产运营。

任务四　掌握管理的层次与幅度

组织设计的层级化是指组织的纵向设计。纵向设计的关键问题是必须科学合理地设置管理层次与管理幅度。

一、管理幅度

（一）管理幅度的概念

管理幅度，又称管理宽度、管理跨度，是指组织的管理者能有效领导和指挥的直接下属的数量。一个组织的管理幅度在很大程度上决定了组织中管理人员的数量和管理层次的数目。

确定一种适用于所有组织的管理幅度是没有意义的，在考虑一个组织管理者的管理幅度时，不应该只关注数字。而确定合理管理幅度的最有效方法是依据组织所处的内外部环境条件而定。

（二）管理幅度设计的影响因素

一般而言，组织的管理幅度受到下列因素的影响。

1. 管理者与其下属的工作能力

能力越强的管理者在不降低组织有效性的前提下，比相同管理层次上负责类似的管理工作的其他管理者能直接管辖的下属人员越多。同理，一个管理者能直接有效领导指挥的下属人数与下属的工作能力有很大关系，下属工作态度越积极、工作能力越强，则需要上级的监督管理越少，管理者的管理幅度也就越宽。

2. 管理工作的复杂程度

不同的组织、不同类型的管理者所面对的管理工作的复杂程度是不同的。如果管理工作都是一些重复性的简单的问题，管理者的管理幅度自然较宽；相反，组织的管理问题大多是非重复的专业性问题，管理工作需要花费的时间精力较多时，管理宽度自然较窄。

3. 管理的规范性

组织的岗位职责划分越清晰，管理越规范，则管理者的管理幅度越宽；反之，一个组织的岗位职责划分越不清晰，管理规范性和工作计划完善程度越差，则管理者的管理幅度越窄。

4. 授权程度

一个组织的职权是集中于高层还是分散于下层，对管理者的管理幅度也具有很大影响。管理者如果善于把管理权限适当地授予下属，让下属在工作时享有较大的自主权，管理者需要亲自处理的问题自然会减少，管理幅度有可能变宽；反之亦然。

5. 工作地点的相近性

不同下属的工作岗位在地理位置上越分散，越会增加下属与直接上级之间的沟通难度，从而影响上级直接主管的下属数量。随着现代通信技术的快速发展以及现代交通的快速便捷性不断提升，这一因素对管理幅度的影响正在变小。

6. 沟通和联络技术

组织沟通渠道越通畅，采用的沟通技术和联络手段越先进，信息传递的效率越高，管理者的管理幅度就越宽。相反，如果组织信息传递渠道不通畅，沟通技术和联络手段十分落后，导致组织信息沟通越困难，管理者的管理幅度就越窄。

7. 外部环境

当组织的外部环境越复杂多变，组织遇到的新情况和新问题越多时，管理人员就越需要付出更多的精力和时间关注外部环境变化，不断调整组织的战略和计划，这种情况下管理者能够给予下属的监督和指导就越少，管理幅度会变窄；相反，当外部环境比较简单稳定时，组织工作会变得简单有序，管理者能抽出更多的时间关注下属工作情况，管理幅度就会变宽。

二、管理层次

（一）管理层次的含义

管理层次是指组织从最高层管理人员到最低层工作人员中间所有的级数。层次是纵向的组织环节，管理层次过多或者过少都是不合理的。管理层次过多就需要为组织配备更多的管理人员，增加了管理费用和协调难度，从高层到基层的组织的信息传递速度和效率降低，同时，过多的管理层次可能使得每个管理人员的能力无法充分发挥，打击人员的积极性，人力资源使用效率下降；管理层次过少，又使得上级的战略和决策得不到准确的实施，使上级把过多的精力放到对下级的协调过程中，难以集中精力处理重大的决策问题。

一个组织的管理层次的多少，从根本上说，应根据组织的任务量与大小规模而确定。规模较大、任务量较多的组织，其层次可多一些；规模较小、任务量较少的组织，其管理层次应适当减少。

（二）管理层次和管理幅度的关系

管理层次与管理幅度相关，当组织规模一定的情况下，管理者较宽的管理幅度意味着较少的管理层次，较窄的管理幅度意味着较多的管理层次，即二者存在反比关系。按照管理幅度与管理层次的反比关系，组织形成了两种典型的层次结构：高耸型结构和扁平型结构。

1. 高耸型结构

高耸型结构，是指组织中每个层次的管理幅度较窄，具有较多的管理层次的结构形态，如图5-7所示。古典或传统的组织结构大多是高耸型结构。

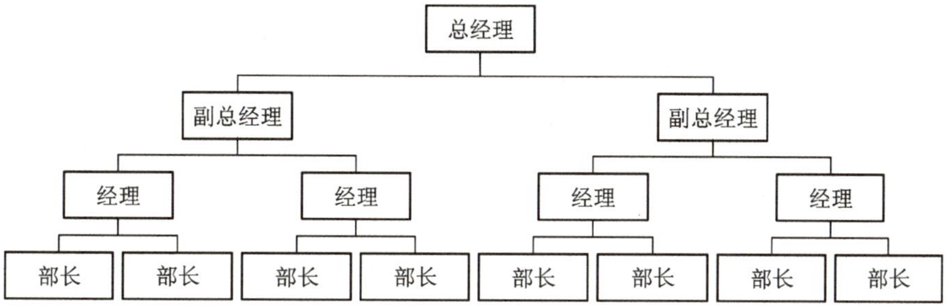

图5-7　高耸型结构

高耸型结构中，每个管理人员所辖的下属人数较少，因而可以有充足的时间和精力对下属进行具体的指导，对其工作进行严密监督和控制，使得上级意图可以得到很好地体现，且这种结构层次分明，管理严密，纪律严明，组织成员职责分工明确，组织的稳定性很高。

但是，高耸型结构也存在许多不足之处，主要体现在管理层次过多，协调难度加大；指挥链过长，信息传递慢且容易失真；设置较多的管理层致使管理费用升高；下属在组织中的参与程度降低，不利于发挥其积极性，不利于培养人才等。

2. 扁平型结构

扁平型结构与高耸型结构相反。扁平型结构是指组织中每个层次的管理幅度较宽，而具有较少的管理层次的结构形态，如图5-8所示。

扁平型结构有利于缩短上下级的距离，密切上下级之间的关系。因为管理幅度较大，下属具有更多的工作授权，自主性和积极性提高，同时因为指挥链的缩短，使得信息纵向传递效率提高，降低了管理协调费用。与之相对的，扁平型结构中每个管理者的管理幅度较宽，各级主管人员的负担较重，精力容易分散，所以对下属人员的工作能力要求较高，否则容易出现管理失控。

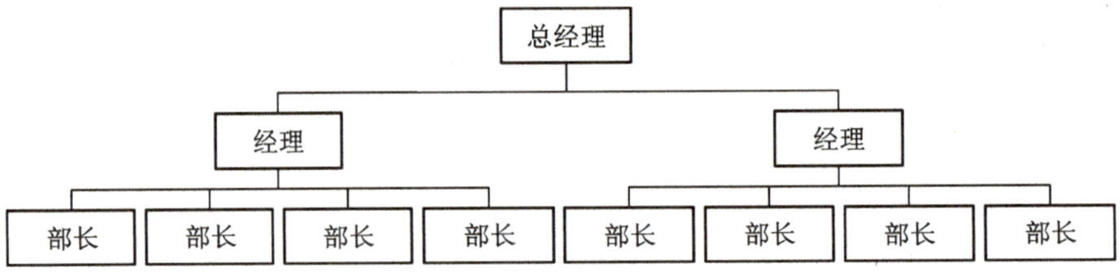

图 5-8 扁平型结构

1981 年，杰克·韦尔奇就任通用电气公司 CEO 后，对通用电气的管理结构进行了大刀阔斧的改革。从 1981 年到 1992 年，该公司被裁撤的部门多达 350 余个，管理层级由 12 层锐减至 5 层，副总裁由 130 名缩减至 13 名。通过这一番改革，通用电气的官僚主义大为减轻，灵活性明显提高。自从杰克·韦尔奇改革通用电气成功之后，扁平化组织结构逐渐成为一种管理时尚，并西风东渐，被我国不少企业所接受和实行。可以说，组织扁平化是未来组织结构变革发展的趋势。但是，管理幅度的扩大与管理层次的减少并不一定适用于所有的组织，扁平型组织结构的成功，需要考虑到组织授权的程度、高层管理者的工作能力、工作的性质和组织的沟通效率等因素。除此之外，一种与扁平型组织相适应的健康而强大的组织文化也是必不可少的。

任务五　进行职权配置

一、职权概述

（一）职权的内涵

职权是指组织内部授予的、指导下属活动及其行为的决定权，这些决定一旦下达，下属必须服从。职权是组织赋予职位，由在职人员行使，并不会由于在职人员发生变化而影响职权的效力，也就是说，职权与组织内的一定职位有关，而与担任该职位的管理者的个人特性无关。

与职权共存的是职责。职责是指在职人员为履行一定的组织职能或完成工作使命，所负责的范围和承担的一系列工作任务，以及完成这些工作任务所需承担的相应责任。在组织中，职权和职责必须相称，不承担任何职责或者职权大于职责，都会导致职权滥用；同样，不赋予任何职权或职权赋予得不适当，也会导致岗位职责消减或推诿，难以完成组织目标。

在组织内，最基本的信息沟通是通过职权来实现的。通过职权关系的上传下达，使下级按指令行事，上级得到及时反馈的信息，做出合理决策，进行有效控制。

(二) 职权的类型

组织内的职权有直线职权、参谋职权和职能职权。

1. 直线职权

直线职权是指管理者直接指导下属工作的职权，包括做出决策、发布命令等，也就是通常所说的指挥权。直线职权由组织的顶端开始，延伸向下至组织最底的层次，形成我们通常所说的指挥链。

在组织内，每一层的管理者都具有直线职权，只不过由于管理岗位的功能不同，其职权的大小、范围具有较大差异。

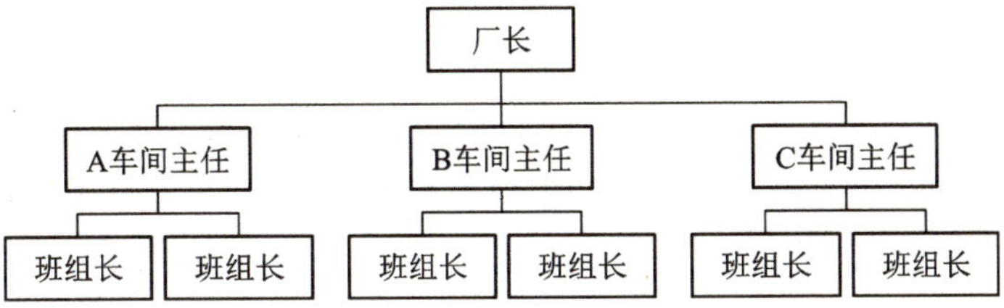

图 5-9 直线型组织结构

如图 5-9 所示是一个简单的直线型组织结构。该组织的厂长对 A,B,C 三个车间主任拥有直线职权，而每个车间主任对其下属的两个班组长拥有直线职权。具有直线职权的上级对下级行使垂直领导，形成直线关系，直线关系是组织中管理人员的主要关系。

直线关系是一种命令关系，这种命令关系自上而下，从组织的最高层级一直延伸到组织的基层，形成等级指挥链，这种指挥链又称为层次链。处于组织层次链上的管理者一般都拥有直线职权，他们对上接受上级的命令，对下拥有指挥权。这种命令和指挥的关系越明确，就越能贯彻组织的统一指挥原则。

2. 参谋职权

参谋职权是某职位或某部门所拥有的辅助性职权，包括提供咨询、建议等。当组织规模逐渐增大且日渐复杂时，直线主管在时间、技术知识、精力、能力和资源等方面都不足以圆满完成任务时，就必须创造出参谋职权以支持和弥补直线主管在能力方面的缺陷和障碍。

参谋的形式有个人参谋和专业参谋。个人参谋是指特定的参谋人员，这一概念由来已久，在中外历史上很早就出现了为统治者出谋划策的智囊人物，参谋人员协助直线人员执行职责。参谋人员一般被称为直线主管的助手，这些助手利用专业知识来弥补直线主管的知识不足，协助他们工作，减轻他们的负担。专业参谋是指独立的机构或部门，就是通常所说的“智囊团”或“顾问班子”。随着组织规模的扩大，个人参谋的数量不断增加，参谋的设置逐渐规范化，从而形成专业参谋部门。这些专业参谋部门聚合了相关方面的专家，他们运用集体智慧，为直线主管提供相应的咨询和建议。

直线职权是命令和指挥的权力，参谋职权是协助和建议的权力，直线职权与参谋职权的关系是“参谋建议，直线指挥”。这其中包括两层含义：一是直线人员进行重大决策前应征询参谋人员或机构的意见，避免决策上的重大失误；二是参谋人员或机构可以向直线人员提出自己的意见和建议，但是不能把自己的想法强加给直线人员，或者超越权限直接发号施令。

3. 职能职权

职能职权是一种权益职权，是由直线主管向自己所辖属范围内的参谋人员或范围外的个人或职能部门授权，允许他们按照一定的制度、在一定的职能范围内行使的某种职权。

直线职权与参谋职权不同，在纯粹参谋的情形下，参谋人员所具有的仅仅是辅助性职权，并无指挥权。随着管理活动的日益复杂，主管人员为了改善管理效率，可能对职权关系做出某些变动，把一部分原属于自己的直线职权授予参谋人员或某个部门的主管人员，于是产生了职能职权。例如，在事业部的组织结构中，总部的人力资源管理部门要求下属各事业部管理者统一执行总部的人力资源政策，总部人力资源管理部门行使的就是职能职权。

职能职权的设立主要是为了发挥专家的核心作用，减轻直线主管的任务负荷，提高管理工作的效率。所以，职能职权作用的有效发挥，需要正确衡量这种“得”与“失”之间的尺度，一般认为适当限制职能职权的使用所得常常是大于所失的。

二、集权与分权

（一）集权与分权的概念

集权，是指决策指挥权集中在组织层级系统中最高层次或接近最高层次的高层管理人员手中，下级部门和机构只能依据上级的决定、命令和指示办事。

分权，是指决策指挥权在组织层级系统中较低管理层次上的分散。组织高层将一部分决策指挥权分配给下级组织机构和部门负责人，使他们充分行使这些权力，支配组织的某些资源，并在其工作职责范围内自主地解决某些问题。

从集权和分权的内涵可以看出，职权在组织中是集中还是分散不是职权种类的问题，而是职权大小的问题。在现实中，既不存在绝对的集权，也不存在绝对的分权。因为绝对的集权意味着把指挥决策权全部集中到组织的最高领导人手中，就不可能存在下级管理者；绝对的分权意味着组织的指挥决策权全部下放到组织层级系统的中低层次，高层管理者的存在将变得没有价值，形同虚设。

所以在现实社会中的组织，可能是集权的成分多一点，也可能是分权的成分多一点。我们需要研究的不是应该集权还是分权，而是哪些权力宜于集中，哪些权力宜于分散；在什么样的情况下集权的成分应多一点，何时又需要较多的分权。集权和分权是组织设计中两种相反的权力分配方式。

集权和分权不能简单地用“好”或“坏”来区分，实际中并不存在一个普遍严格的量化标准可以使管理者判断应当分权或集权到什么程度。管理学需要研究的应是根据实际情况和各种影响因素，判断哪些权力适于集中，哪些权力适于分散；以及在什么样的情况下集权合理一些，而在什么样的情况下分权更适用。

（二）组织中的集权倾向

1. 集权倾向产生的原因

集权倾向主要与组织的历史和领导的个性有关，但有时也可能是为了追求行政上的效率。

（1）组织的历史。如果组织是在自身较小规模的基础上逐渐发展起来的，发展过程中亦无其他组织的加入，那么集权倾向可能更为明显。因为组织规模较小时，大部分决策都是由最高主管（层）直接制定和组织实施的。决策权的使用可能成为习惯，一旦失去这些权力，主管便可能产生失去了对“自己的组织”的控制的感觉。因此，即使事业不断发展，规模不断扩大，最高主管或最高管理层仍然愿意保留不应集中的大部分权力。

（2）领导的个性。权力是赋予具有一定职位的管理人员的，是地位的象征。权力的运用可以证实、保证并提高其使用者在组织中的地位。组织中个性较强和自信的领导者往往喜欢所辖部门完全按照自己的意志来运行，而集中控制权力则是保证个人意志绝对被服从的先决条件。当然，集中地使用权力，统一地使用和协调本部门的各种力量，创造比较明显的工作成绩，也是提高自己在组织中的地位、增加升迁机会的重要途径。

（3）政策的统一与行政的效率。从积极方面来看，集权化倾向的普遍存在有时也是为了获得它的贡献。集权至少可以带来两个方面的好处：一是可以保证组织总体政策的统一性；二是可以保证决策执行的速率。集中的权力制定出组织各单位必须执行的政策，可以使整个组织统一认识，统一行动，统一处理对内对外的各种问题，从而防止政出多门，互相矛盾。同时，集权体制下，决策的制定可能是一个缓慢的过程，但任何决策一经做出，便可借助高度集中的行政指挥体系，使多个层次“闻风而动”，迅速组织实施。

2. 过分集权的弊端

当一个组织的规模还比较小的时候，高度集权可能是必需的，而且可以充分显示其优越性。但随着组织规模的发展，如果将许多决策权过度地集中在管理高层，则可能出现弊端。

（1）降低决策的质量。大规模组织的主管往往远离基层，基层发生的问题经过层层请示汇报后再做决策，不仅影响决策的正确性，而且影响决策的及时性。高层主管了解的信息可能在传递过程中被扭曲，而根据被扭曲的信息制定的决策是很难保证其质量的。即使制定的决策正确，但由于信息经多环节的传递耽误一定的时间，可能导致决策迟缓，等到正确的方案制定出来时，问题可能已对组织造成了重大的危害，或者形势已经发生了变化，问题的性质已经转变，需要新的解决方法。

（2）降低组织的适应能力。作为社会细胞的组织，其整体和各个部分与社会环境有着多方联系。随着组织的发展,这种联系变得更频繁、更复杂。而与组织有联系的外界环境是在不断发展和变化的。处在动态环境中的组织必须根据环境中各种因素的变化不断进行调整。这种调整既可能是全局性的,也可能是是局部性的。过度集权的组织可能使各个部门失去自适应和自调整的能力,从而削弱组织整体的应变能力。

(3) 降低组织成员的工作热情。权力的高度集中使得组织中的大部分决策均由最高主管或高层管理人员制定,基层管理人员和操作人员的主要任务、甚至唯一任务在于被动地、机械地执行命令。长此以往,他们的积极性、主动性、创造性会被逐渐磨灭,工作热情消失,劳动效率下降,从而使组织的发展失去基础。

上述主要弊端中任何一项都会对组织造成致命性的危害。同时,由于集权是一种方便的行为、普遍化的现象,我们应着重研究其对应面,即非集权化或权力的分散。

(三) 组织中的分权倾向

1. 分权的程度

要研究和指导组织的分权,首先要确定判别组织是否实行了分权以及分权程度的标志。

(1) 决策的频度。组织中较低管理层次制定决策的频度或数目越大,则分权程度越高。

(2) 决策的幅度。组织中较低层次决策的范围越广,涉及的职能越多,则分权程度越高。比如按地区划分的管理单位,如果只有对生产问题做出决策的权力,则组织的分权程度较低;相反,如果对市场营销,甚至财务问题也有一定的决策权,则企业是一个分权化组织的可能性就比较大。

(3) 决策的重要性。决策的重要性可以从两个方面来衡量:一是决策的影响程度,二是决策涉及的费用。如果组织中较低层次的决策只影响该部门的日常管理,而不影响部门今后的发展,决策对整个组织的影响程度较小,则组织的分权程度较低;反之则高。类似地,低层次管理部门能够制定需要 10 万元费用的决策的组织,其分权程度就要比另一个只能做出需要 5 万元费用的决策的组织要高。

(4) 对决策的控制程度。如果高层次对较低层次的决策没有任何控制,则分权程度极高;如果低层次在决策后要向高一级管理部门报告备案,则分权程度次之;如果低层次在决策前要征询上级部门的意见,向其"咨询",则分权程度更低。

2. 分权的途径

权力的分散可以通过两个途径来实现:组织设计中的权力分配(制度分权)与主管人员在工作中的授权。

制度分权与授权的结果虽然相同,都是使较低层次的管理人员行使较多的决策权,即权力的分散化,许多教科书也因此对它们不进行区分,甚至把授权视为分权的主要手段,然而实际上,二者是有重要区别的。

制度分权，是在组织设计时考虑到组织规模和组织活动的特征，在工作分析、职务和部门设计的基础上，根据各管理岗位工作任务的要求规定必要的职责和权限。而授权，是担任一定管理职务的领导者在实际工作中，为充分利用专门人才的知识和技能，或出现新增业务的情况下，将部分解决问题、处理新增业务的权力委任给某个或某些下属。制度分权与授权的含义不同，决定了它们具有下述区别。

(1) 制度分权是在详细分析、认真论证的基础上进行的，具有一定的必然性；而工作中的授权则往往与管理者个人的能力和精力、下属的特长、业务发展情况相联系，因此具有很大的随机性。

(2) 制度分权是将权力分配给某个职位，因此，权力的性质、应用范围和程度需要根据整个组织结构的要求确定；而授权是将权力委任给某个下属，因此，委任何种权力、委任后应作何种控制，不仅要考虑工作的要求，而且要考虑下属的工作能力。

(3) 分配给某一个管理职位的权力如果调整的话，不仅影响该职位或部门，而且会影响与组织其他部门的关系。因此，制度分权是相对稳定的，除非整个组织结构重新调整，否则制度分权不会收回。相反，由于授权是某个主管将自己担任的职务所拥有的权限因某项具体工作的需要而委任给某个下属，这种委任可以是长期的，也可以是临时的。长期的授权虽然可能制度化，在组织结构调整时成为制度分权，但授权并不意味着放弃权力。

(4) 制度分权主要是一条组织工作的原则，以及在此原则指导下的组织设计中的纵向分工；而授权则主要是领导者在管理工作中的一种领导艺术，一种调动下属积极性、充分发挥下属作用的方法。

另外，有必要指出，作为分权的两种途径，制度分权与授权是互相补充的。组织设计中难以详细规定每项职权的运用，难以预料每个管理岗位上工作人员的能力，同时也难以预测每个管理部门可能出现的新问题，因此，需要各层次领导者在工作中的授权来补充。

(四) 影响集权和分权程度的因素

组织层级设计中影响集权和分权程度的因素有以下七种。

1. 组织规模的大小

组织的规模越大，所需要做出的决策数目就越多，需要做出决策的领域也就越多，协调难度就越大。这种情况必然会降低决策的速度，从而导致决策成本的增加。

要克服这些问题，就必须适当地分散权力。可参考的做法很多，例如，随着企业规模的扩大，组织结构由高度集权的直线型改变为分权程度较高的事业部型组织结构，将部门指挥决策权由组织高层分解到各事业部门。

2. 政策的统一性

如果组织内部各个方面的政策是统一的，集权最容易达到管理目标的一致性。然而，一个组织所面临的环境是复杂多变的，为了灵活应对这种局面，组织往往会在不同阶段、不同场合采取不同的政策，这虽然会破坏组织政策的统一性，却有利于激发下属的工作热情和创新精神。

3. 下属的数量和素质

如果员工的数量和基本素质能够保证完成组织任务，组织可以更多地分权；如果组织缺乏受过足够良好训练的管理人员，其基本素质不能符合分权式管理的基本要求，分权将会受到很大的限制。

4. 组织的可控性

组织中各个部门的工作性质大多不同，有些关键的职能部门，如财务、档案等部门往往需要相对地集权；而有些业务部门，如研发、市场营销等部门，或者是区域性部门却需要相对地分权。组织需要考虑的是为了任务目标的实现，如何对分散的各类活动进行有效的控制。

5. 组织高层管理者的个性特征

如果组织中较高层次的高层管理人员个性较强，且自信独裁，对管理决策的方针政策的一致性偏好程度较高，不放心或不相信下属的工作能力，即该组织的高层管理人员具有专制型的领导风格，则倾向于集权。

6. 组织的历史和文化

一个组织形成的方式常常决定着其集权和分权的程度。通过内部成长由小到大发展起来的组织，或者在其创始人的监护下成长起来的组织，往往表现出一种强烈的职权集中的特征；而通过兼并和收购形成的组织，经常表现出分权的趋势。但在有些情况下，企业并购也可能会导致职权集中，因为占支配地位的集权急于接管整个企业，或者希望尽快得到合并经营的规模效益。

7. 组织的外界环境

除了上述内部因素，组织的集权和分权程度也受到组织所处的外界环境的影响。如果在经济高速增长的环境中，市场活跃，机会增多，为了抓住时机，组织可能更倾向于分权；相反，在宏观经济增长放缓的环境中，为了集中力量摆脱困境，组织更倾向于把权力向高层集中。

案例分享

中国企业最成功的分权体系——千亿美的成长秘诀

美的集团的分权体系被业界认为是中国企业最厉害、最成功的分权之一，而美的集团的何享健则被认为是中国最敢授权，最会分权的老板之一。

回溯美的电器的发展历程，1997 年，何享健痛定思痛，一举颠覆“集权”式管理体制，将不少老员工“请下课”，遭到不少指责。当美的营收从 30 亿元做到 500 亿元的时候，何享健又决心再次自我否定，对他缔造的事业部的机制做出调整。因为主体和环节太多，资源太分散就会导致投入重复、个别单位强势以及各自为政等缺点。此后便采用了方洪波提出的“产品事业部＋区域事业部”的组织模式。

美的集团是中国最大的白色家电企业，截至2010年，美的集团整体销售收入已经超过1 000亿元，其旗下有三家上市公司，在空调、电风扇、电饭煲、饮水机、微波炉以及家电上游产品，如空调压缩机、电机等各类相关多元化产品领域均占有行业前三名的位置。

美的集团的经营管理机制包括很多方面，例如公司治理机制、创新机制、激励机制、变革机制等，但其中更为核心、最具影响力的是其分权机制，美的分权机制最大化地激活了企业的前进动力。

无论美的集团的规模如何扩大，其分权体系总的指导思想可以归纳为1998年所提出的“16字方针”，即：“集权有道，分权有序，授权有章，用权有度”，而对“分权规范手册”的内容又可归纳为“一个结合，十个放开，四个强化，七个管住”。

一个结合：与责权利相统一的集权与分权相结合。

十个放开：将机构设置权、基层干部的考核任免权、劳动用工权、专业技术人员聘用权、员工分配权、预算内和标准内的费用开支权、计划内生产性投资项目实施权、生产组织权、采购供应权、销售权10项基础权力下放。

四个强化：强化预算管理、强化考核、强化审计监督、强化服务。

七个管住：管住目标、管住资金、管住资产、管住投资、管住发展战略、管住政策、管住事业部正副总经理和财务负责人。

如今，美的各项业务的日常经营事务和权力基本都交由职业经理人负责，对企业高层管理者最核心的考核指标是：利润、销售规模增长和费用控制。

三、授权

（一）授权的概念

授权是指上级赋予下属一定的权力，使下属在一定的监督之下，有相当的自主权和行动权。授权者对被授权者有指挥权、监督权，被授权者对授权者负有汇报情况及完成任务的责任。

（二）授权的目的

组织的职权是帮助管理者实现组织目标的手段，授权的目的是让被授权者拥有足够的职权以顺利地完成所托付的任务。因此，授权首先要考虑应实现的目标，然后决定为实现这一目标下属需要有多大的处理问题的权限。

授权，意味着上下级之间建立起某种形式的职权关系，上层管理者把职权授给下级，也可以把职责分派给下级，但上层管理者不能把完成目标的责任转嫁给下级。责任是一种应承担的义务，对授权者来说，不能因为授权给下级就完全解除他对下级应负有的责任。因为下级的职权是上级授予的，职责是上级指派的，所以上级应对下级行使相应职权和完成职责的情况进行监督和指导。对被授权者来说，他对上级负有执行完成任务的全面责任。

(三) 授权的必要性

(1) 管理宽度的限制。每个管理者由于时间、精力的限制,能够有效管理的下属人数是有限的,一旦超越了合理限度,就需要对下属进行授权,使他们在各自的职责范围内进行决策。

(2) 经济、效率的制约。为了小事而误了大事是不经济的,同样,事无巨细是无效率的。上层管理者对下级合理授权后,才能从日常事务中解脱出来,专心处理重大问题。

(3) 知识的限制。管理人员无法全面通透掌握一些专门的知识,需要通过专业人士去管理,因此需要对专业人士,即相关的参谋和职能部门或个人进行授权。

(4) 培养管理人才的需要。为了使人才得到锻炼,增加其管理才能和工作责任心,应对其在合理范围内进行授权,使他们在实践中得到锻炼和提高。

(四) 有效授权的原则和要素

1. 有效授权的原则

有效授权必须掌握以下四个原则。

(1) 重要性原则。组织授权必须建立在相互信任的基础上,所授的权限不能只是一些无关紧要的部分,要敢于把一些重要的权力或职权放下去,使下级充分认识到上级的信任和管理工作的重要性,把具体任务落到实处。

(2) 适度原则。组织授权还必须建立在效率基础上。授权过少往往会造成主管工作量过大,授权过多又会造成工作杂乱无序,甚至失控,所以不能无原则地放权。

(3) 权责一致原则。组织在授权的同时,必须向被受权人明确所授任务的目标、责任及权力范围,权责必须一致,否则,被受权人可能会滥用职权并导致形式主义,也可能会对任务无所适从,造成工作失误。

(4) 级差授权原则。组织只能在工作关系紧密的层级上进行级差授权。越级授权可能会造成中间层次在工作上的混乱和被动,伤害他们的负责精神,导致管理机构的失衡,进而破坏管理的秩序。

2. 有效授权的要素

要想使授权具有充分而理想的效果,除了注意上述基本原则外,组织还必须提供相应的要素条件,包括以下四个方面。

(1) 共享的信息。组织中的信息作为一种资源具有共享性,组织如果能够使员工充分地获取必要的信息资料,就会大大提高员工的积极性和工作的主动性。

(2) 知识与技能。组织必须对员工进行及时、有效的培训,以帮助他们获取必需的知识和技能。这种培训能够有效地帮助员工进行自主的决策,提高他们参与组织活动的能力,并为组织的团队合作和组织目标的实现打下扎实的基础。

(3) 权力。组织若要充分发挥团队的作用,就必须真正地放权给团队中的各个专家和基层人员，使每个成员都能根据实际工作过程进行适当的安排，这样，各种类型的权力才能够得到充分的发挥。

(4) 绩效奖励。组织应该制定合理的绩效评估和奖励系统，对组织成员的绩效贡献给予奖励。这种奖励系统应该既包括工资和利润提成，也包括一定的股权比例，如职工持股计划等。

(五) 授权的过程

授权的过程大致可以分为以下三个基本阶段。

第一阶段是授权诊断阶段。在这一阶段，授权者应重点对组织内部的权力分布状况进行全面的诊断，仔细分析导致权力不平衡和分配不合理的因素，进而识别在授权阶段必须变革的基本要素。

第二阶段是授权实施阶段。在这一阶段，授权者首先要对诊断阶段出现的不合理要素进行变革，然后努力创造和提供有效授权所必须具备的要素条件，如共享信息、知识与技能、权力和奖励制度等。组织高层主管需要进一步清晰组织的目标和远景，使组织中的成员充分理解授权的基本要求。

第三阶段是授权反馈阶段。在这一阶段，授权者应将重点放在对授权实践之后的员工绩效考核上，使贡献优异的员工能够得到及时的回报反馈，这样就可以对授权的效果进行巩固，对偏差进行及时的反馈和调整。

案例分享

授权“放手”不“甩手”

集团副总胡某是一个特别忙的人，也是一个懂得授权的人，因而他可以做到忙而不乱。

胡总在担任集团党委书记、副总经理并兼任集团办公室主任期间分管人力资源部、培训中心、事务管理部。他对内需要抓行政管理、党务建设、人力资源管理与开发、后勤事务协调，对外需要处理政府、社区、行业协会等部门和社团的关系。这么多的工作靠一人管理是无法完成的，即便每天 24 小时工作也不够。

胡总处理工作的秘诀就是适度授权，根据部门特点、任务特性、人员的能力和经验等综合情况，授予不同的权力，激发部门负责人的工作主动性，促使各个部门的工作在受控的范围内大胆开展。胡总常给分管的部门负责人说：“根据事先明确的计划，你负责的板块就可以放手去做，有想法也可以去尝试。这个板块我就跟你一个人对接，板块上其他人员由你来协调。但是，放手不是甩手，需要定期与我沟通，重大问题和难点问题需要一起商量。过程尽量简化，关键是要达成预期的目标。”

任务六　掌握基本组织结构类型

组织结构的典型形式

组织结构是指组织内关于职务及权力关系的一套形式化系统，它阐明了各项工作如何分配，谁向谁负责及内部协调的机制，在了解组织设计的影响因素和程序，以及组织内管理幅度和管理层次的关系后，可以得出如下结论：由于每个组织的目标、所处的环境和所拥有的资源不同，组织结构是具有较大差异的，实际中并不存在普遍适用的最佳组织结构。

常见的组织结构类型包括：直线型组织结构、直线职能型组织结构、事业部型组织结构、矩阵型组织结构、集团控股型组织结构和虚拟型组织结构等。本节中将对这些类型的组织结构进行详细的分类介绍。

一、直线型组织结构

直线型组织结构形式是最古老、最简单的组织结构，它是一种高度集权制的组织结构，最初用于军事组织，后来被推广到企业。直线型组织结构的突出特点是组织的一切活动均由组织的各级管理人员直接进行指挥和管理，高层领导不单独设置职能部门和参谋人员，至多只有助手来协助管理人员完成工作，如图 5-10 所示。

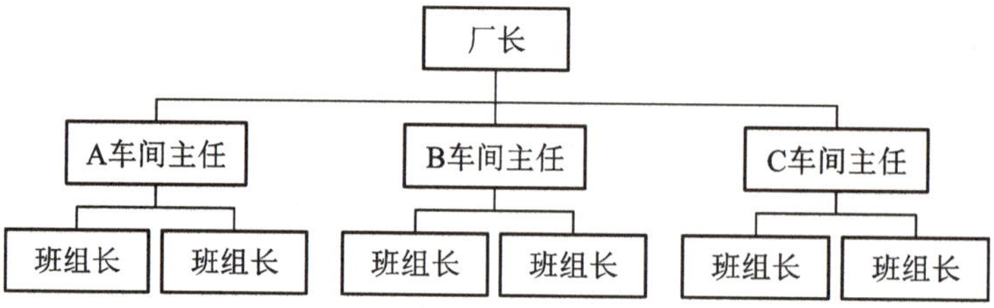

图 5-10　直线型组织结构

（一）直线型组织结构的优点

领导隶属关系简单、明确，机构简单，统一指挥，上下信息传递迅速，沟通方便。

（二）直线型组织结构的缺点

在直线型组织结构之下，组织的最高领导人必须通晓各种专业知识和业务，亲自处理各种具体工作，负担过重，无暇顾及组织长远的重大问题。在组织规模扩大时，直线型组织结构的缺陷更加明显。

（三）适用情况

直线型组织结构适用于军队组织或产品单一、工艺技术比较简单、业务规模较小的企业组织。

二、直线职能型组织结构

直线职能型组织结构，又称 U 形组织结构，是在直线型组织结构的基础上，在各级主管之下设置相应的职能部门，通常包括采购、营销、技术、人力资源、财务等，分别从事专业管理，如图 5-11 所示。目前，直线职能型组织结构仍被我国多数组织所采用。

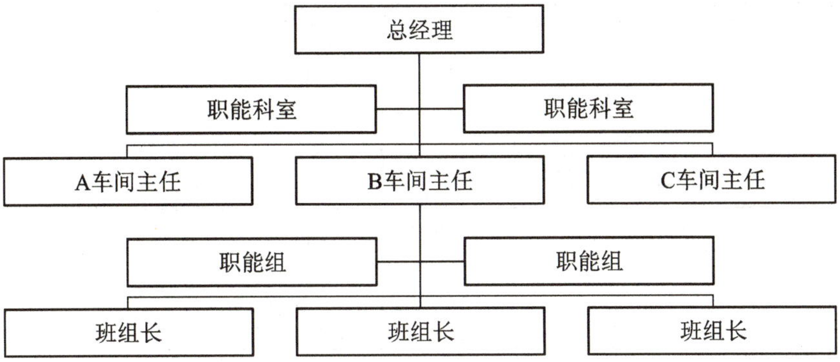

图 5-11　直线职能型组织结构

(一) 直线职能型组织结构的优点

(1) 指挥权集中，决策迅速，上级决策和意图能够得到有效贯彻，保证统一集中的指挥，工作效率较高。

(2) 将同类专家配置在同一职能部门，且各职能部门仅对本部门应完成的工作职责，可以充分发挥各部门的专长。

(3) 容易维持组织激励，确保组织秩序，在外部环境较为稳定的情况下，易于发挥组织的集团效率。

(二) 直线职能型组织结构的缺点

(1) 各部门易产生“隧道视野”，缺乏全局观念。

(2) 分工较细，管理规章制度太多，降低了组织的反应速度，不易迅速适应新情况。

(3) 不利于组织培养熟悉全面情况的管理人才。

(三) 适用情况

直线职能型组织结构适用于环境比较稳定的中小规模组织。

三、事业部型组织结构

事业部型组织结构，又称 M 形组织机构、分部型组织结构，是一种分权制的组织结构。它由美国通用汽车公司前总裁艾尔弗雷德·斯隆(Alfred P. Sloan)首创，所以又称“斯隆模型”“联邦分权制”，是组织管理的一次革命。

事业部型组织结构是在一个组织内部对具有独立产品或服务市场、独立责任和利益的部门实行分权管理的一种组织结构类型，整个组织采取的是“集中决策，分散经营”的模式。企业总部是投资决策中心，为了保持组织高效运行和有效控制，企业总部负责研究和制定组织目标和方针政策、重要岗位的人事任免、投资组合决策、资本供应等，另外，总部还可以提供不同分部共同需要的某些服务，与分部合作进行技术开发和产品改进等。各事业部是利润或责任中心，在组织的总目标、总方针和政策不变的前提下，具有较大的自主权，能够自主经营，并实行独立核算、自负盈亏。典型的事业部制组织结构如图 5-12 所示。

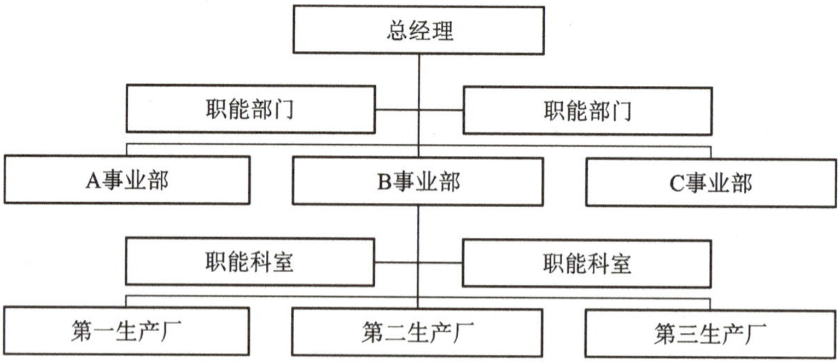

图 5-12　事业部型组织结构

（一）事业部型组织结构的优点

（1）专业化的管理和集中领导有机结合，提高了管理的灵活性和适应性，有利于调动各事业部的积极主动性。

（2）有利于最高领导层摆脱日常事务，集中精力考虑战略性决策问题。

（3）有利于组织专业化生产，提高生产效率，降低生产成本。

（4）有利于培养综合型管理人才。

（二）事业部型组织结构的缺点

（1）集权与分权敏感。各事业部只重视本部的利益，影响事业部之间的协作配合，导致总部对各事业部间的协调任务增加，组织整体利益受损。

（2）总公司与各事业部都设置配套的职能机构，造成机构设置重叠，管理人员过多，管理成本过高。

（3）对事业部经理的素质要求较高，为人员配置带来一定难度。

（三）适用情况

事业部型组织结构在欧洲、美国和日本的大型企业中得到了广泛应用，它适用于环境比较复杂、采用多元化战略或按地区划分经营单位的较大规模的组织。

四、矩阵型组织结构

矩阵型组织结构是对职能部门化和产品部门化的融合，所以，它具有两套管理系统：

纵向的职能领导系统和横向的产品部门系统(项目系统),如图 5-13 所示。

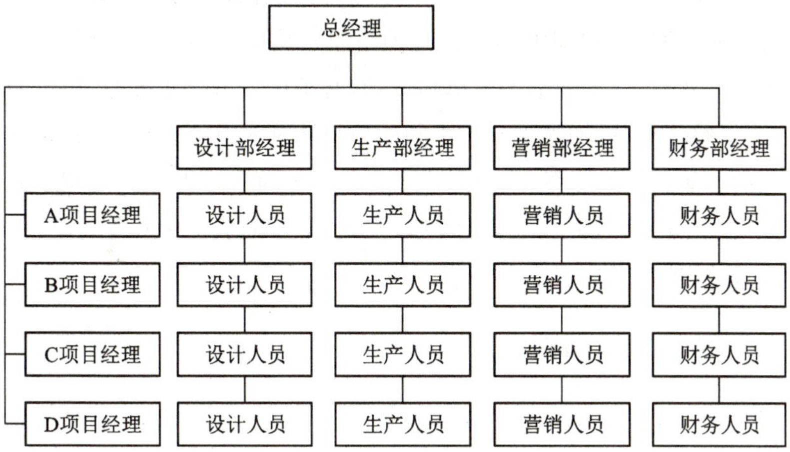

图 5-13 矩阵型组织结构

矩阵型组织结构最明显的特点是打破了古典管理理论中的统一指挥原则,创造了双重指挥链。在这种组织结构之下,每个员工都有两个上司——职能部门经理和产品项目经理。以图 5-13 中的组织结构为例,设计部、生产部、营销部和财务部为职能部门,项目经理为产品部门,组织中的成员,如设计人员就处于 A 项目经理和设计部经理的双重领导之下。

(一) 矩阵型组织结构的优点

(1) 促使一系列复杂而又相互依存的活动得到较好的协调,提高管理效率。

(2) 各种专业人员相互沟通,相互帮助,有利于培养合作精神和全局观念。

(3) 灵活机动,专业设备和人员得到了充分利用,对环境变化的有高度的适应性。

(4) 当项目之间存在稀缺性资源的压力时,可以促进资源的共享和使用。

(二) 矩阵型组织结构的缺点

(1) 双重领导会带来一定程度的混乱,使组织滋生争夺权力的倾向,员工的考核和升级存在困难。

(2) 统一指挥原则消除后,模糊性就大大增强,容易导致冲突,对渴望安全感的员工会产生很大的压力。

(3) 在资源管理方面存在复杂性。

(三) 适用情况

矩阵型组织结构适用于协作性和复杂性较强、工作具有项目性特征的大型组织,国际商用机器(IBM)、福特汽车(Ford)等公司都曾成功地运用过这种组织结构形式。

根据矩阵型组织结构的特点,有些公司开发了更复杂的多维组织结构形式。1967 年,美国道科宁化学工业公司(DOW Corning)建立了三维立体组织结构形式。这种形式由三重指挥系统构成：一是按照项目（产品或服务）划分的部门（事业部），即产品利润中心；二是按照职能，如产品研发、市场营销等划分的专业参谋机构，即智能利润中心；三是按照地区划分的管理机构，即地区利润中心。在这种组织结构形式下，围绕某种产品的研发、生产和销售等重大问题，每一系列都不能单独行动，必须由三方代表通过共同协调才能采取行动，进而突出了整体利益，加强了相互之间的信息沟通和联系，减少了产品事业部之间、地区部门之间的矛盾。这种三维立体结构又被学者称为全球性矩阵式组织结构，适用于跨地区从事大规模生产经营但又需要保持较强灵活反应能力的大型企业，目前ABB、杜邦、雀巢等均采用这种组织结构。

五、集团控股型组织结构

随着企业规模的进一步扩大、资本运作模式的变化以及多元化经营战略的普遍采用，我国出现了越来越多的集团控股型组织结构，也称为集团公司。集团公司是多个公司在业务、流通、生产等方面联系紧密，从而聚集在一起形成的公司（或者企业）联盟。这种基于控股和参股而形成的联盟类似军队中的集团军，集团公司的称呼由此而来。

集团控股型组织结构，又称H形组织结构（Holding Structure）是以企业间资本参与关系为基础而形成的，即一个大公司通过对其他企业持有股权，形成以母公司（集团企业中具有支配地位的核心企业）为核心，以子公司、关联公司、协作企业为紧密层、半紧密层、松散层的企业集团，各个分部具有独立的法人资格，是母公司总部下属的子公司，集团控股型组织结构是公司分权的一种组织形式，如图5-14所示。

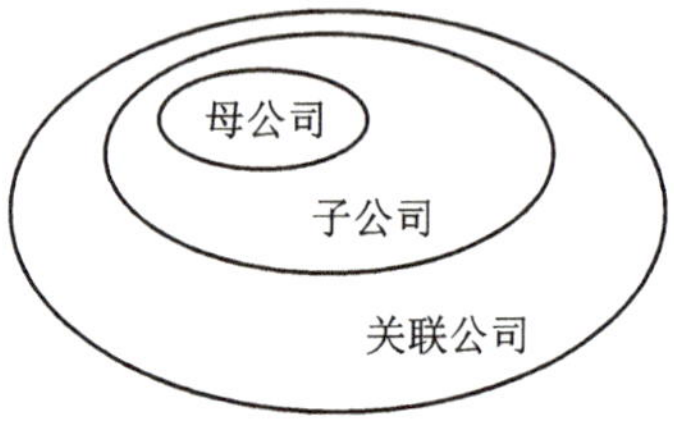

图5-14　集团控股型组织结构

图5-14中的子公司由母公司绝对控股企业和相对控股企业，是集团紧密层。绝对控股企业的持股比例大于50%，相对控股企业的持股比例不足50%，但可对另一企业的经营决策发生实质性的影响。通过长期契约和业务协作关系连接的协作企业为松散层。

母公司与所持股公司的企业单位之间不是上下级之间的行政管理关系，而是出资人对被持股企业的产权管理关系。母公司作为大股东，对持股单位进行产权管理控制的主要手段是凭借持股权向子公司派遣产权代表和董事、监事，通过在股东会、董事会、监事会中发挥积极作用来影响子公司的经营决策。

关联公司是指一般参股的企业。一般参股的企业常常持股比例很低，且对另一企业的活动没有实质性的影响。

（一）集团控股型组织结构的优点

母公司对子公司具有有限的责任，风险得到控制，大大增加了企业之间联合和参与竞争的实力。

（二）集团控股型组织结构的缺点

战略协调、控制、监督困难，资源配置也较难，缺乏各公司的协作，管理变得间接。

（三）适用情况

集团控股型组织，是在非相关领域开展多元化经营的企业所常用的一种组织结构形式，比较适用于大型的跨国公司。

现阶段，我国集团型企业发展得越来越快，通过集团化、多元化、跨地域、跨模式、转投资运作，使集团控股型组织结构突破发展瓶颈再上台阶。但是，这种组织结构也存在不少问题，如简单认为母公司只是出资人，未形成集团管控意识、未建立管控体系，或建立了管控体系但与战略脱节，或管控能力弱，无法发挥应有效用等。所以，如何选择更好的管控模式，提高集团公司的效率成为一个十分引人关注的热点问题。

六、虚拟型组织结构

虚拟型组织结构是指几个企业基于某一特定目标，以契约为纽带结成的一种合作关系。如图 5-15 所示，处于虚拟型组织结构的核心组织是一种只有很小规模的组织，它以合同为基础，依靠其他商业职能组织进行制造、营销、运输或其他关键业务经营活动。虚拟性组织的核心企业通过分析企业在经营竞争中制胜的关键手段和核心环节，重新定位业务边界，专注自己的优势核心业务，而将其他业务通过合同的方式外包给其他企业，核心企业和合作企业联合在一起，如同真实企业一样实现了从产品设计到市场销售的全部过程。

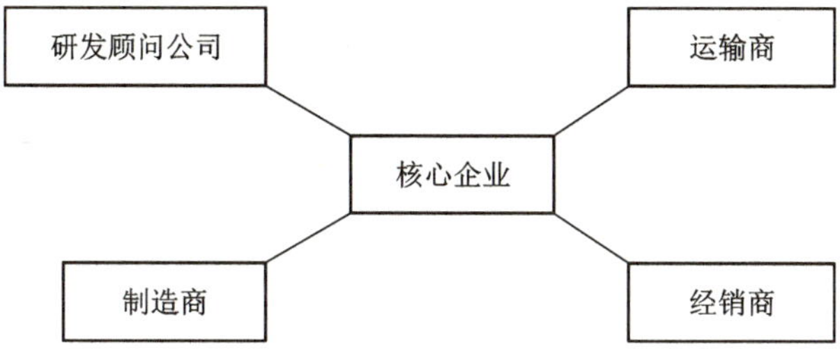

图 5-15　虚拟型组织结构

（一）虚拟型组织结构的优点

给予组织高度的灵活性和适应性，特别适用于科技进步快、消费需求变化快的外部环境，企业可以集中力量从事自己具有竞争优势的专业化活动。

（二）虚拟型组织结构的缺点

将某些基本职能外包，必然会增加控制上的困难。例如，将生产外包，对质量、交货期等较难控制，新产品设计的创新也面临更高的泄密风险。各企业之间的基于利益的矛盾和冲突不可避免，企业间的协调难度增加，需要核心企业具有较强的关系管理和监督控制能力。

(三) 适用情况

虚拟组织适用于需要相当大的灵活性,以及对外部环境变化需要做出快速反应的企业。这种组织结构是很多小型组织的可行选择。例如,很多小型图书出版公司通过与其他企业合作进行图书的编辑、设计和印刷等。

还有一些大型组织利用虚拟组织的思想,发展了虚拟结构的变种,将某些职能外包出去。例如,一家名字为“Telepad”的小型公司由最初生产手写型电脑输入设备,扩展到多媒体输入系统。这家小公司使用著名设计公司的设计,让 IBM 生产。仅仅使用 28 个临时工、4 个长期雇员,在 12 个月内就成功地推出 4 款新产品。

在计算机网络和通信技术飞速发展的今天,一个组织可以通过技术网络与其他组织直接进行相互联系和交流,使得虚拟型组织结构日益成为一种可行的新型组织设计方案。

案例分析

A 公司的组织结构设计

A 公司是一家种植和销售黄橙和桃子两种水果的家庭式农场企业,由老祖父 50 年前开办。该公司拥有一片肥沃的土地和明媚的阳光,特别适合种植这些水果。不过,A 公司现在的规模已经发展得相当大了。目前的接班人都感到有必要为公司建立起一种比较正规的组织结构。接班人请来了他年轻时的朋友,现在已成为一名享有较高知名度的管理咨询专家来帮助他们。这位专家指出,他们可以有两种选择:一是采取直线职能型组织结构形式,二是按产品来设立事业部型组织结构。这两种不同的组织设计分别如图 5-16 和图 5-17 所示。

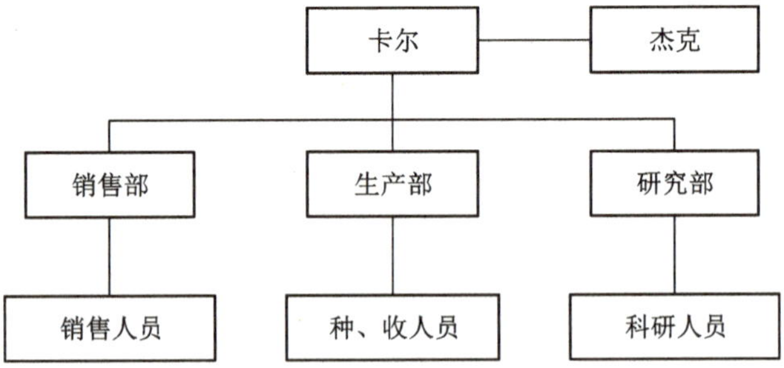

图 5-16 直线职能型组织结构

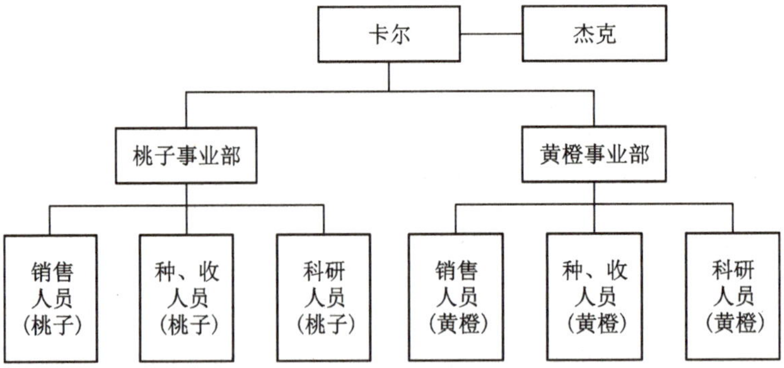

图 5-17 产品事业部型组织结构

问题：

1. 直线职能型组织结构和事业部型组织结构各有什么优缺点和适用的条件？

2. 你认为，A 公司在经营规模扩大到需要建立起正规化的组织结构时，直线职能型组织结构还是产品事业部型组织结构更合适？为什么？

3. 预想不久后 A 公司的规模将进一步地迅速扩大，那么在目前选择的组织结构基础上如何调整其结构设计呢？你认为可以增加什么样的管理层次？

项目小结

1. 组织设计的任务是提供组织结构系统图和编制“职务说明书”。

2. 组织设计的程序由确定组织设计的基本方针、职能分析和岗位设计、部门划分、确定管理层次与管理幅度、配置人员、规定职责与权力、联成一体、反馈和修正等基本步骤构成。

3. 组织的部门化是指组织在横向结构设计中根据分工协作和专业化原则的基础上，把性质类似或有密切关系的活动划分在同一部门内，以提高工作效率。

4. 组织的层级化是指组织在纵向结构设计中需要确定层级数目，以及有效的管理幅度需要根据组织集权化的程度规定纵向各层级之间的权责关系，最终形成一个能够对内外环境要求做出动态反应的有效组织结构形式。

5. 职权是组织内部授予的、指导下属活动及其行为的决定权，这些决定一旦下达，下属必须服从。它是组织赋予职位，由在职人员行使，并不会由于在职人员发生变化而影响职权的效力。

6. 组织内的职权有三种类型：直线职权、参谋职权和职能职权。

7. 集权是指决策指挥权集中在组织层级系统中最高层次或接近最高层次的高层管理人员手中，下级部门和机构只能依据上级的决定、命令和指示办事。

8. 分权是指决策指挥权在组织层级系统中较低管理层次上的分散。组织高层将一部分决策指挥权分配给下级组织机构和部门负责人，使他们充分行使这些权力，支配组织的某些资源，并在其工作职责范围内自主地解决某些问题。

9. 衡量集权与分权程度可以从较低层次管理层次的管理者做出的决策的数量、决策的重要性、决策的影响面、决策审核的多少四个方面来分析。

10. 影响组织集权和分权程度的因素主要有：组织规模的大小、政策的统一性、下属的数量和素质、组织的可控性、组织高层管理者的个性特征、组织的历史和文化、组织的外界环境等。

11. 组织过分集权会带来决策质量和速度下降，降低组织的适应能力和组织成员的工作热情。

12. 授权是指上级赋予下属一定的权力，使下属在一定的监督之下，有相当的自主权和行动权。

13. 有效授权的原则：重要性原则、适度原则、权责一致原则、级差授权原则。

14. 授权的过程可以分为三个阶段：授权诊断阶段、授权实施阶段和授权反馈阶段。

15. 常见的组织结构类型包括直线型组织结构、直线职能型组织结构、事业部型组织结构、矩阵型组织结构、集团控股型组织结构和虚拟型组织结构。

自我检测

一、单项选择题

1. 直线型组织结构一般只适用于(　　)。

A. 大型组织

B. 小型组织

C. 需要职能专业化管理的组织

D. 没有必要按职能实现专业化管理的小型组织

2. 职能型组织结构的最大缺点是(　　)。

A. 横向协调差　　B. 多头领导

C. 不利于培养上层领导　　D. 适用性差

3. 采用“集中政策，分散经营”的组织结构是(　　)。

A. 直线型　　B. 职能型　　C. 事业部型　　D. 矩阵型

4. 组织中主管人员监督管辖其直接下属的人数越是适当，就越是能够保证组织的有效运行，这是组织工作中(　　)的内容。

A. 目标统一　　B. 责权一致

C. 管理宽度　　D. 集权与分权相结合

5. 组织规模一定时，组织层次和管理宽度呈(　　)关系。

A. 正比　　B. 指数　　C. 反比　　D. 相关

6. 层次划分主要是解决组织的(　　)问题。

A. 纵向协调　　B. 横向结构　　C. 纵向结构　　D. 横向协调

7. 管理学中的人员配备，是对(　　)的配备。

A. 全体人员　　B. 主管人员　　C. 非主管人员　　D. 高层管理者

8. 主管人员的用人艺术之一是知人善任，这也反映了人员配备工作的(　　)原理要求。

A. 公开竞争　　B. 责权利一致　　C. 不断培养　　D. 用人之长

9. (　　)可以使各级主管人员全面了解整个组织的不同工作内容，得到各种不同的经验，为其今后在较高层次上任职打下基础。

A. 理论培训　　B. 提升　　C. 职务轮换　　D. 辅导

10. 某公司总经理安排其助手洽谈一个重要的工程项目合同，结果由于助手工作中的考虑欠周全，致使合同最终被另一家公司截走。由于此合同对公司经营关系重大，董事会在讨论其中失误的责任时，存在以下几种说法，你认为哪一种说法最为合理？（　　）。

A. 总经理至少应该承担领导用人不当与督促检查失职的责任

B. 总经理助手既然承接了谈判任务，就应对谈判承担完全的责任

C. 若总经理助手进一步将任务委托给其下属，也可不必承担责任

D. 总经理已将此事委托给助手，故对谈判失败完全没有责任

11. 某公司设一名总经理、一名主管生产的副总经理、一名主管营销的副总经理和一名主管财务的总经理。则该公司的组织结构是按（　　）划分部门。

A. 区域　　B. 职能　　C. 顾客　　D. 流程

12. 阳光广告公司是一家大型广告公司，业务包括广告策划、制作、发行，考虑到一个电视广告设计要经过创意、文案、导演、美工、音乐合成、制作等专业的合作才能完成，下列何种组织结构能最好地支撑阳光公司的业务要求？（　　）。

A. 直线型　　B. 职能型　　C. 矩阵型　　D. 事业部型

13. 某公司随着经营范围扩大，总经理直辖的营销人员从 4 人增加到近 60 人。最近公司发现营销队伍似乎有点松散，对公司的一些做法也有异议，又找不到确切的原因。从管理角度看，你认为出现这种情况最重要的原因最大可能在于（　　）。

A. 营销人员太多，产生了鱼龙混杂的情况

B. 总经理投入的管理时间不够，致使营销人员产生了看法

C. 总经理的管理幅度太宽，以致无法对营销队伍进行有效的管理

D. 营销队伍的管理层次太多，总经理无法与营销人员进行有效沟通

14. 保证在组织中“事事有人做”体现了管理的（　　）职能。

A. 计划　　B. 组织　　C. 领导　　D. 控制

15. 在一场胜负攸关的与敌交锋中，某炮兵连长亲自充当狙击炮手，英勇地发挥了他在前些年炮兵生涯中超群的炮击本领。战斗终于胜利了，在庆功会上这位一心等待着褒奖的炮兵连长竟得到了撤职的处分。对这件事最合理的解释是（　　）。

A. 该军领导因不了解炮兵连长的表现而错误地处分了他

B. 炮兵连长因过分地邀功自傲，激怒了该军领导

C. 炮兵连长的英勇战斗行为不符合军事指挥官的职责要求

D. 炮兵连长没有成功地培养出杰出的炮手

16. 统一指挥原则是指（　　）。

A. 每人只能有一个上司　　B. 权责对等

C. 责任不可委任　　D. 反映组织系统的相互关系

二、简答题

1. 如何准确理解组织及组织结构的含义？

2. 直线型组织结构、直线职能型组织结构、事业部型组织结构、矩阵型组织结构的优缺点是什么？分别适用于哪些组织？

3. 采用事业部型组织结构应具备哪些基本条件？

4. 矩阵型组织结构违反统一指挥原则，为什么还被企业广泛采用？

5. 有人说管理幅度越大，组织效率越高，你同意吗？为什么？

6. 杜邦公司的组织结构如下：

在公司高层，设立执行委员会、财务委员会和咨询委员会等，负责向公司总裁提供协调公司资源分配所需的信息、对生产部门的统计资料进行分析并对其生产经营活动进行监督、协调和评估。在公司的中层，按照火药、摄影胶片、合成纤维、油漆、塑料、化工等不同产品的生产系统，重组为多个生产经营部门，负责产品的生产和销售。在这些生产经营部门的内部，建立了各自的会计、采购、生产、销售、运输等职能部门作为公司的下层管理机构。

根据上述描述，绘制杜邦公司的组织结构图，并说出其组织结构类型。

三、案例分析

某公司有高层管理人员 5 人，高层、中层、基层的管理幅度分别为 5 人、6 人和 10 人。现公司通过培训，使他们的素质能力都得到了一定的提高，公司改进管理方式，把管理权限更多地授予中层和基层的管理人员。这样既调动了中层和基层管理人员的积极性，又保证高层管理人员集中精力和时间处理企业的重大事项。该公司通过管理手段的现代化，实现对工作全过程的有效控制，使各级管理者处理日常工作的时间和精力又有所减少。由此，使高层、中层和基层管理人员的管理幅度分别扩大为 7 人、10 人和 15 人，该公司组织结构向扁平式变化。

根据案例提供的资料回答问题。

1. （单选题）现在该公司高层管理人员能有效地管理（　　）名中层管理员。

A. 25　　B. 35　　C. 50　　D. 75

2. （多选题）导致该公司管理人员管理幅度变化的主要因素有（　　）。

A. 工作性质的变化　　B. 工作能力的提高

C. 授权范围的扩大　　D. 协调控制的加强

3. （多选题）扁平型组织结构的优势是（　　）。

A. 有利于高层管理者接近基层

B. 有利于调动下属人员的工作积极性

C. 有利于加强高层管理者对基层的控制

D. 有利于加强横向协调

项目六 领导艺术

学习目标

1. 掌握领导、权力性影响力、非权力性影响力、成熟度、决策的概念。
2. 掌握领导与管理的区别。
3. 掌握领导者影响力的来源及种类。
4. 掌握领导效能的基本内容及领导效能的测评。
5. 能将领导理论运用于实际工作中。
6. 培养学生树立责任、担当意识。

案例引入

李刚的思考

李刚是大地软件公司的业务员。该公司主要经营电脑防盗软件，属于高科技产品，因其独特的市场占位，一直在行业中保持着很好的发展前景。李刚来公司已经3年了，业务额保持稳步增长，在业务员中业绩是比较突出的。这次张总经理的提升决定让李刚觉得有点突然，作为李刚师傅的老吴一直都没有获得公司提升的机会。

老吴在公司工作多年，在同事中有一定的威信，对李刚的关怀也无微不至，无论是工作还是日常生活都给予他很大的帮助。但是近年来老吴的业绩一直不是很理想，用老吴自己的话说：老了，没有年轻人的拼劲了。对张总经理来说，提升李刚也有一些顾虑：尽管李刚是候选人中最优秀的一个，但是他比较内向，且尚不具有管理者的自信，他期待李刚能够在今后的工作中不断提高。提升对李刚来说很突然，他不能确信自己是否能胜任这个工作，所以很犹豫。为此张总经理特意找李刚谈话。

李刚在得到张总经理的肯定及信任后很受鼓舞，也很高兴地接受了这个使命。但是李刚担心的是老吴和其他同事对自己的看法。大家对张总经理一直颇有微词，这次提升使李刚成了老吴的上司，虽然在得知这个消息后老吴并没有说什么，但是老吴对李刚的态度明显冷淡了下来。

李刚经过反复思考，决定循序渐进地在他的下属心目中树立起领导的形象。但他发现，现实比他想象得要难很多。要与原来的同事、朋友建立起新的工作关系并非易事，大家表面上对他尊敬，实际在故意疏远他。于是，他找每个人面谈，试图通过面谈阐述他对部门今后工作目标的想法及计划安排，并建立他在同事中的威信。

同时，他集思广益，希望每个人对部门工作提出意见和建议，由他集中起来，从而决定以后的努力方向。而且，他还希望能够了解每个下属的个人目标，由此可以决定如何帮助、激励他们达到这些目标。由于他的努力加上真诚，大部分员工的谈话都进行得很顺利。但是，老吴对他的谈话表现出了超乎想象的冷漠，他拒绝谈论他自己。尽管李刚表示还会一如既往地尊重他，并且希望得到他的帮助，老吴还是表现得很敌视，这让李刚很苦恼。由于老吴的不合作态度，谈话很快结束了。

李刚决心以正确的步调开始他的职业生涯。因此，他一直在思考：一名有效的领导者应具备什么样的素质？

思考：

1. 影响李刚成为合格领导者的关键因素是什么？
2. 如果你是李刚，你会如何对待老吴？你能得到老吴的支持吗？
3. 对于张总经理来说，提升李刚是不是失误？

任务一　树立领导理念

案例分享

一个人去买鹦鹉，看到一只鹦鹉前标着：会两门语言，售价 200 元。另一只鹦鹉前则标着：会四门语言，售价 400 元。该买哪只呢？两只都毛色光鲜，非常灵活可爱。这人转啊转，拿不定主意。这时，他突然发现一只又老又丑的老鹦鹉，标价是 800 元。这人赶紧将老板叫来，老板说因为另外两只鹦鹉叫它老板。

案例中，老鹦鹉的身价之所以远远高出两只毛色光鲜、多才多艺的鹦鹉身价，就因为它是领导者。

所以，真正的领导人，不一定自己专业能力有多强，只要懂得信任、放权、珍惜人才，就能团结比自己更强大的力量，成为有效的领导者，从而提升自己的身价。

领导和管理

组织中领导水平的高低往往决定一个组织的生死存亡。一个组织的领导者，犹如一支交响乐队的指挥，好的指挥能调动乐队中每一个成员的激情，并使整个乐队协调配合，演奏出和谐自然、优美动听的乐曲。即使每个演奏者都很出色，若没有优秀的指挥，也不可能有出色的乐队。

企业中的领导工作有它独特的理论内涵、结构模式、职责功能及活动规律。下面就从领导的内涵开始学习，进而把握领导的相关理论。

一、领导的内涵

要想真正理解领导的内涵，就必须明确界定领导和领导者，领导和管理，领导者和管理者、管理人员这几组名词的含义。

（一）领导和领导者

领导一词有两种含义，一是作为名词指人，领导人、领导者；二是作为动词，指一种活动过程，一项管理活动、管理工作。正如奥德韦·蒂德（Ordway Tead）在《领导艺术》一书中的诠释，领导是"影响人们携手共进去追求某种他们所向往的目标的活动"。领导职能中领导的含义是指第二种，即领导是引导和影响个人或团体在一定条件下为实现组织目标而做出努力和贡献的活动过程，是企业管理计划、组织、领导、控制职能中的重要一环。

这就明确了领导和领导者的含义：领导者是指实施领导行为的人，是领导活动的主体，在领导工作中居于主导、支配地位。领导活动成效如何取决于领导者素质，以及领导者的影响力和领导力。而领导是一种动态行为过程，是管理的一种职能。领导活动包括三个要素：领导者、被领导者和领导环境。领导者只是领导活动的要素之一，有效领导行为应当随着领导者、被领导者特性及客观环境的变化而变化。

（二）领导和管理

管理包括领导，领导只是管理工作中的一项职能。管理的对象包括人、财、物、时间等多种资源及企业的一切生产经营活动过程；而领导的对象只是人，领导的实质就是一种人际影响力，其主要功能就是指挥、引导、沟通、激励、影响和带动人们作出杰出贡献。领导职能比管理中的计划、组织、控制职能更注重人的因素及人与人之间的相互作用。管理目的是充分利用各种资源提升企业竞争力，提高企业经济效益；领导的目的是充分调动起人们实现管理目标的热情、主观能动性和积极性。可见，领导是开展有效管理工作必不可少的一项职能，也是最充分体现管理工作艺术性的一项职能。

（三）领导者和管理者、管理人员

领导者、管理者、管理人员三个概念有着不同的含义。管理人员是指从事管理有关的业务工作的人员，如计划部门、人力资源管理部门、总经理办公室和工会等部门的大部分人员，其工作内容以业务活动为主，并不直接管理人。而管理人员的主管及企业其他各部门的主管则为管理者，他们要肩负对下属人员的管理职责，履行计划、组织、领导、控制职能以确保实现组织目标。从这个角度讲，所有的管理者都是领导者，都负有领导的职责，即对下属的引导、影响和推动，管理者除领导职责还负有计划、组织、控制的职责。

一个好的管理者除了卓越的领导力，还要有较强的计划、组织、控制方面的能力。

彼得·得鲁克有一句话：管理的成功就是管理人的成功。因此，一个好的领导者不一定会是一个好的管理者，而一个好的管理者则一定是个有成效的领导者。从企业管理工作的总体效果来看，应选择那些具有良好人际影响力的领导者做直线管理工作，不具备领导才能的人应调离管理者的位置。

二、领导的工作内容

企业管理中的领导职能是一种执行性职能。领导者运用其拥有的权力，通过沟通、激励对员工施加影响，以充分发挥员工潜力，引导、推动员工积极努力地工作，执行、完成计划职能所规定的任务要求，实现组织目标。领导的工作内容主要有以下三个部分。

（一）权力或影响力的运用

领导者影响下属能够富有热情地努力工作，凭借的是多方面的权力。权力是领导者对下属施加影响的基础。

（二）沟通和冲突处理

沟通是领导者和被领导者在交往过程中不可或缺的活动。通过沟通，领导者不仅可以使下属准确理解和贯彻执行其所发出的命令和指示，而且还能更好地察觉下属需要什么，以及他们为什么会如此行事。虽然管理工作的各个方面都离不开信息，但在领导职能中，沟通的作用尤其重要。企业中的人际冲突主要是由于彼此缺乏了解和换位思考，同时又缺乏有效沟通产生的。领导者了解企业各种冲突产生的原因，并且善于运用相应的冲突处理策略及利用各种沟通技巧来化解冲突是有效领导的要求。

（三）激励

激励与领导是密切相关的。领导者要取得被领导者的追随与服从，首先必须了解被领导者的需求并帮助他们实现各自的需求。可以说，管理者越是懂得什么东西能激励员工，以及懂得这些激励如何发挥作用，并把它们在各项管理工作中反映出来，那么他们就越有可能成为有效的领导者。

三、领导的作用

在带领、引导和鼓舞下属为实现组织目标而努力的过程中，领导者要具体发挥指挥、协调和激励三个方面的作用。

（一）指挥作用

在人们的集体活动中，需要有领导者帮助人们认清所处的环境和形势，指明活动的目标和达到目标的途径。领导者只有站在群众的前面，用自己的行动带领人们为实现企业目标而努力，才能真正起到指挥作用。比如，“群羊走路看头羊”“兵熊熊一个，将熊熊一窝”“火车跑得快，还要车头带”。

（二）协调作用

在集体活动中，因每个人的才能、性格、作风、地位等不同，加上外部各种因素的干扰，人们在思想上发生分歧、行动上出现偏离目标的情况是不可能避免的，因此就需要领导者来协调人们之间的关系和活动，把大家团结起来，朝着共同的目标前进。

案例分享

年轻的张秘书刚到公司A部门不久，有一次到公司的B部门去协调工作，但遭到了B部门的拒绝，张秘书没有很好地完成这件事，他非常生气。吃午饭的时候，他就在饭桌上向自己部门的同事抱怨说B部门不肯帮他们完成任务，打算到经理那里告状。这时同桌吃饭的老秘书秦秘书听见了，笑眯眯地说："年轻人，不要生气。我建议你这么向经理说，就说，我们的工作近来进度比较紧，想请B部门的技术人员帮忙，B部门也很想帮忙，而且公司也有相关的规定，但是，他们部门也有自己的难处，不知道经理能不能想想办法。"张秘书一听，连连点头。事情后来果然办得很成功。

分析：从这个案例中可以看到，张秘书的问题是只考虑到自己部门的问题，没有考虑到别的部门可能也有自己工作的难题。设想一下，如果按照张秘书最初的想法去向经理告状，那么结果将是经理可能会怪罪B部门，B部门会很生气，表面上接受经理的批评，但实际上对A部门的工作推三阻四不配合，这样两个部门之间的矛盾就激化了。如果此时换一种表达方式，工作效果就截然不同了。所以在工作的时候一定要学会换位思考，这样可以协调好不同部门间的关系，进而保证任务完成。

（三）激励作用

在现代企业中，尽管大多数人都有积极工作的愿望和热情，但是也未必能长久保持下去，这是因为劳动是谋生的手段，人们需求的满足还受到种种限制。如果一个人的学习、工作和生活遇到了困难、挫折或不幸，某种物质或精神的需要得不到满足，就必然会影响工作的热情。在复杂的社会生活中，企业中的每一个人都有各自不同的经历和遭遇，怎样才能使每一个职工都保持旺盛的工作热情、最大限度地调动他们的工作积极性呢？这就需要领导者来激发他们的斗志及积极进取的动力。

四、领导的权力

领导权力的来源

中国有句古语"水能载舟，也能覆舟"，对组织的领导者来说，就是在任何情况下都能代表员工的利益，能使下属自觉自愿地追随，否则就可能动摇领导者的权威地位。因此，领导的本质就是影响力，这种影响力来自领导者所掌握的权力。

所谓权力，是指一个人(A)借以影响另一个人(B)的能力。这个定义中假设B对自己的行为有一定的自主权，但出于对A在某方面资源的依赖，使得A能借此影响B去做他并不见得一定去做的事。可见，依赖关系是一个人可以对另一个人行使权力的基础。B对A

的依赖性越强，则A所拥有的权力就越大。所以，如果说“影响”是权力的表现和权力使用的结果，那么从权力的来源来看，权力就是对资源拥有者的一种依赖性。依赖和权力关系的建立，是与A相对于B所拥有的重要而且稀缺资源的不可替代性相关联的。

首先，如果B对A掌握的资源不感兴趣，那就谈不上依赖和权力关系。其次，这种被看重的资源是否相对稀缺，也是形成权力关系的另一个条件。假如某种资源非常充足，则拥有这种资源实际上并不会增加权力。比如，大家都很有钱，那对富豪来说，金钱就不是一种能影响他行为的权力基础。因此，稀缺的资源才能使他人依赖于你。权力关系形成的再一个条件，就是资源的不可替代性。一种资源越没有替代物，则该资源的控制者所拥有的权力就越大。如果一个员工除了目前的工作外在别的地方还有许多满意的就业机会，这种情况下他就不用担心被解雇，他的主管人员就会发现，此时以解雇作为威胁手段试图影响这个员工是不可能的。由此说明，资源的重要性、稀缺性和不可替代性，三者共同决定了权力与依赖关系的强度。

美国管理学家约翰·弗伦奇(John French)和柏崔姆·瑞文(Bertram Raven)认为，根据权力来源的基础和使用方式的不同，可以把权力划分为两个方面、五种类型：一是源于组织赋予的权力，称为职位权力(position power)或正式权力，主要包括法定权、奖赏权和惩罚权；二是源于领导者的个人权力(personal power)或称非正式权力，主要包括感召权和专长权。

(一) 法定权

法定权是组织内各管理职位所固有的法定的、正式的权力。这种权力来自领导者在组织中担任的职务和下级传统的习惯观念，即下级认为领导者拥有的职务权力是合理、合法的，得到社会公认的，他必须接受领导者的影响力。例如，在政府和企业等基层组织中，上级在自己的职责范围内有权给下级下达任务和命令，下级必须服从；足球比赛中场上的裁判有权判定是否犯规、是否得分，并有权通过出示黄牌或红牌的方式对球员提出警告或处罚，球员必须服从；教师有权布置作业，组织测验和评定成绩，学生必须服从等。

拥有法定权并不意味着可以滥用权力，被领导者也拥有宪法、劳动法、合同法、工会等法律和规章制度赋予他们法定的权力，他们也可以凭借这种权力有效地影响和抵制领导者不当的领导行为。

分析思考

试分析现实生活中的“人走茶凉”现象。

(二) 奖赏权

奖赏权指决定提供报酬、奖赏的权利。例如，上级可以根据情况给下级增加工资、提升职务、表扬等。被领导者意识到服从领导者的意愿会给他们带来积极的奖励，由此会产生服从行为。所以，奖赏权源于被领导者期望得到奖励的需要，这种心理期望越强烈，被领导者受领导影响的程度就越高。

奖赏权是否有效,关键在于领导者要确切了解被领导者的真实需要。人们的需要是多方面的,不一定都是金钱或职位提升,所以必须采用适当的方式、有针对性地雪中送炭才能取得良好的效果。

被领导者也拥有某种奖赏权。例如,对领导者的忠诚、服从,更加积极地忘我工作,为了组织利益不计个人安危,甚至对领导者的热情招呼、演讲后的热烈鼓掌等,都可以看作是被领导者对领导者的奖赏。这种奖赏权也能有效地影响领导行为。

(三) 惩罚权

惩罚权又称强制权,是指通过强制性的处罚或剥夺而影响他人的能力。例如,批评、罚款、降职、降薪、撤职、除名、辞退、开除等,这实际上是利用被领导者对惩罚和失去既得利益的恐慌心理而影响和改变他的态度和行为。

应当注意,惩罚权虽然十分必要,见效也很快,但毕竟是一种消极性的权力,因此务必慎用,如果使用不当可能产生严重的消极后果。例如,被领导者在合法范围内拥有消极怠工、抗议、罢工等权力,员工可以利用这种合法权利来对领导者的不当行为进行反抗。

(四) 感召权

感召权是由于领导者拥有吸引别人的个性、品德等而吸引被领导者的认同、赞赏、钦佩而自愿地追随和服从。例如,无私奉献、主持正义、清正廉洁,开拓创新、关心群众疾苦、保护下属利益、倾听不同意见等模范行为,都会引来大批追随者,形成巨大的模范效应。

感召性权力的大小与职位高低无关,只取决于个人的行为。不过,具有高职位的人,其模范行为会有一种放大的乘数效应。一些行为对普通人来说可能是很平常的事,但对某些高层领导者就会变成非常感人的模范行为。在组织中,有许多没有任何职位的人往往也会有巨大的感召性权力,成为非正式的群众领袖,他们的影响力可能远远大于拥有正式职位的领导者。

案例分享

周恩来总理的人格魅力

1976 年 1 月 8 日,中国人民的好总理与世长辞,中国下半旗以示哀悼,联合国更是力排众议,在周总理逝世的第二天降半旗志哀,并且一降就是一周。这是一个先例,加上一些国家领导人的逝世联合国也没有降半旗,所以遭到了很多成员国家的抗议和反对。这个时候,联合国秘书长站出来说了一番话,让这些国家的代表瞬间鸦雀无声。

这位秘书长对这些代表说:如果你们国家的领导人可以像周总理一样清廉,作为一个国家的总理去世后没有存款,一心为国家和人民服务,一生没有自己的孩子。那么他逝世后,联合国也会为其降半旗。此话一出,再也没有人对于这次降半旗发表意见。可见,周恩来总理的人格魅力在世界上都具有很大的影响力。

(五) 专长权

专长权是来自专长、特殊技能或知识的权力，是在某一领域拥有专长而影响他人的能力。例如，一名医术精湛的医生在医院具有巨大的影响力；一名著名学者可能没有任何行政职位，但在教师和学生中有着极高的权威性和影响力；等等。

正所谓“闻道有先后，术业有专攻”。任何领导者都不可能在所有领域内都具有专长权，所以对组织中正式职位的领导者而言，只要在他工作职责范围内具有一定的专长权，而不必要求其一定是某一领域的专家。例如，大学校长需要具有正确的办学理念，能充分尊重和依靠各领域的专家教授，筹集到足够的办学经费等能力，而不一定非要“院士”不可。实践证明，许多院士在本领域有专长权、有无可争辩的权威地位，但面对全校错综复杂的局面往往一筹莫展。这样既耽误了组织的发展，又浪费了专家的精力，给组织和个人都带来无可挽回的损失。

任务二　再现领导理论

在任何竞争的市场环境中，单纯地依靠技术、资金或政治优势都无法决定企业的成功。企业成功的关键是领导者如何通过有效的领导方式最大限度地提升下属的绩效、团队绩效，从而真正地实现领导者与下属的共赢。

一方面如果组织的领导者在工作中采用命令式的领导风格和方法，下属就没有太多自由发挥的空间，不会有更多的创新和补充，那么企业成功可能是因为领导者的能力，失败也可能是由于领导者的失误导致的。

另一方面，如果领导者意识到不是所有的目标和任务都是自己最擅长的，或者能凭一己之力才能完成的，对于某些具体的任务和目标，下属可能更为擅长，或者有时也需要下属参与决策，分担职权。这种情形下，领导者应该适时地交换领航权，授权给下属，建立一种分仅的领导体制。当然分权或者授权具体能否成功，还需要看企业的基础。

领导方式的选择是与企业所处的阶段息息相关的，作为企业的领导者应当熟练掌握领导理论，科学地选择领导方式。

现代领导理论认为，对管理效率起决定作用的并不是领导者的职权大小、职位高低，而是领导者的领导方式、领导风格、领导作风。在管理发展史上，众多管理学家和心理学家对领导问题进行了广泛的研究，提出了许多管理方式与管理理论，以期解决怎样才能有效领导的问题。这些理论大致可分为三类：第一类是领导特质理论，集中研究有效领导者应具有的个人特质，目的是要找出领导者与管理者的区别；第二类是领导行为理论，集中研究领导者的工作作风和领导行为对领导有效性的影响，并将不同的领导行为进行分类；第三类是权变理论，研究各种影响领导行为成效的因素，并尝试找出各种因素与各种领导行为的最佳搭配。

一、领导特质理论

领导特质理论是最早对领导活动及其行为进行系统研究的尝试。领导特质理论侧重研究领导人的心理、性格、知识和能力等方面的特征，试图探求一种有效领导者的标准，即从优秀的领导者身上寻找共同的特征，了解他们区别于无效领导者的关键因素。

1949年以前，早期的领导特质理论研究集中于找出领导者实际具有的特质，以期预测具备哪些人格特质的人最适合担任领导者。他们认为领导者的特性或品质是天生的，天赋是一个人能否充当领导者的根本因素。现代领导特质理论认为，领导者的个性特征和品质是在后天实践中形成的，并且可以通过培养和训练加以造就，因此领导是一个动态的过程。包莫乐和吉赛利等人的观点在这一方面具有一定的代表性。

（一）斯托格迪尔的领导个人因素论

心理学家拉尔夫·斯托格迪尔（Ralph Stogdill）是"伟人论"的主要代表人物之一，他在进行大量的研究之后，把领导特质归纳为以下六大类。

（1）五种身体特征，如精力、外貌、身高、年龄、体重。

（2）两种社会性特征，如社会经济地位、学历。

（3）四种智能特征，如果断性、说话流利、知识渊博、判断分析能力强。

（4）十五种个性特性，如良心、可靠、勇敢、责任心强、有胆略、力求革新与进步、直率、自律、有理想、良好的人际关系、风度优雅、身体健康、智力超群、有组织能力、有判断力。

（5）六种与工作有关的特征，如责任感、事业心、毅力、创性、坚持、对人的关心。

（6）九种社交特征，如能力、合作、声誉、人际关系、老练程度、正直、诚实、权力的需要、与人共事的技巧。

（二）吉普的天才领导者特点论

心理学家吉普（J. R. Gibb）提出，天才的领导者应具备七个个性特点：外表英俊潇洒有魅力，谈吐清晰，智力超群，心理健康，善于控制和支配他人，性格外向，灵活敏感。

（三）包莫乐的领导品质论

美国普林斯顿大学的威廉·包莫乐（W. J. Baumol）通过对领导者应具备的条件研究，提出领导者应具备以下十个方面的条件。

（1）合作精神，即愿意与他人一起工作，对人不是压服，而是感动和说服。

（2）决策能力，即依赖事实而非想象地进行决策，具有高瞻远瞩的能力。

（3）组织能力，即能发掘部属的才能，善于组织人力、物力和财力。

（4）精于授权，即能大权独揽，小权分散。

（5）善于应变，即机动灵活，善于进取，而不抱残守缺、墨守成规。

（6）敢于求新，即对新事物、新环境和新观念有敏锐的感知能力。

（7）勇于负责，即对上级、下级的产品用户及整个社会抱有高度的责任心。

(8) 敢担风险,即敢于承担企业发展不景气的风险,有创造新局面的雄心和信心。

(9) 尊重他人,即重视和采纳别人的意见,不盛气凌人。

(10) 品德高尚,即品德上为社会人士和企业员工所敬仰。

(四) 吉赛利的领导品质论

美国管理学家吉赛利(E. Echiselli))在其《管理才能探索》一书中研究了八种个性特征和五种激励特征。

八种个性特征是:督查能力、才智、自信、决断能力、下属关系亲近、首创精神、成熟程度、性别。五种激励特征是:事业心成就欲、自我实现欲、对安全保障的需要少、不要高额金钱报酬、权力需求高。

在这十三种特征中,吉赛利认为,对领导者而言,督查能力、才智、自信、决断能力、事业心成就欲、自我实现欲非常重要,性别最不重要。

(五) 德鲁克的领导特质论

美国著名管理学家德鲁克(PeterF. Drucker)在《有效的管理者》一书中指出:“一般而言,管理者都具有很好的智力、想象力和知识水准。但是一个领导的有效性与他的智力、想象力间几乎没有太大的关联。有才能的人往往最为无效,这是因为他们没有领略到才能本身并不是成就,他们不知道,一个人的才能唯有通过有条理、系统的工作,才能有效。”他同样提出:“有效性是一种后天的习惯,是一种实务的总和。而既然是一种习惯,便是可以学会的,而且必须靠学习才能获得。”他认为一个有效的领导者必须具备以下五个主要习惯。

(1) 善于处理和利用时间。要做到这一点,首先要能认清自己的时间应该用在什么地方。

(2) 注意贡献,确定自己的努力方向。一个有效的领导者并不是为了工作而工作,他们将自己的努力方向放在事业成功上,是为了成功而工作的。

(3) 善于发现和用人之所长。他们能认识并运用好自己的长处,还能发现上级和下级的长处。

(4) 能分清工作的主次,集中精力于少数主要的领域。如果一个领导者能够在他投入主要精力的领域中获得有效的绩效,那么他就能收获卓越的成果,这是体现领导者有效性的一个方面。

(5) 能做出有效的决策。一个优秀的领导者知道如何为企业、为组织做出有效的判断。

领导特质理论为探索领导的有效性,对领导者先天和后天培养的特性进行了充分的研究。但是,由于特质理论仅着重于领导者的内在特质,且其解释具有明显的缺陷,故对领导现象进行科学化研究的任务是由领导行为理论完成的。

领导特质理论的缺陷主要表现在以下三点:第一,研究者对有效领导者具备的特质及各种特质有相对重要性的认识，在理论上的论述很不一致，甚至相互冲突；第二，忽视了被领导者对领导有效性的影响；第三，忽视了情境因素对领导有效性的影响。

二、领导行为理论

由于领导特质理论没有显著令人信服的研究成果，人们发现领导才能与追随领导者的意愿都是以领导方式为基础的，所以许多学者和企业界人士开始由研究领导者的内在特征转移到研究领导者外在行为上，这就产生了领导行为理论。

领导行为理论认为，依据个人行为方式可以对领导进行分类。人们认为，如果领导者的行为有一个合理的分类可以区分有效的领导行为与无效的领导行为，就可以通过行为训练使人们成为领导者。然而，至今还没有一种公认的“最好的分类”，管理学者们提出的各种分类方法之间存在着明显差异。

综合分析发现，这些行为理论大致可以分为两大类：一类是基于职权运用角度进行研究的领导行为理论。这类研究主要有科特·勒温(Kurt Lewin)及其同事的研究，罗伯特·坦南鲍姆(Robert Tannenbaum)和沃伦·施密特(Warren H. Schmidt)的研究，伦西斯·利克特(Rensis Likert)的研究等。另一类是基于行为与态度取向角度的研究。这类研究主要有领导行为四分图理论，罗伯特·布莱克(Robert R. Blake)和简·莫顿(Jane S. Mouton)的管理方格理论等。

下面着重介绍五种比较有代表性的领导行为理论。

(一) 勒温的三种领导方式理论

心理学家勒温是较早进行领导方式研究的学者。他以权力定位为基本变量，通过大量试验研究领导者如何利用职权对下属群体行为进行影响。他把领导者在领导过程中表现出来的领导方式分为三种基本类型：专制领导方式、民主领导方式和放任自流领导方式。

1. 专制领导方式

专制领导方式将权力定位于领导者个人。领导者靠权力和强制命令进行领导。其主要特点包括以下五点。

(1) 独断专行，从不考虑别人的意见，所有决策都由领导者自己决定。

(2) 领导者独揽大权，不把任何消息告诉下属，下属没有参与决策的机会，只能奉命行事。

(3) 具有专制作风的领导者主要靠行政命令、纪律约束、训斥和惩罚进行领导工作，偶尔进行奖励。

(4) 与别人谈话大多是以命令、指示的口吻。

(5) 采取专制领导方式的领导者很少参加群体活动，与下属缺乏感情交流，保持相当的心理距离。

2. 民主领导方式

民主领导方式是将权力定位于群体，使下属真正参与工作中，各尽其能，各展所长，分工合作。其主要特点包括以下五点。

（1）所有的政策是在领导者的鼓励和协助下由群体讨论决定的，而不是由领导者单独决策。所有的决策、政策都是领导者与下属集体智慧的结晶。

（2）民主的领导者分配工作时会尽量照顾到个人的能力、兴趣和爱好。

（3）在工作中，给下属施展才华的空间，对下属的工作不安排过细，保证下属有较大的工作自由。

（4）在工作中，主要使用非正式的权力和权威，与别人谈话时多使用商量、建议和请求的口吻。

（5）民主的领导者积极参加集体活动，经常同下属进行情感交流，与下属无任何心理上的距离。

3. 放任自流领导方式

放任自流领导方式将权力定位于组织中的每一个成员，工作事先无布置、事后无检查，一切悉听尊便，毫无规章制度可言。其主要特点包括以下三点。

（1）对工作缺乏积极性和主动性，极少运用其权力。

（2）在决策过程中放弃领导职责，一切措施由团体成员自我摸索，自行确定。

（3）只布置工作任务，在工作中放任自流，既不监督执行情况，也不检查评估工作成果。

勒温在实验中发现，在专制领导方式下的团体与民主领导方式下的团体中，成员间的关系与成员行为有着巨大的差异，具体内容见表6-1。

表6-1　　成员关系与成员行为差异

项　　目	专制领导方式	民主领导方式
成员的言论	成员之间经常发表一些攻击性言论	成员之间彼此比较友好
团队意识	对领导者服从，但表现出的自我或引人注目的行为较多，经常以自我为中心	以工作为中心的接触；成员很少使用"我"字，更具有团队意识
面对挫折	彼此推卸责任或进行人身攻击	团结一致，尽力解决问题
领导暂时离开	工作热情会大大下降，无人代替领导者进行管理	像领导者在场一样继续努力工作
对待团体活动	没有满足感	有较高的满足感

勒温通过大量实验得出结论：以上三种方式中，放任自流领导方式的工作效率最低，只能达到组织成员的社交目标，但完不成工作目标；专制领导方式虽然通过严格管理能够达到工作目标，但群体成员没有责任感、情绪消极，士气低落；民主领导方式工作效率最

高，不但能完成工作目标，而且组织成员间关系融洽，工作积极主动，富有创造性。

但是，研究者们后来发现了更为复杂的结果，即民主领导方式在有些情况下的确比专制领导方式工作绩效更好，但在另一些情况下，前者所带来的绩效可能与后者带来的绩效相当甚至更低。关于群体成员工作满意度的研究结果则与以前的研究结果相一致，即通常在民主领导方式下，成员的工作满意度比在专制领导方式下的工作满意度高。

在实际的组织中，很少有极端型的领导，大多数领导都是介于三种类型之间的混合型。勒温能够注意到领导者的风格对组织氛围和工作绩效的影响，区分领导者的不同风格和特性并以实验的方式加以验证，这对实际管理工作和有关领导行为的研究都是非常有价值和借鉴意义的。许多后续理论，如坦南鲍姆和施密特的领导行为连续统一体理论等，都是从勒温的理论发展而来的。

（二）领导行为连续统一体理论

坦南鲍姆和施密特在 1958 年提出了“领导行为连续统一体”理论。该理论认为，领导行为是包含了各种领导方式的连续统一体，专制式和民主式只代表两种极端的领导方式，它们之间还存在着七种有代表性的中间状态的领导方式，如图 6-1 所示。

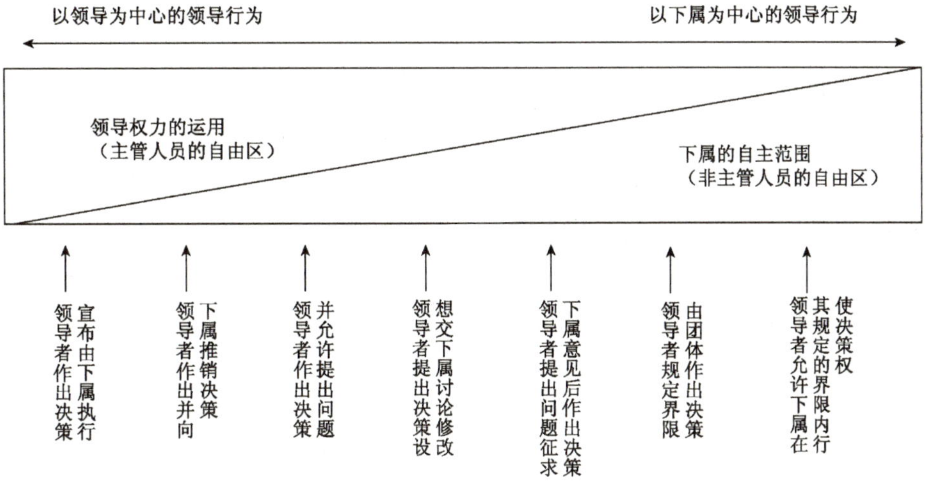

图 6-1　领导行为连续统一体

领导行为连续统一体理论认为，在这一系列的领导方式中判定哪种领导方式是有效的领导方式受多种因素的影响，但主要取决于领导者、下属和情境三个方面。

（1）领导者方面。影响对领导方式选择的因素包括领导者的价值观体系、对下属的信任程度、对某些领导方式的偏好与习惯以及领导者的个性等。

（2）下属方面。是否愿意承担责任、对独立性的需要程度、对不确定情况的安全感、对组织目标是否理解等因素都会影响领导者对领导方式的选择。

（3）情境方面。影响因素包括组织的规模、组织的价值准则和传统、集体协作经验以及时间压力等。

两位学者认为，谈不上哪种领导方式是正确的或是错误的，因为领导应当根据具体情况，考虑各种因素选择某种领导方式。1973 年，坦南鲍姆和施密特在重新研究他们的模式时，在其周围加了两个半径不同的同心圆，以此表示组织环境和社会环境对领导方式的影响。

总之，领导行为连续统一体理论认为，有效的领导者能够根据自己的能力、下属的能力和需要完成的任务，在连续带中选择合适的领导方式。

（三）利克特的四种管理方式

美国密歇根大学的利克特教授与他的同事以工业、医院、政府等众多组织中的领导者为研究对象，对领导方式与作风进行了长达 30 年的研究，他们将领导行为划分为以工作为中心和以员工为中心两个维度。以员工为中心的领导者将注意力集中于下属中人的因素和建立高效率的小组上，重视人际关系。以工作为中心的领导者把注意力集中于计划工作细则、安排、协调下属工作等方面，更强调工作的技术或任务事项，重视工作任务的完成情况。在实际工作中，领导者在以员工为中心的领导者和以工作为中心的领导者中只能二者取其一。但是，利克特建议尽可能地发展以员工为中心的领导方式。

利克特在 1961 年出版的《管理新模式》一书中介绍了四种领导方式。

（1）专制-权威式。采取这种领导方式的领导者非常专制，很少信任下属；多采用惩罚的方式，偶尔兼用奖励来激励下属；采用自上而下的沟通方式。

（2）开明-权威式。采取这种领导方式的领导者对下属有一定程度的信任和信心，授予下属一定的决策权，但控制权仍掌握在自己手中；采取赏罚并用的方式激励下属；会向下属征求一些想法和意见，允许一定程度的、自下而上的沟通。

（3）协商式。采取这种领导方式的领导者对下属抱有相当大但又不是完全的信任，允许下属就具体问题进行决策，并在某种情况下进行协商；采取主要奖赏、偶尔惩罚的方式激励下属；通常设法采纳下属的想法和意见，采用上下双向的沟通方式。

（4）群体参与式。采用这种领导方式的领导者对下属在一切事务上都抱有充分的信任和信心，鼓励各级组织做出决策或者本人作为群体成员与下属一起工作；鼓励下属多参与组织各项事务，如参与确定目标和评价实现目标进展，在此基础上给予物质奖励；总是向下属征求设想和意见，并积极加以采纳；经常进行上下级之间和同事之间的沟通。

利克特认为，这四种管理方式中群体参与式是最有参与性的方式，只有群体参与式的管理方式才能实现真正有效地领导，才能做到在设置和实现目标方面最有效率、最富有成果。

（四）领导行为四分图理论

领导行为论

1945 年，俄亥俄州立大学的一组研究人员在斯托格迪尔和卡罗尔·沙特尔（Carroll H. Shartle）的领导下，开始对领导问题进行广泛的调查。他们列出了 1 000 多个描述领导者行为的因素，后来研究人员将冗长的原始领导行为调查表减少到 130 个项目，并最终将领导行为的内容归纳为两方面，即以人为重和以工作为重。

以人为重，是指以人际关系为中心，领导者注重建立与下属之间良好的人际关系。领导者在工作中尊重下属的看法与情感，并建立二者之间的友谊和信任关系。以人为重包括营造相互信任的气氛，给下属较多的工作主动权，体贴、关心并注意满足下属的合理需要，作风民主，平等待人等。

以工作为重，是指为了实现工作目标，领导者界定和构造领导者与下属间的工作关系，即建立明确的组织模式、意见交流渠道和工作程序，包括设计组织机构，明确责权关系和沟通方法，确定工作目标、要求及交代任务的方式，制定工作程序、工作方法和制度等。

根据这两方面，他们设计了“领导行为调查问卷”，每类列举 15 个问题。结果表明，以人为重和以工作为重并不是一个连续统一体的两个端点，而是两方面常常同时存在，只是强调的侧重点有所不同，而且两个方面在一个领导者身上有时一致，有时并不一致。因此，领导者的行为可以看作是这两个方面的具体组合。领导者的行为可以用两维空间的四分图分为四类，如图 6-2 所示。

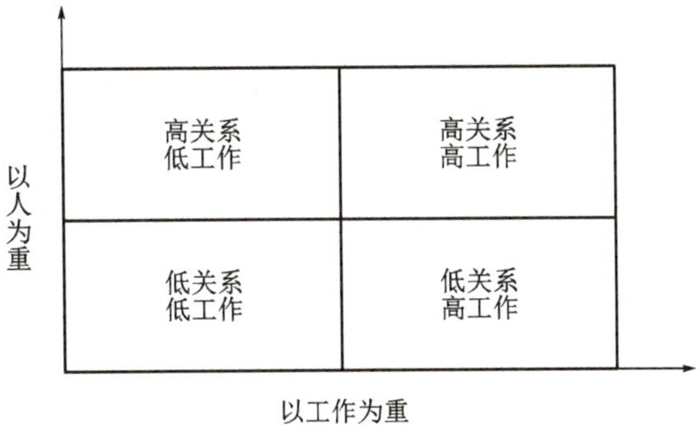

图 6-2 领导行为四分图

（1）高关系、低工作。这种领导行为对人十分关心，注重关心领导者与下属之间的合作，重视营造相互信任和尊重的气氛；对工作缺乏关心，是以人为中心的领导方式。

（2）高关系、高工作。这种领导行为将对人的关心和对工作的关心放在同等重要的地位，既能保证任务的完成，又能充分满足人的需要，该领导行为的效果较好。

（3）低关系、低工作。这种领导行为既不关心人，也不重视工作，该领导行为的效果较差。

（4）低关系、高工作。这种领导行为对工作效率、工作任务和目标的完成都非常重视，但忽视人的感情和需要，是以工作任务为中心的领导方式。

研究发现，在工作和关系两方面均高的领导者即第二种类型常常比其他三种类型的领导者更能使下属取得高的工作绩效和满意度。但是，这种风格并不总能产生积极效果。比如，当员工从事常规性任务时，高工作特点的领导行为导致高抱怨、高缺勤率和高离职率，员工的工作满意水平也较低。还有研究发现，领导者的直接上级对其进行的绩效考评等级与高关系性负相关。同时，也有足够的特例表明这一理论还需要加入情景因素。

（五）管理方格图理论

管理方格图理论(management grid theories)是研究领导方式及其有效性的理论，是由美国德克萨斯大学的行为科学家布莱克和莫顿在 1964 年出版的《管理方格》一书中提出的。

两位学者采用图表的方式发展了领导行为四分图理论。他们指出：在对人关心的领导方式和对生产关心的领导方式之间，可以有使二者在不同程度上相互结合的多种领导方式。该理论将对人的关心度和对工作的关心度分别进行九等分，这样就在二维平面上形成了 81 个方格，把领导者的领导行为划分成 81 种不同的类型，如图 6-3 所示。

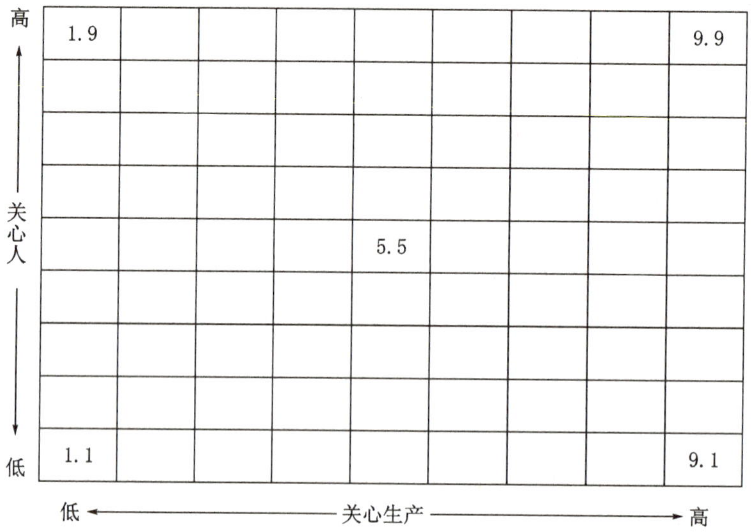

图 6-3　管理方格

根据管理方格图理论评价领导者的领导行为时，应按这两方面的行为程度在方格图中寻找交叉点，这个交叉点就是领导行为类型。横轴数值越高，表示领导者越重视生产；纵轴数值越高，表示领导者越重视人的因素。

布莱克和莫顿在管理方格图中列出了五种典型的领导行为。

第一，1.1 贫乏型领导方式。领导者希望以最低限度的努力来实现组织目标和维持人际关系，既不关心下属也不关心生产，是一种不称职的领导方式。

第二，1.9 俱乐部型领导方式。领导者不关心工作效率，也不注重生产结果，只注重搞好人际关系，组织内的员工都能轻松、友好、愉快地相处，这是一种轻松的领导方式。

第三，9.1 任务型领导方式。领导者十分关注工作效率和生产任务的完成情况，很少关心下属的成长和士气，是一种只关心生产不关心人的领导方式。

第四，9.9 团队型领导方式。领导者既关心人，也关心生产，善于将组织的目标和个人目标有机结合，通过协调配合各项活动、各种关系，使对二者的关心一体化，以提高士气、促进生产，是最有效的领导方式。

第五，5.5 中间型领导方式。领导者对人和生产的关心度虽然都不高，但能够保持平衡。追求正常的效率和令人满意的士气，但是创新不够，是一种中庸的领导方式。

布莱克和莫顿组织了很多研讨会来探讨到底哪一种领导行为最好，绝大多数与会者认为 9.9 团队型领导方式最佳，其次是 5.5 中间型领导方式。

管理方格图理论是培养有效领导者的有用工具，它提供了一种衡量领导者行为的模式，可使领导者能较清楚地认识到自己的领导行为，并掌握改进的方向。

总体来说，在领导行为类型和群体工作绩效之间一致性方面，众多的领导行为理论达成了共识。但是，领导行为理论的缺陷在于没有重视影响领导成功与失败的情境因素。在这一点上，领导权变理论有效地弥补了行为理论的不足。

课堂讨论

张三是某便利连锁店的片区经理，他全面负责片区七家分店的经营管理，这些店 24 小时营业，在每个轮班时间内只有一个人当班，每家店的销售现金都存放在保险柜中，等下周一的时候再统一清点。这样，周一早上当班的店员就要花费较多的时间来清点现金。

公司规定，当清空店里的保险柜时，片区经理必须同店员一起清点，而且店员必须将钱分成 1 万元一捆置于棕色袋中，标记后让经理再次核实数额。

李四是其中一家分店的店员，为了提高工作效率，李四预先将现金清点好。有一天店里生意忙碌，李四在为顾客打包时不慎将一袋现金当作装了食品的袋子放在顾客的购物车中。

随后，张三来了，复核中发现问题。幸运的是，过了几天，顾客主动将钱送回。公司有规定，任何人违背了清点的程序都必须解雇。

李四非常伤心，说他妻子病了，需要大笔医药费，他很需要这份工作。张三提醒说："你是知道公司政策的。"李四说："我知道错了，但是只要你不解雇我，我会保证比其他店员做得更好。"张三向总部汇报情况后，经过总部的批准，决定不解雇李四。

根据管理方格理论，张三的领导方式属于哪一种？

三、权变理论

领导情景论

随着对领导特质理论和领导行为理论研究的进一步深入，很多研究者开始将关注的目光投向情景因素的影响方面，相应的产生了领导权变理论（contingency theories of leadership）。权变理论又称领导情景理论，主要研究与领导行为有关的情景因素对领导效力产生的潜在影响。每一种具体的领导方式都不是放之四海而皆准的，有效的领导行为应随着被领导者的特点和环境的变化而变化。"权变"一词有"随具体情景而变"或"依具体情况而定"的意思。

在领导权变理论发展过程中，对影响领导效果的主要情景因素进行分析研究的很多，经常使用的中间变量有工作的结构化程度，领导者与下属的关系质量，领导者的职位权利，下属角色的清晰度，群体规范程度，信息的可得性，下属对领导决策的认可度，下属工作的士气等。在分离主要的情景变量中，一些做法被证明比另一些做法更为成功，也因此获得了广泛认可。总体上，权变理论关注的是领导者和被领导者的行为和环境的相互影

响，这种关系可以用公式表示为

$$E=f(L,F,S)$$

式中，E 代表领导的有效性；L 代表领导者；F 代表被领导者；S 代表环境；f 代表函数关系。

下面主要介绍四种比较典型的领导权变理论。

（一）菲德勒模型

最早对权变理论做出贡献的学者是心理学家菲德勒，他于 1962 年提出了“有效领导的权变模式”，即菲德勒模型。该模型把领导人的特质研究与领导行为的研究有机地结合起来，并将其与情景联系起来研究领导的效果，被视为较完整的领导权变理论，并受到许多人的肯定和认同。他认为，任何领导方式均可能有效，其有效性完全取决于是否与所处的环境相适应。

1. 菲德勒模型第一步：确定领导方式

菲德勒认为，领导者个体的基础领导方式是影响领导成功的关键因素之一。因此，他设计了一种称为“最难共事者问卷”(Least Preferred Coworker questionnaire，简称 LPC)的工具确定领导者个体的基础领导方式，即根据被调查者对 LPC 问卷的回答判断他们基本的领导方式。如果一个领导者用较为积极的词语描述最难共事的同事(即 LPC 高)，就认为其对人宽容、体谅、注重人际关系，其领导方式是关系导向型领导方式；反之，一个领导者如果用相对不积极的词语描述最难共事的同事(即 LPC 低)，则认为其惯于命令和控制，注重工作，其领导方式是任务导向型的领导方式。

2. 菲德勒模型第二步：确定情景

在对个体的基础领导风格进行评估之后，就要确定情景。菲德勒把影响领导风格的环境因素归纳为三个方面：职位权力、任务结构和上下级关系。

(1) 职位权力(position power)。是指与领导者职位相关的正式职权和从上级及整个组织各方面得到的支持程度，这一职位权力由领导者对下属所拥有的实有权力所决定。领导者拥有明确的职位权力时，则组织成员将会更顺从其领导，有利于提高工作效率。

(2) 任务结构(task structure)。是指工作任务明确程度和有关人员对工作任务职责的明确程度。当工作任务本身及组织成员对工作任务的职责十分明确时，领导者对工作过程易于控制，整个组织完成工作任务的方向清晰。

(3) 上下级关系(leader-member relations)。是指下属对领导者的信任和拥护程度，以及领导者对下属的关心、爱护程度。这一点对履行领导职能很重要，因为职位权力和任务结构可以由组织控制，而上下级关系是组织无法控制的。

菲德勒模型根据上述三种情境因素来评估情境：其一职位权力强或弱。如果在雇佣、解雇、惩罚、晋升、加薪等权力变量上的影响程度高，则职位权力强；反之职位权力弱。其二，任务结构高或低。如果任务规定明确、容易理解及有章可循，则认为任务结构高；反之，任务结构低。其三，上下级关系好或坏。如果双方是高度信任、互相尊重、互相支持，则双方关系好;反之,上下级关系差。

这三种情景因素的不同组合形成了领导方式发生随机改变的八种不同类型的情景。其中,若三个情景因素的组合是好的、高的、强的,即三个条件都具备的是领导最有利的情景;若组合是差的、低的、弱的,即三个条件都不具备的是领导最不利的情景。按照这个三维结构模式,可以将八种不同类型的情景分为三类:有利的、中间状态的、不利的。

3. 菲德勒模型第三步:领导方式与情景的匹配

当领导方式与情景匹配时,会使领导的有效性达到最高。菲德勒在1 200个团体中进行了广泛的调查,对八种情景类型的每一种均对比了两种领导方式,获得了大量数据。经过分析他认为:处于有利的情景及不利情景的状态下,采用"任务导向型"的领导方式更有利;处于中间状态情景时,采用"关系导向型"的领导方式,效果较好。菲德勒模型如图6-4所示。

	好				差			
任务结构	明确		不明确		明确		不明确	
职位权力	强	弱	强	弱	强	弱	强	弱
情景类型	1	2	3	4	5	6	7	8
有利性环境	有利			中间状态				不利
有效的领导方式	任务型			关系型				任务型

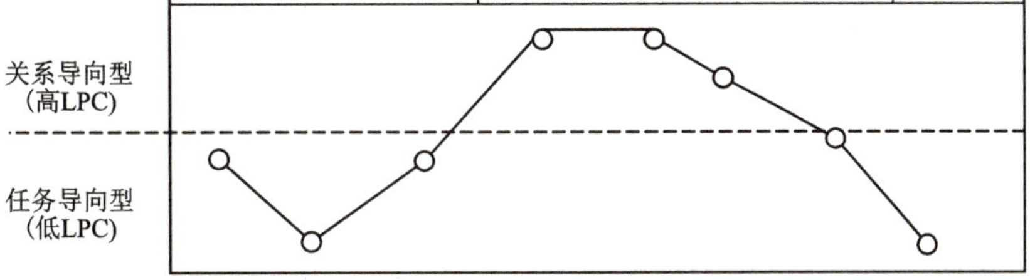

图6-4 菲德勒模型

根据菲德勒模型,只有当领导方式与情景相匹配时,领导的效果才最佳。领导方式与领导者的个性是相联系的,个体领导者的领导方式基本上是固定不变的。若领导者的领导方式与情景不相适应,只有两种途径能提高领导的有效性:第一,改变情景以适应领导者的方式;第二,更换领导者改变领导方式以适应环境。

后来,学者们对菲德勒模型的总体效果进行了大量的研究,有相当多的研究结果支持这一模型。同时,学者们也发现该模型存在一些欠缺,还需要进一步改进。但是,菲德勒教授提出的有效领导方式应随着情景的变化而变化的论点具有重大意义。这一论点引发了理论界对领导权变理论更广泛深入的研究。

(二) 领导的生命周期理论

领导的生命周期理论(situational leadership theories)是由美国管理学家科曼(A. K. Korman)在1966年首先提出,后经保罗·赫塞(Paul Hersey)和肯尼斯·布兰查德

(Kenneth Blanchard)发展完善形成的。

这一理论建立在管理方格图理论和克瑞斯·阿吉里斯(Chris Argyris)的不成熟-成熟理论基础上。他们仿照管理方格图理论，以横坐标为任务行为、纵坐标为关系行为划出一个方格图，四个大方格分别为四个象限。其中，第一象限(S_1)属于低关系-高任务区；第二象限(S_2)属于高关系-高任务区；第三象限(S_3)属于高关系-低任务区；第四象限(S_4)属于低关系-低任务区。之后在方格图下方加上一个成熟度的坐标，这样就将二维的领导理论发展成为由关系行为、任务行为和下属成熟度构成的三维领导理论。

其中，任务行为是指领导者和下属为完成任务而形成的交往形式；关系行为是指领导者给下属以帮助和支持的程度；成熟程度是指人们对自己行为承担责任的能力和愿望的大小。这样，关系行为、任务行为和下属成熟度之间有一种曲线关系，这条曲线称为领导生命周期理论曲线，如图6-5所示。

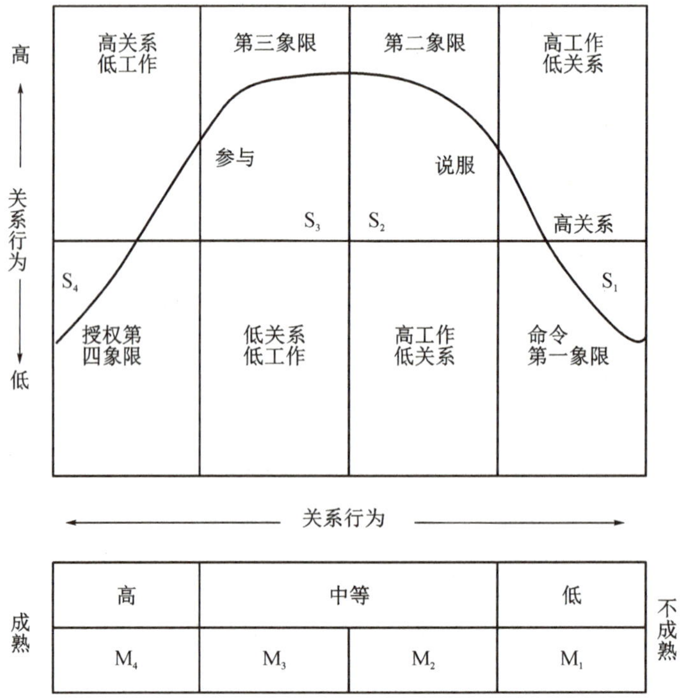

图6-5 领导的生命周期理论

由任务行为和关系行为的组合，赫赛与布兰查德提出了四种领导方式。

(1) 命令型(低关系-高任务)。领导者决策，领导者对下属进行分工，指点下属应该干什么、怎么干、何时干等，强调直接指挥和控制，不重视人际关系和激励。

(2) 说服型(高关系-高任务)。领导者决策，既给下属以较多的指导，又注重保护和鼓励下属的积极性，重视人际关系。

(3) 参与型(高关系-低任务)。领导者与下属共同参与决策，注重给下属以支持，同时注重搞好内部的协调沟通,保持良好的人际关系。

(4) 授权型(低关系-低任务)。领导者将决策权、控制权授予下级,对下属几乎不加指点,由下属独立自主地开展工作。

赫塞与布兰查德将成熟度分为四个阶段,即不成熟(M_1)、初步成熟(M_2)、比较成熟(M_3)和成熟(M_4)。

(1) 不成熟(M_1)。下属对接受和承担任务既无能力也无愿望,他们既不能胜任工作又缺乏自信,不能被信任。

(2) 初步成熟(M_2)。下属愿意承担任务但缺乏足够的能力,他们有积极性,但缺乏完成任务所需的技能。

(3) 比较成熟(M_3)。下属具有完成任务的能力,但不愿意接受领导希望他们完成的工作。

(4) 成熟(M_4)。下属既有能力完成又愿意完成领导交给的任务。

他们认为,领导方式应当随着下属成熟程度的不同做相应的调整,这样才能进行有效的领导,即有效的领导方式是根据下属的成熟度选择适当的领导方式。从以上模型可知,有效的领导方式选择为:

(1) 当下属成熟度为 M_1 时,领导生命周期理论曲线位于 S_1,即低关系-高任务区,故应该选择命令型(低关系-高任务)的领导方式。

(2) 当下属成熟度为 M_2 时,领导生命周期理论曲线位于 S_2,即高关系-高任务区,故应该选择说服型(高关系-高任务)的领导方式。

(3) 当下属成熟度为 M_3 时,领导生命周期理论曲线位于 S_3,即高关系-低任务区,故应该选择参与型(高关系-低任务)的领导方式。

(4) 当下属成熟度为 M_4 时,领导生命周期理论曲线位于 S_4,即低关系-低任务区,故应该选择授权型(低关系-低任务)的领导方式。

领导生命周期理论提供了一种有用且易于理解的模型,它强调不存在一种万能的领导方式能适应各种不同的情境,必须结合下属的成熟度选择适宜的领导方式,这样才能提高领导的有效性。

(三) 路径-目标理论

路径-目标理论(path-goal theories)由多伦多大学的组织行为学教授豪斯提出,已经成为当今最受人们关注的领导观点之一。路径-目标理论源于激励理论中的期望理论。期望理论认为,个人的态度取决于期望值的大小(目标效价)以及通过自己努力得到这一期望值的概率高低(期望概率)。因此,领导者的工作是帮助下属达到他们的目标,并提供必要的指导和支持以确保各自的目标与群体或组织的总体目标相一致。“路径-目标”的含义是有效领导者要通过明确实现工作目标的途径来帮助下属,并为下属清理各种障碍和危险,从而使下属的目标实现更为容易。

路径-目标理论与以前各种领导理论的最大区别在于它立足下属。在豪斯眼里，领导者的基本任务就是发挥下属的作用，帮助部下设定目标，把握目标的价值，支持并帮助下属实现目标。在实现目标的过程中提高部下的能力，使下属得到满足。

这一理论有两个基本原理：第一，领导方式必须是下属乐于接受的方式，只有能给下属带来利益和满足的方式，才能使他们乐于接受。第二，领导方式必须具有激励性，激励的基本思路是以绩效为依据，同时以对下属的帮助和支持来促成绩效。也就是说，领导者要能够指明下属的工作方向，还要帮助下属排除实现目标的障碍，使其能够顺利达到目标，同时尽量使下属需要得到满足。

该理论提出了四种领导方式，供领导者在不同情境下选择。

(1) 指示型领导方式。这类领导者要为下属的工作方向、工作程序作出决策，为下属指明方向，提供指导和帮助，使下属能够按照工作程序完成任务、实现目标。

(2) 支持型领导方式。这类领导者对下属友好，努力营造愉快的组织气氛，当下属受挫和不满意时，领导者的鼓励能够对下属的业绩产生很大的影响。

(3) 参与型领导方式。这类领导者在作决策时会征求下属的意见。平常注重与下属沟通信息、认真考虑和采纳下属的建议，允许下属对上级的决策施加影响。

(4) 成就型领导方式。这类领导者为下属设置富有挑战性的目标，希望下属最大限度地发挥潜力，对下属能够达到这些目标表现出信心，而且不断制定新的目标，使下属经常处于被激励的状态。

与菲德勒的权变理论观点相反，豪斯认为领导者的领导方式是可以改变的，同一领导者可以根据不同的情境采取任何一种领导方式。至于哪种领导方式最有效，应考虑以下两类情境因素。

(1) 下属的特性。如能力、独立性、适应性等特性。能力强、认为自己有能力独立完成工作任务、能够控制事态的发展、对周围人有影响力的下属，通常乐于接受参与型领导方式。

(2) 工作环境的特点。包括工作结构、权力结构、奖励制度以及人际关系等。在工作任务不十分明确、下属无所适从时，应强调采用指示型领导方式；而在工作任务十分明确，下属清楚地了解目标和达到目标的途径时，为激励下属，则应强调采用支持型领导方式。路径-目标理论如图 6-6 所示。

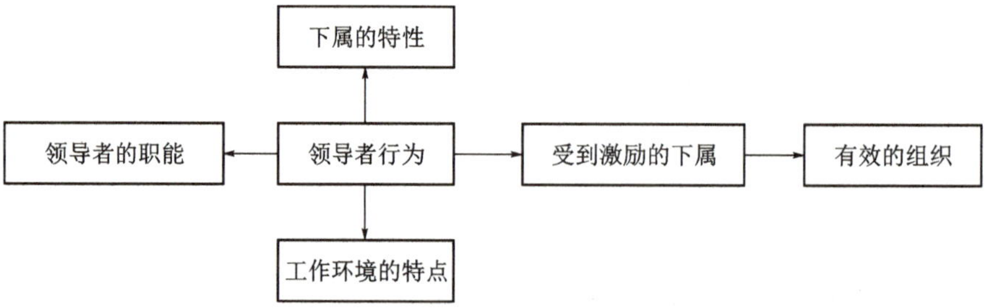

图 6-6　路径-目标理论

(四) 领导者-参与模型

1973 年美国匹兹堡大学的弗罗姆和耶顿提出了领导者-参与模型(leader-participation model)。该模型将领导行为与参与决策联系在一起。由于认识到常规活动和非常规活动对任务结构的要求各不相同,研究者认为,领导者的行为必须加以调整以适应这些任务结构。

弗罗姆和耶顿经研究认为,就领导者参与决策的程度而言决策的领导方式共有以下五种。

(1) 独裁方式Ⅰ。领导者运用手头现有的资料,自己解决问题作出决策。

(2) 独裁方式Ⅱ。领导者从下属那里获得必要的信息,然后独自作出决策。向下属收集资料时可以说明原因,也可以不说明原因。在决策中下属只负责提供资料,并不提出或者评价决策方案。

(3) 协商方式Ⅰ。领导者与有关的下属进行个别交流,让下属了解情况,征求下属的意见并获得信息。领导者决策时可以采纳也可以不采纳下属的意见。

(4) 协商方式Ⅱ。领导者把决策意图告诉下属,让下属集体讨论,征求他们的意见和建议,但决策仍然由领导者作出。领导者决策时可以受也可以不受下属的影响。

(5) 集体决策方式。领导者让下属集体了解决策的问题,与下属共同讨论,一起提出并评估可行性方案,并最后由集体作出决策,获得一致的解决办法。

这五种决策领导风格中,独裁方式Ⅰ是极端独裁式,集体决策方式是民主式。在这两种极端的领导方式之间还有三种中间状态的领导方式。因此,领导者-参与模型中的五种领导方式的排布与坦南鲍姆的领导行为连续一体模型相似。他们认为,每种决策方式的有效性取决于其应用的情境,其中最为关键的问题是决策的质量和下属对决策的接受程度。由此他们提出了以下八种决定领导方式的情境因素(权变因素,可通过"是"或"否"选项进行判断)。

(1) 如果决策被接受,是否会产生不同的行动方案?

(2) 是否有一个更好的高质量的解决方案?

(3) 是否有充分的资料作出高质量的决策?

(4) 是否是结构性的问题?

(5) 是否是下属所接受的决策才能使它有效地贯彻?

(6) 如果独自决策是否肯定能为下属接受?

(7) 在解决问题的过程中,下属是否能分担应达到的组织目标?

(8) 对于优选的解决方案,下属之间是否有冲突?

领导者应根据对以上情境因素所做的"是"与"否"的选项判断自己所处的情境,然后在该理论的决策模型上选择一种与自己所处的情境相适应的最有效的决策领导方式。领导者-参与模型对于帮助领导者在不同情境下选择最恰当的领导方式提供了非常有效的指导。

20 世纪 80 年代以来,领导理论在发展中表现出两种截然相反的倾向:一是强调领导者个体特质,如归因理论、魅力领导理论、变革型领导等范式,呈现向特质论回归的态势;二是与强调领导者个人特质相反的一种倾向,即与信息化、新经济以及全球化浪潮相对应的团队领导、自我领导和超级领导等理论范式。这两种强化领导者和弱化领导者作用倾向的出现,说明领导理论的发展正处于一个关键阶段,人们对领导现象的认识在逐步走向深入。

任务三　领导者具备的素质

一、领导者素质

作为一个领导者必须具备一些基本的素质和条件。领导者的思想品德素质、知识素质、业务素质、身体和心理素质应符合下列条件。

(一) 思想品德素质

品德体现了一个人的世界观、人生观、价值观、道德观和法治观念,持续有力地指导着他对现实的态度和行为方式。作为一名领导者,应具有强烈的领导意识和良好的心理素质,有强烈的领导意愿和责任感。如果一个人缺乏为他人承担责任,缺乏激励他人取得更大成绩的意愿,那么他就不可能成为一个合格的领导者。领导者只有树立一定的理想、有强烈的事业心和责任感,才会有干劲,才能有作为。领导者要具有创新、实干、合作和奉献精神,要有朴实的工作作风,谦虚、无私、朴素、律己、亲善,要有较高的情商,即具有影响他人的魅力。

1. 领导者要有强烈的社会责任感

所谓责任感,就是一个人肩负的使命和应尽的义务。企业领导者只有首先对社会、对企业有一种责任感,才能领导好一个企业,一个以权谋私的领导者是不可能领导好一个企业的。我国现阶段,一个合格的企业领导者必须具有高度的社会主义觉悟和强烈的事业心,这是一种崇高的思想境界和高度的责任感。企业领导者所肩负的使命不仅是领导一个企业,而且要使企业对社会有贡献,这也是领导者的义务。这种责任既是企业领导对社会的责任,也是企业对社会的责任。

2. 领导者要有明确的经营观

经营观是企业从事经营活动的指导思想,对企业经营起着决定性的作用。企业经营不能单纯考虑利害关系和企业发展,还必须建立正确的经营观。企业经营要符合社会发展规律和自然规律,企业领导必须把所从事的事业作为神圣的事业,用发展的眼光看待一切事物,正确地认识人和经营使命,顺应社会发展的自然规律。

3. 领导者应具有稳健的成熟性

领导者应具有稳健的成熟性，首先是思想成熟。一个人思想成熟与否，其行为是截然不同的，所以，成熟性也是领导思想素质高低的体现。领导者是否成熟与其领导效果有着密切的关系，这种关系特别反映在对待人和事的态度上，而这种态度又决定了领导者的行为取舍。第一，要保持冷静，特别是在紧要关头要保持头脑清醒冷静。这是领导应具有的素质之一，也是其成熟性的体现。第二，要信赖下属。要做到这一点，不仅要疑人不用，用人不疑，而且对人要有正确的判断力。现代企业组织经营的重心是用人，所以企业领导最基本、最重要的任务是领导好人。企业领导正确的经营观、领导观，也来自对人的正确认识，这也是企业领导处事成熟的重要表现。

（二）知识素质

知识是提高领导水平掌握领导艺术的源泉。领导者应掌握政治、法律、经济学、管理学、心理学、社会学、工程技术等方面的知识。按照某些学者形象的说法，领导者应具备“T”形的知识结构，即横向具有广博的各学科的知识，纵向具有精深的管理等专业知识。

领导者首先必须是管理方面的专家，其专业知识以软科学为主，如管理科学、心理科学、社会学等，不能完全用传统的数学方法或逻辑方法来处理。但这些科学又恰恰是非程序化决策所必需的。领导应重点掌握企业管理、战略决策、市场营销、财务会计和人力资源管理等。没有这些专业知识，就不能引导企业在市场中有效的竞争。

领导者还应是“通才”，即领导者应具有广博的各门类学科的基础知识。领导者的知识面决不能仅局限在管理相关的专业知识领域内，还应掌握如哲学、自然科学以及社会科学的一般知识，现代科学技术的一般知识尤为重要；文学、史学、哲学和美学等人文科学的基本知识与素养能够陶冶情操；掌握一门或几门外语，熟练快捷地感触外国的先进技术方法及文化等。领导者应吸收和借鉴全世界人类所创造的一切文明成果，不断地充实自己。

（三）业务素质

业务能力是指领导者把各种领导理论与业务知识用于实践，用于解决实际问题的本领。一个成功的企业领导者应具备以下能力：较强的分析、判断和概括能力，决策能力，组织指挥和控制能力，沟通、协调组织内部各种关系的能力，不断探索和创新的能力，知人善用的能力。一名优秀的现代企业组织领导者必须是高素质的复合型人才，应具备以下六个方面的素质。

第一，要有统率全局的战略眼光。优秀的领导者不仅是精明的经营家，还应是清醒的战略家，必须能够正确地理解国家的方针政策，敏锐地分析政治、经济形势，不失时机地把握变幻莫测的市场前景。

第二，要有风险意识。危机与风险的背后常常有着相当的收益回报，企业组织在竞争中要取得成功，须做到趋利避害，其关键在于领导者是否具备风险意识，是否具备抓住机遇、奋力开拓的能力。当然，勇于冒险不等于毫无把握的蛮干。领导者在发挥风险精神的同时，应注重科学的调查研究，进而选择稳妥的阶段性可控的决策方案，克服急于求成的情绪，随时控制事态的发展，回避不必要的波动风险。

第三，要有百折不挠的意志。意志是人的心理活动，反映在有意识、有目的的行为上。意志坚定的领导者善于控制自己的行为，善于动员自身的力量战胜各种困难。

第四，要有灵活机动、随机应变的能力。应变能力是领导者根据不断发展变化的主客观条件，随时调整对外界环境的分析、判断并适应它的能力。这就要求领导者要随时保持风险意识、问题意识和变化意识，善于准确把握形势发展的主流，能够在千变万化的形势中把握基本恒定的东西，沉着冷静，灵活机动。

第五，要有一定的语言表达能力。语言表达能力是现代领导者应具备的一项基本功。语言能力真实地反映一个人的思维、社交以及性格风度等内在能力。现代领导者在主持会议、制定政策、汇报工作进展、下达工作指令、接待社会来访、参加社交活动、发表演讲或个别交谈时都在向他人展示自己的语言表达能力。

第六，善于协调各方面关系的能力。协调能力是领导者利用有限的财力、物力和人力，审时度势，选择最佳时机，统筹兼顾当前利益和长远利益的控制手段的能力。在现代企业中，协调能力可以作为润滑剂疏通组织成员之间的关系，化解由于利益关系导致的矛盾冲突，融洽成员之间的感情，在企业内形成强大的凝聚力，以最少的投入取得最大的经济效益。

(四) 身体和心理素质

管理工作的性质和特点决定了对管理人员身体及心理素质的要求比一般人严格得多。作为现代管理者，生理和心理上必须适应管理工作对自己提出的许多特殊要求，如马拉松式的会谈、口干舌燥的演说、令人头晕目眩的突发事件等，这些都从不同方面考验着每一位现代领导者。

领导者要有强健的体魄和健康的心理素质。身体素质是指与人的体力相关的、生理学意义上的器官或系统发育及健康状况。现代社会中，领导者必须重视自己的身体状况，这对于其持续发挥才能具有不可估量的意义。心理健康则要求领导者的心理处于一种平衡状态，能够承受经济大潮的起落，企业的盈亏和个人的荣辱等大的变化，能够经得起胜利与挫折、成功与失败，始终保持拼搏进取的精神状态。

二、领导班子结构

组织中的领导者是复数而非单数，是一群人而非一个人。某个组织的领导者是就这个组织的领导者集体或“领导班子”。

在领导集体中，为首的领导者特别重要，他在领导集体中起着核心和舵手的作用。但是，现代企业的生产经营活动异常复杂，如果单靠一个人的聪明才智是很难有效地组织和指挥企业的生产经营活动的，因为世界上很少有无所不能的全才，可以说绝大多数人都只是某一方面的专才，无论科学技术或管理方面都是如此。但专才如果组织得当，就可以构成全才的领导集体。

一个具有合理结构的领导班子，不仅能使每个成员人尽其才，做好各自的工作，而且能通过有效的组合发挥巨大的集体力量。领导班子的结构一般包括：年龄结构、知识结构、能力结构、专业结构等。

（一）年龄结构

不同年龄的人具有不同的智力和经验，因此，寻求领导班子成员的最佳年龄结构是非常重要的。领导班子应该由老、中、青结合，向年轻化的趋势发展。

现代社会处于高度发展之中，知识更新的速度越来越快。尽管随着年龄的增长也会增加知识数量的积累，但吸收新知识的优势无疑属于中青年人。现代生理科学和心理科学研究表明，一个人的年龄与智力有一定的定量关系。当前，对各级、各类领导班子年龄结构的要求包括以下三个方面。

（1）任何一个领导班子的年龄构成都应是梯次的，而不是平面的。也就是说，组成领导班子的成员，其年龄不是越老越好，也不是越年轻越好，而是老、中、青的合理搭配，形成一个梯次的年龄构成。不同年龄层次的领导有不同的长处，在班子中会起到不同的作用。老领导经过长期的工作实践锻炼，有丰富的领导经验，阅历深、作风稳健，深谋远虑，善于应付复杂的局面；年轻领导朝气蓬勃，创造力强，接受新生事物快，奋发有为；中年领导年富力强，兼有老领导者与年轻领导者的长处，起着承前启后的作用。老领导、年轻领导、中年领导三者结合，既能发挥各年龄层领导者的最佳智力，又能使整个领导班子的平均年龄与其所承担的领导任务相适应；既能防止班子老化，又能保证领导班子进行正常的合作交替，使组织的各项战略方针等相应保持稳定和延续性。

（2）不同层次和类别的领导班子的年龄构成不能是同一个格局，应有层次、类别的区分。一般地说，高层次的，如科研单位、大专院校的领导班子的年龄结构可以稍高一些；而低层次的，如企事业领导班子的年龄构成就相对低一些。之所以这样配备，主要是由不同层次、类别领导班子的工作性质、工作任务和工作特点决定的。比如，高层次的领导班子的工作性质和任务主要是制定战略决策，实行宏观管理，所以在年龄上可以稍高一些；而低层次的领导班子的工作性质和任务主要是贯彻执行上级的决策，实行微观管理，所以在年龄构成上就应适当低一些。这里所说的“高”“低”都是相对的，不能绝对化，也不能搞“一刀切”。

（3）在新陈代谢中实现动态平衡。任何一个领导班子的年龄构成状况都是相对的，随着时间的推移和工作性质、任务的变化，合理的年龄结构会逐渐地趋向不合理。因此，领导班子成员一定要有进有出，在新陈代谢中实现动态平衡，以经常保持年龄构成的合理性和相对的稳定性。

（二）知识结构

知识结构是指领导班子中不同成员的知识水平构成。领导班子成员都应具有较高的知识水平，没有较高的文化知识素养，就胜任不了管理现代化企业的要求。在现代企业中，不断引入大量先进的科学技术，在复杂多变的经营环境中，为了使企业获得生存，求得发展，企业领导人员必须具备广博的知识。随着我国社会经济的发展，职工的文化水准在不断提高，各类组织的各级领导都在向知识型转变。一个知识结构科学、合理的领导班子应注意以下三个问题。

(1) 领导班子整体及每一个成员都应有较高的知识水平，这是为了适应现代经济各方面的快速发展对各级、各类领导班子提出的共同要求。但在现实情况下，由于主客观条件的限制，要求领导班子中的每个成员都具有较高的知识水平是很难办到的，实际上也没有这个必要。对一个知识结构合理的领导班子来说，主要应该由知识广博、兴趣广泛、思维活跃的人，专业知识水平高、钻研精神强、思维深刻的人，知识面既广、专业水平又高的人这三部分组成，以此从整体上反映领导班子较高的知识构成水平。

(2) 领导班子要有一个合理的知识构成内容。各级、各类领导班子虽然性质和地位不同，领导目标和任务不同，但在知识构成的内容上都具有共性、本质的要求。一个知识构成合理的领导班子，在知识构成内容上应由相关的社会科学及较深较强的专业知识和专业管理知识构成，这是实现领导班子整体多样功能，提高领导效能的重要保证。

(3) 不同级别、不同类型的领导班子应有不同的知识构成水平。主要包括两个方面：一方面，高层次、知识密集型单位的领导班子的知识构成水平应该高些，而低层次、一般性质单位的领导班子的知识水平可以稍低些；另一方面，在专业知识的要求上要有不同侧重。这样要求主要是从实际出发，在普遍要求的前提下具体问题具体对待，以真正发挥不同级别、类型领导班子的领导作用。

(三) 能力结构

有效的领导班子的结构同时要注重在领导能力和水平上的合理搭配，既要有精通哲学，善于思考分析的思想家，又要有具备较强的人际沟通能力，精于各种活动的组织家，还要有具有良好执行力的实干家。

关于一个领导班子需要什么样的能力组合，美国学者伊查克·爱迪思(Ichak Adizes)提出了领导班子的四种能力组合模式。分别是：提供劳务或产品的生产技术能力(P)；计划、组织和控制集团活动的管理技能(A)；适应动荡环境，创造新劳务和承担风险的企业家资质(E)；调节、平衡、统一集团活动与目标的综合才能(I)。

爱迪思模式对于理解领导班子能力的组合具有很重要的意义，它说明：第一，一个人能具备四种能力组合的可能甚微，所以应在领导班子中寻求这四种能力的组合。第二，四种能力的最佳比例，即对四种能力各自的重视程度应因时而异，因公司而异。相对应的比例取决于公司的战略，尤其取决于公司所处的生命周期阶段和它所面临的环境。一个新成立的企业，首要偏重于E，即企业家能力；而一旦企业步入正轨就必须重点注意P，即生产率；随着企业的发展，A(管理的重要性)与日俱增；当企业壮大时，对E(企业家能力)要求很低，而对 P(生产率)、A(管理)和 I(综合能力)应予以重视。企业生命周期不同阶段所需能力组合的变化，如图 6-7 所示。

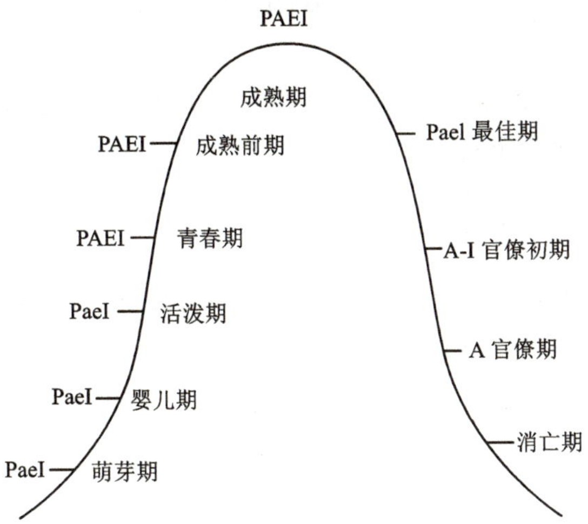

图 6-7　企业生命周期不同阶段管理能力的变化

注：大写字母表示突出的重点，小写字母表示次重点。

(四) 专业结构

专业结构是指在领导班子中各成员的配备应由各种专门的人才组成，形成一个合理的专业结构，从总体上强化这个班子的专业力量。在现代企业里，科学技术是提高生产经营成果的主要手段。因此，领导干部的专业化是做好现代企业经营的客观要求。配备专业化的领导班子应该注意以下两个问题。

(1) 要正确理解“专业”的含义。在大学里，数、理、化、文都分属不同的专业；在领导班子里，行政工作、组织管理工作、生产指挥工作、后勤服务工作等，也是不同的专业。不论哪行哪业都有一定的知识领域和专业深度。专业人才既有学校培养的，也有自学成才的，还有从实践中锻炼出来的。那些长期从事本职工作，掌握本行业规律，精通本行业业务的，就应该是其本专业的专业人才。

(2) 领导班子专业化不等于科技专家化。科技专家有一定的专业造诣，从事领导工作有许多有利条件，应当重视从中选拔各级领导人才。但并不是每个科技专家都有组织管理才能，学术上权威并不等于是领导和管理的行家，百分之百的科技专家构成的领导班子不一定是专业结构最合理的领导班子。现代领导是一门大学问，是否具有现代科学领导的专长和能力已成为现代领导者是否内行的主要标志之一。所以，领导班子应有合理的专业结构，既不能是清一色的只懂行政的领导，也不能是清一色的科技专家，而应该是具有各种专业特长的领导成员的合理组合。

以上所述的领导班子的结构仅是主要方面的。此外，还有其他一些结构，如性格结构等也是需要注意的。按照这些要求形成的领导集体将是一个结构优化、富有效率的集体。

任务四　善用领导艺术

领导者的工作效率和效果在很大程度上取决于他们的领导艺术。领导艺术是一门博大精深的学问，其内涵极为丰富。

一、做领导的本职工作

领导者有条不紊地办事是一种艺术。在组织中，我们经常看到这样的领导者，他们整天忙忙碌碌，放弃了娱乐、休息和学习，还总是感到时间不够用。作为一个领导者，当发现自己忙不过来的时候，就应该考虑自己是否已经影响了下属的职权，做了本来应当由下属去做的事。领导者必须明白，凡是下属可以做的事，都应授权让他们去做，领导者只应做领导者该干的事。

领导者的事包括决策、用人、指挥、协调和激励。这些都是大事，是领导者应该做的，但绝对不是说都应由单位的最高领导者来做，而应该分轻重缓急、主次先后，分别授权让每一级去管本级应管的事。企业的最高领导者应抓重中之重、急中之急，并且严格按照“例外原则”办事。也就是说，凡是已经授权给下属去做的事，领导者就要克制自己，不要再去插手；领导者只需处理那些没有对下属授权的例外事情。有些领导者太看重自己的地位和作用，事无巨细，其结果不仅是浪费了自己宝贵的时间和精力，还挫伤了下属的积极性和责任感，反过来又会加重自己的负担。

领导者对于那些必须由自己亲自处理的事也应先问三个“能不能”：能不能取消它？能不能与别的工作合并处理？能不能用更简便的方法处理？这样就可以把那些可做可不做的事去掉，把一部分事合并起来用最简便的方法去做，从而减轻负担，腾出更多时间进行思索和筹划，更好地发挥领导作用。

二、善于同下属交谈，倾听下属的意见

领导者在行使指挥和协调职能时，必须把自己的想法、感受和决策等信息传递给被领导者，影响被领导者的行为。同时，为了进行有效的领导，领导者也需了解被领导者的反应、感受和困难。这种双向的信息传递十分重要。交流信息可以通过正式的文件、报告、书信、会议、电话和非正式的面对面会谈等方式进行。其中，面对面的个别交谈是较好的深入了解下属方式，因为通过交谈不仅可以了解更多、更详细的情况，并且可以通过察言观色了解对方心灵深处的想法。善于与下级交谈是一种领导艺术。有些领导者在与下属谈话时，往往同时批阅文件，左顾右盼，精力不集中，结果不仅不能了解对方的思想，反而会伤害对方的自尊，失去下属对自己的尊重和信任，甚至还会造成冲突和隔阂。所以，领导者必须掌握善于与下属交谈、倾听下属意见的艺术。具体有以下六个方面。

(1) 即使不相信对方的话，或者对所谈的话题不感兴趣，在对方说话时，也必须认真倾听和分析。

(2) 要仔细观察对方说话时的神态，捉摸对方没有说出的意思。

(3) 谈话一经开始，就要让对方把话说完，不要随意插话，打断对方的思路，岔开对方的话题，也不要迫不及待地解释、质问和申辩。领导者倾听下属意见的目的在于了解对方的想法，而不是摆出“权威”去说服、教育对方。对方讲的是否有理，是否符合事实，可以留待以后研究。

(4) 如果希望对某一点多了解一些，可以将对方的意见改成疑问句简单重复一遍，鼓励对方做进一步的解释和说明。

(5) 如果对方诚恳地希望听到领导者的意见，领导者必须抓住要领，态度诚恳地就实质性问题做出简明扼要的回答，帮助对方解开思想上的“疙瘩”。同时，也要注意对方说的许多情况领导者可能并不清楚，在未加调查之前，不应表态和许诺，以免造成被动，引起更大的不愉快。对于谈话涉及的重大原则问题或应由上级主管部门处理的问题，领导者应实事求是地告诉对方，这些问题是自己不能单独处理的，需待研究以后才能答复。

(6) 领导者必须控制自己的情绪，不能感情用事。对方说话的内容，领导者可能同意，也可能不同意。但是，不管领导者自己的观点和情绪如何，都必须加以控制，始终保持冷静的态度让对方畅所欲言，仅此一点就会使对方感到领导者在注意他的意见。至于结果，可留待以后再谈，或留待对方冷静后自己去判断。

三、争取众人的信任和合作

企业的领导者不能只依靠自己手中的权力，还必须取得同事和下属的信任和合作。有些新到领导岗位的人只会自己埋头苦干，不善于争取别人的合作；也有个别人只想利用手中的权力来使副手和下属服从，而较少考虑如何取得他们的支持。其实，领导者和被领导者之间的关系不只是一种刻板的上下级关系，而应当建立真诚的合作关系。

(一) 平易近人

由于几千年封建思想的影响，在一些人的头脑中不自觉地残留着“官贵民贱”的意识，认为当上领导以后总比一般老百姓高一头。所以，领导者必须自觉地消除这种意识，在与同事和下属相处中要注意礼貌，主动向对方表示尊重和友好；在办事时多用商量的口吻，多听取和采纳对方意见中合理的部分；勇于承认和改正自己的缺点。既不要轻易发脾气、耍态度，也不要讲无原则的话，更不能随便表态、许诺。要谦虚待人，以诚待人。

(二) 信任对方

在分工授权后，领导者对下属不要随便插手干预，使对方感到自己的能力被怀疑。相反，领导者要用实际行动使下属感到自己是被信任的，自己对企业集体是重要的。这样，下属就会主动加强与领导者的合作。如果领导者能在授权的同时主动征求并采纳下属对工作的意见，使下属感到领导对他的器重，这将有利于增进相互之间的友谊和合作。如果领导者让自己的副手或下属长期感到被忽视，不能发挥自身的作用，则必将招致他们的不满和怨恨。

（三）关心他人

领导者要特别警惕不仅不能以权谋私，而且要在政治、思想、业务、生活等多方面关心他人。要为下属提高思想业务水平创造条件，不怕他们超过自己；要为下属解决生活上的困难，不怕麻烦；要吃苦在前，享受在后，在经济利益和荣誉面前一定要先想到他人。当企业取得成功时，千万不能忘记那些为企业做过贡献的人。

（四）一视同仁

为了加强企业的内聚力，克服离心倾向，领导者要团结一批同自己亲密无间、命运与共的骨干。同时，又要注意团结与自己意见不一、感情疏远或反对自己的人，关心和尊重他们，努力争取他们的友谊和合作。特别是在处理诸如提级、调资、奖励、定职等有关经济利益和荣誉问题时，必须一视同仁，秉公办理。当下属犯了错误，不论亲疏，都要平等对待，真诚地帮助他们认识并改正错误，但在进行处理时又要设身处地地为他们着想，坚持思想教育从严、组织处理从宽的原则。领导者必须懂得，很多人工作上犯错误，都是为了多做工作、做好工作而无意造成的，所以领导者对下属工作上的错误要勇于主动承担领导或指导责任。在下属受到外界侵犯或蒙受冤屈时，领导者应挺身而出，保护下属。这样，企业的全体人员就会感到只要好好干，都可以得到应有的尊重和信任，就会产生一种安全感、归属感，组织内部常有的“宗派”或“山头”自然也就失去存在的基础了。

四、做时间的主人

“时间就是金钱”“时间就是生命”，这是一条实实在在的真理。领导者要做时间的主人，首先要科学地组织管理工作，合理地分层授权，把大量的工作分给副手、助手、下属去做，以摆脱烦琐事务的纠缠，腾出时间来做真正应该由自己做的事。

（一）记录自己的时间消耗

有许多领导者忙了一天、一周或者是一个月，往往说不出究竟做了哪些事，哪些是自己应该做的，哪些不是自己该做的。年复一年地如此下去，浪费了许多宝贵的时间。为了珍惜自己的时间，把有限的时间用在自己应该做的领导工作上。领导者应养成记录自己时间消耗的习惯，每做一件事就记一笔账，写明几点到几点办什么事，每隔一两周对自己的时间消耗情况进行一次统计分析。这时就会发现，自己在时间的利用上有许多惊人的不合理之处，从而找到合理利用自己时间的措施。

（二）学会合理地使用时间

时间的合理使用因人而异、而宜，取决于企业的特点、企业的管理体制和组织结构、企业领导者的分工以及个人的职责和习惯，很难有一个统一的标准。表 6-2 是根据一位优秀领导者的经验列出的工作时间分配方式，一般来说，这样的时间分配是比较合理的。但尚有改进余地，如表内每周来用于学习、思考的时间偏少等。

表 6-2　　领导者每周工作时间的分配

工作内容	每周小时数	时间使用方式
1. 了解情况，检查工作	6	每天 1 小时
2. 研究业务，进行决策	12	每次 2～4 小时
3. 与主要业务骨干交谈	4	每次 0.5～1 小时
4. 参加社会活动(接待、开会等)	8	每次 0.5～2 小时
5. 处理企业与外部的重大业务关系	8	每次 0.5～2 小时
6. 处理内部各部门的重大业务关系	8	每次 0.5～3 小时
7. 学习与思考	4	集中一次进行

(三) 提高开会的效率

有许多领导者整天沉沦于文山会海之中，似乎领导的职能就是开会、批文件，而对开会是否解决了问题、效率如何，却全然不顾。只要开了会，该传达的传达了，该说的说了，就算尽到了责任。其实，不解决问题的会议有百害而无一利。开会要讲求经济效益，会议占用的时间也是劳动耗费的一种，会议的成本应纳入企业经济核算体系之内进行考核，借以提高开会的效率，节约领导者和与会者的宝贵时间。

项目小结

1. 领导是管理的一项重要职能，是一个动态行为过程。领导的本质是一种影响力。领导者通过其权力和影响力引导和推动被领导者更有效地实现组织目标。领导和领导者，领导和管理，领导者和管理者、管理人员这几组名词术语在含义上是有差异的。领导职能与其他管理职能之间有着明显区别，即领导工作具有极强的人与人互动的性质。领导过程主要是由权力或影响力的运用、沟通、激励这几方面工作构成的。

2. 权力是领导者对他人施加影响的基础。企业领导者不仅依靠制度职权，更应该运用个人权力，发挥个人影响，以达成有效领导。

3. 按照领导特质、领导行为及领导的权变思想将众多的领导理论进行了划分。各种领导理论对领导实践活动有着程度不同的指导意义，西方领导理论研究包括“特质论”“行为论”和“权变论”。

4. 领导是具有一定艺术性的，主要分为领导决策的艺术、合理用人的艺术、正确处理人际关系的艺术、科学利用时间的艺术等几个方面。

自我检测

一、单项选择题

1. 人的一切行为都是为了最大限度地满足自己的利益，工作的动机是为了获得经济报酬的人性假设是(　　)。

A. 经济人假设　　B. 社会人假设

C. 复杂人假设　　D. 自我实现人假设

2. 哈罗德·孔茨等人的观点认为，领导是(　　)。

A. 指导能力　　B. 激励能力　　C. 影响力　　D. 个人魅力

3. 下列理论中属于领导行为论的是(　　)。

A. 权变理论　　B. 路径-目标理论

C. 领导生命周期理论　　D. 管理方格理论

4. 下列各项中，属于来自下级尊敬的权力是(　　)。

A. 惩罚权　　B. 奖赏性权力　　C. 合法权　　D. 专长性权力

5. 德鲁克认为，“领导者的唯一定义就是其后面有追随者。一些人是思想家，一些人是预言家，这些人都很重要，而且也急需，但是，没有追随者，就不会有领导者。”这句话说明(　　)。

A. 领导的实质是组织成员的追随与服从

B. 领导者需要权力

C. 追随者比领导者更重要

D. 领导只有一个定义，其余的定义是错误的

6. 根据领导生命周期理论，领导者的风格应适应其下属的成熟程度而逐渐调整。那么，随着下属由不成熟向逐渐成熟过渡，领导行为应当如何转变？(　　)。

A. 命令式—说服式—参与式—授权式

B. 命令式—参与式—说服式—授权式

C. 高工作、低关系-低工作、高关系-高工作、高关系-低工作、低关系

D. 低工作、高关系-高工作、低关系-高工作、高关系-低工作、低关系

7. 刘邦在打败项羽的庆功宴上兴奋地说：“运筹帷幄，我不如张良；决胜于千里之外，我不如韩信；筹集粮草银饷，我不如萧何。而他们却都被我所用，这就是我得天下的原因。”从管理学角度看，以下哪种说法更准确？(　　)。

A. 知人善任，是领导者成功的一个关键因素

B. 一个领导者各方面的才能并不一定都要高于下属

C. 领导者不需要具备专业技能

D. 领导者要实现组织目标，必须把各方面能人吸引到自己的组织中来

8. 某大型企业的陈先生多年担任总工程师职务，前不久正式退居二线，但他的继任者在进行重大工程技术决策前总还要主动前去征询他的意见。之所以出现这种情况，你认为主要是陈先生拥有以下哪方面的影响力？（　　）。

A. 任职多年　　B. 德高望重　　C. 势力较大　　D. 技术专长

9. 你的部门因预算限制，有必要进行整编。你请了本部门中一个经验丰富的人负责这项工作，他在部门的每个领域都工作过，你认为他有能力完成这一任务，可他却似乎对这项任务的重要性反应漠然。此时，你应当采取哪种领导方式？（　　）。

A. 高任务、高关系　　B. 高任务、低关系

C. 低任务、高关系　　D. 低任务、低关系

10. 企业领导人的更换是每一个企业最艰难、最关键的一个“坎”。能否选出合适的接班人，对企业的安危至关重要。有的人认为，企业现任领导人应该选择和自己理念与行事风格相符合的接班人，只有这样才能保证企业一贯的增长。而另外一些人则认为，企业现任领导人应该选择和自己风格迥异的人，甚至可以是另一个极端，只有这样，企业才能健康发展。你如何看待？（　　）。

A. 这要视环境而定，在相对稳定的环境下，可选择风格相符的；在环境多变的情况下应该选择风格迥异的

B. 这要视环境而定，在相对稳定的环境下，可选择风格迥异的；在环境多变的情况下应该选择风格相符的

C. 这要视企业的发展阶段而定，在成长期，应该选择风格迥异的；在成熟期，应该选择风格相符的

D. 这要视企业的规模而定，在规模小时，应该选择风格迥异的；在规模大时，应该选择风格相符的

11. 某公司总裁刘华在工作中注重强化规章制度和完善组织结构。尽管有些技术人员反映他的做法有些生硬，但几年下来企业还是得到了很大的发展。根据管理方格理论，刘华的工作作风最接近于（　　）。

A. 1.1 型　　B. 1.9 型　　C. 9.1 型　　D. 9.9 型

12. 生产部王经理是早年从事一线生产的熟练技术工人，由于其个人技术娴熟、良好的品德与合作能力，组织上通过对他进行不断的培训，使他终于成为一名颇具管理头脑的中层管理者——生产部经理。上任后，他热情待人，亲自到生产一线与工人商讨技术问题；当员工由于疏忽而出现差错时，他并不是简单地批评指责，而是主动帮助员工分析问题出现的根源，帮助他们提高技术水平。一段时间后，员工看到王经理经常亲临生产作业现场，帮助员工发现并纠正问题，待人热情，原来工作松懈、偷懒的现象逐渐减少消失了。请问，是什么权力使王经理产生如此大的影响？（　　）。

A. 感召权力　　B. 专长权力　　C. 合法权力　　D. 以上三项都是

13. 下面哪一个理论关注下属的成熟度？（　　）。

A. 领导特性理论　　B. 路径-目标理论

C. 领导生命周期理论　　D. 权变理论

14. 某企业多年来任务完成得比较好，职工经济收入也很高，但领导和职工的关系却很差，该领导很可能是管理方格中所说的(　　)。

A. 任务型　　B. 乡村俱乐部型　　C. 贫乏型　　D. 中庸之道型

15. (　　)认为，某一具体领导方式并不是到处都适用的，领导者的行为若想有效，就必须随着被领导者的特点和环境的变化而变化。

A. 管理方格论　　B. 领导科学论　　C. 特质理论　　D. 权变理论

二、判断题

1. 权变理论认为，任何领导形态均可能有效，其有效性主要取决于是否适应所处的环境。(　　)

2. 职位权力包括合法权、奖赏权力、专长权力，非职位权力包括模范权。(　　)

3. 领导者的影响力主要来自职位权力和个人权力两种。(　　)

4. 布莱克和莫顿在管理方法中列出了五种典型的领导方式。(　　)

5. 传统的领导特性理论认为，领导者的品质是天生的，与后者的培育、训练和实践无关，因而传统的特性理论也称为伟人说。(　　)

6. 强调权力下放，主要是为了减轻领导者的负担。(　　)

7. 领导和管理是一回事。

8. 一个人可能是领导者，却并非是管理者。(　　)

三、简答题

1. 试分析领导和领导者、领导和管理、领导者和管理者、管理人员含义的异同点。

2. 领导特质理论、领导行为理论、领导权变理论研究的侧重点有何不同？各举出一种代表性理论加以说明。

3. 一则开会的通知登在一份分发给每个人的消息简报中后，仍然有不少人未按时来开会。事后获悉，很多人说不知道要开会。请分析这里面出现了什么问题？原因是什么？

4. 如何看待和处理领导工作中的冲突？

四、案例分析

案例一　李佳的工作调动

某计算机公司招聘录用了两名计算机专业刚刚毕业的大学生张强和李佳，公司人事经理决定让他们从事市场营销工作。虽然两个人都愿意从事该项工作，但张强个性外向、热情、开朗，善于交际且主动；而李佳则与之相反。一年后，张强完全适应了销售工作，且成绩出色，被提升为部门副经理；而李佳表现一般，仅能完成上级交给的任务。过了一段时间后，李佳找到人事主管谈话，说他对营销工作早已不感兴趣，准备辞职。人事主管经过私下了解，得知李佳有极强的创新精神，高中时就获得过科技发明奖。人事主管和公司总经理找李佳作了一番长谈后，将李佳调到公司研究开发部工作。李佳到新的工作部门不到一年，其两项发明就为公司创利20多万元。

讨论分析：

1. 为什么张强能适应营销性工作，而李佳就不能适应呢？
2. 如果你是公司管理者，你如何解决李佳提出辞职的问题？
3. 从这一案例中，你得到什么启示？

案例二 结合领导理论分析

假设你是某公司的经理，招聘了一名很有潜力的年轻下属，并在工作上给了他许多的指导和关心。可现在，你听到一些小道消息，说其他职员认为你对这位年轻人过于关心了，这时你该怎么办？

A. 给这个年轻人安排一项重要工作，让他向其他职员证明他的能力。

B. 疏远这个年轻人，接近其他职员，以证明你是公平对待每个人的。

C. 重新评价这个年轻人的能力和潜力，据此决定下一步应该怎样做。

D. 不理会小道消息，继续现在的做法。

问题：请你从这四种方案中选择合适的方案并说明理由。

案例三 一次重大的人事任免

某钢铁公司领导班子会议正在研究一项重大的人事任免。总经理提议免去公司所属的、有2 000名职工的主力厂——炼钢一厂厂长姚成的厂长职务，改任公司副总工程师，主抓公司的节能降耗工作；提名炼钢二厂党委书记林征为炼钢一厂厂长。姚、林二人都是公司的老同志了，从年轻时就在厂里工作，大家对他们的情况可以说是了如指掌。

姚成，男，48岁，中共党员，高级工程师。20世纪60年代从南方某冶金学院毕业后分配到炼钢厂工作，一直搞设备管理和节能技术工作，勤于钻研，曾参与主持了几项较大的节能技术改造，成绩卓著，在公司内引起较大震动。1983年他晋升为工程师，先被任命为一厂副总工程师，后又任生产副厂长，1986年起任厂长至今，后又被聘为高级工程师。该同志属技术专家型领导，对炼钢厂的生产情况极为熟悉，上任后对促使炼钢一厂能源消耗指标的降低起了巨大的推动作用。他工作勤勤恳恳，炼钢转炉的每次大修理他都亲临督阵，有时半夜入厂抽查夜班工人的劳动纪律，白天花很多时间到生产现场巡视，看到有工人在工作时间闲聊或乱扔烟头总是当面提出批评，事后通知违纪人所在单位按规定扣发奖金。但群众普遍反映，姚厂长一贯不苟言笑，没听姚厂长和他们谈过工作以外的任何事情，更不用说和下属开玩笑了。他无论到哪个科室来谈工作，一进办公室大家的神情便都严肃起来，犹如“一鸟入林，百鸟压音”，大家都不愿和他接近。姚厂长对他自己特别在行的业务，有时甚至不事先征求该厂总工程师的意见，直接找下属布置工作，总工对此已习以为常了。姚厂长手下几个很能干的“大将”却都没有发挥多大的作用。据他们私下说，在姚手下工作，从来没受过什么激励，特别是当他们个人生活有困难需要厂里帮助时，姚厂长一般不予过问。用工人的话说是“缺少人情味”。久而久之，姚厂长手下的骨干都没有什么积极性了，只是推推就动动，维持现有局面而已。

林征，男，50岁，中共党员，高中毕业，在基层工作多年，前几天才转为正式干部，任车间党支部书记。该同志脑子灵活，宣传、鼓动能力强，具有较突出的工作协调能力。1984年出任钢二厂厂办主任，1986年调任公司行政处副处长，主抓生活服务，局面很快被打开。1988年炼钢二厂党委书记离休，林征又回到了炼钢二厂任党委书记。林征擅长做人的思想工作，善于激励部下，据说对行为科学很有研究。他对下属非常关心，周围的同志遇到什么难处都愿意和他说，只要是厂里该办的，他总是很痛快地给予解决。他民主作风好，工作也讲究方式方法，该他做主的事从不推三阻四。由于他会团结人(用他周围同志的说法是“会笼络人”)，工作力强，因此在群众中享有一定的威望。他的不足之处是学历低，工作性质几经变化，没有什么专业技术职称(有人说他是“万金油”)，对工程技术理论知之不多，也没有独立指挥生产的经历。

姚、林二人的任免事关炼钢一厂的全局工作，这怎么能不引起公司领导的关注？公司领导们心里在反复掂量，考虑对炼钢厂厂长这一重大人事变动提议应如何表态。

请分析：

1. 根据姚成的性格特点和技术专长，对他这次任免是否合适？
2. 对厂长的领导素质、领导风格应有什么要求？林征会成为一名合格的厂长吗？

案例四　有效的指挥

刘辉是一个服装连锁店的地区经理，他告诉商店经理们，每天晚上关门前，手边所有的现金必须就近存入银行的保险库。他反复强调了这一点，说道：“公司不想仅仅因为你们把现金平安无事地在店里放过夜而冒一次夜盗之险。”大部分经理认为这个指令合情合理，也不难照办。但有的商店位于市区，晚上去银行并不安全，或者有的商店离银行太远，他们的经理不会总是按照刘辉的指示去办。

不出所料，一家市区商店被夜盗，2 000多元的现金不见了。刘辉当面对那个经理说：“你被解雇了！你知道规定每天晚上要把现金存入银行保险库，你是故意违反它的。”

那个商店经理反驳道：“这个规定对我来说太过分了。你应该知道，我们这个地段晚上人们去银行已经发生过好几次半路打劫，我想告诉你，可你根本听不进去。再说，我知道商店已为这次损失投了保险。无论怎么说，你不能为此解雇我。这一规定又不是书面条文。不得已的话，我会把这件事递交公司总裁。”

请分析：

1. 如果你是公司总裁，你会怎么做？
2. 如何评价这名地区经理的指挥能力？
3. 你认为刘辉赞成麦格雷戈的X理论还是Y理论？

项目七　有效激励

学习目标

1. 了解人的基本行为模式，掌握激励过程模式。
2. 理解激励的概念，明确激励的作用。
3. 掌握相关激励理论。
4. 掌握激励的相关方式、方法。
5. 使学生具有公平意识。
6. 培养学生在工作中乐于奉献的精神。

案例引入

王刚的职业困惑

王刚已经40岁了。回首过去二十几年的奋斗历程，很为自己早年艰苦而又自强不息的日子感叹不已。自己没有稳定的工作就结了婚，妻子是个孤女，有一栋虽然面积不小但很破旧的平房。妻子在待业之中，为生计发愁。后来，王刚在某企业找到了一份固定的工作，并很快被提拔为工段长，接着又成为车间主任，进而提升为生产部长。他记得，那段日子对他个人和公司来说，都是极为重要的转折。王刚没日没夜地为公司工作，为自己是其中的一分子感到自豪。他的付出也给他带来了丰厚的回报——他的工资收入已相当可观了，更重要的是，他在不断的提拔、升迁中得到了权力和地位。

有段时间，王刚自己也沾沾自喜过，可现在细细想来，觉得自己并没有什么成就，心里老是空落落的。王刚现在是企业生产的总指挥官，看着企业一年比一年不景气，很想在开发新产品方面为企业做些更大的贡献。可他在研究开发和销售方面并没有什么权力。王刚曾多次向企业领导提议变革组织设计方式，使中层单位统筹考虑产品的生产、销售及研究开发问题，以增强企业的活力和创新力。可领导一直没有这方面的想法。所以，王刚想换个单位，换个职务不要太高，但能真正发挥自己潜能的地方。可自己已步入中年，"跳槽"又谈何容易。

思考：

1. 运用激励理论，对王刚的职业历程中所体现的个人需要的满足情况以及他目前的困惑做出分析。

2. 如果王刚有意跳槽到你所领导的单位，你应该在哪些方面采取措施吸引他并给他提供他所看重的激励？

任务一　分析激励过程

案例分享

张小姐是一家软件公司的销售主管，能力强，热爱工作，成绩显著。今年被派到她喜欢的上海分公司，升任销售经理，薪水也增加了。但是，近期她不但没有工作热情，甚至还有了辞职的念头。

为什么升职加薪了反而要辞职呢？经了解得知：原来，张小姐的不满来自她的上司。她的上司李总对张小姐刚到上海工作颇不放心，担心她做不好，总是安排一些很简单的工作，并且在张小姐工作时也经常干预。张小姐工作能力较强，习惯独立思考问题、解决问题，对上司的频繁干预，张小姐非常不习惯，并逐渐导致不满。

问题：

1. 为什么张小姐提升了职位并且增加了薪水却还要辞职呢？
2. 张小姐的上司是否真正了解下属的需求，并给予下属正确的激励？

一、激励与行为

激励原理

什么是激励？美国管理学家贝雷尔森（Berelson）和斯坦尼（Steiner）给激励下了定义："一切内心要争取的条件、希望、愿望、动力等都构成了对人的激励……它是人类活动的一种内心状态"。心理学家一般认为，人的一切行动都是由某种动机引起的。动机是人类的一种精神状态，它对人的行动起激发、推动、加强的作用。人类有目的的行为都是出于对某种需要的追求，未得到满足的需要是产生激励的起点，进而导致某种行为。行为的结果可能使需要得到满足，之后再发生对新需要的追求；行为的结果也可能是遭受挫折，追求的需求未得到满足，由此而产生消极的或积极的行为。

未满足的需要对人的激励作用的大小，取决于某一行动的效价和期望值。所谓效价是指个人对达到某种预期成果的偏爱程度，或某种预期成果可能给行为者个人带来的满足程度。期望值则是某一具体行动可带来某种预期成果的概率，即行为者采取某种行动，获得某种成果，从而带来某种心理上或生理上的满足的可能性。显然，能够满足某一需要的行动对特定个人的激励力是效价与实现可能性的综合作用的结果。激励力、某一行动结果的效价以及期望值之间的相互关系可表示为

$$激励力=某一行动结果的效价\times期望值$$

二、内因与外因

激励理论是建立在对人的运动规律的认识基础之上的。人的运动形式主要分两大类：生命运动和思维运动。生命运动包括人体的、机械的、物理的、化学的、生物的变化规律。思维运动包括思维、实践、知识、技能等活动形式。人的生命运动是思维运动的物质基础，当人的生命运动结束时，思维运动也必然随之而终止。同时，思维运动又对生命运动有着能动的反馈作用，人的生命运动与思维运动是辩证的统一。

人生活于特定的环境之中，这个环境包括气候、水土、阳光、空气等自然环境和社会制度、劳动条件、经济地位、文化条件等社会环境。环境对人的影响是客观的，人和外界环境的关系也是辩证统一的。环境是人运动的条件，自身条件是人运动的根据，环境对人的运动有影响作用，但必须通过人的自身条件才能起作用。所以，改善外部环境是必要的，但更重要的是提高人的自身素质，增强适应环境、改造环境的能力。

根据这个观点，可以把人的行为（B）看成是其自身特点（P）及其所处环境（E）的函数，即

$$B=f(P,E)$$

因此，为了引导人的行为达到激励的目的，领导者既可在了解人的需要的基础上创造条件，促进这些需要的满足，也可通过采取措施，改变个人行动的环境。这个环境就是库尔特·卢因（Kurt Lewin）所提出的人的行动的“力场”。

卢因把人看作是在一个力场上活动的，力场内并存着驱动力和遏制力，人的行为便是场内诸力作用的产物。

领导者对在“力场”中活动的员工行为的引导，就是要借助各种激励方式，减少遏制力，增强驱动力，提高员工的工作效果，从而改善企业经营的效率。

三、对人的认识

对组织中人的不同假设，将直接影响管理者的管理行为。美国行为科学家道格拉斯·麦格雷戈（Douglas M-Mc Gregor）在其所著的《企业的人性方面》一书中提出了X-Y理论；美国心理学家和行为科学家谢恩（Edgar H. Schein）归纳并提出了人性的四种假设，即经济人、社会人、自我实现人和复杂人。还有许多行为学家都对“人性”也有所论述。

（一）"经济人"假设

"经济人"又称"理性经济人"。这种假设起源于享乐主义的哲学观以及亚当·斯密关于劳动交换的经济理论。该假设认为，人的一切行为在于追求本身的最大利益，工作的动机是为了获得劳动报酬。亚当·斯密曾在数次演讲中这样表述自己关于"经济人"的观点，"我们吃的面包，不是出于面包师的恩惠，而是源于他们对钱财的贪婪"。这句话形象地说明了"经济人"将追求个人的经济利益当作行为的唯一目标。

麦格雷戈提出的X理论就是对"经济人"假设的概括。其基本观点包括以下五点。

（1）多数人十分懒惰，他们总是想方设法逃避工作。

（2）多数人没有雄心大志，不愿负任何责任，而心甘情愿地受别人的指导。

（3）多数人的个人目标都是与组织目标相矛盾的，必须用强制、惩罚的办法，才能迫使他们为达到组织的目标而工作。

（4）多数人工作是为了满足基本的需要，只有金钱和地位才能鼓励他们工作。

（5）人大致可分为两类，多数人都是符合上述设想的人，另一类人是能够自己鼓励自己，克制感情冲动，这些人应该承担管理的责任。

"科学管理之父"泰勒对于人性的看法是"经济人"假设的典型代表。他认为工人的主要动机是经济的，工人最关心的是如何提高自己的金钱收入。因此，管理工人的最好方式是"胡萝卜加大棒"，即一方面以金钱给予激励，另一方面则以惩罚加强约束。X理论也提出了针对"经济人"应当采取的管理原则，主要包括以下三点。

（1）管理工作的重点是如何提高生产效率、完成工作任务，实现组织目标。管理者的主要职能是计划、组织、控制、经营、指导和监督，情感和道义等方面的问题不在管理者的考虑范围之内。

（2）强调严密的组织，制定具体的规范和工作制度，如工时定额、技术规程等。

（3）以金钱报酬来刺激员工的工作积极性，并且对消极怠工的员工采取严厉的惩罚措施。

"经济人"假设曾经在管理界风靡一时，即便今天依然有少数管理者持有类似观点，但这是一种落伍的观点，它所涉及的管理方法和手段过于简单粗暴。

（二）"社会人"假设

这一假设起源于著名的霍桑试验，霍桑试验的结果对人性提出了新的认识——工人不是冰冷的机器，而是有感情的人，他们属于社会的一份子。除了物质需要以外，人们还会追求安全感、归属感、渴望人与人之间的友情、希望获得尊重与认同。因此，工人的工作态度、生产效率会受到和他人关系的影响，物质利益反而是次要因素。

"社会人"假设认为，社会性需要的满足往往比经济上的报酬更能激励人们。人们在长期的社会生活中发现，只有在顾全群体利益时，个人利益才能得到保证。

"社会人"假设的基本内容包括以下四点。

(1) 从根本上说，人是由社会需求而引起工作动机的，并且通过与同事的关系而获得认同感。

(2) 工业革命与工作合理化的结果，使工作本身失去了意义，因此只能从工作中的社会关系去寻求意义。

(3) 员工对同事们的社会影响力要比管理者所给予的经济诱因及控制更重视。

(4) 员工的工作效率随着上司能满足他们社会需求的程度而改变。

这种假设重视人的社会需要，认为人与人之间的关系对于调动劳动积极性有至关重要的作用。由此得出的管理方式与根据“经济人”假设得出的管理方式完全不同。“社会人”假设的重点包括以下两点。

(1) 强调除了注意工作目标(指标)的完成外，更应注意从事此项工作的人们的要求。管理者在指挥、监督的同时，应重视员工之间的关系，多沟通、联络，倾听员工的意见，培养亲密的联系并建立良好的感情。

(2) 培养员工的归属感和集体感。在对个人奖励的同时，应提倡集体奖励制度。

(三) “自我实现人”假设

“自我实现人”是由美国心理学家、管理学家马斯洛提出的。所谓自我实现，是指人都需要发挥自己的潜力，表现自己的才能，只有人的潜力和才能充分发挥并表现出来，人才会感到最大的满足。这就是说，人们除了物质和社会需求外，还有一种想充分运用自己的各种能力，发挥自身潜力，实现自我价值的欲望。麦格雷戈总结并归纳了马斯洛与其他类似的观点，提出了 Y 理论。其基本观点包括以下六点。

(1) 一般人都是勤奋的，如果环境条件有利，工作就如同游戏或休息一样自然。

(2) 控制和惩罚不是实现目标的唯一手段。人们在执行任务中能够自我指导和自我控制。

(3) 在适当条件下，一般人不仅会接受某种职责，而且还会主动寻求职责。

(4) 大多数人而不是少数人在解决组织的困难问题时，都能发挥出高度的想象力、聪明才智和创造性。

(5) 有自我满足和自我实现需求的人往往以达到组织目标作为自己致力于实现目标的最大报酬。

(6) 在现代社会条件下，一般人的智能潜力只得到了一部分的发挥。

Y 理论对人性拥有较为积极的看法，由此得出的管理方法和“经济人”假设、“社会人”假设都有很大不同，尤其和 X 理论形成了鲜明对比。后者强调通过外来的控制约束人的行为，而 Y 理论则看重人们的自我控制与管理。管理者相应采取的管理方式包括以下三点。

(1) 改变管理职能的重点。管理“经济人”的重点放在工作上，即放在计划、组织、控制、经营、指导和监督等方面；管理“社会人”重点放在人际交往上，即如何通过和谐的人际关系促进工作；而管理“自我实现人”，重点在于挖掘员工的潜力、鼓励员工成长、指导员工工作，为其营造最佳的工作环境。

(2) 改变激励方式。激励“经济人”用钱，激励“社会人”用良好的人际关系，这些都属于外部激励；而激励“自我实现人”，有赖于工作本身带来的挑战性和成就感，这种内部激励可以满足个体的自我实现需要，从深层次调动员工的工作积极性。

(3) 改变管理制度。不再通过管理制度束缚员工，而是给予员工更多的自主权，实施自我控制，让员工更多地参与管理和决策，迎接挑战，发挥才能。

(四) “复杂人”假设

“复杂人”是20世纪60年代末至70年代初提出的假设。前面几十年的研究和实践证明，“经济人”“社会人”“自我实现人”假设都过于片面，三种假设虽各有一定的合理性，但不能适用于一切人。人是复杂的，一个人本身在不同的年龄、地点、时期也会有不同的表现。人的需求随各种变化而改变，人与人之间的关系也会改变。

综合上述假设，权变理论学派提出了新的理论，称为超Y理论。其基本观点包括以下五点。

(1) 人的需要是多种多样的，且这些需要随着人的发展和生活条件的变化而发生改变。每个人的需要各不相同，需要的层次也因人而异。

(2) 人在同一时期内有各种需要和动机，它们会发生相互作用并结合成为统一的整体，形成错综复杂的动机模式。

(3) 人在组织中的工作和生活条件是不断变化的，因而会产生新的需要和动机。

(4) 一个人在不同单位或同一个单位的不同部门工作，会产生不同的需要。

(5) 由于人的需要不同，能力各异，对不同的管理方式会有不同的反应，因此没有适合任何组织、任何时间、任何个人的统一的管理方式。

世界上没有两片一模一样的树叶，也没有两个一模一样的人，更没有一成不变的管理方式，所以绝对不能一刀切。“复杂人”假设提醒管理者，在实施管理行为时要了解每个员工的个体差异，对不同的人、不同的情况，要采取不同措施。

通过对“经济人”“社会人”“自我实现人”“复杂人”这四种人性进行分析，我们可以意识到人性复杂、需求众多，激励的首要工作是理解和认识人性。管理者之所以会采取不同的激励方法和手段，是因为对人性的认知有所不同。

四、激励的基本过程

当个体被激励时，他会就自身的内外部条件做出反应，激励的过程本质上就是一个需要不断获得满足的过程，具体如图7-1所示。

个体的需要未满足将引起心理紧张，这种心理紧张的压力会诱发动机，即使在缺乏需要的情况之下，外界诱因也可能引发动机，动机将直接指向个体行为。个体行为会出现两

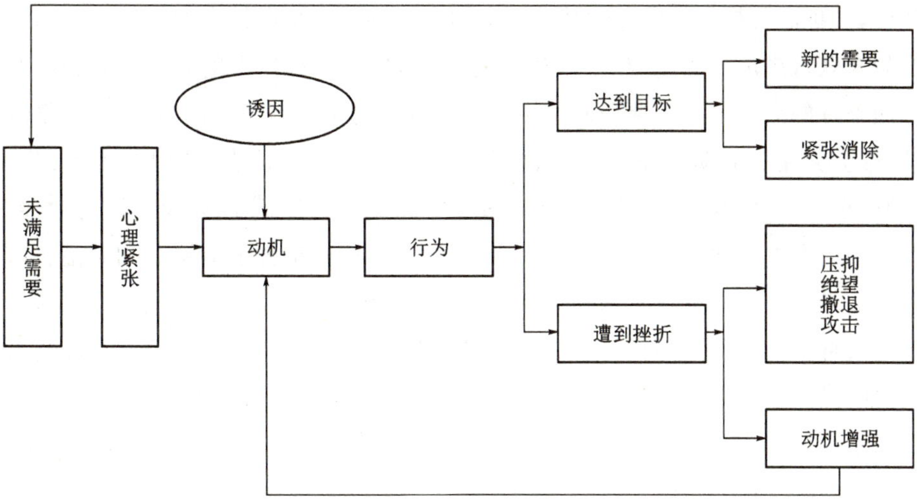

图 7-1　激励的基本过程

类结果，一是达成目标，二是遭受挫折。假使达成目标，紧张感将暂时消除，直到出现新的需要；假使遭受挫折，个体表现为压抑、绝望、撤退、攻击，或者是因为需要无法满足而增强动机。需要和动机是人类行为的直接驱动力。

激励的过程就是从未满足的需要出发，通过激发动机、引导行为，从而达到需要满足的过程。激励本身不是目的，而是一种达到目的的手段。激励作为一种内在心理活动，起着加强、激发、推动与调控行为的作用。激励工作的实质在于创设各种条件，发掘和满足个体的需要，激发个体的动机、强化个体的行为，引导他们有效工作，朝达成组织目标的方向发展。一个管理者对下属进行激励，就是想方设法满足下属的动机和愿望，并引导他们按所要求的方向去行动。

（一）需要

需要是指人对某种目的期望获得的愿望。人只要存在就离不开需要，需要是人们行动的出发点。管理者要想调动员工的工作积极性，首先就必须了解员工的需要，进而根据不同的需要采取相应的激励措施。

1. 需要的特征

需要的第一个特征是目标性。需要总是指向一定的目标，不存在无指向物的需要。需要的第二个特征是无限性和不满足性。人的需要是多种多样的，个体总是处于需要状态之中，永远不会停止。需要的第三个特征是共同性与个体性。人都需要空气、金钱、尊重等，这体现了需要的共同性。在这种共同性之下，每个人的需要又各不相同，对同种东西，每个人的需要程度也不相同。

2. 需要的分类

（1）物质需要和精神需要

按照需要的性质，可以分为物质需要和精神需要。物质需要主要指个体对衣、食、住、行的需要，这种需要是人们生存的基础。个体对这种需要指向社会的物质产品，并以占有这些产品来获得满足。例如，对工作和劳动条件的需要，对日常生活必需品的需要，对住房和交通条件的需要等。精神需要主要指个体对一定文化、艺术、科学知识、道德观念、政治信仰、社会交往等活动的需求。例如，人们对事业理想的追求、知识的渴求、艺术的欣赏、爱的追求等。这种需要的满足也要通过一定的文化、艺术产品以及一定的社会文化活动，如看话剧、看电视、听音乐会、社交活动、运动会等达到精神上的享受和满足。所以，物质需要与精神需要之间有着密切的关系，不可孤立地划分。人们在追求物质需要的同时也表现出某种精神需要，如向往整洁、雅静的住房，时尚的衣着，音质优美的音响系统等。精神需要的满足也离不开一定的物质产品，例如，满足阅读的需要不能没有报纸、杂志、书籍以及图书馆等物质条件，满足艺术欣赏的需要不能没有乐器、表演者的服饰及表演场地等。

（2）自然性需要和社会性需要

从需要的发展过程来看，需要又可以分为自然性需要和社会性需要。自然性需要又称生物学需要，包括饮食、运动、休息、睡眠、排泄、配偶、嗣后等。这些需要主要由机体内部某些生理不平衡状态所引起，对有机体维持生命、延续后代有重要意义。人和动物都有自然需要，但需要的具体内容不同，满足需要的对象和手段也不一样。人生活在社会中，人的自然需要不仅可以通过自然物体得到满足，而且可以通过社会产品得到满足。例如，人需要新鲜空气，人们不仅可以在大自然中获取，也可以通过使用空调设备或空气净化器等现代化的技术手段来满足。同时，人的自然需要还要受社会文化需要的调节。例如，人们的进食不仅受机体的饥饿状态所支配，而且还受到各种社会风俗习惯、礼仪、不同社会场合的调节，在大庭广众、宾朋满座的情况下，人们即使饥肠辘辘，通常也不会狼吞虎咽地进食。

社会性需要是人们特有的需要，是个体在成长过程中通过各种经验积累获得的一种特有的需要，是后天习得的、与人的社会生活相联系的需要。它受到个体所处的文化背景、社会风俗以及经验的影响，因而表现出不同的社会特征、阶级特征、民族特征和个性特征。例如，中国男女之间的交往需要受中国儒家思想的影响，带有民族色彩，不像西方那样开放。社会性需要在人类的生活中具有重要的意义。例如，劳动的需要、交往的需要、归属的需要、美的需要等，都是人类生活中所必需的，这些需要虽说不像生理需要那样，一旦得不到满足就会导致死亡，但也会引起痛苦、沮丧和焦虑等情绪，甚至会引发疾病。同时，这种需要比较内在，往往隐藏于一个人的内心世界，不易被别人觉察。

（二）动机

动机是行为的心理动力，它引发行为指向一定的目标，并由于行为后的有利结果而强化行为。动机是在需要的基础上产生的，没有需要就不会产生动机。但需要一般并不直接引起行为，只有当需要转化为动机后，才能引发和维持行为。人的需要的多样性和复杂性决定人的动机有多样性。

1. 动机的分类

(1) 先天性动机和习得性动机

先天性动机是基于人的本能而产生的原始动机,如需要食物、趋吉避凶等。习得性动机是经过后天学习所处的环境而获得和拥有的动机,如对地位、权力等获得的欲望。

(2) 内部动机和外部动机

这一分类是根据动机产生的途径来区分的。内部动机源自对工作本身的兴趣、对成功的满足感和创造的愉悦感。一个员工在进行创造性的工作后,领导者虽未表扬或鼓励他,但他可以通过产生自我满足保持工作劲头,这是内部动机。外部动机是由外部刺激(如物质条件、奖励制度等)对人诱发产生的动机,如员工为了获得奖酬和晋升而努力工作等。

(3) 主导动机和辅助动机

在复杂的活动中往往存在着多种动机,它们的作用和性质可能有所不同。其中最强烈、最稳定、处于支配地位的动机,就是主导动机,它决定了动机的特征。主导动机支配人的行为,而辅助动机是其他起补充作用的动机,它们微弱,不稳定,处于次要地位。

2. 动机的公式

20 世纪 30 年代,霍尔(C. Hall)提出了内驱力理论,认为动机激发受内驱力习惯和诱因的影响,表示为

$$E=D \cdot H \cdot I$$

式中,E 代表一个人的努力程度;D 代表一个人的内驱力;H 代表一个人的习惯;I 代表诱因。

现代心理学家在霍尔的理论基础上提出了动机激发循环的概念,认为需要、内驱力、目标三要素构成了一个不断循环的动机激发的完整过程,如图 7-2 所示。

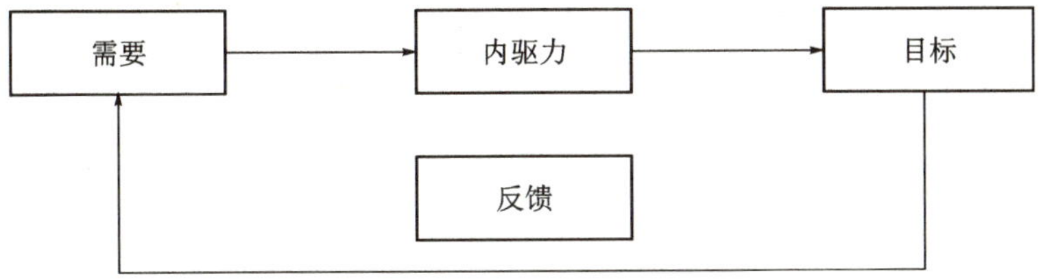

图 7-2 基本的动机激发循环

(三) 行为

行为是人类在日常生活中所表现出的一切动作。人的行为源于脑神经的作用所形成的精神活动(意识)。当意识外显为动作时,便形成了行为,而意识本身也是一种内在行为。个体行为具有目的性、主动性、动机性和可塑性等特征。

个体的行为除了受动机的支配外，还受外部环境状况的影响。德国生理学家库尔特·勒温(Kurt Lewin)认为，人类行为取决于内在需要和外在环境的相互作用。当人们的需要尚未得到满足时，个体就会产生一种内部立场的张力，而周围环境(外在因素)起导火线的作用。他提出了著名的行为公式：

$$B=f(P\cdot E)$$

式中，B 为行为；f 为函数；P 为个人的需要(内在心理因素)；E 为外界环境(自然社会的影响)。

任务二　解读激励理论

目前对激励问题的研究主要有管理学激励理论和经济学激励理论。本任务主要介绍管理学激励理论。

自 20 世纪 20 年代以来，国外许多管理学家、心理学家和社会学家从不同的角度研究了怎样激励人的问题，提出了许多管理激励理论。这些理论从不同的侧面研究了人的行为动因，但每一种理论都具有其局限性，不可能用一种理论去解释所有行为的激励问题。组织的管理者要想有效地激励员工，必须较全面地了解各种激励理论。通常激励理论分为三大类，即内容型激励理论、过程型激励理论和行为改造型激励理论。这里主要介绍三类理论中具有代表性的理论，如图 7-3 所示。

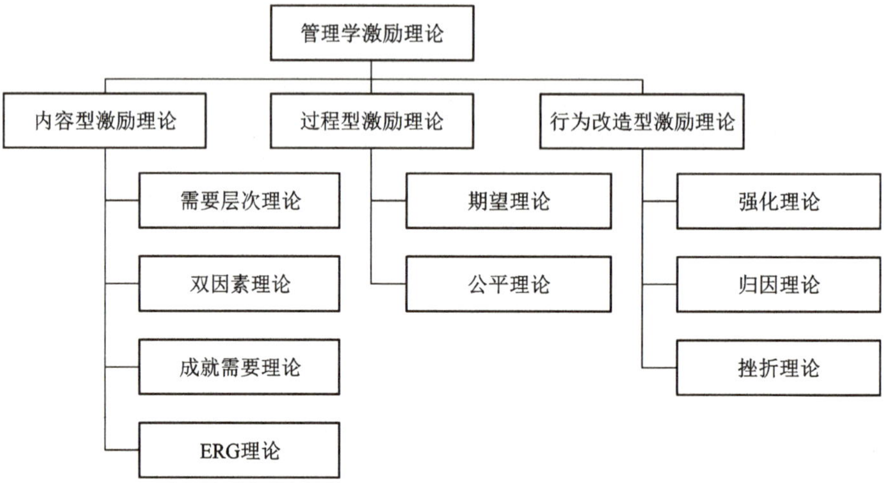

图 7-3　管理学激励理论框架

内容型激励理论又称需要型激励，它从静态角度探讨激励问题，着重对引发动机的因素及激励的内容进行研究。该理论认为，人的动机是由需要引起的，了解人的需要特别是主导需要是激励的出发点。

过程型激励理论是在内容型激励理论的基础上发展起来的，研究如何由需要引起动机，由动机推动行为，并由行为导向目标的理论。从激励过程的各个环节探索对行为起决定作用的某些关键因素，即有哪些重要因素对人的行为和动机发生作用，进而激励员工的积极性。

行为改造型激励理论着重研究如何通过激励来改造和转化人的行为。这种理论主张对激励进行针对性的刺激，只看到员工的行为与其结果之间的关系，而不是突出激励的内容和过程。如果这种刺激对他有利，则这种行为就会重复出现；若对他不利，则这种行为就会减弱直至消失。因此管理者要采取各种方式，以使人的行为符合组织的目标。

课堂提问

结合管理学的激励原理分析“授人以鱼，不如授人以渔；授人以渔，不如授人以欲”。

一、需要层次理论

激励的需要理论

亚伯拉罕·马斯洛（Abraham H. Maslow）是美国著名心理学家，第三代心理学的开创者。他于 1954 年在其代表作《动机与个性》中提出的需要层次理论是最著名的激励理论，几十年来流传甚广，是学者们揭示个体需要规律的主要理论。马斯洛需要层次理论的主要内容包括四个方面。

（一）人的多种需要可分为五个层次

人类的需要是多种多样的，按照各种需要的重要性和发生的先后次序，可将它们排成一个等级模式，由低到高依次为生理需要、安全需要、社交需要、尊重需要和自我实现需要，如图 7-4 所示。

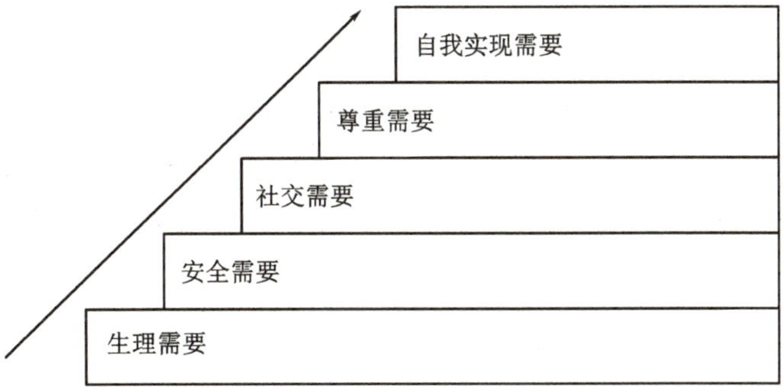

图 7-4 需要层次理论的五个层次

生理需要是人类为了维持其生命而产生的最基本需要，也是需要层次的基础。例如，饮水、进食、睡眠、排泄、性生活等，这是人类最原始、最基本的需要，是人和动物所共有的，其满足主要通过物质手段。马斯洛认为，当生理需要的满足还未能维持人们生存，其他需要不可能激励他们。他曾经说过，“一个人如果同时缺少食物、安全、爱情以及价值等，则其最强烈渴求当推对食物的需要”。

安全需要是人类保护自己免受生理和心理伤害的需要。当人们的生理需要获得满足，他们会开始考虑安全的需要。这种安全的需要不仅局限于人身财产安全的保障，还希望眼前的秩序不被破坏，已获得的一切不再丧失或被剥夺。人们购买保险就源于安全需要。

社交需要出现在生理需要和安全需要被满足后。人类是社会性动物，拥有感情，希望与他人交往，建立持久、稳定的联系，渴望爱与被爱。同时，他们还希望自己隶属于某一团体，从而得到这一共识群体的关心、爱护、支持和帮助。

当归属感获得满足，人们又不肯仅仅停留于作为团体普通一员。他们希望群体的其他人尊重自己的品格和劳动，对自己的工作、人品、能力等给予承认和较高的评价。他们希望得到高于他人的地位、名誉和声望，并且发挥一定的影响力。

马斯洛认为自我实现需要是人类最高层次的需要。自我实现需要是个体要实现个人理想和抱负，最大限度发挥个人潜力、获得成就实现自我的需要。“音乐家必须演奏音乐，画家必须绘画，诗人必须写诗，这样才能使他们感到最大的快乐”。

案例分享

小猴进城

小猴想进城，可没人拉车。他想呀想，终于想出了一个好主意。他在车上系了三个绳套：一个长，一个短，一个不长也不短。他叫来了小老鼠，让他闭上眼，拉长套；又叫来小狗，让他闭上眼，拉短套；他再叫来小猫，在小猫背上系了一块肉骨头，让小猫闭上眼，拉不长不短的绳套。小猴爬上车，让大家一齐睁开眼，小老鼠看见身后有猫，吓得拉着长套拼命跑；小猫看见前面有只老鼠，拉着套使劲地追；小狗看见猫背上的肉骨头，馋得直往前撵。小猴快快活活地坐在车里，不一会儿就进了城。

启示：调动员工的积极性，最重要的是要分析员工的不同需要，为员工设置看得见的目标，让他们感到有奔头、有动力，领导者在激励时要考虑到人的不同需求从而“投其所好”。

（二）需要的实现和满足具有顺序性，即由低到高逐级实现

马斯洛提到的五种需要在个体心目当中的排列顺序并不是一致的。生理需要、安全需要、社交需要、尊重需要、自我实现需要由低到高排列，遵循递进规律。在较低层次的需要得到满足之前，较高层次需要的强度不会太大，更不会成为主导性需要。也就是说，一般情况下，个体只有在较低层次的需要得到相对满足后，才会产生满足较高层次的需要；如果较低层次的需要未得到满足，就可能牺牲较高层次的需要。比如，一个饥寒交迫的人

可能会不顾一切地寻找食物，哪怕冒着枪林弹雨；而一个生命安全随时受到威胁的人，难以顾及亲情、友情和爱情。在需要层次的逐级上升过程中，需要的满足并不一定总是百分之百的。只有较低层次的需要有了一定程度的满足，可以暂时缓解紧张感，便不再成为主导性需要，而较高层次的需要就成为行为的主要动力。古语云“饱暖思淫欲”就是这个道理。

(三) 不同个体的需要具有差异性

马斯洛认为，由于个人的需要结构发展状况不同，五种需要在体内形成的优势位置也不同。人们往往是五种需要同时存在，但各自需要强度不同。有的人更看重生理需要，有的人更看重安全需要，有的人强调社交需要，有的人强调自尊需要，还有的人最关心自我实现需要。有的人牺牲高层次需要去谋取低层次需要，也有的人为了实现高层次需要而舍弃低层次需要。

马斯洛需要层次论作为著名的动机理论，为研究人的行为提供了较为科学的理论框架，是激励理论的基础。他将人类纷繁复杂的各种需要总结归纳为五大类，揭示了人们行为的基本规律，为管理者的激励工作提供了非常有益的帮助。在马斯洛需要层次理论的指导之下，管理者的激励工作应当注意如下两点。

(1) 员工的需要可以分为五个层次，这五个层次的需要必须通过不同的激励方式给予满足。比如，提供足够的薪金满足生理需要；通过提供医疗保险、失业保险等满足安全需要；通过关怀和帮助满足社交需要；通过奖励表扬下属满足尊重需要；用授权等方式满足下属自我实现需要等，见表 7-1。

表 7-1 不同层次需要的满足方式

需要层次	满足方式
生理需要	足够的薪金、舒适工作环境、适度工作时间
安全需要	工作保障、退休保障、福利保障
社交需要	上司的关怀、友善的同事、联谊小组
尊重需要	职衔、奖励表扬、授予称号、公开场合露面
自我实现需要	富有挑战性的工作、工作的自主权、决策权

(2) 人的激励状态取决于其主导需要是否满足。主导需要是指在各种需要中占据统治地位，对个体的心理、生理产生最严重紧张感的未满足需要。管理者希望激励工作更富成效，必须先了解员工的主导需要是什么，因为当一组需求得到满足时，这组需求就不再成为激励因素了。例如，对于已经获得高薪的员工，采取涨工资的办法并不能充分调动其积极性，满足安全需要或其他需要可能会有更好效果。

(四) 需要层次理论的局限性

马斯洛需要层次理论有其积极的作用，但也有以下局限性。

(1) 对需要层次的分析简单、机械。人类需要的发展并不一定遵从马斯洛需要层次论所提出的规律，即只有经过某一个层次需要才能有下一层的需要。伴随着环境和人的情况的变化，人们总是同时存在着若干需要，这几种需要同时产生动机。这些动机有强有弱，彼此相互争斗，而马斯洛却忽视了这种强弱之分和争斗过程。

比如，在挖掘庞贝古城时，人们总是为了那些母亲的无畏身影而感动，她们不顾自身安危，将孩子紧紧护在身下。灾难来临的瞬间，亲情战胜了一切，哪怕是生命。“递进规律”面对如此选择，难免显得呆板苍白。

(2) 理论基础具有局限性。马斯洛的理论体系是以人本主义为理论基础，其心理学理论核心是人通过“自我实现”，满足多层次的需要系统，达到“高峰体验”，重新找回被技术排斥的人的价值，实现完美人格。这是一种利己主义的观点，认为人的需要都是本能的活动，都是生而具有的，生理需要是为了自己的生存，安全需要是出于趋利避害的本能，社交需要是为了自己享受生活的乐趣，自尊和自我实现的需要是为了出人头地。显然，这不是一种科学的理论假设。古往今来，许多英雄和伟人为了社会理想、民族大义牺牲个人利益，这种超越自我的实现，是马斯洛需要层次论无法解释的。

(3) 未能反映社会环境、意识形态等对需要模式产生的巨大影响。马斯洛所提到的发挥主观能动性和自我实现忽视了社会需要、条件和制约，更没有考虑个人对社会的责任和贡献。

课堂提问

领导对于员工的不同需要是否都应当给予满足？

二、双因素理论

(一) 双因素理论的内容

弗雷德里克·赫茨伯格(Frederick Herzberg)是美国心理学家，曾获得纽约市立学院的学士学位和匹兹堡大学的博士学位，在美国和其他 30 多个国家从事过管理教育和管理咨询工作。

1959 年，赫茨伯格在美国匹兹堡地区针对 11 个工商业机构的 200 多名工程师、会计师进行调查征询，询问他们什么时候对工作感觉到特别满意，什么时候对工作感觉到特别不满意。结果发现，受访人员举出的不满项目大都同他们的工作环境有关，而感到满意的因素则一般都与工作本身有关。据此，赫茨伯格提出了双因素理论，全名“激励、保健因素理论”。

传统理论认为，满意的对立面是不满意，赫茨伯格却认为这种观点是不正确的。根据双因素理论，满意的对立面是没有满意，不满意的对立面是没有不满意，如图 7-5 所示。

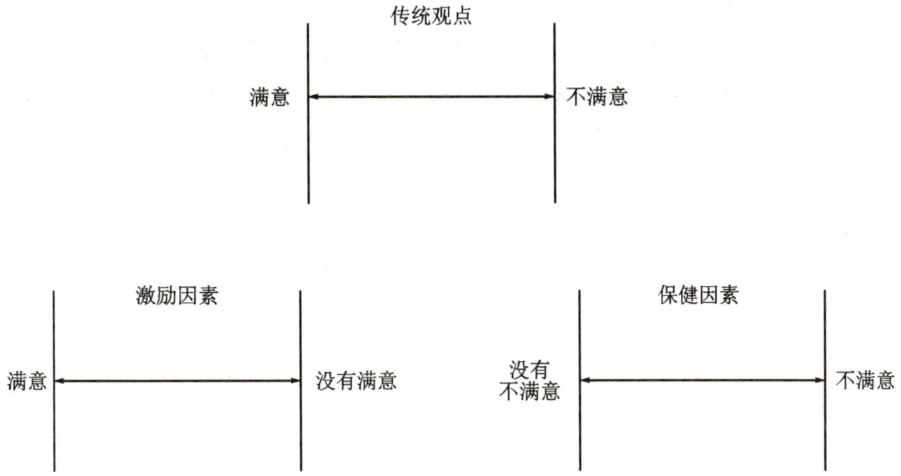

图 7-5　传统观点与赫茨伯格观点的比较

基于图 7-5 的满意度区分方式，赫茨伯格将影响员工工作积极性因素分为两类：激励因素和保健因素。这两种因素彼此独立，并且以不同的方式影响人们的工作行为。

所谓激励因素，就是那些能够使职工感到满意的因素。赫茨伯格发现，能够让员工满意的原因有：工作表现机会、工作本身的乐趣、工作上的成就感、对未来发展的期望、职务上的责任感，等等。它们的改善能够让员工感到满意，调动员工工作积极性、激发其工作热情、从根本上激励员工，提高劳动生产效率。但如果此类因素处理不好，也不会引起员工太大的不满和负面影响。

保健因素，就是那些造成职工不满的因素。赫茨伯格发现，造成员工不满的主要原因有企业的政策、行政管理、工资发放、劳动保护、工作监督以及各种人事关系处理等。这些因素如果得到改善，能够解除职工的不满，却不能使职工感到满意并激发起职工的积极性。员工只是处于一种既非满意，又非不满意的中心状态，不会产生积极后果。它们只带有预防性，只起维持工作现状的作用，不能直接起激励的作用。把握好可以避免问题的产生，但并不能带来飞跃性的提升和进展，因此称为“维持因素”。

赫茨伯格的双因素理论提醒管理者并非所有激励措施的实施都能带来士气大增、效率提高的成效，某些激励性条件的提出仅仅能消除员工的不满，并不代表着满意的结果。所以，在激励过程当中，管理人员不仅要注意保健因素必须予以保证，而更要重视激励因素的作用。传统的提高薪酬、改善工作环境等外部激励手段，仅仅是激励的一方面，更重要的是重视内部激励方法，使工作具有挑战性，使人有成就感，有提升、成长和发展的机会，以此获取员工的满意度和积极性。同时，为了提高每一项激励措施的绩效，必须实际研究作用效果，不断改善。比如使用发放奖金的手段，平均分配或是奖金差额过少都难以起到激励作用。但如果抛却“吃大锅饭”的做法，缩小奖励面，拉开奖金档次，激励效果就会显著。

（二）对双因素理论的评价

双因素理论在国内外都有很大影响，该理论对激励的贡献是显而易见的。要调动和维持员工的积极性，首先要注意保健因素，以防止不满情绪的产生，但更重要的是要利用激励因素去激发员工的工作热情，努力工作，创造奋发向上的局面，因为只有激励因素才会增加员工的工作满意度。

但是，也有许多人对双因素理论提出了批评，主要有以下四点。

（1）调查取样的数量和对象缺乏代表性。样本仅包括200多人，数量较少，而且对象都是工程师、会计师，他们在工资、安全、工作条件等方面都比较好，这些因素对他们自然不会起激励作用，这不能代表一般员工的情况。假如调查的对象是收入较低、工作环境恶劣的体力劳动者，那么调查的结果可能会呈现完全不同的状况。

（2）问卷的方法和题目存在缺陷。首先，人们一般有这样一种心理状态，即把好的结果归结于自己的努力，而把不好的结果归咎于客观条件或他人。人们的这种心理特征在他的问题中无法反映出来。其次，没有使用满意尺度的概念。人们对任何事物并不是绝对的，要么满意，要么不满意，一个人很可能对工作一部分满意，一部分不满意，或者比较满意。这在问卷中也无法反映出来。

（3）认为满意和生产率的提高有必然的联系，而实际上满意并不等于劳动生产率的提高，二者并没有必然的联系。例如，工作过程中常常会出现员工对工作性质和内容感到满意，可是依然愿意偷偷懒、少干活的情况。

（4）将激励因素和保健因素截然分开是不妥的。激励因素和保健因素在实际工作中有所交叉，也因管理对象的不同而存在差异。实际上，激励因素和保健因素、外部因素和内部因素都不是绝对的，他们相互联系并可以互相转化。激励因素也能够产生满意，保健因素也能产生不满意。例如，奖金既可以成为激励因素也可以成为保健因素，工作成绩得不到承认也可以使人闹情绪，以致消极怠工。

批评者认为，人是复杂的，若是对他的调查仅以满意或不满意作为指标，而且又没有进一步证实满意感和生产率的关系，那么，其调查结果的可信度就不高。管理者在运用双因素理论进行激励时一定要谨慎处理。

三、成就需要理论

成就需要理论，又称“三种需要理论”，是由美国哈佛大学教授戴维·麦克利兰（David McClelland）通过对人的需求和动机进行研究，于20世纪50年代在一系列文章中提出的。

与其他激励的内容型需要理论一样，麦克利兰也认为存在一些基本的需要引导着人的行为。他在前人工作的基础上证实了三种基本需要，即成就需要、归属需要和权力需要，与个体工作过程中的激励程度高度相关。但与传统的内容型需要理论不同，麦克利兰理论的前提假设是这些需要是后天获得的，它们在个体中如何达到平衡也是因人而异的。

成就需要是对成就的强烈愿望和对成功及目标实现的执着。有些人追求的是个人的成就而不是成功后的报酬，他们有一种想将事情做得比以前更好、更有效率的欲望，这种内驱力就是成就需要。实证研究表明，高度的成就需要与工作中的高绩效是相联系的。那些在富于竞争性的工作中取得成功的人，他们对取得成就的需要远远高于平均水平。大多数管理者和企业家比一般的专业人员具有更高的成就需要水平。麦克利兰的研究还表明，非管理人员也有取得成就的需要。

归属需要是指被他人喜欢和接受的愿望。有高归属需要的人更愿意与他人和睦相处，可能会较少考虑高水平的履行职责。高归属需要者喜欢合作而不是竞争的环境，期望彼此的沟通和理解。毋庸置疑，很多人都需要和他们的同事保持密切联系。有着强烈归属需要的人可能是成功的“整合者”，如品牌管理人员和项目管理人员等。他们能够协调组织中几个部门的工作，具有过人的人际关系技能，可以与他人建立积极的工作关系。

权力需要是影响和控制他人的愿望。具有高权力需要的人喜欢承担责任，努力影响他人，喜欢处于竞争性环境和令人重视的地位，只关心实现个人的目标。权力需要常常表现为“双刃剑”，当这种需要表现为对他人恶意的控制和利用，对组织来说就是一种不利的“个人化权力”；如果权力需要可以导致组织和社会的建设性改进，那么它就是一种积极的“社会化权力”。有着强烈权力需要的人，会有较多的机会进入组织的高级管理层。原因在于，成就的需要可以通过任务本身得到满足，而权力的需要只能通过上升到某种具有高于他人的权力层次才能得到满足。麦克利兰对美国电报电话公司管理层进行了 16 年的跟踪研究，发现在这家公司高层管理中有一半以上的人对权力有强烈的需要。

既然高成就需要与工作的高绩效正相关，那么识别高成就需要者的特征对于管理者来说就是非常重要的。麦克利兰通过十多年的研究指出，高成就需要者更喜欢需要承担个人责任、能够获取工作反馈和适度冒险的环境。高成就需要者接受困难的挑战，能够承担成功或失败的责任。他们不是赌徒，因为从偶然的成功中他们得不到任何的成就感。也应当指出，高成就需要的人并不一定就是好的管理者，特别是在大型组织中。归属需要和权力需要与管理者的成功有着密切关系。

麦克利兰理论的重要性在于，它表明了使员工与其工作相匹配的重要性。与具有高度成就需要的员工不同，高归属需要感的员工则喜欢安定、保险系数高和可预见的工作场所，体贴细心的管理者更适合他们。麦克利兰的研究还表明，下属的三种基本的激励需要是可以通过培训来培育和激发的。在一定程度上，管理者能够通过创造适当的工作环境来提高员工的成就需要，管理者可以赋予员工一定程度的自主权和责任感，逐步使其工作更具挑战性。

四、ERG 理论

美国耶鲁大学的克雷顿·奥尔德弗(Clayton Alderfer)在马斯洛提出的需要层次理论的基础上进行了更接近实际的研究，提出了一种新的人本主义需要理论。奥尔德弗认为，人们共存在三种核心的需要，即生存(Existence)需要、联系(Relatedness)需要和成长

(Growth)需要，因而这一理论被称为 ERG 理论。

生存需要指所有物质和生理的欲望，包括马斯洛所说的生理需要和安全需要。联系需要包括与他人的联系以及在相互交流思想和感情中获得满足，这类需要和马斯洛的社交需要、尊重需要相对应。成长需要是个人发展的内在需要，包括马斯洛的尊重需要和自我实现需要的特征。

ERG 理论与马斯洛需要层次论的本质差异并不是用三个需要代替五个需要，而是 ERG 理论证实了不同类型的需要可以同时起作用。虽然马斯洛认为自我实现的需要只有在其他需要都满足之后才显出重要性，奥尔德弗却坚持认为，个体尤其是后工业时代的员工的生存需要和发展需要可以同时被激励得到满足。

ERG 理论还包括挫折-倒退维度。它并不同意马斯洛观点，即认为一个人会滞留在某一特定的需要层次上直到这一层次需要得到满足。ERG 理论认为，如果高层次需要得不到满足，那么满足低层次的愿望会更加强烈，即使低层次需要已经得到满足。

ERG 理论比马斯洛理论有更多的科学支持，而且与我们关于个体差异的常识更加一致。ERG 理论与我国学者关于人类需要具有多样性、层次性、潜在性和可变性特征的观点更接近。因此，ERG 理论比马斯洛的观点更有效。

五、期望理论

激励的过程理论——期望理论

期望理论是美国心理学家弗鲁姆在 1964 年出版的《工作与激励》一书中提出的。

该理论认为，人是理性的，对于生活和事业的发展，他们有既定的信仰与基本的预测；一个人决定采取何种行为与这种行为能够带来什么后果，以及这个后果对他来说是否重要有关；人是根据他对某种行为结果实现的可能性和相应奖酬的重要性的估计来决定其是否采取某种行为的。也就是说，只有当人们认为实现预定目标的可能性很大，并且实现这种目标又具有很重要的价值时，该目标对人的激励程度才会最大。因此，决定行为的因素有两个：期望值与效价。激励程度由期望值与效价的乘积决定，用公式可以表示为

$$M = V \cdot E$$

式中，M 表示激励程度，反映一个人的工作积极性高低和持久程度，它表明人们为达到目标而努力的程度。

V 表示效价，又称目标价值，是指人们对某一目标的重视程度与评价高低，即人们主观上认为实现目标后获得报酬的价值大小。效价反映了一个人对某一结果的偏好程度。当一个人对某种结果越向往，此结果对其而言效价就越接近于 1；而当一个人对实现某一目标认为是无足轻重时，效价为零；当一个人认为目标实现反而对自己不利时，效价为负。后两种结果都不会对人产生好的激励效果。

E 表示期望值，是指人们对实现某一目标的可能性的主观估计，即想要实现某一目标的主观概率(0～1)。包括两个方面：一是个人经过努力后能达到组织目标的概率；二是组织能实现个人目标的概率。

(一) 调动人们工作积极性的条件

期望理论的公式实际上提出了在进行激励时要处理好三方面的关系，这也是调动人们工作积极性的三个条件。

(1) 努力与绩效的关系。它是个体感觉到通过一定程度的努力而达到工作绩效的可能性。人总是希望通过一定的努力能够达到预期的目标，如果个人主观认为通过自己的努力达到预期目标的概率较高，就会产生信心，激发出很强的工作力量；但是如果他认为目标太高，通过努力也很难达到，就会失去内在动力，导致工作消极。

(2) 绩效与奖励的关系。它是个体对于达到一定工作绩效后即可获得理想的奖赏结果的信任程度。人总是希望取得成绩后得到奖赏，既包括物质方面的，也包括精神方面的，还包括提拔到较重要工作岗位上等物质与精神皆有的奖励。如果一个人认为取得绩效后能够获得合理的奖励，就有可能产生工作热情，否则就没有工作积极性。

(3) 奖励与满足个人目标的关系。它是工作完成后个体所获得的奖励对个体需要目标的重要性程度，人总是希望自己所获得奖励能够满足自己某方面的需要。然而，由于人们在年龄、性别、资历、社会地位和经济条件等方面都存在差异，他们对各种需要所要求得到的满足程度不同，能激发出来的工作动力也就不同。

期望理论的基础是自我利益，它认为每个员工都在获得最大的自我满足。期望理论的核心是双向期望：管理者期望员工的行为，员工期望管理者的奖赏。

案例分享

扛木头

商鞅起草了一个改革法令，但是怕老百姓不信任他，不按照新法令去做，就先叫人在都城的南门竖了一根三丈高的木头，下命令说："谁能把这根木头扛到北门去的，就赏十两金子。"

不一会，南门口围了一大堆人，大家议论纷纷。有的说："这根木头谁都拿得动，哪儿用得着十两赏金?"有的说："这大概是左庶长成心开玩笑吧。"

大伙儿你瞧我，我瞧你，就是没有一个人敢上去扛木头。

商鞅知道老百姓还不相信他下的命令，就把赏金提到五十两。没有想到赏金越高，看热闹的人越觉得不近情理，仍旧没人敢去扛。

正在大伙儿议论纷纷的时候，人群中有一个人跑出来，说："我来试试。"说着，他真的把木头扛起来就走，一直搬到北门。

商鞅立刻派人传出话来，赏给扛木头的人五十两黄澄澄的金子，一分也没少。这件事立即传了开去，一下子轰动了秦国。老百姓说左庶长的命令不含糊。至此，他的新法令得到了推行。

秦国自从商鞅变法以后，农业生产水平提高了，军事力量也强大了。不久，秦国进攻魏国的西部，从河西打到河东，把魏国的都城安邑也打了下来。

商鞅正是利用人们期望得到黄金的心理，用扛木头这件事让人们相信他说话算话，进而推动了变革的进行。

（二）期望理论的假设

（1）管理者知道什么对员工最有吸引力。因为人们对结果的偏好不同：对许多人来说，工资是工作最重要的结果；对另一些人来说，成就感或对工作的兴趣比工资更重要。该假设下，管理者们确信当员工有高水平的业绩时，自身的期望都可以获得满足。

（2）员工的判断依据是员工个人的直觉，而与实际情况不相关。不管实际情况如何，只要员工以自己的直觉确认自己经过努力工作就能达到所要求的绩效，达到绩效后能得到具有吸引力的奖赏，他就会努力工作。如果他认为无论自己是否努力结果都是一样的，试想，员工会受到什么样的激励？

期望理论更切合现实情况和激励过程，有助于管理者理解和分析员工的激励状况。这一理论也给实施激励提供了有益的启示：管理者需要明确员工个体的需要，界定组织的结果并确保每个员工有能力和条件得到这些结果。在实践中要极大地激发员工努力工作的内在动力，提高员工对某一成果的偏好程度，即效价。同时，还要为员工提供和创造良好的工作条件，提高员工对实现目标的信心和可能性，即提高期望概率。

期望理论也存在一些不足。因为它强调组织所提供的报酬或奖励要与员工个体的需要保持一致，需要管理者准确知道每个员工的效价和期望概率值，这一点在实践中往往很难做到。另外，期望理论关心的是直觉，即员工与管理者的判断，而与实际情况不相关。个体对工作绩效、奖赏、目标满足的直觉决定了他们的满足程度，而不是客观情况本身。

六、公平理论

激励的过程理论——公平理论

公平理论又称社会比较理论，是美国心理学家约翰·亚当斯（John G. Adams）于1965年在著作《社会交换中的不公平》中首先提出的。该理论认为，员工对收入的满足程度是一个社会比较过程。一个人对自己的工资报酬是否满意，不仅受收入绝对值的影响，也受相对值的影响。每个人总会把自己付出的劳动和所得的报酬与他人的比率作横向比较，也会把自己现在的投入报酬与个人的历史收入作纵向比较。在比较中，他对所得到的报酬与付出劳动的知觉至关重要，并且将根据比较的结果来决定自己今后的行动。

（一）横向比较

横向比较是将自己获得的“报偿”（包括金钱、工作安排及获得的赏识等）与自己的“投入”（包括教育、努力及耗用在职务上的时间等）的比值与组织内其他人进行比较，只有相等时，才认为公平，为此继续保持原有的工作积极性和努力程度。如下式：

$$\frac{\text{自己工作成果的报偿}}{\text{自己对工作的投入}}=\frac{\text{他人工作成果的报偿}}{\text{他人对工作的投入}}$$

公式两侧也可能出现不相等的情况。比如：

$$\frac{\text{自己工作成果的报偿}}{\text{自己对工作的投入}}<\frac{\text{他人工作成果的报偿}}{\text{他人对工作的投入}}$$

此种状况让员工感觉到不公平而产生不满。员工会要求增加给自己的报酬，或私下主动减少付出以追求平衡；也可能会要求减少比较对象的报酬或增加其努力程度；此外，还有可能寻找他人作为比较对象，发挥“阿Q精神”。如果以上方式都无效，员工可能会选择离职。

又如：

$$\frac{\text{自己工作成果的报偿}}{\text{自己对工作的投入}}>\frac{\text{他人工作成果的报偿}}{\text{他人对工作的投入}}$$

此类情况说明员工得到了过高的报酬或者付出努力较少。员工可能会心存感激，主动增加工作的努力程度，但一段时间之后，他会重新估计报酬和付出的比率并且感觉心安理得，从而恢复从前的水平。

（二）纵向比较

纵向比较是将自己目前投入的努力与目前所获报偿的比值与自己过去投入的努力与过去所获报偿的比值进行比较，只有相等时，才认为公平。纵向比较也会出现三种结果。

第一种结果的公式如下：

$$\frac{\text{自己现在工作成果的报偿}}{\text{自己对现在工作的投入}}=\frac{\text{自己过去工作成果的报偿}}{\text{自己对过去工作的投入}}$$

这说明员工感觉基本公平，积极性与努力性可以保持不变。

第二种结果的公式如下：

$$\frac{\text{自己现在工作成果的报偿}}{\text{自己对现在工作的投入}}<\frac{\text{自己过去工作成果的报偿}}{\text{自己对过去工作的投入}}$$

这种情况令员工感觉到很不公平，工作积极性下降。

第三种结果的公式如下：

$$\frac{\text{自己现在工作成果的报偿}}{\text{自己对现在工作的投入}}>\frac{\text{自己过去工作成果的报偿}}{\text{自己对过去工作的投入}}$$

一般来讲，这种情况员工总是认为自己是不断进步的，应当如此，并不会提高工作积极性。

公平理论对管理的启示包括以下三点。

第一，不仅报酬的绝对值会影响激励效果，而且报酬的相对值也会影响激励效果。即使给予员工高报酬，如果员工感到不公平，依然没有很好的激励效果。

第二，正确掌握公平标准。公平的标准需要从多方面考虑，究竟应采取贡献率，还是采取平均率或其他，要结合组织的实际情况正确掌握。虽然公平感与个人主观判断有关，可能会存在误差，但不应造成严重不公平感。此外，标准应当公开化、透明化，使得员工对报酬的分配有客观的判断。

第三，与被激励者进行沟通，引导其树立正确的公平观念。管理人员首先应该理解比较是人的天性，但要告诉员工，绝对的公平是没有的，不可盲目攀比。与下属多做沟通，在心理上减轻他们的不公平感觉，以及因为感到不公平而产生的负面效应。

课堂提问

试分析《论语》中提到的"不患寡而患不均，不患贫而患不安"，这句话符合领导的哪个激励理论？

七、强化理论

强化理论又称操作条件反射理论、行为修正理论，是美国心理学家斯金纳（Burrhus Frederic Skinner）提出的。斯金纳是行为主义学派的代表人物，也是世界心理学史上最为著名的心理学家之一，直到今天，他的思想在心理学研究、教育和心理治疗中仍然被广为应用。斯金纳在前人研究的基础上向前迈进了一大步，提出了有别于巴甫洛夫的条件反射的另一种条件反射行为——操作性条件反射理论。他长期致力于研究鸽子和老鼠的操作性条件反射行为，提出了"及时强化"的概念以及强化的时间规律，形成了自己的一套理论。

斯金纳将操作性条件反射应用于对人的研究。他认为，人是没有尊严和自由的，人们做出某种行为，或不做出某种行为，只取决于一个影响因素，那就是行为的结果。当行为带来的结果对他有利时，这种行为将会重复；当行为结果不利时，这种行为将会减弱或消失。

所谓强化，就是通过强化物来增强某种行为的过程。强化物不一定是实物，也可以是行为、表情等。只要在某种行为之后这种行为本身或者由它带来的后果可以刺激该行为的再次出现，就属于强化物。强化物在塑造人们的行为上有着极大作用。

斯金纳把强化分成正强化和负强化。通过某种强化物使得个体受到刺激，积极性增加，被期望的行为发生概率增大，这就是正强化。反过来，通过某种强化物使得个体积极性消退甚至丧失，被期望的行为发生概率减小，这就是负强化。

案例分享

海尔对员工创造价值的认可

海尔集团开始宣传"人人是人才"的时候，员工反应平淡。他们想：自己没有受过高等教育，仅仅在工厂当个工人能算得上什么人才呢？但是当海尔把一个普通工人发明的一项技术革命成果以这个工人的名字命名时，在工人们之间就掀起了一股革新之风。例如，工人李启明发明的焊枪被命名为"启明焊枪"，杨晓玲发明的扳手被命名为"晓玲扳手"。这一举措大大激发了工人的创造激情，创新成果接连不断地出现。

启示：对员工创造价值的认可就是正激励，可以激发员工更大的创造性。在组织管理当中通过奖励组织需要的行为，可以强化该项行为。

在运用强化理论进行激励时应注意以下三点。

第一，根据组织的目标及对不同行为的需求，应给予适当的强化措施。主管人员应把总目标分解成分目标和分阶段目标，每完成一个分目标和分阶段目标都及时给予强化，以便增强下属信心，逐步实现总目标。由于人们的年龄、性别、职业、文化程度不同，性格与需要就有多种多样，强化的方式也应因人而异，对一些人有效的措施，对另一些人不一定适用。

第二，对工作成绩或不足进行及时反馈，这也是强化的一种重要形式。及时反馈可以使员工随时知道自己的行为结果，针对问题，及时改进；针对成绩，及时鼓励和鞭策，从而使行为符合组织目标。

第三，及时奖罚，这也是强化的重要手段。对于所需要的行为，应该采取及时的正强化，其强化物一般有奖品、奖金以及权力、责任、名誉、赞扬、肯定等；对于不需要的行为，应该采取及时的负强化，使其削弱或消失。负强化一般是通过批评、处分、罚款、扣奖金和舆论谴责等起作用的。奖罚必须及时，才能使好的行为持续不断，不利的行为及时消除。

强化理论的不足之处在于较多地强调外部因素或环境刺激对行为的影响，忽略了人的内在因素和主观能动性对环境的反作用，忽视了诸如目标、期望、需要等个体因素，而仅仅注重当人们采取某种行动时会带来什么样的后果，但强化并不是员工工作积极性存在差异的唯一解释。

八、归因理论

归因理论是美国的行为科学家和心理学家凯利（Kenlley）、韦纳（Weiner）等人提出的。归因是指根据人的外部特征对他的内心状态所做的解释和推论。

（一）归因理论的主要内容

（1）凯利的归因模式把任何行为发生的原因归结为内部原因和外部原因。内部原因又称个人倾向归因，即依据个人的主观条件来判断其行为，如个人本身的特点、兴趣、爱好、态度、信仰、文化素质等。外部原因又称情景归因，即以外界环境，如社会条件、文化氛围、舆论环境等因素判断个人的行为。根据什么标准判断个人行为应归结为内部原因还是外部原因。凯利认为，判断的标准主要有一贯性、普遍性和差异性三方面。一贯性是指个体特殊行为的发生是一贯的，不是偶然的。普遍性是指个体行为是否特殊，看其在其他个体上是否引起相同的反应。差异性是指个体行为与其他个体行为的不一致性。

(2) 研究人们获得成功和遭受失败的归因倾向。韦纳提出了成功和失败的归因模型。他认为，人们的行为获得成功或遭到失败主要归因于四个因素：努力、能力、任务难度和机遇。这四个因素可以从三个方面来划分，即内外因、稳定性、可控性。从内外因方面看，努力和能力属于内因，而任务难度和机遇属于外因；从稳定性方面来看，能力和任务难度属于稳定因素，努力和机遇属于不稳定因素；从可控性来看，努力是可控制因素，任务难度和机遇是不能由人控制的，能力在一定条件下是不可控的，但人们可以设法提高自己的能力，从这点来讲，又是可控的。

韦纳的研究认为，人们把成功和失败归于何种因素对以后的工作态度和积极性有较大的影响。韦纳分析了几种情况后指出，把成功归结为内因(努力、能力)会使人感到满足和自豪；把成功归结为外因(任务难度、机遇)会使人感到幸运和感激。把失败归结为内因会使人感到内疚和无能为力；把失败归结为外因会产生气愤和敌意。把成功归结为稳定因素(任务容易或能力弱)会提高以后的工作积极性；把成功归结为不稳定因素(任务难或能力强)会降低以后的工作积极性；把失败归因为不稳定因素(运气不好或努力不够)可能提高以后的积极性。

通过对归因理论的研究有助于了解人们的归因倾向，掌握人们的归因规律，以便指导和训练人们正确的归因倾向，正确地总结工作中的经验和教训，从而调动人们的工作积极性，提高工作效率。

(二) 归因理论的缺陷

归因理论的缺陷主要有以下三个方面。

(1) 国外的归因研究主要是把人们的行为归因为内在的心理活动，而往往忽略人们心理活动产生的客观条件。

(2) 国外的归因研究都是以儿童为研究对象，因而往往做出单因素的归因结论，缺乏代表性和全面性，显得过于简单。

(3) 西方归因研究所提出的各种主要因素基本上反映了资本主义社会条件上人们的归因倾向，对社会主义社会条件下人们的归因倾向，以及社会主义精神文明不具有包容力。例如，它不具有“同志合作”归因。社会主义国家要学习和借鉴，但同时必须做进一步的研究。

任务三 激励方法的运用

所有的激励理论都是一般而言的，而每个员工都有自己特性，他们的需求、个性、期望、目标等个体变量各不相同。因而领导者根据激励理论处理激励实务时，必须针对部下的不同特点采用不同的方法。其中常用的主要有四种：工作激励、成果激励、批评激励以及培训教育激励。

一、工作激励

工作激励是指通过分配恰当的工作来激发员工内在的工作热情。给予员工恰当的工作，以求激发员工的工作热情，这主要包括两方面的内容：一是工作的分配要尽量考虑员工的特长和爱好，人尽其才，人尽其用；二要使工作的分配要能激发员工内在的工作热情。

（一）工作的分配要尽量考虑员工的特长和爱好

给员工分配适当的工作，首先要把工作的知识和能力要求同员工的自身条件结合起来。企业生产经营活动中有许多不同的工序和工作，这些不同的工作对人的知识和能力的要求是不同的，每个人的文化知识水平和工作能力也是有差异的。合理地分配工作就是根据工作的要求和个人的特点，把工作与人有机地结合起来，也就是说，要根据人的特长来安排工作。

根据员工的特长安排工作就是要从“这个员工能做什么”角度来考虑问题。领导者应该知道，每个人都有自己的优势和劣势。一方面，技术再高的人，也总有自己的不足之处。全才是难求的，因为人的精力是有限的，在通常情况下，人们只能把自己有限的精力集中于一个或少数几个领域钻研，所以总有一些领域涉足不到。另一方面，水平再低的人，也总有某个或某些独到之处，这就是“尺有所短，寸有所长”。善于用人，就是要认真研究每个人“长”在何处，“短”在何方，用其长而避其短，使每个人都能满负荷。

清人顾嗣协有一首《杂兴》诗言简意赅地说明了如何恰当用人的道理：

骏马能历险，力田不如牛。
坚车能载重，渡河不如舟。
舍长以就短，智者难为谋。
生材贵适用，幸勿多苛求。

给每个人分配适当的工作，还要求能在条件允许的情况下，把每个人的工作与其兴趣尽量结合起来。当一个人对某项工作真正产生兴趣，甚至爱上了这项工作时，他便会去钻研、去克服困难，努力把这项工作做好。

（二）工作的分配要能激发员工内在的工作热情

分配适当的工作，不仅要使工作的性质和内容符合员工的特点，照顾到员工的爱好，还要使工作的要求和目标富有一定的挑战性，能真正激起员工奋发向上的精神。怎样才能使工作的分配达到激励的效果呢？激励理论认为，应使工作的能力要求略高于执行者的实际能力。

假定某一项工作需要的能力水平为 N。领导者为保险起见，或许会把这项任务交给一个能力远远高于该项任务要求的员工去做。假定他的能力为 N^+，即这个员工完全了解为完成这项任务应做哪些工作，而且知道如何去做这些工作，但当他了解了任务的实质后，就会感到自己的潜力没有发挥。随着时间的推移，他可能对任务越来越不感兴趣，越来越不满意，直至感到厌倦。

与此相反，从迅速提高员工技术水平和工作能力的角度出发，领导者或许会把这项任务交给一个工作能力远远低于要求的员工去完成。假定这个员工的能力水平为 N^-。刚接到任务时，这个员工也许会努力去做，以期成功。但经过几次努力未获成果以后，就会感到完成这项任务是自己力所不能及的，从而会灰心丧气，不愿再进行新的尝试。

正确的方法应该是把这项任务交给一个能力略低于要求的员工去完成。假定这个员工的能力水平为 N^-，如果这个员工愿意思考和努力，则工作可以完成，目标可以达到，同时还可在工作中提高工作能力。

二、成果激励

成果激励是指在正确评估工作成果的基础上给员工合理奖惩，以保证员工行为的良性循环。正确评价员工的工作成果，在此基础上给每个员工以合理的报酬也是激发员工积极性的一个重要因素。

工作报酬有两种：物质上的和精神上的。物质上的报酬主要指工资或奖金；精神上的报酬主要指各种形式的表扬，或对工作结果不理想者的批评。二者中，物质报酬是基础，应给予充分重视。对员工来说，无论是物质的还是精神的报酬，其作用都是两方面的。

第一，通过报酬可以看出领导对自己这个阶段工作所做的评价，在某种意义上报酬也反映了自己在领导心目中的地位。

第二，报酬的获得可以是员工进行工作的原动力，即需要得到满足（如精神上的表扬可以满足职工的荣誉感需要），或者可以提供满足需要的手段（物质报酬可以供员工购买满足生存需要的生活用品）。与此同时，员工还会自觉或不自觉地总结这项工作与获得报酬的经验，以决定下个阶段在工作中应采取什么样的态度和表现。也就是说，对工作结果的评价和获取的报酬会影响人们在下一循环的行为。

从报酬的作用来分，可以分为正报酬（奖）与负报酬（惩）。无论是物质上还是精神上的奖惩，都会影响人们的行为。因此，要从工作报酬的角度来持续、有效地调动员工的积极性、激发员工的工作热情，关键要正确使用奖励和惩罚这两种工具，即做到“赏罚分明，赏要合理，罚要合情”。

（一）赏要合理

欲使员工保持较高的工作热情，须使工作报酬公平合理。员工如何评价报酬的合理性？一般来说，他们是经过两个层次的比较后得出报酬合理与否的结论。

（1）员工要在自己的个人水平上进行比较。这个层次的比较也是两方面的。一方面把自己所付出的代价与自己的所得进行比较，另一方面把自己的过去和现在进行比较，比较两个不同时期的所获与代价之比，现在比以前增加了还是缩小了，如果缩小了会感叹“今不如昔”；增大了则会得到鼓舞。

（2）拿自己与别人进行比较，即比较（自己的所得/自己的贡献）与（他人的所得/他人的贡献）这两个比是否相等，如果比较的结果是前者小于后者，就会感到不公平，认为自己辛辛苦苦干，还不如别人轻轻松松混，下次再也不“卖力”了！当然，如果比较的结果是前者大于后者，那么心里会暗自高兴，但高兴之余，也会觉得受之有愧，因而会更加努力地工作，但比值较小的人的积极性会受到影响。实际上不可能所有人都感到公平，只要大多数人大体上感到公平就行了。

从上述关于员工对报酬合理性评价的分析知道，要使员工感到报酬公平合理，就必须贯彻按劳分配的原则，把员工的劳动报酬和劳动成果挂钩。不同的劳动成果应采用不同的评价标准、不同的报酬形式，相同的劳动成果采用相同的评价标准和相同的报酬形式。

（二）罚要合情

合理的“赏”对于保持和激发员工的工作热情是必要的，但仅有精神上的表扬与物质上的奖励是不够的，领导者还必须有效地去“罚”。

“罚”的形式是多样的，常用的有批评、罚款、行政处分（包括记过、撤职、降级、除名、开除等）。“罚”的目的是为了“惩前毖后”，使员工不再犯类似错误。任何惩罚都应有“火炉效应”，即当你用手去触摸火炉时立即会感到灼痛，迅速把手缩回来，你和其他人都将由此得到教训，以后不能再用手“触摸火炉”。为了提高“罚”的效果，必须掌握以下四条规则。

（1）即时处理。违规与惩处间隔时间越短，效果越好。

（2）事先警告。要让每个员工事先知道哪些违规行为一定会招致惩罚。

（3）人人平等。惩罚面前人人平等，无论谁违规，都必然招致同样的惩罚。

（4）对事不对人。任何惩罚都只针对违规行为，而绝不考虑违规者个人的情况。

真正做到这四条规则，员工就会认为惩罚是公正的，就会起到“火炉效应”，就会自觉地不去触犯有关规定。

三、批评激励

批评激励是指通过批评激发员工改正错误行为的决心。在管理实践中，大量违规行为和不良现象都可通过批评加以化解，批评是管理者最常用的武器。批评不像罚款和行政处分那样“无情”，它通过批评者与被批评者的语言和感情的交流，帮助违规者认识错误，产生信心，改正错误，从深层次上起到激励作用，化消极因素为积极因素。

（一）明确批评目的

在进行批评之前，要明确批评的目的。不同情况下，对不同对象进行批评，可以有不同的目的，如：

（1）帮助批评对象认识行为可能或已经产生的有害结果。

（2）帮助批评对象补救这次错误造成的不利结果。

（3）帮助批评对象下次不要再犯同样的错误。

（4）帮助批评对象认识错误的原因，并使之认识到本来可以把事情办得好些，从而恢复他的自信心。

（二）了解错误的事实

明确了批评的目的，还须了解要批评的事实，即要知道错在何处，何时错的，如何发生的，何人做错的，为何会做错等。了解了错误的事实才可以在批评中有的放矢，使批评有说服力。

（三）注意批评方法

（1）要注意对事不对人。批评一个人，应是针对某一事而发，而不是针对其本人而发。针对一个人本身发出批评，可能使批评对象觉得领导对自己全盘否定。而且对人而发，好像一个人出了问题是和他的特性分不开的，而不是由于某种特殊原因，因而可能造成批评对象的反感，听不进去。相反，如果仅对问题而发，对某一事进行批评，并且说明根据对方的条件，本来可以做得好些，对方听起来就会更容易接受，而且有信心去纠正问题。

（2）要注意选择适当的用语。要尽量在批评中给对方以启发，使对方感到你在帮助他，而不是在批评他。比如，用“如果是我的话，我会怎么做”去批评，其效果要比直截了当地指责“你的方法不对，路子不对……”好些。

（3）选择适当的场合。除非特殊情况，一般不提倡在公开场合“杀鸡儆猴”，因为这样容易使受批评的员工难堪，损伤他的自尊心，极易引起反感。因此，要尽可能地在非公开场合向对方指出问题所在，给予批评。选择适当的场合，有利于双方都心平气和地坐下来讨论分析问题。

（4）注意选择适当的批评时间。西方有些企业管理学家认为，不要在午饭前和下班后批评员工。午饭前的批评，有时会引起受批评者的不快，不仅会影响食欲、身体健康，而且有把不满情绪带到饭桌上并在员工中蔓延的危险；而在下班后，人们一般都急匆匆地赶回去，对批评不会十分留心，因此不会收到好的效果。

（四）注意批评的效果

注意批评的效果是指批评者在批评过程中和批评结束时，要了解批评对象是否明白了批评的目的，是否明白了应该如何去做(错在何处，下次应该怎样才能避免重犯)。还应注意批评后的检查。批评的目的在于帮助员工改正错误，因此，领导者的批评工作不应随着谈话的结束而终止，要使批评收到有效的结果，还要注意批评后的追踪检查，以避免重犯类似的错误。

四、培训教育激励

培训教育激励是指通过思想、文化教育和技术知识培训，提高员工素质，增强其进取精神、激发其工作热情。员工在参与企业活动中的工作热情和劳动积极性通常与他们的自身素质有极大的关系。一般来说，自身素质好的人，进取精神较强，对高层次的追求较多，在工作中对自我实现的要求较高，因此，比较容易自我激励，能够表现出高昂的士气和工作热情。所以，通过教育和培训提高下属的自身素质，从而增强他们自我激励的能力，也是领导者的一种激励手段。员工的素质主要包括思想政治觉悟和业务技能两个方面。

(1) 通过思想政治工作调动员工积极性，是我国企业管理的优良传统，必须在新的形势下发扬光大。通过对员工进行科学世界观的教育，可以帮助他们摆脱旧制度和旧意识的影响，正确认识自身的社会地位变化及肩负的使命，使他们树立正确的人生观、价值观和道德观，形成崇高的理想和抱负，从而在工作中富有进取精神，积极努力，表现出高昂的工作热情。

为了保证思想政治教育收到预期的效果，领导者在进行这方面工作时，要注意遵循基本原则：坚持以经济建设为中心，使思想政治工作为经济建设服务；理论联系实际，防止空谈理论、空洞说教；平等对待员工，坚持民主原则，防止以教育者或“教训者”自居；注意批评与表扬相结合，但以表扬为主；在注意提高员工思想认识的同时，切实解决员工在工作和生活中遇到的实际困难；不仅要注意教育别人，更应严格要求自己，以身作则，用行动去影响员工。

(2) 培养和启动员工的自我激励机制，还要注意专业知识和技术能力的培训。进取心与个人的业务素质是相互促进的，强烈的进取心会促使员工努力掌握新的知识和工作技能，从而实现个人素质的提升。反过来，良好的业务素质使个人有较多的成功机会，能够带来心理上的满足，而成功以及由此带来的心理满足的体验会促使个人追求事业的进步，从而会激发他们努力去掌握更多新知识和新技能。

为了促进提高员工素质，增强其进取精神，领导者应根据企业经营和员工个人的特点有计划、有重点、有组织、有针对性地进行培训工作。比如，对于管理人员，既要注意通过理论学习，使他们掌握现代化管理的新知识和新方法，也要注意实践中的培养，提高他们解决和处理实际经营管理问题的能力；对于生产工人，既要注意文化知识教育，提高他们的文化水平，也要结合本职工作，进行作业方法改进训练或相关作业的基本技能训练，以提高他们的作业技能；对于工程技术人员，既要注意采取各种方式，使他们及时了解本学科发展动态，掌握学科发展的最新知识，也要注意让他们有更多的运用新知识的机会，以使他们利用掌握的最新科技知识为企业的技术、工艺、材料、产品创新等做出贡献。有计划地安排员工到培训基地或学校脱产学习，到国外考察学习，能使员工感知企业对他的重视和期望，从而可极大地提高他们的责任心和积极性。

从上述激励手段及其运用的介绍可以看出，不论是工作激励，还是任务激励，或是培训教育激励，都是外在激励与内在激励的统一。可以说，通过改善工作内容、工作环境和工作条件等外在因素，以促使员工产生奋发向上的进取精神和努力工作的积极性，就是领导者激励工作的本质特征。

项目小结

1. 所谓激励，就是激发、鼓舞、引导和维持个体努力行为的驱动力。激励的工作的实质在于创设各种条件，发掘和满足个体的需要，激发个体的动机、强化个体的行为，引导他们有效工作，朝向达成组织目标的方向发展。

2. 只有正确地认识人的本质，才能采取正确的激励方式。学者们提出了“经济人”“社会人”等多种假设，但任何一种假设都无法彻底揭示人性的各个方面，作为管理者亦不可以偏概全。

3. 激励理论探析了人类的需要，分析了个体的行为原因，对管理者采取有效激励措施提供了理论支持。

4. 人类的需要既有物质方面的，也有精神方面的，激励方式也应该做到物质激励与精神激励相结合。

5. 人类的需要千差万别、变化莫测，激励的方法和手段因人、因事、因地、因时而异，这就为激励创造了非常大的运用空间，巧妙地运用激励艺术引导员工的行为是组织成功的秘诀。

自我检测

一、单项选择题

1. 根据马斯洛的需求层次理论，人的行为决定于(　　)。

A. 需求层次　　B. 激励程度　　C. 精神状态　　D. 主导需求

2. (　　)指人们对自己行为能否带来所得到的工作绩效和目标的主观概率。

A. 欲望　　B. 期望值　　C. 动机　　D. 效价

3. 曹雪芹虽食不果腹，仍然坚持《红楼梦》的创作，是出于其(　　)。

A. 自尊需要　　B. 情感需要

C. 自我实现的需要　　D. 以上都不是

4. 商鞅在秦国推行改革，他在城门外立了一根木棍，声称有将木棍从南门移到北门的，奖励十两金子，但没有人去尝试。根据期望理论，这是由于（　　）。

A. 十两金子的效价太低　　B. 民众对完成要求的期望很低

C. 民众对得到报酬的期望很低　　D. 枪打出头鸟，大家都不敢尝试

5. 在社会生活中，人们对各种客观存在的文化用品的需要称为（　　）。

A. 社会性需要　　B. 自然性需要　　C. 精神需要　　D. 物质需要

6. 当人们认为自己的报酬与劳动之比，与他人的报酬与劳动之比是相等的，这时就会有较大的激励作用，这种理论称为（　　）。

A. 双因素理论　　B. 效用理论　　C. 公平理论　　D. 强化理论

7. 按照双因素理论，下述哪一种因素属于激励因素？（　　）。

A. 奖金　　B. 上下级关系

C. 工作内容的吸引力　　D. 工作的保障

8. 从期望理论中，我们得到的最重要的启示是（　　）。

A. 目标效价高低是激励是否有效的关键

B. 期望概率的高低是激励是否有效的关键

C. 存在着负效价，应引起领导者注意

D. 应把目标效价和期望概率进行优化组合

9. 保健因素是指与（　　）相关的因素。

A. 工作环境　　B. 工作条件　　C. 工作内容　　D. 工作环境与条件

10. 根据公平理论，公平发生在（　　）的情形之下。

A. 自己的结果等于他人的结果

B. 自己的投入等于他人的投入

C. 所有员工投入相同

D. 自己的结果与投入之比等于他人的结果与投入之比

11. 成功后的喜悦比薪酬重要，这是人们的（　　）。

A. 生理需要　　B. 安全需要　　C. 社交需要　　D. 自我实现需要

12. 以下哪种现象不能在需要层次理论中得到合理的解释？（　　）。

A. 一个饥饿的人会冒着生命危险去寻找食物

B. 穷人很少参加排场讲究的社交活动

C. 在陋室中苦攻“哥德巴赫猜想”的陈景润

D. 安全需求占主导地位的人，可能因为担心失败而拒绝接受富有挑战性的工作

13. 中国企业引入奖金机制的目的是发挥奖金的激励作用，但到目前，许多企业的奖金成为工资的一部分，奖金变成了保健因素，这说明（　　）。

A. 双因素理论在中国不怎么适用

B. 保健和激励因素的具体内容在不同的国家是不一样的

C. 防止激励因素向保健因素转化是管理者的重要作用

D. 将奖金设计成为激励因素本身就是错误的

14. 领导常用“不想当元帅的士兵不是好士兵”这句话激励下属，这是一种(　　)。

A. 关怀激励　　B. 奖罚激励　　C. 考评激励　　D. 目标激励

15. (　　)认为，人的工作积极性不仅受其所得的绝对报酬的影响，更重要的是受其相对报酬的影响。

A. 公平理论　　B. 期望理论　　C. 双因素论　　D. 需要层次论

二、简答题

1. 什么是激励？

2. 复杂人假设理论对当代管理有何作用？

3. 比较马斯洛的需要层次论和赫茨伯格双因素理论，找出异同点。

4. 你听说过“鲶鱼效应”吗？这是不是一种激励？此外，还有哪些激励手段或方法？

5.《孙子兵法》指出：“上下同欲者胜”，试运用激励理论加以分析，在实际管理工作中应如何做到“上下同欲”？

三、案例分析

案例一　张强的工作调动

张强在一家IT公司工作了5年。他从普通编程员升到资深的编程分析员。他对公司相当满意，不管职位还是收入都让他有成就感，而且他还被工作中的创造性要求所激励。

周末，他了解到部门新雇了一个刚毕业的大学生。当听说这个新人的起薪仅比他现在的工资少30元时，他不禁发火了。周一早上，张强找到人事部李主任，问他自己听到的是不是真的。李主任带着歉意承认，并说：“编程分析员市场相当紧俏，为使公司吸引合格人才，不得不提供较高起薪。”张强问能否相应提高他的工资，李主任说：“你的工资须按正常绩效评估时间评定后再调，你干得非常不错，相信老板到时会给你提薪的。”张强道声“打扰了”便离开了。边走边摇头，对自己在公司的前途很是疑虑。

讨论分析：

1. 本案例描述的事件对张强的工作动力会产生什么影响？

2. 哪种激励理论可以解释张强的困惑？简述该理论的内容。

3. 你觉得人事部李主任的解释会让张强满意吗？请说明理由。

4. 你认为公司应当对张强采取什么措施？为什么？

案例二　新计划的失败

张宏伟是服装公司的人事经理，她在工作之余报名了MBA课程并获得学位。她对马斯洛和赫茨伯格的理论相当关注，鉴于该公司的工资水平是服装行业中最高的，她认为可以立即在公司实际运用赫茨伯格的激励理论。她说服了公司高层管理者，总裁授权她制订计划并放手去推行。此后她制订了关于强调表彰、提升、更大的个人责任、成就、使工作更有挑战性等计划并开始推行。但是计划运转几个月后她却迷茫了，因为结果和她的期望相差甚远。

首先是设计师们对计划反应冷漠，他们认为服装畅销就是挑战，这些计划是浪费时间；裁剪工、缝纫工、熨衣工等工人的感受各式各样，在新计划执行中受到表扬的反应良好，另一些人则认为是诡计，让他们干更多的工作又不加工资，而且这些人占大多数，一些偏激地叫嚷要罢工……张宏伟没想到事情会发展到这样，公司高层管理者也开始怀疑，批评她考虑不周。

讨论分析：

1. 你认为新计划失败的主要原因是什么？（　　）。

A. 高层管理者没有参与计划的制订和实施

B. 企业员工对双因素理论缺乏了解

C. 企业员工不配合

D. 忽视了各层次员工需求不同的事实

2. 根据马斯洛的需要层次理论，你认为设计师们和工人的需求有何不同？（　　）。

A. 设计师们不关心表扬、赏识，说明他们的主导需求不是自我实现

B. 大多数工人更关注报酬，说明他们的主导需求是生理需求

C. 设计师们和工人都不太关注社会需求

D. A和B都是

3. 你认为张宏伟对于需要层次理论的理解错误最可能是什么？（　　）。

A. 她认为保健因素不重要，激励因素重要

B. 她认为激励因素和保健因素是独立发挥作用的

C. 她认为保健因素达到行业最高水平就足够了

D. 她认为只有激励因素可以发挥激励作用

4. 张宏伟对这种结果很苦恼，如果你是顾问，你认为下列哪种做法更可取？（　　）。

A. 进行培训，帮助员工了解双因素理论，增进对新计划的认可

B. 停止该计划，调查各层次人员的需求及对新计划的评价

C. 争取高层管理者的支持，继续推行新计划

D. 安抚一线员工，给予一定的物质补偿

案例三　拿破仑救人

一天，拿破仑外出打猎，经过河边时，听到一名落水者在水里呼救，拿破仑见他在水中扑腾，却不往岸边来，于是他拿起猎枪说道："你再不往岸边来，我就要向你开枪了。"那人听了，顾不得自己不会游泳，奋力向岸边靠近，经过多次挣扎，那人终于上岸了。他气愤地指着拿破仑说道："你为什么见死不救，还说要开枪打死我？"拿破仑说："如果我不吓唬你，

你现在还在水中扑腾，现在你至少懂得一个人可以自己救自己。”

思考：

结合强化理论，分析拿破仑的做法是哪种强化？

案例四　林肯电气公司

林肯电气公司总部设在美国克利夫兰，年销售额44亿美元，拥有2 400名员工，该公司90%的销售额来自生产弧焊设备和辅助材料。

林肯电气公司的生产工人按件计酬，他们没有最低小时工资。员工为公司工作两年后，便可以分享年终奖金。该公司的奖金制度有一套计算公式，全面考虑了公司的毛利润和员工的生产率及业绩，可以说是美国制造业中对工人最有利的奖金制度。在过去的56年中，平均奖金额是基本工资的95%，该公司中相当一部分员工的年收入超过10万美元。近几年经济迅速发展，员工年均收入44 000美元左右，远超过制造业员工年收入17 000美元的平均水平，在不景气的年头里，如1982年的经济萧条时期，林肯电气公司员工收入降为27 000美元，虽比其他公司还不算太坏，可与经济发展时期相比就差了一大截。

公司自1958年开始推行职业保障政策，从那时起，他们没有辞退过一名员工。当然，作为对此政策的回报，员工也相应要做到几点：在经济萧条时期他们必须接受减少工作时间的决定；而且要接受工作调换的决定；有时甚至为了维持每周30小时的最低工作量，而不得不调整到一个报酬更低的岗位上。

林肯电气公司极具成本和生产率意识，如果工人生产出一个不符合标准的部件，那么除非这个部件修改至符合标准，否则这件产品就不能计入该员工的工资中。严格的计件工资制度和高度竞争性的绩效评价系统，形成一种很有压力的氛围，有的员工因此还产生过一定的焦虑感，但这种压力有利于生产率的提高。据该公司的一名管理者估计，与竞争对手比，林肯电气公司的总体生产率是他们的两倍。自20世纪30年代经济大萧条以后，公司年年获利丰厚，没有缺过一次分红。同时，林肯电气公司还是美国工业界中工人流动最低的公司之一，公司的两个分厂一度被《幸福》杂志评为全美十佳管理企业。

讨论分析：

1. 你认为林肯电气公司使用了何种激励理论来激励员工？
2. 为什么林肯电气公司的方法能够有效地激励员工工作？
3. 你认为这种激励系统可能会给管理层面带来什么问题？

案例五　逐渐巩固领导地位的总经理

凯申电脑公司和上海张江高科技园区的许多高科技公司一样，以超常规的速度发展起来，但也面临着来自北京中关村高科技园区、广东深圳地区等大公司的激烈竞争。凯申公司刚成立时，高层管理人员每天穿着T恤衫和牛仔裤来上班，谁也分不清他们与普通员工有什么区别。公司财务上出现了困境，原先那个放任派风格的董事会主席虽然留任，但公司另聘任了一名新的总经理李伟良，他来自一家办事古板的老牌公司，照章办事，十分传统，与凯申公司过去的风格相差甚远。公司管理人员对他的态度是：看看这家伙能待多久。看来冲突、矛盾是不可避免的了。

第一次公司内部危机发生在新任总经理首次召开高层管理会议，会议定于上午8点半开始，可有一个人9点钟才跌跌撞撞地进来。西装革履的李伟良眼睛瞪着那个迟到的人，对大家说："我再说一次，本公司所有的日常公事要准时开始，你们中间谁做不到，今天下午5点之前向我递交辞职报告。你们应该忘掉过去的那一套，从今以后，就是我和你们一起干了。"到下午5点，10名高层管理人员只有2名辞职。

此后一个月里，公司发生了一些重大变化。李伟良颁布了几项指令性政策，对有的工作程序作了较大的改变。从一开始他就三令五申地告诫公司副总经理张忠，一切重大事务向下传达之前必须先由他审批。他抱怨下面的研究、设计、生产和销售等部门之间缺乏合作。在这些面临着挑战的关键领域，凯申公司一直没能形成统一的战略。

李伟良还命令全面复审公司的福利待遇制度并作修改，随后将全体高层管理人员的工资削减15%，公司一些高层管理人员因此提出辞职。研究部主任这样认为："我不喜欢这里的一切，但我不想马上走，开发电脑对我来说太有挑战性了。"生产部经理也是个不满总经理做法的人，可他的一番话颇令人惊讶："我不能说我很喜欢总经理，不过至少他给我那个部门设立的目标能够达到。当我们圆满完成任务时，李伟良是第一个感谢和表扬我们干得棒的人。"

事态发展的另一方面是，采购部经理牢骚满腹。他说："李伟良要求我把今年原料成本削减15%，他还以年终奖引诱我，说假如我能做到的话就给我丰厚的年终奖。但干这个活简直就是不可能，从现在起，我另找出路。"

蒋华是负责销售的副经理，人称"爱哭的孩子"。以前，他每天都到总经理的办公室去抱怨和指责其他部门。李伟良采取的办法是，让他在门外静等，见了他也不理会其抱怨，直接谈公司在销售上存在的问题。过了不多久，蒋华开始更多地跑基层而不是总经理的办公室了。

随着时间的流逝，凯申公司在李伟良的领导下恢复了元气。公司管理人员普遍承认李伟良对计算机领域了如指掌，对各项业务的决策无懈可击。李伟良也渐渐地放松了控制，开始更放手让设计和研究部门干事。然而，对生产和采购部门，他仍然勒紧缰绳。凯申公司内再也听不到关于李伟良去留的流言蜚语了，人们对他形成了这样的评价：李伟良不是那种对这里情况很了解的人，但他确实带领我们步入了正轨。

讨论分析：

1. 李伟良进入凯申公司时所采取的领导方式和留任的董事会主席的领导方式（　　）。

A. 同是民主式的　　　　B. 分别是民主式和放任式的

C. 分别是专制式和放任式的　　　　D. 分别是专制式和民主式的

2. 凯申公司执行班子的最高负责人应该是(　　)。

A. 留任的董事会主席　　B. 总经理李伟良

C. 副总经理威廉　　D. 另外找人

3. 凯申公司中经过李伟良审批的重大决策的传递方式是(　　)。

A. 自上而下沟通　　B. 自下而上沟通

C. 横向沟通　　D. 斜向沟通

4. 公司一些高层经理人因工资被削减而提出辞职。按双因素理论,工资属于(　　)因素。

A. 任务　　B. 关系　　C. 保健　　D. 激励

5. 研究部主任的话反映了他当前的需要属于(　　)需要。

A. 安全　　B. 尊重　　C. 自我实现　　D. 社会

6. 李伟良肯定生产部工作干得棒,采取这种激励措施是出于(　　)的需要。

A. 社交方面　　B. 权力上　　C. 成就上　　D. 生理上

7. 李伟良对销售部经理采取的激励方式是(　　)。

A. 正强化　　B. 惩罚　　C. 自然消退　　D. 负强化

8. 李伟良以其对各项业务的无懈可击的决策赢得了公司员工的尊敬,这是来自哪一方面的影响力?(　　)。

A. 法定权力　　B. 奖励和强制权力

C. 个人影响力　　D. 专家权力

9. 李伟良对研究部门和生产部门各自采取了何种领导方式?(　　)。

A. 关系型和任务型　　B. 任务型和关系型

C. 专制式和民主式　　D. 民主式和放任式

案例六　看球赛引起的风波

金工车间是该厂唯一进行倒班的车间。一个星期六晚上,车间主任去查岗,发现上二班的年轻人几乎都不在岗位。据了解,他们都去看电视现场转播的足球比赛去了。车间主任气坏了,在星期一的车间大会上,他一口气点了十几个人的名。没想到他的话音刚落,人群中不约而同地站起几个被点名的青年,他们不服气地异口同声地说:“主任,你调查了没有,我们并没有影响生产任务,而且……”主任没等几个青年把话说完,严厉地警告说:“我不管你们有什么理由,如果下次再发现谁脱岗去看电视,扣发当月的奖金。”

谁知,就在宣布“禁令”的那个周末晚上,车间主任去查岗时又发现,上二班的竟有6名员工不在岗。主任气得直跺脚,质问班长是怎么回事,班长无可奈何地掏出三张病假条和三张调休条,说:“昨天都好好的,今天刚上班都送来了。”说着,凑到主任身边劝道,“主任,说真的,其实我也是身在曹营心在汉,那球赛太精彩了,您只要灵活一下,看完了电视大家再补上时间，不是两全其美吗？上个星期的二班，为了看电视，星期五就把活提前干完了，您也不……”车间主任没等班长把话说完，扔掉还燃着的半截香烟，一声不吭地向车间对面还亮着灯的厂长办公室走去……

分析与思考：

1. 车间主任会采取什么举动？
2. 你认为二班年轻人的做法合理吗？
3. 在一个组织中如何采取有效措施解决群体需要与组织目标的冲突？
4. 如果你是这名车间主任，应如何处理这件事？

项目八 沟通与协调

学习目标

1. 掌握沟通的含义并概括沟通的一般过程。
2. 阐述正式沟通与非正式沟通之间的区别。
3. 解释有效沟通的障碍及克服障碍的方法。
4. 掌握协调的含义，明确组织协调的作用。
5. 掌握组织协调的内容。
6. 理解冲突的含义、原因及类型。
7. 掌握处理冲突的策略及方法。
8. 认识正确的人生观、价值观在沟通协调和处理冲突中的作用。

案例引入

船夫与哲学家

船夫在激流中摆渡，一个哲学家上了他的船。哲学家问船夫："你懂得历史吗？"船夫回答："不懂！""那你就失去了一半生命。"哲学家有些惋惜，停了一会，他抱着一些希望又问，"那你研究过数学吧？""没有。"船夫又好气又好笑。"那你失去了一半以上的生命。"哲学家无限惋惜。这时，一阵狂风刮来，小船翻了，两人同时落入激流中。船夫问哲学家："喂！你会游泳吗？""不……会！"哲学家上气不接下气。"那你就失去了整个生命。"船夫高声吆喝。

思考：

1. 什么是沟通？
2. 请从船夫与哲学家的对话分析企业管理中沟通的作用。

任务一 学会沟通

对于管理者来说，有效沟通不容忽视，因为管理者所要做的每一件事中都包含沟通。

管理者没有信息就不可能做出决策，而信息只有通过沟通才能得到。没有或缺乏沟通，再好的想法，再有创意的建议，再优秀的策划，都将无法付诸实施。缺乏有效地沟通，许多事情往往会事倍功半，甚至半途而废。因此，管理者要充分认识沟通的重要性以及掌握有效沟通的技巧。

一、沟通的含义与过程

（一）沟通的含义

沟通是指可理解的信息或思想在两个或两个以上人群中的传递或交换的过程。沟通对于组织，犹如氧气对于有机体的细胞。血液向有机体的细胞提供氧气，细胞离开氧气其主要机能就会失常以致死亡。在一个组织中，如果缺少必要的信息，组织内各部门和个人也会发生故障甚至会导致整个组织的最终消亡。

沟通的原理

（二）沟通的作用

一般来说，沟通的作用在于使组织内每个成员都能够做到在适当时候，将适当的信息，用适当的方法，传递给适当的人，从而形成一个健全的、迅速的、有效的信息传递系统，以有利于组织目标的达成。具体来说，沟通有以下四种作用。

（1）沟通是协调各个体、各要素，使企业成为一个整体的凝聚剂。每个企业都由数人、数十人甚至更多的人组成，企业每天的活动也由许许多多具体的工作所构成。由于各个体的地位、利益和能力不同，他们对企业目标的理解、所掌握的信息也不同，这就使个体的目标有可能偏离企业的总体目标，甚至完全背道而驰。那么，如何保证上下一心，不折不扣地完成企业的总目标呢？这就需要互相交流意见，统一思想认识，自觉地协调各个体的工作活动，以保证组织目标的实现。

（2）沟通是领导者激励下属，实现领导职能的基本途径。一个领导者不管有多么高超的领导艺术水平，多么灵验的管理方法，他都必须将自己的意图和想法告诉下属，并且了解下属的想法。领导环境理论认为，领导者就是了解下属的愿望并为此而采取行动，为满足这些愿望而拟定与实施各种方案的人，而下属就是从领导者身上看到了一种达到自己愿望或目的的人。而这些“目的”的“看到”和“了解”都需要“沟通”这个基本工具和途径。

（3）沟通是组织创新的重要来源。有效的沟通能使管理者发现问题并获得宝贵建议，员工的参与是组织创新的巨大动力。在沟通过程中，沟通者相互启发、相互讨论、共同思考，往往能激发出新的创意。

（4）沟通是企业与外部环境建立联系的桥梁。企业必然要和顾客、政府、公众和竞争者等发生各种各样的关系，它必须按照顾客的要求调整产品结构，遵守政府的法规法令，担负自己应尽的社会责任，获得适用且廉价的原材料，并且在激烈的竞争中取得一席之地，这使得企业不得不和外部环境进行有效的沟通。而且，由于外部环境永远处于变化之中，企业为了生存就必须适应这种变化，这就要求企业不断地与外界保持持久的沟通，以便把握住成功的机会，避免失败的可能。

（三）沟通的过程

信息沟通必须具备三个条件：涉及两个人以上；有一定的沟通客体，即信息等；有传递信息的一定的方法，如语言、书信等。

进行沟通还必须具备三个要素：发送者、接收者和所传递的内容。由信息发送者发布的信息，经过编码（即语言、文字等符号转换）进入某种信息渠道（文件传递、电话、电视频道、广播、面谈等）进行传播，最后经过译码（对信息进行必要的加工处理）传递给信息接收者，是思想、意见或信息的沟通过程。

该过程中至少存在着一个发送者和一个接收者，即发出信息一方和接收信息一方。信息在二者之间的传递过程，如图 8-1 所示。

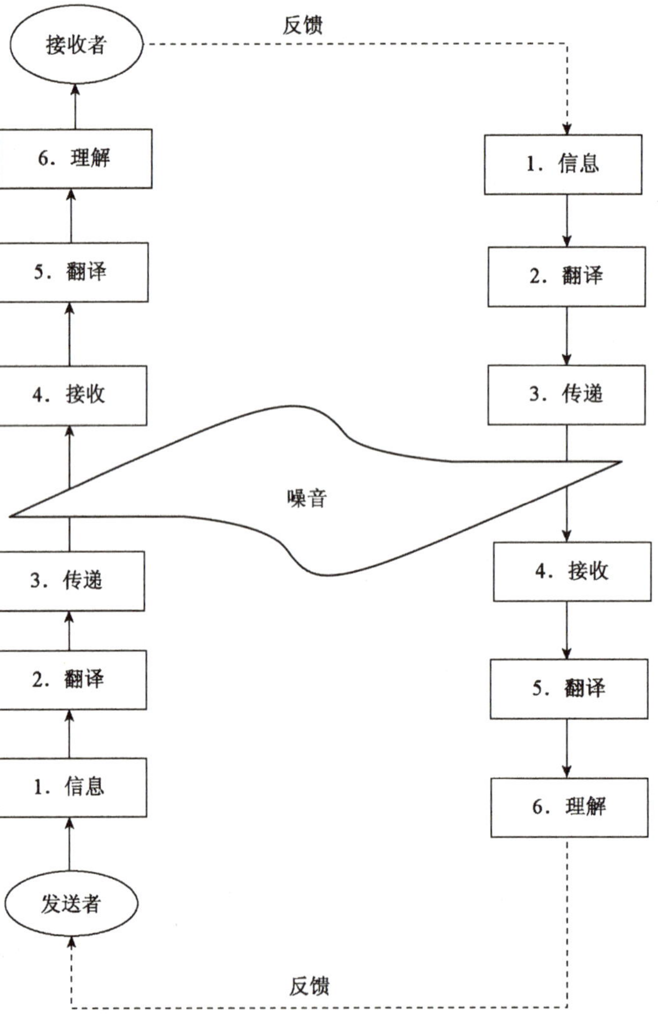

图 8-1　沟通过程

(1) 发送者需要向接收者传递信息或者需要接收者提供信息。这里所说的信息是一个广义的概念，包括观点、想法、资料等内容。

(2) 发送者将所要发送的信息译成接收者能够理解的一系列符号。为了有效地进行沟通，这些符号必须适应媒体的需要。例如，如果媒体是书面报告，符号的形式应选择文字、图表或照片；如果媒体是讲座，就应选择文字、投影胶片和板书。

(3) 发送的符号传递给接收者。由于选择的符号种类不同，传递的方式也不同，传递的方式可以是书面的，如邮件、备忘录等；也可以是口头的，如交谈、演讲、电话等；甚至还可以通过身体动作来表述，如手势、面部表情、姿态等。

(4) 接收者接收符号。接收者根据发送来的符号的传递方式，选择相应的接收方式。例如，如果发送来的符号是口头传递的，接收者就必须仔细地听，否则，符号就会丢失。

(5) 接收者将接收到的符号译成具有特定含义的信息。由于发送者翻译和传递能力的差异，以及接收者接收和翻译水平的不同，信息的内容和含义经常被曲解。

(6) 接收者理解被翻译的信息内容。

(7) 发送者通过反馈了解他想传递的信息是否被对方准确地接收。一般来说，沟通过程中存在许多干扰和扭曲信息传递的因素（通常把这些因素称为噪音），这使得沟通的效率大大降低。因此，发送者了解信息被理解的程度十分必要。沟通过程中的反馈，构成了信息的双向沟通。

案例分享

海军操炮

海军训练有一个动作叫做“操炮”，就是一个水兵把一个炮弹递给另一个水兵，让他装进炮膛。海军规定，将炮弹送过去的水兵要说“好”，接炮弹的水兵也要说“好”，这样才可以把手松开。在海军操炮的时候，如果没有听到两声“好”字炮弹就上膛了，海军的士官长就会走上去，“啪”，两个耳光打过去。因为在操炮时，士兵若保持沉默，炮弹一不小心砸到甲板，就有可能发生弹药爆炸，带来毁灭性危险。

海军对操炮过程的要求，其实是最简单的信息反馈。送炮弹的水兵说“好”，就是说我准备放手了，接炮弹的水兵说“好”，表示你可以放了。

二、沟通的类型

（一）语言沟通和非语言沟通

按信息载体的不同，可分为语言沟通和非语言沟通。语言沟通是建立在语言文字的基础上的，可将其细分为口头沟通和书面沟通两种形式。人们之间最常见的交流方式是交谈，也就是口头沟通。常见的口头沟通包括演说、正式的一对一讨论或小组讨论、非正式的讨论以及传闻或小道消息传播等。书面沟通包括备忘录、

沟通的类型

信件、组织内发行的期刊、布告栏及其他任何传递书面文字或符号的手段。非语言沟通是指通过某些媒介而不是讲话或文字来传递信息，包括身体语言沟通、副语言沟通、物体的操纵，以及空间距离等多种形式。根据信息载体的不同，沟通的分类情况如图 8-2 所示。

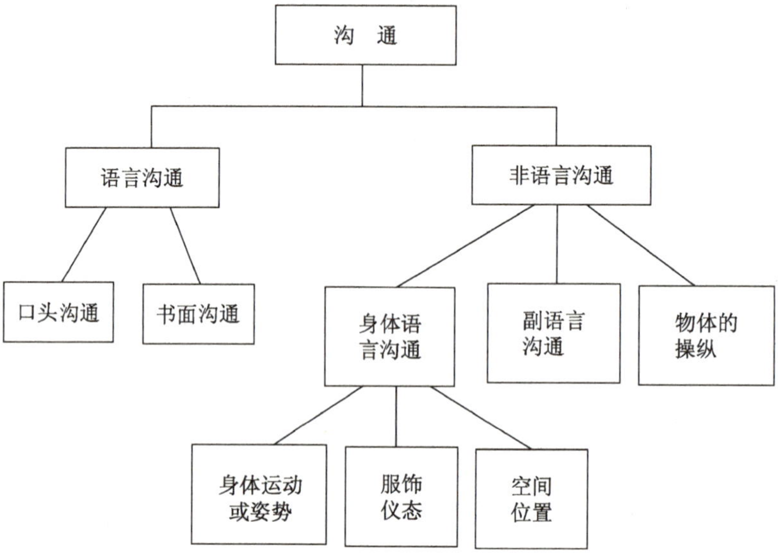

图 8-2　沟通的分类

1. 语言沟通

(1) 口头沟通

口头沟通是以口头交谈的形式进行的沟通，包括人与人之间面谈、电话、开会讨论以及发表演说等。口头沟通的特点是信息传递快，双向交流，信息能够立即得到反馈，是最常见的一种沟通形式。

但是，口头沟通也有缺陷。在口头沟通过程中，信息从发送者一个个接力式地传递，存在着较大的失真的可能性。因为每个人都以自己的偏好增减信息，以自己的方式诠释信息，这样，当信息经过多个环节到达终点时，其内容往往与最初的含义存在重大偏差。如果组织中的重要决策通过口头方式，沿着权力等级链上下传递，那么信息失真的可能相当大。这种情况一旦出现，将会给组织带来各种难以预料的负面影响。

(2) 书面沟通

书面沟通是指以书面文字（包括计算机、磁带、光盘等现代化媒体）的形式进行的沟通，信息可以长期得到保存。在组织中，一些重要文件，如合同、协议、规章、制度、规划等都要运用书面沟通。文字上要求精确、简练，避免在解释上出现异议。

相对于口头沟通而言，书面沟通也存在一些缺陷。书面沟通花费的时间较长，同等时间的交流，口头沟通比书面沟通所传达的信息要多得多。事实上，花费一个小时写出的东西，往往只需十多分钟就能说完。书面沟通的另一缺点是不能及时提供信息反馈。口头沟通能使接收者对其所听到的内容及时提出自己的看法，而书面沟通缺乏这种内在的反馈机制,其结果是无法确保所发出的信息能被接收到,即使接收到,也无法确保接收者对信息的解释正好是发送者的本意。发送者往往要花费很长的时间了解信息是否已被接收并被准确地理解。

2. 非语言沟通

非语言沟通是指通过某些媒介而不是讲话或文字来传递信息。人们往往习惯用非语言沟通的方式,诸如面部表情、语音语调等来强化语言沟通的效果,但也并不是总能做到这一点。非语言沟通既能强化语言沟通的效果,也能起到相反的作用,关键在于沟通双方对它的掌握和运用。据有关资料表明,在面对面的沟通过程中,那些来自语言文字的社交意义不会超过35%,换言之,有65%是以非语言信息传达的。

非语言沟通的内涵十分丰富,目前为人们所用的有身体语言沟通、副语言沟通和物体的操纵。

(1) 身体语言沟通

身体语言沟通是通过动态无声的目光、表情、手势语言等身体运动,或者是静态无声的身体姿势、空间位置及服饰仪态等形式来实现沟通。

首先,人们可以借助面部表情、手部动作等身体姿态来传达诸如攻击、恐惧、腼腆、傲慢、愉快、愤怒、悲伤等情绪或意图。其次,人们还可以利用空间位置关系来影响个人之间的沟通过程。国外有关研究证实,学生对于课堂讨论的参与直接受到学生座位的影响。以教师讲台为中心,座位越靠近中心位置,学生对于课堂讨论的参与比例越大。再次,人们还可以运用服饰来传递信息。在企业环境中,组织成员所穿的服装往往能传送出关于他们的能力、严谨程度和进取性的信号。因为接收者无意识地给各种服装归结了某些特定的含义,并依据这种认识对待穿戴者。

(2) 副语言沟通

副语言沟通是通过非语词的声音,如重音、声调的变化,以及哭、笑、停顿来实现的,心理学家称非语词的声音信号为副语言。心理学的最新研究结果表明,副语言在沟通过程中起着十分重要的作用。一句话的含义不仅取决于其字面意思,还取决于它的弦外之音。语音表达方式的变化,尤其是语调的变化,可以使字面相同的一句话具有完全不同的含义。

(3) 物体的操纵

除了运用身体语言外,人们也可以通过物体的运用、环境的布置等手段进行非言语的沟通。如办公室窗明几净、办公用品摆放整齐,透过这些物质环境,我们对办公人员的性格和习惯会有一个初步的认识。

(二) 正式沟通和非正式沟通

按照通道的不同,可分为正式沟通和非正式沟通。

1. 正式沟通

正式沟通一般是指组织系统内,依据组织明文规定的原则进行的信息沟通,具有严肃性和规范性。由于信息的发布者往往是代表组织本身,因此具有一定的权威性。不足之处是信息采用层层传递的方式,速度较慢,并且有刻板性。

2. 非正式沟通

非正式沟通是正式途径之外的沟通,信息发布者一般不代表组织和上级,主要是通过个人之间的接触进行的,是由社会成员在感情和动机上的需要而形成的信息交流,其传播的范围远远超过部门和层次之间的限制,非正式沟通能够发挥正面作用的基础是组织中良好的人际关系,具有随意性和非正规性,带有较强的感情色彩。由于非正式沟通不必受到规定程序或形式的种种限制,比较灵活方便。在相当程度内,非正式沟通对于信息沟通是必要的,但也要注意其负面影响。

非正式沟通往往源于人们的闲聊,是人们常说的"小道消息"的发源地,传递速度较快,既可以为人们提供一些有用的情报,又容易失真,造成流言蜚语的传播。根据专家的研究,组织中有80%的小道消息是正确的。尽管这样,组织也并不能过分地依赖这种非正式沟通途径。因为这种信息遭到歪曲或发生错误的可能性较大,而且往往无法考证,尤其是与员工个人问题紧密相连时(如晋升、待遇等),常常会发生所谓的"谣言",这种谣言的散布对组织往往会造成较大的麻烦。

非正式沟通具有如下五个特征。

(1) 非正式沟通的信息往往不是完整的,有些是牵强附会的,因此无规律可循。

(2) 非正式沟通主要是有关情感的问题,虽然有些与工作也有关,但常常会带上感情色彩。

(3) 非正式沟通的表现形式具有多变性和动态性,因此它传递的信息不但随个体的差异而变化,而且也会随环境的变化而变化。

(4) 非正式沟通并不需要遵循组织结构原则,因此传递有时较快,而且一旦这种信息与其本人或亲朋好友有关,则传递得更快。

(5) 非正式沟通大多数在无意中进行,其传递信息的内容也无限定,在任何时间和任何地点都可能发生。

非正式沟通的优点是沟通不拘形式,直接明了,传递速度快,容易及时了解正式沟通难以提供的内幕新闻。非正式沟通的缺点是难以控制,传递的信息不确切,容易失真,而且可能导致小集体的产生,影响组织的凝聚力和人心稳定。所以管理者应该予以充分注意,杜绝起消极作用的小道信息,并利用非正式沟通为组织目标服务。

(三) 上行沟通、下行沟通、横向沟通和斜向沟通

按信息传播的方式划分,可分为上行沟通、下行沟通、横向沟通和斜向沟通(图8-3)。

(1) 上行沟通是指自下而上的沟通,即信息按照组织职权层次由下向上流动,如下级向上级汇报情况,反映问题等。这种沟通可以是书面的,也可以是口头的。为了做出正确的决策,领导者应该采取措施,如开座谈会、设立意见箱和接待日制度等,鼓励下属尽可能多地进行上行沟通。

（2）下行沟通是指自上而下的沟通，即在组织职权层次中信息从高层次成员向低层次成员流动，如领导者以命令或文件的方式向下级发布指示、传达政策、安排和布置工作计划等。下行沟通是传统组织内最重要的一种沟通方式。

（3）横向沟通是指在组织中同一层次不同部门之间的沟通，而斜向沟通是指信息在不同层次之间的不同部门间流动时的沟通。有些管理学者认为横向沟通和斜向沟通会破坏组织原则，不利于组织统一指挥。但在现实中，各种组织却普遍存在横向和斜向沟通，事实证明它们有利于提高组织效率。这两种沟通都跨越了不同部门，脱离了正式的逐级指挥系统，但只要在进行沟通前得到直接领导者的允许，并在沟通后把值得肯定的结果及时向直接领导汇报，这种沟通就是值得积极提倡的。

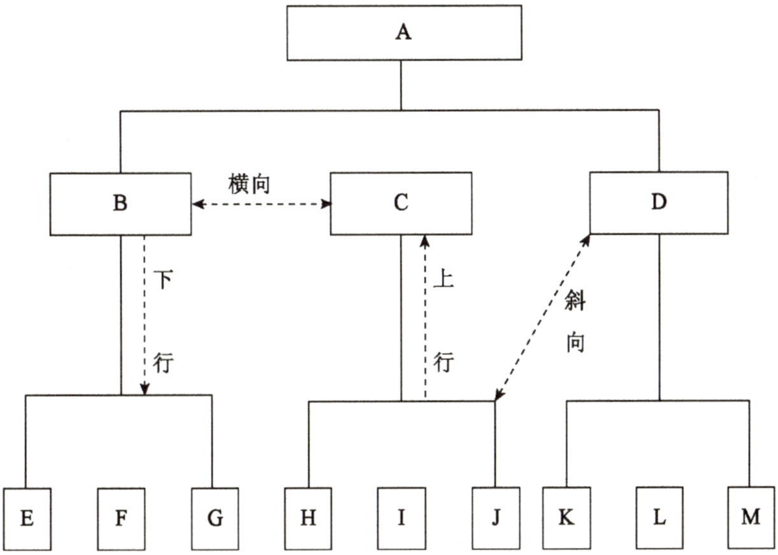

图 8-3　沟通按信息传播的方式划分

（四）链式沟通、轮式沟通、环式沟通、全通道式沟通和 Y 式沟通

按沟通网络的基本形式划分，可分为链式、轮式、环式、全通道式和 Y 式。

沟通网络是指各种沟通路径的结构形式，它直接影响沟通的有效性。正式沟通可以有链式、轮式、环式、全通道式和 Y 式五种网络形式。其形态如图 8-4 所示。

（1）链式沟通属于控制型结构，在组织系统中属于横向与纵向沟通网络。网络中每个人处在不同的层次中，上下信息传递速度慢且容易失真，信息传递者所接收的信息差异大。但由于结构严谨，链式沟通形式比较规范，在传统组织结构中应用较多。

（2）轮式沟通又称主管中心控制型，在这种沟通网络中，只有一名成员是信息的汇集发布中心，相当于一个主管领导直接管理几个部门的权威控制系统。这种沟通形式集中度较高，信息传递快，主管者具有权威性。但由于沟通渠道少，组织成员满意程度低，士气往往受到较大影响。

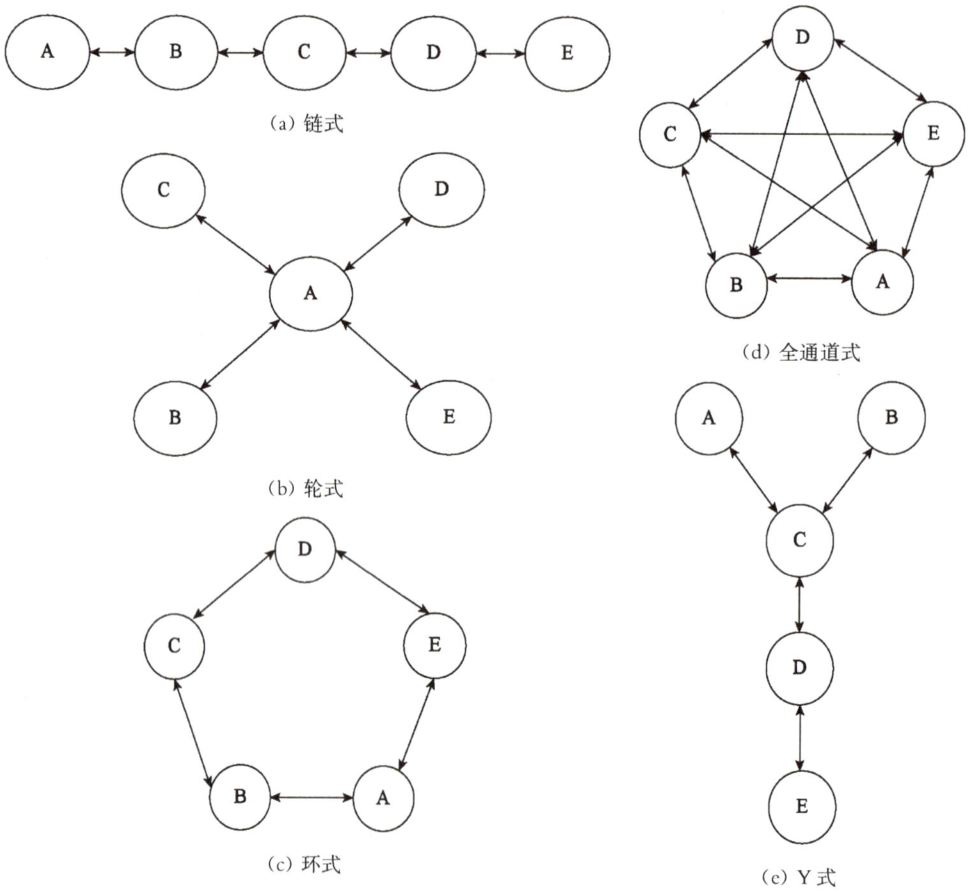

图 8-4　五种沟通形态

（3）环式沟通，又称工作小组型沟通，在这种沟通网络中，成员之间依次以平等的地位相互联络，不能明确谁是主管，组织集中化程度低。这种沟通渠道少，信息传递较慢，成员之间相互满意度和士气都较高。

（4）全通道式沟通是一个开放式的沟通网络，沟通渠道多，成员之间地位平等，合作气氛浓厚，成员满意度和士气均高。全通道式沟通与环式沟通的相同之处在于，网络中主管人员不明确，集中化程度低，一般不适用于正式组织的信息传递。

（5）Y式沟通，又称秘书中心控制型沟通，这种沟通网络相当于企业主管、秘书和下级人员之间的关系。这种沟通网络形式能减轻企业主要领导者的负担，解决问题速度较快。但除主管人员以外，下级人员平均满意度与士气较低，容易影响工作效率。

除上述五种沟通方式之外，在非正式组织中，还存在着一种“葡萄藤”式沟通形式，其沟通网络更开放，渠道多样，沟通在各方中间随意延伸。

沟通管理

三、沟通的障碍

信息沟通由于受到各种因素的影响，容易发生障碍。在管理活动中，人们都希望明白无误地正确传递信息，克服沟通障碍，提高沟通效果。根据沟通的基本过程，沟通障碍产生的因素主要有三个方面：信息发布者对信息表达的障碍、由于信息选择产生的障碍和信息接收者方面的障碍。具体来讲，一个有效的沟通必须包含诸多要素和步骤，在每一个要素和每一个步骤中都可能存在各种障碍，它们直接影响沟通效能的发挥。

案例分享

田丰谏袁绍

田丰是东汉末年袁绍部下的一个谋士。他为人正直，曾多次向袁绍进言而不被采纳，曹操部下荀彧曾评价他是“刚而犯上”。

当时，袁绍要跟曹操打仗，田丰对此持有不同意见，他直谏了两次，苦劝袁绍不要开战。袁绍对此很不高兴，不听他的，执意开战。田丰跪在袁绍说：“你要不听我的话，将会出师不利。”袁绍这个人心胸狭窄，便说：“我已经下令大军行动了，而你却诅咒我会出师不利，给我关起来。”于是就把田丰关了起来。

后来袁绍果然打了败仗。消息传回，看守和田丰说：“田先生，我告诉您一个好消息，此次大将军被曹操打败了，正往回跑呢，您马上就能出来了，您说对了呀。”田丰说：“如果袁绍打了胜仗我还能活，他打了败仗就羞于见我，一定会把我杀了，我命难保。”

通过这个案例可以看出，这个事件的发生与袁绍和田丰两个人都脱不了干系。袁绍的这种沟通方式和行为是非理性的，他的情绪在左右他的行为，从而导致了战败，也导致了田丰的死亡。

此外，田丰也要为自己的死亡负责。田丰虽然对袁绍的个性把握得特别准确，甚至连自己会不会死都想得很明白，但他在与上级沟通时却缺乏技巧，不能以对方乐于接受的形式向对方提建议，因而从一定程度上而言，他自己也是一个比较情绪化的人，缺少变通思想。

（一）语言障碍，产生理解差异

中国地域辽阔，各地区语言差别大，如南方人讲话北方人听不懂。即使话听得懂，但语言本身并不是客观事物本身，思想和语言往往并不是一回事，各人的语言修养和表达能力差异很大，加上有些沟通者事先缺乏必要的准备和思索，用词不当或说话意图不清，听了半天不知所云。即使意思清楚，用词得当，由于语音复杂，一词多义，理解的可变度较大，在译、收过程中还会加上个人主观的综合推理，因而受个人的世界观、方法论、经历、经验、需要的影响，产生不同的理解和推论。

案例分享

秀才买柴

有一个秀才去买柴，他对卖柴的人说：“荷薪者过来！”卖柴的人听不懂“荷薪者”（担柴的人)三个字,但是听得懂“过来”两个字,于是把柴担到秀才前面。秀才问他:“其价如何?”卖柴的人听不太懂这句话,但是听得懂“价”这个字,于是就告诉秀才价钱。秀才接着说:“外实而内虚,烟多而焰少,请损之。”(你的木材外表是干的,里头却是湿的,燃烧起来,会浓烟多而火焰小,请减些价钱吧。)卖柴的人因为听不懂秀才的话,于是担着柴就走了。

管理者平时最好用简单的语言、易懂的言辞来传达信息,而且对于说话的对象、时机要有所掌握,有时过分的修饰反而达不到想要完成的目的。

(二) 环节过多,引起信息损耗

传达和汇报是经常使用的沟通方式,但每经过一次传达就多一层信息丢失和错误,一般每经过一个中间环节,就要丢失 30%左右的信息。

(三) 信誉不高,妨碍沟通

如果沟通者在接收者心目中的形象不好、存有偏见,则后者对其所讲述的内容往往不愿意听或专挑毛病,有时虽无成见,但认为所传达的内容与己无关,从而不予理会,拒绝接受,影响沟通。

(四) 条件不清,理解各异

大至一个国家,小至一个企业,往往同一个政策和制度各单位执行起来却五花八门。这和执行者水平不同有关,但重要的一点是政策、制度、办法的边界条件和前提假设表述不清。如果在传达信息时只注意传达信息本身,而忽略这些边界条件,边界条件不讲清楚,就会理解不一,行动失调。

(五) 利益冲突,有意隐瞒

社会上和企业里都可以见到报喜不报忧的情况,为什么喜的信息传得快,而忧的信息传不出去呢? 这主要取决于利害关系,如怕领导印象不好,怕影响本单位声誉等。由于利害关系或习惯势力的影响,许多人都抗拒与自己利益或经验不一致的变革,变革越大,抗拒性越强。抗拒改革的办法有很多,一是不予理会,二是直接拒绝,三是加以曲解。

(六) 沟通要求不明,渠道不畅

有些领导者并不明白为了完成组织的任务和做出正确的决策自己需要哪些信息。在组织设计的同时应当向各个岗位明确应当提供哪些信息,还应向谁提供什么信息,从而构成整个组织的沟通渠道。如果没有明确的设计,企业的沟通渠道就会呈现自发的无组织状态,以致别人提供的信息并不需要,而需要的信息又没有人提供,效能很低。

(七) 地位差异,妨碍交流

一般人在接收信息时不仅判断信息本身,而且判断信息发送人。信息发源的层次越高,越倾向于接受。一个人地位高,传递的信息似乎就是正确的、可信的;一个人地位低,传递的信息也将跟着打折扣。一般来说,地位高的人发布的即使是无足轻重的信息也会得到不必要的过分的重视,地位低的人即使传递的是非常重要的信息也不被重视,这样就使一个领导者不容易得到充分而真实的信息。特别是当领导者不愿听取不同意见时，必然堵塞言路，使下级保持沉默。

（八）地理障碍，沟通困难

企业组织庞大，地理位置分散，相距较远或地形复杂都会引起沟通困难。虽然有电话和文件联系，但缺乏面对面沟通，特别是企业在国际化经营管理过程中，这一障碍显得尤为突出。

四、沟通的改善

（一）沟通要有认真的准备和明确的目的性

信息发布者首先要对沟通的内容有正确、清晰的理解。在沟通之前，要做必要的调查研究，收集充分的资料和数据，对每一次沟通要解决什么问题，达到什么目的，不仅自己要心中有数，也要设身处地地为信息的接受者着想，使他们也能清晰理解。

（二）沟通的内容要准确完整

沟通内容要有针对性，语意确切，尽量通俗化、条理清楚、观点明确，避免使用模棱两可、产生歧义的语言，否则容易造成接收者理解上的失误和偏差。此外，信息发布者对所发表的意见、观点要深思熟虑，不可朝令夕改，更不能用空话、套话、大话对信息接收者敷衍搪塞。若处理不好，常常会引起接收者的逆反心理，形成沟通中不应有的壁垒和障碍。

（三）诚心诚意地倾听

有人对领导者的沟通做过分析，一天用于沟通的时间约占 70%左右，其中撰写约占 9%，阅读约占 16%，言谈约占 30%，用于倾听的占 45%。但一般领导者都不是一个好听众，效率只有 25%。究其原因，主要是缺乏诚意。缺乏诚意大多发生在自下而上的沟通中。所以，要提高沟通效率，必须诚心诚意地倾听对方的意见，这样对方也才能把真实想法说出来。

（四）提倡平行沟通

平行沟通是指车间与车间、科室与科室、科室与车间等在组织系统中同一个层次之间的相互沟通。有些领导者整天忙于做仲裁者的角色而且乐此不疲，想以此说明自己的重要性，这是不明智的。领导的重要职能是协调，但是这里的协调主要是目标的协调、计划的协调，而不是日常活动的协调。日常的协调应尽量鼓励平级之间进行。

（五）提倡直接沟通、双向沟通、口头沟通

经调查，倾向于面对面的直接沟通、口头沟通和双向沟通者居多。一个企业的领导者应每天到车间、科室转转，主动问问有些什么情况和问题，多和当事者商量。有些企业不主张领导者单独办公，主张大办公室集体办公，这些都是为了及时、充分、直接地掌握第一手资料和信息，不仅能够了解生产动态，而且也能了解职工的士气和愿望，还可以改善人

际关系。

(六) 设计固定沟通渠道,形成常态化沟通

这种方法的形式很多,如采取定期会议、报表、情况报告、互相交换信息的内容,等等。克服沟通障碍不只是工作方法,更根本的是管理理念。一些国家的现代企业流行的“开门政策”“走动管理”,是基于尊重个人、了解实情、组成团队等现代管理理念,沟通只是这种理念的实现途径。因此,如何克服沟通障碍,以及如何建立高效、通畅的沟通渠道,都不应就事论事地解决,而应站在管理理念和价值观的高度,妥善地加以处理。

五、有效沟通的技巧

在管理人的过程中,需要借助沟通的技巧,采纳或处理不同的建议与意见,建立共识。当共识产生后,事业的魅力自然才会展现。良好的沟通能力与人际关系的培养,并非全是与生俱来的,在处理“人”的事务的过程中,绝对有机会学习沟通技巧,因此要把握任何一次学习的机会。以下提供五个有效沟通的行为法则。

(一) 自信的态度

一般经营事业相当成功的人士,他们不随波逐流或唯唯诺诺,有自己的想法与作风,但却很少对别人吼叫、谩骂,甚至连争辩都极为罕见。他们对自己了解得相当清楚,并且肯定自己,他们的共同点是自信,日子过得很开心,有自信的人常常是最会沟通的人。

(二) 体谅他人的行为

包含“体谅对方”与“表达自我”两方面。体谅是指设身处地为别人着想,并且体会对方的感受与需要。在处理“人”的事务的过程中,想对他人表示体谅与关心时,唯有设身处地为对方着想。由于给予对方了解与尊重,对方也相对体谅你的立场与好意,因而做出积极而合适的回应。

(三) 适当地提示对方

产生矛盾与误会的原因,如果是出自对方的健忘,提示可使对方信守承诺;反之,若是对方有意食言,提示就代表并未忘记事情,并且希望对方信守诺言。

(四) 有效地直接告诉对方

一位知名的谈判专家分享他成功的谈判经验时说道:“我在各个国际商谈场合中,时常会以‘我觉得’(说出自己的感受)、‘我希望’(说出自己的要求或期望)为开端,结果常会令人极为满意。”其实,这种行为就是直言不讳地告诉对方我们的要求与感受,若能有效地直接告诉你所想要表达的对象,将会有效帮助我们建立良好的人际网络。但要切记“三不谈”:时间不恰当不谈,气氛不恰当不谈,对象不恰当不谈。

(五) 善用询问与倾听

询问与倾听的行为可以用来控制自己不要为了维护权力而侵犯他人。尤其是在对方

行为退缩、默不作声或欲言又止的时候，可用询问行为引出对方真正的想法，了解对方的立场以及对方的需求、愿望、意见与感受，并且运用积极倾听的方式来引导对方发表意见，进而对自己产生好感。一个沟通好手善于询问以及积极倾听他人的意见与感受。

因此，为了提升个人的竞争力，获得成功，必须不断地运用有效的沟通方式和技巧，随时有效地与“人”接触沟通，只有这样，才有可能取得事业成功。

任务二 懂得协调

一、协调的含义和作用

（一）协调的含义

协调，从词面上看就是协商、调和之意。关于协调的含义，管理过程学派的创始人亨利·法约尔认为，“协调就是指企业的一切都要和谐地配合，这样做的目的是使企业的工作能够顺利地进行，并有利于企业获取成功。协调的另一种功能是使职能的社会组织机构和物资设备机构之间保持一定的比例，这个比例是每个机构高效、保质保量完成任务的保证。总之，协调的目的是为了事情和行为都有一个合适的比例”。

法约尔关于协调的论述没有涉及组织与外部的协调，并且这一概念忽视了人的因素，没有涉及人际矛盾的协调。针对上述问题，切斯特·巴纳德(Chester I. Barnard)对法约尔关于协调的含义论述进行了补充。他认为，协调依赖于两个互相关联的过程：组织与外部环境的适应过程，组织对人际关系的满足过程。

经过对法约尔和巴纳德的论述的综合，可以把协调的含义概括为：协调就是正确处理组织内外各种关系，为组织正常运转创造良好的条件和环境，促进组织目标实现的管理活动。

（二）协调的作用

有效地组织协调可以起到如下四点作用。

1. 有效地组织协调是减少内耗、增加效益的重要手段

有效协调可以使组织活动的各种相关因素相互补充、相互配合、相互促进，从而减少人力、物力、财力、时间的浪费，达到提高组织的整体效率，增加效益的目的。

2. 有效地组织协调是增强组织凝聚力的有效途径

要使组织内部人员团结一致、齐心协力，需要领导者以极大的精力和高超的技艺加以有效协调。只有人们心理上、权力上、利益上的各种关系协调了，才能团结统一，相互支持，齐心协力地实现共同的目标。

3. 有效地组织协调是调动员工积极性的重要方法

协调的好坏直接关系到组织目标的实现和整个领导活动的效能，工作协调好了，组织内部各成员能团结合作，充分发挥每个人的聪明才智，使组织工作充满生机和活力。

4. 有效地组织协调为企业正常运转创造良好的条件与环境

组织是一个开放的系统，在其运转过程中，必然会与外部环境发生多种关系，如组织与政府的关系，组织与消费者的关系，组织与新闻界的关系等，这些关系处理是否得当，也会影响企业的正常运转。管理者同外界协调这些关系，可以为企业正常运转创造良好的条件和环境。

二、协调的原则和基本要求

（一）协调的原则

1. 目标导向

组织目标是工作关系协调的方向。任何协调措施都不能脱离既定的目标，只有围绕统一目标，把各方面力量组织起来，协调才能成为现实。否则就会分散力量，组织目标难以实现。

2. 勤于沟通

通过经常性的各种有效的信息传递，使组织成员彼此间建立起密切的关系，有利于解决矛盾，消除误会。

3. 利益一致

利益是工作关系协调的基础。共同的利益能使组织成员结合起来，按照组织的需要而积极行动。协调、平衡好利益关系是协调工作的重要基础，领导者公平合理地分配是减少矛盾和解决矛盾的重要条件。

4. 整体优化

通过协调可使整个组织系统的运行达到整体优化状态。管理者对各种影响因素进行科学的分析，进而通过个体优化的组合，形成整体优势，取得理想的整体效益。

5. 原则性与灵活性相结合

协调工作应有原则性，这是一切活动的准则。灵活性是指在不违背原则的前提下，为了实现组织目标而做出的一些让步、牺牲、妥协、折中与变通等。

（二）协调的基本要求

1. 及时协调与连续协调相结合

管理者要及时发现和解决各种矛盾和问题，这样既可以减少工作中的损失，不使各方面的矛盾激化，也便于问题的解决。在协调过程中，管理者做到防微杜渐是至关重要的。此外，协调也是一个动态的过程，须注意其连续性。

2. 从根本上解决问题

管理者必须深入问题的内部，找出产生问题的根源，对症下药。这样，才能从根本上解决矛盾，使问题一个个减少，而不是此消彼长。

3. 调动当事者的积极性

协调是为了解决问题，消除隔阂，推动工作。因此，能否调动起当事者的积极性是协调成功与否的一个检验标准。

4. 公平合理

公平是减少矛盾和解决矛盾的重要条件，合理是各种要素配置达到科学化、最优化的基本要求。管理者在协调时要努力做到公平合理。

5. 相互尊重

协调的实质是处理人际关系，而处理人际关系需要互相尊重，互相关心。领导者应尊重下属的人格，平等相待，调动他们工作的积极性。

三、协调的内容

协调就是正确处理组织内外各种关系，为组织正常运转创造良好的条件和环境，促进组织目标实现的管理活动。从其含义中可以看出，协调的主要内容就是正确处理组织内外的各种关系。为了更加清楚地阐释其内容，它分为两个部分：一是组织内部协调，二是组织与外部环境的协调。

（一）组织内部协调

1. 组织内部各要素间的协调

组织是一个开放的、具有特定目标的协作系统。组织要素是组成组织系统的各个部分或成分，是组织的最基本单位。巴纳德曾指出，组织的存在是由于组织可以通过人与人的有效协作来达到单凭个人努力所无法达到的目标。所以，组织要顺利地运转，必须根据组织总目标的要求对组织各要素进行统筹安排、合理配置，最终使各运行环节相互衔接、相互配合。在组织内部要素配置过程中会产生各种各样的关系，这些关系大多表现为部门与部门之间的关系。正确合理地协调部门与部门之间的关系，主要的工具是计划和规章制度。当然，会议也是协调部门之间关系的重要方式。横向部门间可采用定期或不定期的会议方式，如联席会、调度会、信息发布会等，加强彼此间的联系、沟通。通过协调性会议使横向部门之间步调一致，进展平衡，相互衔接，按期完成任务。

2. 组织内部人际关系的协调

人际关系是指人与人之间相互交往、相互作用、相互满足需要的状态。就一个组织来说，组织中人际关系的好坏，关系到组织的凝聚力、成员的积极性以及组织是否具有成效。因为人际关系的好坏，总是和一定的心理反应相联系，并对人的行为发生积极的或消极的作用。人际关系好，人与人之间感情融洽、相互体谅体贴、工作上互相配合，有利于发挥工作的积极性，提高工作效率；相反，人与人之间关系紧张，相互猜疑、提防，工作上经常扯皮，必然影响工作情绪，降低工作效率。因此，通过卓有成效的协调工作，在组织内建立和谐的人际关系，应该成为组织领导者的重要任务。

(1) 影响工作中人际关系的因素

组织内部人与人之间要相互交往、相互作用和相互影响。但是,不同的人之间关系的亲密程度不同。研究表明,影响人际关系的因素主要有如下六种。

第一,空间距离与交往频率。空间距离与人际交往是有一定的关系的,地理位置越接近,彼此接触的机会越多,相互依赖、相互帮助的关系越紧密,就越容易形成密切的人际关系。地理位置不是人际关系好坏的唯一的、决定性的因素,交往频率也是其中一个重要因素。交往次数多,接触机会也就多,有助于相互之间真正了解和理解,便于建立良好的人际关系。

案例分享

惠普公司"敞开式的办公室"与"直呼其名"的沟通政策

惠普公司的办公室布局采用少见的敞开式大房间。惠普公司的每个人,包括最高主管,都是在没有隔墙、没有门户的大办公室里工作的。尽管这种人与人随时可以见到的做法也有其缺点,但是惠普公司发现这种做法的好处远远超过其不利之处。

"开放式管理"政策是惠普目标管理哲学不可分割的一部分。这个做法鼓励并保证了沟通不仅是自上而下的,而且是自下而上的。同时,为了扫清企业内部因为等级差异而产生的沟通障碍,惠普公司要求对内不称头衔,即使对董事长也可直呼其名,这样有利于创造无拘束和合作的气氛,以利于个人之间的沟通。

第二,相似性因素。组织中人与人之间的相似性包括年龄、社会背景、能力与才干、态度与性格等。俗语说:"物以类聚,人以群分",就是指人总是喜欢和自己态度和兴趣相类似的人进行交往,也就是说,如果交往双方具有其中某一方面或某几方面的相似性,就比较容易相互吸引并产生密切的关系。然而态度、兴趣、价值观并非靠一两次接触就能发觉的,通常是在多次交往中逐渐发现对方与自己的共同点。

第三,需要、性格、气质的互补作用。组织成员之间以满足各自的某种需要为前提进行交往,容易形成良好的人际关系。性格、气质不同的人,也能因互补作用而满足各自的需要,由此产生吸引力,建立和谐的人际关系。

第四,能力与专长的因素。有专业特长、能力较强的人,对组织中的其他成员有较强的吸引力,也会使人欣赏他的才华,产生一种敬佩感,从而愿意接近他。

第五,仪表因素。人的仪表包括容貌、衣着、体态、风度等。人与人之间初步交往,往往信赖于第一印象的作用,仪表因素对人际吸引显得特别重要。随着交往的深入,仪表因素的作用越来越小,吸引力逐渐由外部仪表特征转向内部道德品质和个性特征。

第六,制度、政策和社会风气。不同的社会制度、同一制度下不同的政策,都会深刻地影响社会成员的利益关系、社会风气和价值观念,因而深刻地制约着人际关系。社会的价值观导向、社会风气是影响组织内人际关系的宏观文化环境,必须引起组织内领导者的高度重视。

(2) 工作中改善人际关系的基本方法

工作中人际关系的好坏直接影响人们的工作情绪和积极性，以及组织效能的发挥和个人身心的成长。因此，必须在工作中遵循一定的人际关系的基本原则，排除影响组织中人际关系发展的障碍，并对人际关系中产生的矛盾进行及时调节，以确保工作目标的顺利实现。

第一，提高人际交往的能力。要提高人际交往能力，要注意以下五点。

① 明确交往的基点

组织工作中的人际关系是在一种共同的职业工作中形成的相互依存的关系。由于个体在生活方式、教育背景、性格爱好、生活经历、理想追求、奋斗目标等诸多方面存在着差异，使得职业群体中的个人不可能与他所处的群体中其他人的想法、工作方式完全一致，因而组织内就会产生各种不同的人际关系类型。比如，合作型、利用型、共事型、被迫型等。正确地认识同事关系，明确相互交往的基点，即利益一致、相互依存，从而为取得合作型的人际关系提供正确的认知条件。

② 与人为善、友好相处的愿望

与人为善是发展良好人际关系的基础，友好相处是建立良好同事关系的起点。如果员工之间一开始就没有与人为善、友好相处的愿望，那么在工作中就会回避交往，冷漠相处，甚至敌视。

③ 严于律己，宽以待人

“金无足赤，人无完人”，在组织中，与同事相处，首先要学会严格要求自己，宽容他人的弱点和不足。只有这样，才可能建立进一步的关系。相反，过分苛求别人，鄙视、诋毁别人，将会影响和谐的同事关系，甚至会受到他人的冷漠和排斥。

④ 调试冲突

在组织工作中，成员之间因意见分歧和某些误会产生冲突在所难免，一旦发生冲突，双方应冷静克制，努力将冲突限制在最小范围内。比如，以商量的口气提出自己的意见和建议，避免使用生硬和否定性措辞；批评他人的错误要真诚、坦白，注意方式；要学会认真、耐心地倾听对方的意见，并适当地给予赞同；学会原谅他人的过错，包括曾伤害过自己的同事等。

⑤ 以诚待人，尊重他人

真诚是人际交往过程中非常重要的一点。何为真诚？有人说，“真诚并不意味着一定要指出别人的缺点，但真诚一定意味着不恭维别人的缺点。”杜绝当面一套，背后一套。需要注意的是，在指出别人缺点时要注意方式，以免伤害对方的自尊心。以诚待人，尊重他人必然能换来他人的尊重和真诚相待。

第二，提高管理工作水平。提高管理工作水平要注意以下三点。

① 优化组织风气

人际关系是团队凝聚力的基础，良好的人际关系是团结的象征，组织工作团队内人际关系状态往往可充分反映团队的生机和士气。作为管理者应该让组织中的每一个人都意识到自己是组织的一分子，意识到其他人的存在。这就要求组织成员之间在信息、思想、感情、态度等方面的交流既公开又频繁，互相了解和信任，互相爱护与帮助，相互理解与影响，并在工作中使每个人的交往、自尊等心理得到满足。

② 改善领导作风、适时调整政策

完备而合理的规章制度是一个组织正常运行的保证。但由于管理的对象是人，作为管理者，关心、爱护下属也是其应有的责任。礼貌待人，适当地运用褒贬奖惩，建立谦虚、博学的自我形象，乐于处理一些与群众冷暖相关的小事，与下属共同分享成功的喜悦等，并且要根据组织的情况，适时调整政策。有严有爱、有的放矢地管理，必然会形成上、下属之间和谐的人际关系。

③ 及时调解帮助

组织成员间的人际冲突是团体内部经常发生的现象。作为管理者，处理协调好组织成员间的人际冲突是其重要的工作之一，处理不当只会弄巧成拙，激化矛盾。因此，管理者在组织内部出现矛盾时必须及时有效地进行调解和帮助，做到冷静公正，不偏不倚，折中调和，息事宁人，并注意给冲突双方设立台阶，既保住对方面子，也暗示存在问题。此外，创造轻松气氛和依照规章制度办事，也是解决冲突的基本原则。只要按章办事，有法可依，管理者解决冲突的权威性、公正性自然会确立，有很多冲突只要按制度晓以利害，无须过多口舌即能解决问题。

（二）组织与外部环境的协调

企业是社会活动的基本单位，它的经营活动既有相对的独立性，又是整个社会活动的有机组成部分。随着生产力水平的提高，在其生产、交换、分配、消费等环节，都和企业外部发生着极为密切、日益广泛的联系。一方面，企业需要社会提供必要的资金、劳务、原材料、产品或服务的销售市场，以及运营过程中所需的各种社会服务；另一方面，企业也必须为顾客提供优质的产品和服务、向国家上缴利税以及参加各种社会活动，等等。所以，处在现代社会化大生产整体过程中的企业，生产经营活动涉及社会上各种不同的经济、政治、法律、科研教育等部门。能否正确处理企业与外部环境间的关系，是衡量一个组织素质的标准之一，也是组织生产经营活动获得成功必备的外部条件。

1. 组织与政府的关系

处理好组织与政府的关系是组织外部环境协调的一个重要内容。这是由于国家的政府机构具有组织领导经济建设的职能，对企业的管理是国家对整个国民经济实行统一管理的重要组成部分，国家按照国民经济的客观要求有效地运用经济、行政和法律等手段对各种社会经济活动主体进行必要的管理、检查、指导和调节。

企业必须了解国家制定的经济法规，严格遵守经济合同。国家权力机关和行政机关制定和颁布的各种经济法规，是国家管理经济的重要工具，也是调整企业与国家经济关系的杠杆。企业要了解各种经济法规的权限，同时还必须遵守法规，以此为准则调整企业与国家、社会的关系。税金是国家财政收入的基本来源，同时又是国家公共设施和工程投资的重要基础，必须按照国家法律规定的税率比例缴纳税金，企业应在提高经济效益的基础上力争为国家上缴更多的税金，以此来扩大社会再生产，提高社会福利水平和改善人民生活。正确处理国家、企业和个人的经济关系，使各方面的利益都能得到保证。

2. 组织与新闻界的关系

在现代社会里，新闻传播媒介起着越来越重要的作用，在西方国家，人们更是把新闻机构称为“无冕之王”。对于企业来说，和新闻界的关系既有矛盾的一面，又有相互依存的一面。

企业在发展过程中，或多或少都会犯错。企业的这些“错漏”，对媒体而言，就成了关注的“料”，或是基于社会监督的义务，或是基于媒体的信息传播的使命，抑或是为追求自身的卖点，这样的“料”会被媒体报道。但如此的报道大多会给企业带来负面影响，甚至让一个企业直接“死掉”。所以，企业有“防火、防盗、防记者”的说法。这可算是新闻界与企业矛盾关系的常见表象。

当媒体报道的是正面信息的时候，一般来说企业与媒体之间属于依存关系：企业需要通过媒体传播信息，以扩大市场或影响力；媒体需要企业提供信息素材，以便能传播给社会。而在这之前或之后，企业大多会以广告的方式支持媒体。还有一种依存关系，主要表现在行业媒体上，如直销。媒体的主要利润来自广告，而广告源于企业，企业投放广告的力度源于市场和自身效益。所以，如果媒体希望能通过广告增加收益，就必须不断培育和开发市场，增加企业效益。反过来，企业亦如是。

针对上述两种关系，组织必须与新闻媒介建立良好的关系。协调组织与新闻界的关系应注意以下三点。

(1) 尊重新闻界人士，认真了解他们的工作性质和工作方式，给予工作上的方便和合作，提供真实信息，通过向媒体寄送稿件、资料，召开新闻发布会等形式，让媒体了解组织的真实情况，一方面宣传自己，另一方面也为新闻界提供了新闻源。

(2) 与新闻界保持经常性的沟通联络，增进相互了解和信任。如欢迎记者来访、积极安排记者对领导和群众的采访活动、派专人负责与媒体经常联络等。

(3) 根据新闻媒体的特点、背景，选择合适的新闻中介。

3. 组织与教育界的关系

在科学技术高速发展的今天，企业组织与科研教育界的合作对于其自身的发展具有深远的、战略性的意义。在全球范围内，许多企业为了生存和发展，迫切需要科学技术的进步，所以很多著名的企业与高等院校结合，组成新型的科研生产联合体。这样，一方面有利于学生联系实际地学习科学技术知识，学会实际操作本领，为企业培养具有实践能力和科学技术知识的人才。另一方面，企业拥有雄厚的资金、齐全的设备和亟待解决的科研课题，而学校和科研单位拥有众多高水平的人才，广博的知识储存，企业与学校、科研单位的合作，可以达到取长补短、互惠互利的效果。

密切企业与学校、科研单位的双边关系，必须进行积极的公共关系交流活动。具体包括以下七项内容。

（1）企业为学校制作电影、幻灯片，主题包括工程、机械、化学、物理、历史、地理、经济、农业、计算机等诸方面。

（2）企业为学校学生实习建立基地，定期让学生参与本企业的生产经营活动。

（3）企业尽可能在学校设置本企业某项专业的奖学基金，以鼓励学生和教师的学习和教学工作。

（4）企业为学校提供教学用模型和各种教材。

（5）企业定期邀请学生、教师和科研人员实地参观，为企业发展提供服务。

（6）企业、学校或科研单位双方领导经常会晤、磋商。

（7）双方的专家、教授经常举行学术交流。

4. 组织与社区的关系

社区是指人们共同生活的一定区域，如城镇、街道等。任何组织都是在一定的社区中生活的，因此，必然与社区及社区中的社会公众发生种种联系。比如，组织可以从社区得到以下帮助或资源：为员工创造良好生活环境，充足的劳动力资源等。这就要求组织必须多方努力，维护社区环境，增强社区吸引力，支持社区公益活动，维持社区稳定，促进社区经济发展等，以取得社区的支持，使组织能够顺利地发展下去。

组织社区化是建立和维持良好社区关系的根本方法。组织社区化是指通过接受、汲取社区文化并以自己的行为反作用于社区，从而使组织被社区公众接受、爱戴，并融入社区。在实现组织社区化过程中，应注意加强组织与社区之间的沟通，组织要像爱护自己的家园一样爱护社区，妥善处理与社区间的冲突和摩擦。

任务三　处理冲突

组织冲突的管理

一、冲突概述

（一）冲突的含义

冲突是由于某种差异引起的对立双方在资源匮乏时出现阻挠行为，并被感觉到的矛盾。人与人之间由于利益、观点、掌握的信息或对事件的不同理解存在差异，有差异就可能引起冲突。因此冲突这一概念包括三层含义。

（1）必须有对立的两个方面，缺一不可；

（2）为取得有限的资源而发生的阻挠行为；

（3）只有当问题被发现时，才构成真正的冲突。

（二）冲突产生的原因

具体来讲，冲突产生的原因归纳为以下三种。

1. 组织分工所带来的岗位之间的不同

分工所产生的各个工作岗位既是有差异的又是相互依赖的，相互依赖性和差异性是冲突产生的客观基础。其中，相互依赖性是专业化和社会分工的结果。越来越复杂的社会环境和高精技术的要求，使人们几乎不可能独立地完成组织的目标要求，而只能扮演分工以后较为专业化的某一具体的角色。相互依赖关系表明，一个人行动的结果会受到其他人的影响，如果一方的行动妨碍了另一方的目标的实现，那么就有可能产生冲突。

2. 资源有限，不能满足需求

组织内资源的稀缺和机制的不完善推动了冲突的实现。组织的资源相对于组织的发展能力总是处于一定的稀缺状态，资源稀缺性是组织的基本特征之一。所以，当两个或两个以上的主体同时依赖于组织的稀缺资源时，双方之间极有可能因为如何分配资源而发生冲突。

3. 组织成员之间的差异性

冲突产生的直接原因可以归为彼此的差异性。具有一定的相互依赖关系的双方，差异性越大，就越不容易达成一致的协议。这些彼此间的差异性必定伴随着一定的意见分歧，导致冲突的最后发生。

组织中主要存在以下三种差异。

(1) 信息差异

信息差异是反映双方所获得的信息、了解的事实之间的差异。组织成员具有不同的信息来源渠道，彼此信息不对称，加上信息传递过程中的偏差遗漏，不同的信息处理方式都会导致信息差异。

(2) 认识的差异

组织成员之间背景不同，包括受教育程度、家庭出身、价值观念，且各部门的组织文化不同，有着各自不同的行为方式、价值观念。另外，成员间组织地位的不同，看待问题的角度也不同，从而产生认识上的差异。

(3) 角色差异

组织中的个人充当着不同的角色，并按照角色要求而行动，个人的角色差异会引起一定的冲突。

4. 其他原因

除了上述原因之外，组织中信息沟通不善、内部奖励制度不当、作为激励手段的竞争机制、特定事件的处理不当也会引发组织内的冲突。

案例分享

小罗的“好意”

某宾馆服务员小罗第一天上班，被分配在酒店A楼5层。由于刚经过3个月的岗前培训，她对工作充满信心，自我感觉良好，一上午的接待工作也还算顺手。午后，电梯门打开，走出两个客人。小罗立刻迎上前去，微笑着说："你好，先生。"看过客人的住宿证后，小罗接过他们的行李，礼貌地说："欢迎入住本饭店，请跟我来。"小罗领着他们走进房间后，随手为他们倒了两杯茶，说："先生，请用茶。"接着她开始一一介绍客房设备，这时一个客人说："知道了。"但是小罗没有什么反应，仍然继续介绍着。还没说完，另一个客人在自己的钱包里拿出一张百元人民币，不耐烦地递给小罗。

"不好意思，我们不收小费的。"小罗嘴上说着，心里却想，自己是一片好意，怎么会被误解了。这使小罗十分委屈，她说了一句，"对不起，如果您有事就叫我，我先告退。"

其实，做服务行业的人要有眼色。这个案例中，两个客人也许刚下飞机很累，需要休息；也许他们是该酒店的常客，对房间设施十分熟悉。因此，小罗应该学会识客，对其提供有针对性的服务，而不是喋喋不休地介绍，引起不必要的冲突。

（三）冲突观念的变迁

从冲突观念产生到现在，出现了以下三种观点。

1. 传统观点

20世纪40年代之前，传统的观点占优势地位，这种观点认为，所有的冲突都是不良的、消极的，它是组织功能失调的结果，应该采取各种方法尽可能避免。

2. 人际关系观点

20世纪40年代末至70年代中叶，人际关系观点在冲突观点中占统治地位。人际关系观点认为，对于所有组织来说，冲突都是与生俱来的。由于冲突不可能彻底消除，有时它还会对组织的工作绩效有益，组织应当接纳冲突，使其合理化。

3. 相互作用观点

人际关系观点接纳冲突，而现代的相互作用观点则鼓励冲突。这一观点认为，融洽、和平、安宁、合作的组织容易对变革的需要表现出静止、冷漠和迟钝。因此，该观点鼓励管理者维持一种冲突的最低水平，这能够使组织保持旺盛的生命力，善于自我批评和不断创新。

二、冲突的分类

（一）按冲突的性质分类

按冲突的性质，可分为建设性冲突或称良性冲突、破坏性冲突或称恶性冲突。

一般来说，凡双方目的一致而手段或途径不同的冲突，大多属于良性冲突，这类冲突对于企业目标的实现是有利的。而恶性冲突往往是由于双方目的不一致造成的。但二者的划分方式不是绝对的，往往是综合交叉，也可以相互转化。如果处理恰当，破坏性冲突可以转化成建设性冲突，反之亦然。我们要提倡建设性冲突，控制和减少破坏性冲突。但需要提及的是，即使对于建设性冲突也要适当控制，疏密有度。太少则死水一潭，没有活力，此时应鼓励冲突；太多则将危及组织的正常工作和生存，此时要适当降低冲突的水平。

一般来说,我国大多数企业冲突水平过高,解决问题的关键是领导者如何控制和处理。建设性冲突与破坏性冲突的特点见表 8-1。

表 8-1　　建设性冲突和破坏性冲突的特点

建设性冲突	破坏性冲突
双方对实现共同目标的关心	不愿意听取对方的观点、意见
乐于了解对方的观点、意见	双方有意见的争论,转变为以人身攻击为中心
以争论问题为中心	双方关心的是能否赢得自己观点的胜利
相互交换情况日益增加	相互交换情况日益减少,以致完全不交换

(二) 按冲突发生的层次分类

按照冲突发生的层次,可分为个人内心的冲突、人际关系冲突、群体冲突和组织间冲突。

1. 个人内心的冲突

个人内心的冲突通常涉及一些目标、认知或情感的冲突,一般发生在个人面临多种难以做出选择时。此时个人会表现得犹豫不决,茫然不知所措。个人内心冲突一般表现为三种类型。

(1) 接近的冲突

接近的冲突要求个人在两个或两个以上的方案中做出选择,每个选择都有积极结果。这种情况,形象地说就是一个人面临着“鱼与熊掌”的选择局面。

(2) 接近-规避冲突

个体在选择是否去从事一件利弊难以权衡的事情,其内心就会发生冲突。如企业选择是否进入一个新兴产业,虽然预期的收益较高,但是风险也较大,二者就构成了一种接近-规避冲突。

(3) 规避的冲突

个人面临必须在两个都只能产生消极结果的方案中做出选择的局面,这时个体倾向于选择造成消极结果较小的方案。

2. 人际关系冲突

人际关系冲突指个人与个人之间发生的冲突,即由于个人之间生活背景、教育、年龄、文化、价值观及态度和行为方式等的差异,或者由于双方潜在利益的对立,而导致的一种对抗性相互交往方式。

3. 群体冲突

群体冲突是指两个或两个以上群体之间的冲突。群体是指为了实现某个特定的目标,两个或两个以上相互作用、相互依赖的个体的组合。群体冲突可能是因为有限资源的争夺、价值观不一致、所承担角色的不同、群体的需要没有获得满足而引起的。

4. 组织间冲突

组织间冲突是指两个或两个以上组织之间的冲突。为了生存和发展,任何组织必须与其他组织进行物质、能量、信息的交流,在交流过程中,经常会由于目标、利益的不一致而发生各种各样的冲突。如企业与它的竞争对手之间会发生的利益冲突。

三、协调组织冲突的方法

冲突对组织的作用可以是建设性的,也可以是破坏性的。当冲突水平达到最佳时,它可以是阻止迟滞、解除紧张、激发创造力、培养变革萌芽。但冲突过高会导致组织分裂并且合作受阻。因此,管理者要注意充当冲突水平的调解者,在冲突水平过低时激发建设性冲突,在冲突水平过高时消减破坏性冲突,使组织保持一个最适宜的冲突水平。

(一) 处理冲突的策略

在肯尼思·托马斯冲突理论研究的基础上,戈德温和沃尔特于20世纪80年代初提出了新的模式。该模式指出在解决部门、组织之间冲突时有两种态度:一是自信肯定态度;二是与人合作态度,并在此基础上提出了五种策略。

1. 强制策略

强制策略是竭尽全力征服冲突对手,采取自信和不合作态度的策略。其目的就是要取得对另一方的支配地位。它代表了一种零和博弈,即双方之间互为输赢,为了自己的利益就要牺牲他人的利益。一般来说,此时一方在冲突中具有占绝对优势的权力和地位,于是,一方认为自己的胜利是必然的。相应地,另一方也必然会以失败而告终。

2. 回避策略

回避策略是解决冲突最简单的一种方法,即让冲突双方暂时从冲突中退出或抑制冲突。当冲突微不足道时,或当冲突双方情绪非常激动时,可以采取让双方暂时回避的方法来解决冲突。由于采取回避的方法时管理者并没有追究冲突原因,因此冲突会依然存在,并可能在某个时刻以更激烈的形式复发。所以,采取回避方法时要考虑冲突的程度和严重性,以及对组织可能产生的影响。

3. 迁就策略

迁就策略就是迎合冲突对手,保持着非自信和与之合作的态度的一种策略。当冲突对一方的影响小于对方,或一方忙于处理利害风险程度更大的冲突,或一方发现对争执的处理失误时有意迎合对方,做出让步。

4. 合作策略

合作策略是冲突双方保持自信和与之合作的态度的策略,希望取得双方都能满意的效果。它代表了冲突解决中的"双赢"局面,即最大限度地扩大合作利益,既考虑了自己的利益,也考虑了他人的利益。一般来说,持合作态度的人有以下四个特点:一是认为冲突是一种客观的、有益的现象,处理得恰当就会有利于一些问题的解决;二是相信对手;三是相信冲突双方在地位上是平等的，并认为每个人的观点都有其合理性；四是双方不会为了共同的利益而牺牲任何一方的利益。

5. 妥协策略

妥协策略建立在“有予必有取”的基础上，通常需要一系列的谈判和让步才能形成。与合作方式相比，妥协策略只求部分满足双方的要求。但妥协策略却是最常用的，同时也是被人们广泛接受的处理冲突的一种策略。这是因为妥协策略至少具有以下优点：一是尽管它部分地阻碍了对手的行为，但仍然表示出合作的姿态；二是它反映了处理冲突问题的实利主义态度；三是它有助于保持双方之间的良好关系。有时，人们之所以喜欢妥协策略，是因为人们认为不能解决问题是软弱的表现，并且完全接受对方提出的意见是需要很大的勇气，而妥协策略的确提供了一个解决问题的方法。

（二）解决冲突的具体方法

1. 调解法

调解法是冲突双方通过协商或谈判，订立一个协议或公约来解决冲突的办法。处理冲突的领导者应该是一个调解者，他首先应该充分倾听双方意见，了解情况，摸清双方分歧所在，分析双方意见的合理之处和共同之处，然后寻找更大范围内的共同目标与利益，并提出建议，设法使双方协商，求同存异，实行妥协。最后根据新的目标拟定协议或公约，在领导者的监督下共同执行。协商之初分歧可能很大，但随着协商的进行，一致性逐步扩大，以致最后消除分歧。

采用调解法解决冲突，其前提是所要解决的问题是客观存在的，而不是冲突双方不合理的要求。这种方法的好处是双方先不分谁是谁非，消极因素少。缺点是费时较多，见效较慢。

2. 分离法

当组织之间有了矛盾，解决问题有两种思路：一是把矛盾双方联合在一起，使他们继续在一起工作；另一种是为了整个组织的整体利益，可以把矛盾冲突的当事人（或组织）分离开来，使组织的工作能够正常进行。关于联合的思路，可以采用上述协调的方法。第二条思路可以采取分离法。

（1）组织调动

将两个或多个相互矛盾的组织，用上级组织的职权把他们调开，这在人事工作中表现尤为常见，将矛盾很深的当事人调离，能使组织的工作不受干扰。

（2）减少利益的相互依赖性

利益相互依赖的各方可能会珍视双方的友谊和合作，但也容易产生矛盾和冲突。如果上级组织增加资源的调拨，减少相互的争夺，在不依赖对方的条件下能够解决工作中的问题，那么双方的矛盾就会减少。

3. 奖惩法

当组织部门与部门之间发生矛盾和冲突的时候，有权威的、有奖励惩罚能力的第三方是解决问题的关键。在奖励和惩罚的作用下，冲突各方都会理智地对待来自冲突对方的压力。如果组织协作的诱惑力大于冲突的动因，组织成员能够承受冲突的压力，主动化解矛盾，为组织的整体利益通力协作；若组织协作的诱因不足，也就是小于冲突的动因，冲突各方的矛盾就会明显突出，但鉴于惩罚奖励系统的作用，冲突的激化会受到一定的限制。因此，正确地使用奖惩系统，不仅能够增强合作，而且能够极大地减少和控制冲突行为的发生和激化。

4. 谈判法

谈判法和其他冲突管理方法的适用条件是不同的，相互依存的双方由于冲突而破坏了彼此的关系，这对双方来说都是一种伤害。只有当冲突各方认识到彼此存在着很强的相互依赖关系，谈判才成为一种需要和可能。如果冲突各方没有相互依赖关系，不存在共同利益，也就没有必要相互纠缠在一起了，分道扬镳是最简便的方法。这好比夫妻双方因为打碎一只盘子而大动干戈，砸碎昂贵的家具和电器，等平静下来以后还要共同生活，因为一些小事而分道扬镳是谁也不愿意看到的。如果相互之间存在着共同利益，为了今后的合作和各自的利益，冲突双方应该直接商谈，充分展示自己的立场、观点，甚至通过讨价还价，相互交流解决冲突，而不是重演闹剧。由此可见，谈判是一种谋求相互利益的连续过程。在管理的实践中，冲突双方谈判形成的合作是最为有效的。

5. 法律方法

通过司法部门依法解决组织之间的冲突，是冲突管理的重要方法之一。有些组织之间的冲突，非个人或者组织权力所能解决的，一般需要依靠法律方法。法律方法有调解、仲裁和法院裁判三种形式。法律方法不同于其他方法的主要特点是，法律裁判具有严格的公正性和强制性，冲突双方在享有相应的权利的同时，都必须履行裁判所赋予的责任、义务。许多难以解决的冲突问题，或不服从上级处理的冲突事件，最终都可以通过法律方法予以解决。

项目小结

1. 沟通是指可理解的信息或思想在两个或两个以上人群中的传递或交换的过程。

2. 沟通的作用：协调各个体、各要素，使企业成为一个整体的凝聚剂；领导者激励下属，实现领导职能的基本途径；组织创新的重要来源；企业与外部环境建立联系的桥梁。

3. 沟通过程是信息的发送者通过选定的渠道，把信息传递给接受者的过程。

4. 沟通的类型，按沟通的通道不同分类，可分为正式沟通与非正式沟通；按沟通的信息传播方式分类，可分为上行沟通、下行沟通、横向沟通和斜向沟通；按沟通的信息载体分类，可分为语言沟通和非语言沟通；按沟通网络的基本形式分类，可分为链式、轮式、环式、全通道式和Y式。

5. 在沟通过程中要克服障碍，需要掌握一定的沟通技巧，如目光接触，赞许性地点头和恰当的面部表情，避免分心的举动或厌倦的手势等，以达到有效沟通的目的。

6. 协调就是正确处理组织内外各种关系，为组织正常运转创造良好的条件和环境，促进组织目标实现的管理活动。

7. 协调的内容包含：组织内部协调和组织与外部环境的协调。

8. 冲突是由于某种差异引起的对立双方在资源匮乏时出现阻挠行为，并被感觉到的矛盾。

9. 冲突的类型，按冲突的性质分类，可分为建设性冲突或称良性冲突、破坏性冲突或称恶性冲突；按冲突发生的层次分类，可分为个人内心的冲突、人际关系冲突、群体冲突和组织间冲突。

10. 处理冲突的策略包括：强制策略、回避策略、迁就策略、合作策略、妥协策略。

11. 解决冲突的具体方法包括：调解法、分离法、奖惩法、谈判法、法律方法。

自我检测

一、单项选择题

1. 接近的冲突属于(　　)。

A. 群体冲突　　B. 人际关系冲突　　C. 组织间冲突　　D. 个人内心的冲突

2. 迎合冲突对手，保持着非自信和与之合作的态度的策略，属于(　　)。

A. 回避策略　　B. 迁就策略　　C. 合作策略　　D. 妥协策略

3. 各种沟通方式中，具有持久、有形、可以核实等优点，但效率低，缺乏反馈的沟通方式是(　　)。

A. 电子媒介沟通　　B. 非语言沟通　　C. 书面沟通　　D. 口头沟通

4. 沟通、了解、激励下属的管理技能是(　　)。

A. 技术技能　　B. 诊断技能

C. 人际关系技能　　D. 分析技能

5. 某公司销售经理被批评为“控制的太多，而领导的太少”。据此，你认为该经理在工作中存在的主要问题最有可能的是(　　)。

A. 对下属销售人员的疾苦没有给予足够的关心

B. 对销售目标任务的完成没有给予充分的关注

C. 事无巨细，过分亲力亲为，没有做好授权工作

D. 没有为下属销售人员制定明确的奋斗目标

6. 把沟通分为单向沟通和双向沟通，这种划分标准是(　　)。

A. 按行为主体划分　　B. 按功能划分

C. 按组织系统划分　　D. 按是否反馈划分

7. 工作指示、命令、会议纪要、年度报告等属于(　　)。

A. 斜向沟通　　B. 横向沟通　　C. 上行沟通　　D. 下行沟通

8. “站着说话不腰疼”说明沟通中存在(　　)。

A. 文化差异　　B. 地位差异

C. 知识经验差异　　D. 心理差异

9. 当必须对重大事件或紧急事件进行迅速处理时,可采用(　　)策略。

A. 强制　　B. 协作　　C. 回避　　D. 合作

10. 每个人的社会背景、教育程度、阅历、修养,塑造了每个人各不相同的性格、价值观和作风,这种差异叫做(　　)。

A. 沟通差异　　B. 结构差异　　C. 个体差异　　D. 心理差异

二、判断题

1. 领导就是管理。(　　)

2. 当冲突无关紧要时,或当冲突双方情绪极为激动,需要时间恢复平静时,可采用回避策略。(　　)

3. 零和谈判就是有输有赢的谈判,一方所得就是另一方所失。(　　)

4. 在沟通中,作为倾听者,在听的过程中对没听清楚、有疑问和有遗漏的内容不能再进行提问。(　　)

5. 协调就是处理组织外部的各种关系。(　　)

三、简答题

1. 沟通的含义是什么? 沟通为什么重要?

2. 在沟通过程中,哪些地方容易出现信息失真?

3. 沟通的类型有哪些? 各自有什么特点?

4. 什么是沟通障碍? 怎样克服沟通障碍?

5. 在实际组织管理中,怎样很好地运用沟通技巧?

6. 组织协调的原则和要求有哪些?

7. 组织如何与新闻界处理好关系?

8. 常见的解决冲突的方法有哪些?

四、案例分析

从同事到冤家

小贾是公司销售部一名员工,为人比较随和,不喜争执,和同事的关系处得都比较好。但是,前一段时间,不知道什么原因,同一部门的小李老是处处和他过不去,有时候还故意在别人面前指桑骂槐,对两人合作的工作任务也都有意让小贾做得多,甚至还抢了小贾的好几个老客户。

起初,小贾觉得都是同事,没什么大不了的,忍一忍就算了。但是,随着小贾的步步忍让,小李愈发得寸进尺。看到小李如此嚣张,小贾一赌气告到了经理那儿。经理把小李批评了一通，从此，小贾和小李成了绝对的冤家了。

分析：

1. 本案例中涉及本项目的知识点有哪些？请结合案例说明。

2. 如果你分别是小贾、小李和经理，面对案例中的情况，你会如何处理？请结合所学知识点进行说明。

项目九 控 制

学习目标

1. 了解控制的含义，掌握控制的原则。
2. 掌握控制的类型，了解各控制的优缺点。
3. 掌握控制的基本步骤。
4. 了解预算的含义，掌握预算的种类。
5. 掌握预算控制的方法。
6. 理解非预算控制的方法。
7. 了解管理信息系统的功能和作用以及它的设计与建立。
8. 尊重科学、尊重知识，培养学生树立良好的职业素养。

案例引入

鸿运公司的规定

鸿运公司制定了一条规定：车辆行驶在公路上的最高车速不得超过每小时 88 千米。因为把车速降下来，公司的汽油成本可以节约 10%以上。但是，那些卡车司机们对这条新规定大为不满，因为他们愿意开快车，以便在一装一卸之间有更多的时间随意逗留。

鸿运公司为了保证司机们在路上遵守新的车速规定，保证汽油能省得下来，就在每台运货卡车上安装了电子监控仪，记录车速与运行时间。而以前车上只有计程仪，它说明不了什么问题，装卸中途耽搁或消磨掉的时间，司机很容易编造借口。

不出所料，卡车司机们以种种理由来对抗公司的这种控制：他们埋怨电子监控仪出了毛病，车速记录得不准确，实耗时间记录仪也没有反映真实的路况，一装一卸之间的耽搁是码头上装卸货物太慢的缘故，他们不能负责。

思考：

假如你是鸿运公司的经理，你怎样让卡车司机们接受这套新的控制措施呢？

任务一　分析控制原理

美国著名管理学家斯蒂芬·P.罗宾斯(Slepheu P. Robbins)说过,“有效的管理者应该始终督促他人,以保证应该采取的行动事实上已经在进行,保证他人应该达到的目标事实上已经达到”。控制是为了保证企业计划与实际作业动态适应的管理职能,控制工作的主要内容包括确立标准、衡量绩效和纠正偏差。有效的控制不仅要求选择关键的经营环节,确定恰当的控制频度,收集及时的信息,而且要求合理运用预算或者非预算的控制手段。

控制的内涵、作用及控制与计划的关系

一、控制的必要性和基本原理

美国管理学家亨利·西斯克(Henny L. Sisk)指出:“如果计划从来不需要修改,而且是在一个全能的领导人的指导之下,由一个完全均衡的组织完美无缺地来执行的,就没有控制的必要了”。然而,这种理想的状态是不可能成为现实中的企业管理。无论计划制订得如何周密,由于各种各样的原因,人们在执行计划的活动中总是会或多或少地出现与计划不一致的现象。

案例分享

“破窗理论”的由来

美国心理学家詹巴斗曾进行过一项实验。他找了两辆一模一样的汽车,把其中一辆停在中产阶级区,而另一辆停在相对杂乱的街区。他把停在相对杂乱街区的那辆车的车牌摘掉、顶棚打开,结果这辆车一天之内就被人偷走了,而放在中产阶级区的那辆汽车停了一个星期都无人问津。后来,詹巴斗用锤子把那辆汽车的玻璃敲了一个大洞,结果仅过了几个小时,它就不见了。

以这项实验为基础,政治学家威尔逊和犯罪学家凯琳提出了“破窗理论”。该理论认为:如果有人打碎了一个建筑物的窗户玻璃,而这扇窗户又得不到及时维修,别人就可能受到某些暗示性的纵容去打碎更多的玻璃。久而久之,这些破窗户就给人造成一种无序的感觉。在这种公众麻木不仁的氛围中,犯罪就会滋生、泛滥。

(一) 环境的变化

如果企业面对的是一个完全静态的市场,市场供求条件永不发生变化,每年都以同样的费用取得同样性质和数量的资源,同时又能以同样的价格向同样的客户销售同样品种和数量的产品,那么,企业管理人员便年复一年、日复一日地以相同的方式组织企业经营,工人可以以相同的技术和方法进行生产作业,因而,不仅控制工作,甚至管理的计划职能都将成为完全多余的东西。事实上，这样的静态环境是不存在的，企业外部的一切每时每刻都在发生着变化。

（二）管理权力的分散

只要企业经营达到一定规模，企业主管就不可能直接地、面对面地组织和指挥全体员工的劳动。时间与精力的限制要求他委托一些助手代理管理部分事务。由于同样的原因，这些助手也会再委托其他人帮助自己工作，这便是企业管理层次形成的原因。为了使助手们有效地完成受托的部分管理事务，高一级的主管必然要授予他们相应的权限。因此，任何企业的管理权限都制度化或非制度化地分散在各个管理部门和层次。企业分权程度越高，控制就越有必要。每个层次的主管都必须定期或非定期地检查直接下属的工作，以保证授予他们的权力得到正确的利用，保证业务活动符合计划与企业目的的要求。如果没有控制，没有为此而建立的相应控制系统，管理人员就不能检查下级的工作情况，即使出现权力不负责任地滥用或活动不符合计划要求等其他情况，管理人员也无法发现，更无法采取及时的纠正行动。

（三）工作能力的差异

即使企业制订了全面完善的计划，经营环境在一定时期内相对稳定，对经营活动的控制也仍然是必要的。这是由不同组织成员的认知能力和工作能力的差异所造成的。完善计划的实现要求每个部门的工作严格按计划的要求来协调地进行。然而，由于组织成员是在不同的时空进行工作的，他们的认知能力不同，对计划要求的理解可能发生差异。即使每个员工都能完全正确地理解计划的要求，但由于工作能力的差异，他们的实际工作结果也可能在质和量上与计划要求不符。某个环节可能产生的这种偏离计划的现象，会对整个企业活动的进行造成冲击。因此，加强对这些成员的工作控制是非常必要的。

（四）控制的基本原理

（1）任何系统都是由因果关系链联结在一起的元素的集合。元素之间的这种关系就称为耦合。控制论就是研究耦合运行系统的控制和调节的。

（2）为了控制耦合系统的运行，必须确定系统的控制标准 Z。控制标准 Z 的值是不断变化的某个参数 S 的函数。例如，为了控制飞机的航行，必须确定航线，飞机在航线上的位置 S 的值是不断变化的，所以控制标准 Z 的值也必然是不断变化的。

（3）可以通过对系统的调节来纠正系统输出与标准值 Z 之间的偏差，从而实现对系统的控制。

企业也是一个耦合运行系统，企业生产经营活动的全过程就是由严密的因果关系链联结起来的。无论是整个过程或其中某个阶段、某个环节，为了得到一定的产出，就必须有一定的投入。通过控制投入生产过程的资金、人力、物资及管理和技术信息，就可控制企业生产经营活动的产出。

二、控制的含义

在广义上，控制与计划相对应，控制是指除计划以外的所有保证计划实现的管理行为，包括组织、领导、监督、测量和调节等一系列环节。在狭义上，控制是指继计划、组织、领导职能之后，按照计划标准衡量计划完成情况和纠正偏差，以确保计划目标实现的一系列活动。

理解控制的概念应从四个方面认识：一是控制本质是一个“活动”或“过程”；二是控制的标准和依据是计划；三是控制内容包括检查、监督和纠偏；四是控制的目的是保证计划目标的实现。

三、控制的要求

控制的目的是保证企业活动符合计划的要求，以有效地实现预定目标。为此，有效的控制应具有下述特征。

(一) 适时控制

企业经营活动中产生的偏差只有及时采取措施加以纠正，才能避免偏差的扩大，或防止偏差对企业不利影响的扩散。及时纠偏，要求管理人员及时掌握能够反映偏差产生及其严重程度的信息。如果等到偏差已经非常明晰，且对企业造成了不可挽回的影响后，反映偏差的信息才姗姗来迟，那么，即使这种信息是非常系统、绝对客观、完全正确的，也不可能对纠正偏差带来任何指导作用。

纠正偏差的最理想方法是在偏差未产生以前就注意到偏差产生的可能性，从而预先采取必要的防范措施，防止偏差的产生。或者由于某种企业无力抗拒的原因，偏差的出现不可避免，那么对这种偏差的识别也可指导企业预先采取措施，消除或遏制偏差产生后可能对企业造成的不利影响。

预测偏差的产生在实践中和理论上是可行的，可以通过建立企业经营状况的预警系统来实现。例如，为需要控制的对象建立一条警报线，反映经营状况的数据一旦超过这个警戒线，预警系统就会发出警报，提醒人们采取措施防止偏差的产生和扩大。

(二) 适度控制

适度控制是指控制的范围、程度和频度要恰到好处。

1. 防止控制过多或控制不足

控制常给被控制者带来某种不愉快，但是如果缺乏控制则可能导致组织活动的混乱。有效的控制既能满足对组织活动监督和检查的需要，又能防止与组织成员发生强烈的冲突。适度的控制能同时体现这两个方面的要求。

(1) 过多的控制会对组织中的人造成伤害。对组织成员行为的过多限制，会扼杀他们的积极性、主动性和创造性，抑制他们的首创精神，从而影响个人能力的发展和工作热情的提高，最终影响企业的效率。

(2) 过少的控制将不能使组织活动有序地进行，不能保证各部门活动进度和比例的协调，造成资源的浪费。过少的控制还可能使组织中的个人无视组织的要求，我行我素，不提供组织所需的贡献，甚至利用在组织中的便利地位谋求个人利益，最终导致组织的涣散和崩溃。

控制程度适当与否，受到许多因素的影响。判断控制程度或频度是否适当的标准，通常要随活动性质、管理层次以及下属受培训程度等因素而变化。一般来说，科研机构的控制程度应小于生产劳动；企业中对科室人员工作的控制要少于现场的生产作业；对受过严格训练、能力较强的管理人员的控制要低于缺乏必要训练的新任管理者或单纯的执行者。此外，企业环境的变化也会影响人们对控制严厉程度的判断：在市场疲软时期，为了共渡难关，部分职工会同意接受比较严格的行为限制，而在经济繁荣时期，则希望工作中有较大的自由度。

2. 处理好全面控制与重点控制的关系

任何组织都不可能对每个部门、每个环节的每个人在每个时刻的工作情况进行全面的控制。由于存在对控制者的再控制的问题，这种全面控制甚至会造成组织中控制人员远远多于现场作业者的现象。值得庆幸的是：

(1) 并不是所有成员的每一项工作都具有相同的发生偏差的概率。

(2) 并不是所有可能发生的偏差都会对组织带来相同程度的影响。企业工资成本超出计划的5%对经营成果的影响要远远高于行政系统的邮资费用超过预算的20%。这表明，全面、系统的控制不仅代价极高，而且也是不必要的。

适度的控制要求企业在建立控制系统时，利用ABC分析法和例外原则等工具，找出影响企业经营成果的关键环节和关键因素，并据此在相关环节上设立预警系统或控制点，进行重点控制。

3. 使花费一定费用的控制得到足够的控制收益

任何控制都需要一定费用。衡量工作成绩，分析偏差产生的原因，以及为了纠正偏差而采取的措施，都需支付一定的费用。同时，任何控制，由于纠正了组织活动中存在的偏差，都会带来一定的收益。一项控制，只有当它带来的收益超出其所需成本时才是值得的。控制费用与收益的比较分析，实际上是从经济角度分析上面考察的控制程度与控制范围的问题。

(三) 客观控制

(1) 控制过程中采用的检查、测量的技术与手段必须能正确地反映企业经营在时空上的变化程度与分布状况，准确地判断和评价企业各部门、各环节的工作与计划要求相符或相背离的程度。这种判断和评价还取决于衡量工作成效的标准是否客观和恰当。

(2) 企业还必须定期检查过去规定的标准和计量规范，使之符合现时的要求。没有客观的标准和准确的检测手段，人们对企业实际工作就不易有一个正确的认识，从而难以制定出正确的措施，进行客观的控制。

（四）弹性控制

企业在生产经营过程中经常可能遇到某种突发的、无力抗拒的变化，这些变化使企业的计划与现实条件严重背离。有效的控制系统应在这样的情况下仍能发挥作用，维持企业的运营，也就是说，应该具有灵活性或弹性。

弹性控制通常与控制的标准有关。预算控制通常规定了企业业务部的主管人员在既定规模下能够用来购买原材料或生产设备的额度。这个额度如果规定得绝对化，那么一旦实际产量或销售量与预测数发生差异，预算控制就可能失去意义。经营规模扩大，会使经营单位感到经费不足；而销售量低于预测水平，则可能使经费过于富绰，甚至造成浪费。有效的预算控制应能反映经营规模的变化，考虑到未来的企业经营的水平，从而为经营规模的参数值规定不同的经营额度，使预算在一定范围内是可以变化的。

一般地说，弹性控制要求企业制订弹性的计划和弹性的衡量标准。

任务二　掌握控制的类型

控制的类型

控制的类型多种多样，从不同的角度可以对控制做出不同的分类。

一、按照控制发生在一个完整的管理过程中的阶段性分类

按照控制发生在一个完整的管理过程中的阶段性，可分为前馈控制、现场控制与反馈控制，如图 9-1 所示。

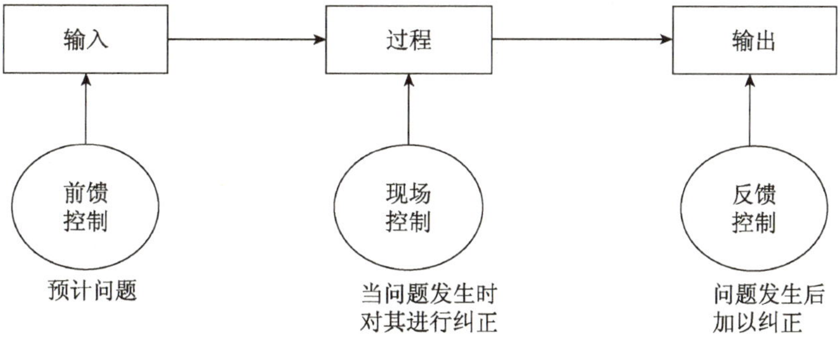

图 9-1　控制类型

（一）前馈控制

前馈控制是一种预先控制，是指为增加将来的实际结果达到计划结果的可能性，而在

事先所进行的管理活动。前馈控制是发生在行为之前的控制行为，即主管人员运用最新信息，包括上一个控制循环中的经验教训，对可能出现的结果进行预测，然后将其与计划要求进行比较，从而在必要时调整计划或控制影响因素以确保目标的实现。前馈控制主要是做好资源配置，包括人员挑选与配置、物质技术设备、商品材料等保证业务需要及资金的控制，是在活动开始之前实施控制。

前馈控制的优点有：前馈控制是预防式的，它作用于计划执行过程的输入环节上，由于前馈控制在工作开始之前进行，可防患于未然。由于前馈控制是在工作开始之前针对某项计划行动所依赖的条件进行控制，不是针对具体人员，因而不易造成对立面的冲突，易于被员工接受并付诸实施。适用于一切领域所有工作。

前馈控制的困难有：需要大量、及时和准确的信息，并要求管理人员充分了解前馈控制因素与计划工作的影响关系预先控制。

案例分享

由“跳伞”来看事前控制

在第二次世界大战时期，美国一家主要生产降落伞的军工企业每生产出 10 个伞包，就会由 10 位伞兵背着这 10 个伞包从试验塔上跳下，以检验伞包质量是否合格。然而由于伞包的质量问题，每检验 10 个伞包即会摔死一个伞兵。看到此情况，企业领导立即组织质量检验专家小组对每一道生产工序进行仔细的检查，却没有发现任何问题，可是伞兵由于伞包质量问题摔死的事件还在发生。

为了找到切实可行的方法来杜绝伞包的质量问题，并使企业生存下去，企业决定重金聘请新厂长来解决该问题。没过多久，一名军人应聘了此职位，新厂长到任后立刻颁布一条规定：所有生产伞包的工人在生产完成伞包任务后都必须背着自己所生产的伞包从试验塔上跳下来以检验伞包的质量。没想到，在规定实施后，伞包的质量问题立刻解决了，质量合格率达到了 100%，企业也由此而不断地发展壮大。

（二）现场控制

现场控制又称同步控制或同期控制，是指管理人员在计划执行过程中，指导、监督下属完成计划要求的行动，它是监控正在发生的活动的行为。这类控制工作是在活动的进行过程中实施的控制，其纠正措施用于正在进行的计划执行过程。现场控制是控制工作的基础，它具备监督和指导两项职能。监督是指按照预定的标准检查正在进行的工作，以保证目标的实现。指导是指管理者针对工作中出现的问题，根据自己的经验指导下属改进工作，或与下属共同商讨矫正偏差的措施，以便使工作人员能够正确地完成所规定的任务。

现场控制的优点有：一旦活动发生偏差，可以在错误扩大之前采取纠正措施，避免产生高额成本；它的指导职能可提高工作能力及自我控制能力。

现场控制的缺点有：受管理者时间、精力、业务水平的制约；现场控制的应用范围较窄，容易在控制者和被控制者之间形成心理上的对立。因此不可能成为日常性的控制办法，只能是其他方法的补充。

(三) 反馈控制

反馈控制是把对行为最终结果的考核分析作为控制将来行为的依据的一种控制方法。

反馈控制将注意力集中于组织活动的历史结果方面，即通过分析工作的执行结果，将其与控制标准比较，发现已经发生或即将出现的偏差，分析其原因和对未来的可能影响，及时拟定纠正措施并予以实施，以防止偏差继续发展或防止其今后再度发生。但反馈控制有一个致命的缺陷，即在发现偏差时整个活动已宣告结束，活动中出现的偏差已在系统内部造成损害。

反馈控制是纠正式的、工作结束之后进行的控制，注意力集中于结果上，有利于总结规律，为进一步实施创造条件，矫正今后活动，实现良性循环，提高效率。最大弊端是：实施措施前，偏差已产生。

反馈控制并非最好的控制，但它目前仍被广泛使用。目前，在组织中应用最广泛的反馈控制方法有四种：财务报告分析、标准成本分析、质量控制分析和工作人员成绩评定。其中，最重要、最困难的是“工作人员成绩评定”。

案例分享

扁鹊的医术

魏文王问名医扁鹊说：“你们家兄弟三人都精于医术，到底哪一位最好呢？”

扁鹊答说：“长兄最好，中兄次之，我最差。”

文王再问：“那么为什么你最出名呢？”

扁鹊答说：“我长兄治病，是治病于病情发作之前。由于一般人不知道他事先能铲除病因，所以他的名气无法传出去，只有我们家的人才知道。我中兄治病，是治病于病情初起之时。一般人以为他只能治轻微的小病，所以他的名气只及于本乡里。而我扁鹊治病，是治病于病情严重之时。一般人都看到我在经脉上穿针管来放血、在皮肤上敷药等大手术，所以以为我的医术高明，名气因此响遍全国。”

文王说：“你说得好极了。”

启示： 事后控制不如事中控制，事中控制不如事前控制。可惜大多数的企业经营者均未能认识到这一点，等到错误的决策造成了重大的损失才寻求弥补，为时已晚。

二、按照主管人员与控制对象的关系分类

按照主管人员与控制对象的关系，可以分为间接控制和直接控制。

（一）间接控制

间接控制是指根据计划和标准考核工作的实际结果，分析出现偏差的原因，并追究责任者的个人责任以使其改进未来工作的一种控制方法。间接控制是基于人们常常会犯错误，或常常没有察觉到哪些将要出现的问题，因而未能及时采取适当的纠正或预防措施为事实依据的。

间接控制方式建立在如下假设基础上：

（1）工作成效是可以计量的，因而也是可以相互比较的。

（2）人们对工作任务负有个人责任，个人责任是清晰的、可以分割的和相互比较的，而且个人的尽责程度也是可以比较的。

（3）分析偏差和追究责任所需的时间、费用等是有充分保证的。

（4）出现的偏差可以预料并能及时发现。

（5）有关责任单位和责任人将会采取纠正措施。

（二）直接控制

直接控制是指通过培训等形式提高主管人员的素质和责任感，使他们改善管理工作，在控制过程中实施自我控制，从而防止出现因管理不善而造成不良后果的一种控制方式。

直接控制的有效性依赖以下假设条件：

（1）合格人才所犯的错误最少。所谓“合格”，就是他们能熟练地应用管理的概念、原理和技术，能以系统的观点来进行管理工作。

（2）管理工作的成效是可以计量的。

（3）在计量管理工作的绩效时，管理的概念、原理和方法是有用的判断标准。

（4）管理基本原理的应用情况是可以评价的。

直接控制是一种有效的控制方法。它的优点主要包括以下四点。

（1）在对个人委派任务时能有较大的准确性。同时，通过对管理的执行者不断进行评价，有利于揭露出工作中存在的缺点，并为进行培训提供依据。

（2）鼓励采用自我控制的办法，可以促使主管人员主动地采取纠正措施并使其更加有效。

（3）可以获得良好的心理效果。管理人员的素质提高后，得到下属的信任和支持也会增加，从而有利于整个计划目标的顺利实现。

（4）由于人员素质提高，减少了偏差和损失的发生，因此也减少了间接控制的成本。

任务三　管理控制过程

控制过程

控制是一个有规律的程序化过程，它贯穿于整个管理活动的始末。在组织目标的实施中，不断地在计划与实施结果之间进行比较，发现二者的差距，找出这种差距的原因并制定新的改进措施，就是整个控制过程。控制职能的性质与目的决定它的步骤遵循计划的逻辑思路：制定控制标准、对照标准衡量绩效、采取纠正措施。

一、制定控制标准

（一）拟定标准

标准是指一种作为模式或规范而建立起来的测量单位或具体的尺度。控制的第一步是建立一系列切实可行并已被员工接受的绩效标准，以便确定控制的目标和依据，因而拟定标准是进行控制的基础，管理人员可以对照标准判断绩效和成果。

标准的表现形式很多，大致分为定性标准和定量标准两大类。标准可以是数量上的，如销售额、利润等，也可以是质量上的，如观众看完广告后的印象。常用的标准有以下五项。

1. 实物标准

实物标准，又称物理标准，是非货币形式的衡量标准，在耗用原材料、耗费劳动力、提供服务及生产产品的操作层次中通用。这些标准可以反映任务或工作的数量，也可以反映任务或工作的质量。

2. 成本标准

成本标准，又称费用标准，是货币形式的衡量标准，它是以货币价值来衡量作业的消耗，即将经营活动中的成本用货币值来表示。在实际工作中，成本标准的水平一般有四种：实际平均水平、历史最好水平、理想水平、平均先进水平。

3. 收益标准

把货币值用之于销售量即为收益标准，又称销售标准，如人均销售额等。

4. 计划标准

计划标准，又称程序标准。凡是连续进行的、由多道工序组成的管理活动或生产技术活动，只要它具有重复发生的性质，就都应当为其制定程序，设定程序标准。例如，预算计划，新产品开发计划，提高销售人员素质的计划等。

5. 无形标准

无形标准，又称定性标准，是指既不能以实物量化又不能以货币来衡量的标准，通常衡量管理人员工作能力的指标都很难量化，属于无形标准。

（二）制定标准的方法

制定标准的方法通常有如下三种。

1. 统计计算法

统计性标准，又称历史性标准，是利用统计方法确定预期结果，以分析反映企业经营在各个历史时期状况的数据为基础，为未来活动建立的标准。标准所选择的具体统计数字可能是平均数，也可能是高于或低于中点的一个定点。该方法常用于拟定与企业经济效益有关的标准,能较好地反映过去的平均或一般的水平或状态,为预期未来的行为提供了有益的依据。

2. 经验估计法

经验估计法是根据经验和判断来估计预期结果,根据评估建立标准。人们有时缺乏对历史数据的积累,而主管人员的经验可能在一定程度上弥补这一不足。它实际上反映了一种价值判断。

3. 工程(工作)方法

工程(工作)方法是工程标准,是通过对工作情况进行客观的分析,并以准确的技术参数和实测的数据为基础来制定的。它既不利用现成的历史数据,也不依靠管理者的经验判断,而是对实际发生的活动进行测量,从而制定出符合实际的可靠标准。

二、对照标准衡量绩效

控制过程的第二个步骤是衡量、对照及测定实际工作的成绩与标准之间的差异,即衡量实际绩效。衡量实际绩效就是依据标准检查工作的实际执行情况,以便与预期的目标相比较。它是控制工作的中间环节,是发现问题的过程。衡量实际绩效的目的是给管理者提供有用的信息,为采取纠正措施提供依据。

按照标准来衡量实际成效的最好办法应当建立在“向前看”的基础上(即前馈控制),这样可使差错在其实际发生之前就被发现并采取适当的措施加以避免。富有经验与远见的主管人员常常能预见可能出现的偏差。

但有些工作其成效是很难精确衡量的,甚至其标准也是难以精确确定的。在这种情况下,尽量要拟定一些可考核的标准,用定量或定性的“有形”标准取代那些无形的、笼统的、往往掺杂着许多主观因素的标准。

衡量实际绩效经常采取的方法有:亲自观察、分析报表资料、召开会议、抽样调查等。

三、采取纠正措施

衡量实际绩效之后,应将衡量的结果与标准进行比较,以使各项工作按着计划要求的轨道发展。通过实际业绩与控制标准之间的比较,可以检验二者之间有无偏差。若没有偏差,工作按原计划继续进行;若有偏差,则要分析其产生的原因,并采取相应的措施。

纠正偏差是控制的关键,体现了执行控制职能的目的。这一阶段可具体分为三个环节。

(一) 找出偏差产生的原因

当偏差产生时,应对许多可能的原因进行调查以发现造成这种偏差产生的诸多原因、条件,并进行深入分析,找出其中主要原因,这样才能有针对性地采取纠正措施,从根本上纠正偏差。

(二) 纠偏措施

当实际业绩(产出)与计划(预定)的业绩标准发生重大差异,一旦查出了偏差的原因后,必须采取特殊有效的行动去纠正这些情况。

纠偏措施的重要步骤如下。

1. 经营阶段

及时调查偏差原因;决定所需纠偏措施;根据决策,对纠正情况及时予以指导;紧密监督纠偏措施,确保它是根据指导的要求得以实行的,并确保其有效性。

2. 行政管理阶段

进一步调查重复出现的问题,确定对此负有责任的人为或物质的基本因素;根据情况采取积极的或消极的惩罚措施;制订创造性计划,防止偏差情况重复出现;认清所处的环境状况,并引入已计划好的措施。

偏差的产生原因不同,纠正方法也不同。这些方法包括:改进工作方法,改进组织领导工作,调整或修改原计划或标准,等等。

(三) 纠正行动的时间性

为了提高纠正行动的效率和降低纠正行动的成本,必须尽可能早、尽可能快地纠正偏差。

任务四 选择控制的方法

企业管理实践中运用着许多控制方法和技术,分为预算控制和非预算控制。

预算控制

一、预算控制

(一) 预算的含义

预算是各类管理者最基本的一种控制工具。预算控制就是用数字编制未来某一个时期的计划,即用财务数字(如在财务预算和投资预算中)或非财务数字(如在生产预算中)来表示预期的结果。其突出的特点就是数字化。由预算的定义可知,预算既是计划的工具,又是控制的工具。当预算将计划目标与计划方案数字化的时候,它就成为计划的一种形式;而当预算作为标定合理使用资源的界限、衡量实际与计划偏差的工具时,它就成为控制的一种形式。

(二) 预算的编制方法

1. 弹性预算

弹性预算是在编制费用预算时,考虑到计划期业务量可能发生的变动,编制一套能适应多种业务量的费用预算,以便分别反映各业务量所对应的费用水平。由于这种预算是随着业务量的变化作机动调整，故称为弹性预算。在编制弹性预算时，所有费用分为变动费用与固定费用两部分。固定费用在相关范围内不随业务量变动而变动，变动费用随业务量变动而变动。因此，在编制弹性预算时，只需要按业务量的变动调整费用总额即可。

2. 零基预算

零基预算是指在每个预算年度开始时，将所有还在进行的管理活动都看作重新开始，即以零为基础。零基预算的编制步骤包括：审查预算前，主持零基预算的主管人员首先应明确组织的目标，并厘清长远目标、近期目标、定量目标和非定量目标之间的关系和重要次序，建立一种可考核的目标体系；在开始审查预算时，将过去所有的活动都当作重新开始；确定必要的项目后，根据已定出的目标体系重新排出各项活动的优先次序；按照所确定的顺序，结合计划期间可动用的资金来源分配资金，落实预算。采用零基预算法工作量非常大，但它考虑每项费用的效益，可以精打细算，减少不必要的开支，是一种事前控制的好方法。

二、非预算控制

非预算控制方法有：亲自观察法、报告、比率分析法、审计控制、统计报告法等。

（一）亲自观察法

亲自观察法是一种常用的控制方法。它是管理者亲自到工作现场，对重要管理问题的实际调查研究，获取控制所需的各种信息，或者亲自观察生产进度，通过与员工交谈来获取信息，或者亲自参加某些具体的工作，通过实践加深对问题的了解的控制方法。它的基本作用是获得第一手的信息、亲自辨别情报真伪、及时把握变化情况。亲自观察法有利于直接与下属沟通，缩短管理者与被管理者之间的心理距离。

（二）报告

报告是用来向负责实施计划的主管人员全面地、系统地阐述计划的进展情况、存在的问题及原因，已经采取了哪些措施，收到什么效果，预计可能出现的问题等情况的一种重要方式。

（三）比率分析法

比率分析法是通过对于组织经营活动中的各种不同度量之间的比率分析企业的一些实际情况，是一项非常有益的和必需的控制技术或方法。企业经营活动分析中常用的比率有财务比率、经营比率。

审计控制

（四）审计控制

审计是对反映企业资金运动过程及其结果的会计记录及财务报表进行审核、鉴定，以判断其真实性和可靠性，从而为控制和决策提供依据的行为。审计包括三种类型：财务审计、业务审计和管理审计。

（五）统计报告法

统计报告法要求企业具备完善的基础工作，有健全的原始记录和统计资料，使用统计方法对大量的数据资料进行汇总、整理、分析，形成各种统计报表及分析报告，自下而上地向组织中有关管理者提供控制信息。管理者通过阅读和分析统计报表及有关资料，找出问题、分析问题并解决问题。

除上述介绍的几种控制方法外，常用的控制方法还有多种，如全面质量管理、生产控制、目标管理等。在具体的实际控制中，各组织要根据被控制对象的性质特点及控制者本身的情况选择合适的控制方法。

项目小结

1. 管理的控制职能，是对组织计划、组织、领导等管理活动及其效果进行衡量和校正，以确保组织目标和计划的实现。控制职能是每个主管人员的主要职责。正确地、因地制宜地运用控制原理和方法，是控制工作更加有效的重要保障。

2. 控制是对组织运行进行监督和衡量，发现偏差，采取纠正措施，以确保组织目标实现的过程。

3. 控制与计划有着密切关系。计划是管理的首要职能，控制则保证组织目标能按计划如期完成。控制是重要的和必需的，因为它可以监控目标是否按照计划完成，监控授权是否被滥用。

4. 控制的类型，按控制发生在一个完整的管理过程中的阶段性分类，可分成前馈控制、现场控制、反馈控制；按主管人员与控制对象的关系分类，可分为间接控制和直接控制。

5. 控制的基本过程包括三个步骤：制定控制标准，对照标准衡量绩效，采取纠正措施。

自我检测

一、单项选择题

1. 古代范蠡提出“旱则资舟，水则资车”，这句话蕴含的管理职能是（　　）。

A. 计划　　B. 执行

C. 控制　　D. 协调

2. 各个单位的组织或宣传部门组织党员和干部及家属观看反腐电影，并进行观后讨论。这种行为属于（　　）。

A. 现场控制　　B. 反馈控制

C. 前馈控制　　D. 事后控制

3. 商场报警器在顾客拿了未结账商品离开时就会响起，由此制止商场损失的发生。这反映了有效控制的(　　)。

A. 适时控制　　B. 适度控制
C. 客观控制　　D. 弹性控制

4. “亡羊补牢”属于(　　)控制类型。

A. 同期　　B. 前馈
C. 直接　　D. 反馈

5. 进行控制首先要建立标准。关于建立标准，下列说法中有问题的是(　　)。

A. 标准应越高越好　　B. 标准应考虑实施成本
C. 标准应考虑实际可能　　D. 标准应考虑顾客要求

6. 高校普遍实施了“学评教”活动，这种控制活动属于(　　)。

A. 前馈控制　　B. 前馈控制　　C. 程序控制　　D. 反馈控制

7. 某地区近几年总不下雨，庄稼缺水。可以实施灌溉弥补雨水不足，或是种耐旱作物，使作物与环境相适应等措施。这两种措施分别是(　　)。

A. 纠正偏差和调整计划　　B. 调整计划和纠正偏差
C. 反馈控制和前馈控制　　D. 前馈控制和反馈控制

8. 可以发现管理活动中不足之处的是通过管理控制的(　　)。

A. 拟定标准　　B. 衡量绩效　　C. 纠正偏差　　D. 信息反馈

二、判断题

1. 控制工作不是一次行为，而是由一系列活动组成，要经历一定的时间和耗费一定的资源。(　　)

2. 控制和计划间不存在关联性，计划在前，控制在后。(　　)

3. 控制不具目的性。(　　)

4. 前馈控制的关键是不断对未来做出预测，并根据预测结果对未来的行为提出调整意见。(　　)

5. 为了保证绩效衡量的准确性，要求增加控制的频度。(　　)

三、简答题

1. 什么是控制？在管理中控制的作用是什么？

2. 简述控制的过程。

3. 计划与控制是如何产生联系的？为什么在控制过程中“衡量什么”比“如何衡量”更关键？

4. 一个有效控制系统应具备哪些条件？

5. 简述预算控制的内容，并说明如何进行预算控制。

6. 简述比率分析的内容，并说明如何进行比率分析。

7. 简述审计控制的内容，并说明如何进行审计控制。

四、案例分析

老师怎么了

某校软件学院教学楼307室，上课的铃声刚刚结束，教管理学的老师就拿起了点名册开始点名。5分钟过后，老师点完了名正准备开始讲课时，10多名同学陆续进入教室并安静地坐了下来。王老师犹豫了一下，脸露不悦，厉声地说道："请刚才迟到的同学站起来，说一说你们为什么会迟到。"同学们各自都给出了不同的理由。

2分钟过后，老师的心情平静了下来，挥挥手对那些迟到的同学说："好了，请大家坐下吧！现在我们开始上课。请大家翻到课本218页，今天我们开始讲管理的第四大职能控制。"

课间休息的时候，老师走出了教室，在走廊上有几个刚才迟到的同学来到了老师的面前，并对他们的迟到向老师表示了歉意，老师微笑地说："没关系，以后注意就是了。"

第二节课开始时，老师站在讲台上环视了一周，然后说："对不起，我应该对上节课的情绪失控表示歉意。恰好今天开始讲管理中的控制，我一直都在思考着几个问题，那就是：控制是什么？老师要不要对学生实行控制？为什么？如果要的话，该怎样对学生实行控制？我想请同学们思考一下这几个问题，它将有助于我们学好控制职能。"

请分析：

如果你是案例中的同学，将会如何回答老师的问题？

参考文献

[1] 由建勋.管理学基础[M].北京：高等教育出版社，2021.
[2] 朱新民，唐靖云，江信鸿.管理学基础[M].重庆：重庆大学出版社，2018.
[3] 刘会亚.管理学原理[M].徐州：中国矿业大学出版社，2010.
[4] 王晓丽.管理学原理与实务[M].北京：北京理工大学出版社，2016.
[5] 杨杜.现代管理理论[M].2版.北京：经济管理出版社，2013.
[6] 宋一凡.管理学[M].哈尔滨：哈尔滨工业大学出版社，2007.
[7] 周三多.管理学[M].4版.北京：高等教育出版社，2014.
[8] 席酉民，刘文瑞.管理理论构建者（管理思想大系）[M].北京：中国人民大学出版社，2009.
[9] 邓立治.商业计划书：原理与案例分析[M].北京：机械工业出版社，2010.
[10] 罗宾斯，库尔特.管理学[M].11版.北京：清华大学出版社，2013.
[11] 周三多.管理学[M].2版.北京：高等教育出版社，2005.
[12] 罗哲.管理学[M].北京：电子工业出版社，2013.
[13] 罗宾斯.管理学原理[M].9版.中国人民大学出版社，2010.
[14] 白瑗峥.管理学原理[M].北京：中国人民大学出版社，2014.
[15] 马奇.决策是如何产生的[M].王元歌，章爱民，译.北京：机械工业出版社，2013.
[16] 严润德.管理学[M].北京：机械工业出版社，2014.
[17] 陈维政.人力资源管理[M].2版.北京：高等教育出版社，2006.
[18] 毛蕴诗.管理学原理[M].北京：高等教育出版社，2014.
[19] 威廉姆斯.管理学[M].谢永珍，等译.北京：机械工业出版社，2011.
[20] 周三多，陈传明.管理学原理与方法[M].6版.上海：复旦大学出版社，2014.
[21] 邢以群.管理学[M].2版.北京：高等教育出版社，2011.
[22] 张建国.绩效管理[M].重庆：西南财经大学出版社，2009.
[23] 格里芬.管理学[M].9版.刘伟，译.北京：中国市场出版社，2008.
[24] 徐碧琳.管理学原理[M].北京：机械工业出版社，2013.
[25] 本苏桑，弗莱舍.决策的12个工具[M].姚军，译.北京：机械工业出版社，2015.
[26] 陶长琪.决策理论与方法[M].北京：中国人民大学出版社，2010.
[27] 周志轩.目标管理与绩效考核[M].成都：成都时代出版社，2008.

[28] 王庆海.管理学概论[M].北京：清华大学出版社，2008.
[29] 李晓光.管理学原理[M].北京：中国财政经济出版社，2004.
[30] 尤利群.管理学[M].杭州：浙江大学出版社，2009.